U0639046

本书系中央高校基本科研项目"语文学与比较文学：
学科史与中国实践"（编号280-63233118）的阶段性成果

语文学与
中国比较文学

传统与未来

郝岚 王晓燕 主编

天津出版传媒集团

天津人民出版社

图书在版编目（CIP）数据

　　语文学与中国比较文学：传统与未来 / 郝岚，王晓燕主编 . -- 天津：天津人民出版社，2024.4
　　ISBN 978-7-201-19806-4

　　Ⅰ.①语… Ⅱ.①郝… ②王… Ⅲ.①语言学—文集②比较文学—中国—文集 Ⅳ.①H0-53②I0-03

　　中国国家版本馆 CIP 数据核字(2023)第 176152 号

语文学与中国比较文学 ：传统与未来

YUWENXUE YU ZHONGGUO BIJIAO WENXUE : CHUANTONG YU WEILAI

出　　版　天津人民出版社
出 版 人　刘锦泉
地　　址　天津市和平区西康路35号康岳大厦
邮政编码　300051
邮购电话　(022)23332469
电子信箱　reader@tjrmcbs.com

责任编辑　岳　勇
特约编辑　俞鸿彧
装帧设计　汤　磊

印　　刷　天津海顺印业包装有限公司
经　　销　新华书店
开　　本　710毫米×1000毫米　1/16
印　　张　22.25
插　　页　11
字　　数　306千字
版次印次　2024年4月第1版　2024年4月第1次印刷
定　　价　88.00元

版权所有　侵权必究
图书如出现印装质量问题,请致电联系调换(022-23332469)

图1 春 波提切利

（木板蛋彩画，约1480年，乌菲齐美术馆藏）

图2 青年男子被介绍给自由七艺 波提切利

（湿壁画，1484年前后，卢浮宫藏）

图3　维纳斯和美惠三女神馈赠青年女子　波提切利

（湿壁画，1484年前后，卢浮宫藏）

图4　《天堂篇》第9章插图　波提切利

（铜版画，约1481年，大英博物馆藏）

图 5　密涅瓦与肯陶罗斯　波提切利
（布面蛋彩画，1482—1483 年，乌菲齐美术馆藏）

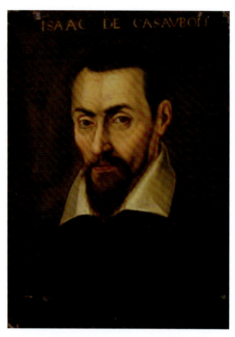

图6 伊萨克·卡苏朋肖像画

(木板油彩画,16世纪晚期或17世纪初期,英国国家肖像馆藏)

图7 约翰·洛克肖像画

(布面油画,根据1704年作品翻版,英国国家肖像馆藏)

图 8　雅典学院　拉斐尔
（湿壁画，1509—1511 年，梵蒂冈博物馆藏）

图 9　柏拉图学院
（马赛克镶嵌画，前 100 年—79 年，那不勒斯国家考古博物馆藏）

图 10 为荷马封神 安格尔
（布面油画，1827 年，卢浮宫藏）

图 11 托勒密二世菲拉德尔菲斯在亚历山大图书馆 卡慕其尼
（布面油画，1813 年，卡波迪蒙特美术馆藏）

图 12　昆体良教授修辞学

（1720年《雄辩术原理》卷首插图）

图 13　塞尔维斯注释维吉尔
（15世纪的法国图书插图，第戎市图书馆藏）

图14　书房中的圣奥古斯丁　卡尔帕乔
（木板蛋彩画，约1502年，威尼斯圣乔治信众会会堂藏）

图15　书房中的圣哲罗姆　扬·凡·艾克
（木板油彩画，1442年，底特律美术馆藏）

 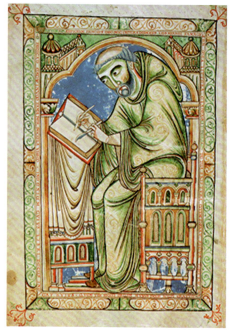

图 16　中世纪缮写室

（左：卢森堡地方修道院中僧俗众在制作书籍，1020 年，不来梅大学图书馆藏；

右：一位名为 Eadwine 的僧人在制作诗集手稿，约 1150 年，剑桥圣三一学院藏）

图 17　蒂蒂维鲁斯与抄写员

（约 1510 年的法国图书插图）

图18　王子的教育(局部)　纪尧姆·卜代
(《王子的教育》图书插图,约1519年,阿森纳图书馆藏)

图19　抄写员 Jean Miélot
(《圣母的奇迹》图书插图,15世纪,法国国家图书馆藏)

图20 古比奥公爵宫的书斋 局部展示
（1478—1482年，美国大都会博物馆藏）

图21 来自鹿特丹的伊拉斯谟肖像
　　　小汉斯·荷尔拜因
　　　（木板油彩画，1523年，伦敦
　　　国家美术馆藏）

语文学：比较文学的思考进路

郝　岚

一

自20世纪80年代以来,理论界"回归语文学"的呼声不断,它主要体现在几篇同题文章,其中最有名的是保罗·德·曼和萨义德的两篇,他们都曾在去世前一年写过《回归语文学》。值得注意的是,对古老语文学的重新关注正是从比较文学和文学理论界"重燃"的。哈佛大学古典系专治中世纪拉丁语文献的教授扬·茨奥科夫斯基(Jan Ziolkowski)曾记录了这一事件的始末:1988年哈佛大学文献与文化研究中心(Center for Literary and Cultural Studies,Harvard University)资助召开了名为"何谓语文学?"的主题会议。美国杂志《比较文学研究》(*Comparative Literature Studies*)1990年以特刊的形式收录了学者们所发表的演讲。会议议题的深度与广度前所未见,但是该主题何以与比较文学家(以及推动编纂《比较文学研究》)有关呢? 茨奥科夫斯基说,也许"将探讨语文学含义的论文收入一本文集本身即是比较,因为这样的文集是在探究比较文学生长的根基",念于比较文学与文学理论已经纠缠在一起,无论你承认与否,所有文献之间,"不比较就不能说明问题"。①正是在这一学术背景下,重新思考语文学与比较文学的关系就具有国际学术前沿的意味。它为人文学者提出了一个重要的问题,一种思考进路:为何古老的语文学借由比较文学重新回到了国际学术话题的中心? 对于比较文学甚至当代人文与社会科学,语文学的最核心价值是什么?

---

① 沈卫荣、姚霜.何谓语文学:现代人文科学的方法和实践[C].上海古籍出版社,2021:46.

语文学（Philology）究其古希腊词源的字面意思而言，是由"热爱（philo）"和"逻各斯（logos）"构成。语文学以研究文本为对象，是对"逻各斯"所呈现的语言、文字的热爱。它与"热爱智慧"的哲学（Philosophy）相应，是一门古老而重要的学问。在这两者之间，起重要作用的是"自由七艺"中的修辞学（演说术），它与公共空间"说服的技艺"相关，从而成为从"语言"通往"智慧"的中介。作为现代人文学的源头，语文学不仅有着古老而坚实的古希腊起源，枝繁叶茂的学术分化，而且蕴含着静水深流的当下。从一开始语文学就是人文学的重要基础，它将诗学、哲学、修辞学融汇打通，成为最早的跨学科研究。经过漫长发展，语文学成为一种勾勒人类精神表达的方法，它所蕴含的历史主义（Historicism）和诠释（Hermeneutics）维度，使它与众多人文学科密切相关。它主要基于材料做三个层面的工作：准确解读文本原意、将过往阐释历史化、发掘文本的当代关切；它至今保持几个主要特征：关注文本和语言、追求历史性的意义和人文价值。

尽管语文学与多个现代学科相关，但无疑，它与比较文学的关系值得深论。古老的语文学是在经过了18世纪末至19世纪的德国改造之后才更具有现代性和全球性。特别是梵语的发现、印欧语系的构拟，对世界上语言多样性关系的研究，产生了语文学的最高成就：历史比较语言学，而正是"历史化"观念与"比较"的方法启发了比较文学。至19世纪，语文学的殿堂之中存在着"两大分支"，一支是语言学、另一支是文学研究，后者迅速进行学科细分，当中"最令人满意的空间"（desirable rooms）由比较文学和最新的文学理论占据，其余留给了区域或者民族语文学①。其深层原因或许正在于，"回归语文学"反映的是在当代壁垒森严的学科体制下，人文学科渴望恢复昔日荣光的努力。但作为现代人文学起源的语文学，想重塑其包罗万象的特质，只有借助一直带有跨学科自觉的比较文学。

19世纪对印欧语系的构拟，来自种系发生学的同源论假设，这也是后来

---

①沈卫荣、姚霜.何谓语文学：现代人文科学的方法和实践[C].上海古籍出版社,2021:452.

比较文学法国学派注重事实联系的学理基础之一。此外值得一提的是,早期比较文学学者第一身份都是语文学家:在比较文学学科史中,要谈到主题学、题材学、民俗学、民间文学,它们的兴起首先来自对于"活的语言",而非文献语言的语文学调查,也和语文学家、历史哲学家赫尔德对每一个"民族(volk)"都具有自身价值的阐释密切相关。早期比较文学奠基者多是掌握多种语言的语文学家,弗里德里希·施莱格尔的《印度人的语言和智慧》(*Über die Sprache und Weisheit der Inder*,1808)是第一本介绍印度语言到德国的书;著名的童话搜集者格林兄弟也更多是语文学者,语言学上一个重要的格林法则(Grimm's law)便以他姓氏命名,是判断印欧语系语音递变的重要定律。可以说某种意义上很多比较文学的成果,曾一度只是语文学的副产品。这种情况也影响了中国比较文学的发展,许多后来被视为比较文学奠基人的学者及其成果,其实多是受的西方学术中典型的语文学训练,他们可能并不主要以比较文学学者标榜自身,比如季羡林和陈寅恪。

二

语文学对比较文学遗泽丰赡,但也留下诸多必须警惕的问题与需要探索的空间。

首先应该注意的是,语文学集合了西方传统中"学问"最高贵与最邪恶的部分。学者哈芬曾敏锐地注意到了德·曼与萨义德虽然使用了同样的标题,但是"德·曼根本无视了历史与阐释推断的维度,而当萨义德大力批判勒南等可被指控陷于东方主义的学者时,则将这些人的作品一概视作对真正语文学的歪曲。因此,他们作品中所提出的问题,不仅是学术研究是否能够凭借'回归语文学'来完善自我,更提出:人们是否能从切实的历史实践中发现并抢救出一种真正核心、本质的语文学";哈芬在分析语文学与现代学术的持续影响时提出三点,其中最后一条请我们关注近期的文学研究趋势,"认为当下尤其在文学研究者之间对于文化的兴趣只不过是从前人们对于种族的兴趣的重新编码。这证实当代学术找到了回归语文学的另一条路径"。①这让我们想到,当代比较文学中,弗朗哥·莫莱蒂对以现代小说为核心的"世界文学猜想"树状理论,正是来源于历史比较语言学的根源性追溯模式,它所蕴含的深意,值得我们再度审慎考察。

其次,语文学是一门"金匠的艺术"(尼采语)。那是旧时代,一个相信本质主义的时代。今天看上去,古典时代的语文学和比较文学一样,"门槛"很高:它需要多语言能力、跨学科雄心、高度的技术性、经验化、费时间、回报低……当然是在世俗意义上,如果有学术信念就会不同! 语文学的黄金时代:相信真理、相信世上所有自然中的有机物都有共通性:经历出生、成长与消亡——这种类比我们会在早期谱系语文学与生物进化论、树形比喻和历史比较语言学等理论之间的互惠中得到证明。特别值得一提的是,提出"世界文学就要到来"的歌德,同时也是一位植物形态学家和色彩学家。那时候的语文学家也相信全人类的语言、文本、文字的多样性,可以被追溯到某些共同的起源,可以被认知并绘入一个清晰的网络;那些古卷青灯、孜孜矻矻的学者相信精神价值、相信古胜于今,古老文明的遗存有其高贵的部分,他们还没有被当代政治批评和解构理论"洗礼"。这些学院派学者还敢下判断,敢说文化有高下之分,认定经典有其内在的价值:这些"经典"即包括古希腊、罗马、拉丁意义上的"classics",也包括如《圣经》《古兰经》、佛经或者用"众神之语"梵语写就的古老而宗教意味更强的"canons"。因为语文学带来的精神愉悦,一定来自一种信念、一种对全人类层积累起来的学问(learning)和所处理、阅读的研究对象,具有重要价值的坚信——这些价值并非仅仅来自某些个人的兴趣、"项目"的督促、物质的悬赏,更非刻意人为的建构,而是内在的、本质的。当旧世界那本质主义的线性因果论和决定论思想底色不再被认为政治正确时,我们更需要有勇气去面对虚无主义侵蚀,拒绝相信文本意义如同"剥洋

---

① 沈卫荣、姚霜.何谓语文学:现代人文科学的方法和实践[C].上海古籍出版社,2021:356、374.

葱":进入内核也空无一物。如若不然,在面临实用主义的资本逻辑,面对KPI考核的压力时,仍然肯用"金匠的手艺"抽丝剥茧地面对不同历史时期的语言和文本就只能是个"神话"。相信这也是奥尔巴赫在最困顿的时代,重新在维柯和但丁那里,不断发现与强调"人文"价值的原因。

再次,比较文学本身的学术动力就是克服民族主义、追求超越狭隘的、寻找一般与普遍的文学(general literature),它更多是综合的,而语文学强调的恰恰相反,它推崇独特与丰富的个体,尊重文本和语言的多样性,语文学家的使命恰恰是从每一个个体出发,警醒人类,提示人类历史与文化的多元与复杂。如何不断调试合适的平衡点,还需要很多不同领域的文学研究者用扎实的学术实践去探索。

今天需要我们思考的是:语文学如何架起传统与未来之间的桥梁?特别是在全球化带来地方同质化的现代社会,每一个民族甚至人类整体的传统都面对纷纷断裂的危机,语文学通过对经典的考订、权威的批判性分析,干预和弥合着过去与未来之间的裂隙。它代表着对遗产的继承、对真理的揭示,它事实上充当着当代"萨满"的角色。我们应该带着审慎的警觉,去重新发掘语文学那些经过历史沉淀和考验,高度专业化、理性化的批判方法;也要时刻警惕不要再次踏上语文学历史中,曾在阐释维度走上的歧路。但我们也深深地知道,语文学是人文教育的重要基础,它天然地带有跨学科特质,在这一点上它和比较文学一样,对"新文科"建设定有启示。

三

本书分为三大部分:语文学与比较文学、语文学与世界文学、语文学与中国学术。

第一部分由学科史的追溯开篇,郝岚的文章探索了比较文学起源与德国语文学遗产;梁展则将文学的兴起放诸西方语文学分化历史中;赵倞关注到当代哲学家阿甘本对批判语文学的强调;孟昭毅则注意到比较文学重要主题学研究的发生与德国语文学的关系。潘源文、姚霜的文章都关注到图像,运用了今天看似非常"时髦"的图文互证"跨学科"方法,殊不知这其实正是古老的语文学传统的看家本领。

第二部分的题目虽然是从瑞士巴塞尔大学古典语文学教授尼采的著名公案开篇,但沈卫荣的文章经由萨义德对"世界文学的语文学"为何推崇的分析,认为现代人文学术应有语文学家对科学般真实的追求。张辉的文章通过对奥尔巴赫遗著的分析,提示了我们语文学的目标并非只是"饾饤之学",文学研究的命意与方法是书写历史。王晓燕则通过奥尔巴赫对但丁的早期研究,总结了语文学对比较文学的几点启示。刘建军的文章关注的是语文学最传统的领域——古希腊与拜占庭。田洪敏的研究则为我们提供了斯拉夫语文学的历史与现状。童庆生的文章最为切题地梳理了语文学、世界文学、民族文学、外国文学科系之间的关系与问题。而在新世界文学理论界非常重要的弗朗哥·莫莱蒂的"树"状理论,也有语文学来源,郝岚的文章对此进行了回溯与反思。

第三部分从贾晋华教授对新语文学/世界语文学的思考开始,但其问题意识是鲜明的"中国学术如何融入世界学术"? 徐建委对古代中国的古典传统特质的思考也是从比萨高师希腊学古典学家的演讲开始延伸,足以见得比较的方法和学术主体意识的重要性。沈卫荣对陈寅恪和语文学的关注更有助于我们理解中国近代学人的知识构成,也提醒我们当下中国人文科学学术研究应该回归语文学。郝岚对中国东方学学科建制多次更名的考察,帮助我们理解了中国现代学术以及当代的"区域研究"与语文学的关系。郭西安的雄文强调带着比较文学学科的理论和方法自觉来探讨"汉学"的重要性,其中语文学责无旁贷地与两者汇聚在了一起。范圣宇对霍克斯英译《红楼梦》中西方文学典故的考察,在当代充斥着外部研究的翻译研究界,是少有的一篇吃功夫、显功力的语文学实践。

由于作者们每人专业语种不同,发音规则有别,有些人名、作品名在中文音译时书写也有不同,我们标注了外文,但没有进行硬性统一。比如卡佩拉（Martianus Capella）名作 *De nuptiis Philologiae et Mercurii*,意大利语专业的潘源文老师写为《斐洛罗吉雅和墨丘利的婚礼》，精通冰岛语、英语、梵文与古典藏文的姚霜老师写为《费洛基亚与墨丘利的联姻》，我们也标注了别的翻译，如"又名《神凡配》,《青年男子被介绍给自由七艺》"等。对于特别讲究文字书写形态的中文来说，音译的译名从声音到书写方式难于统一一直是个难题。编者才疏学浅，确难破解，但斟酌再三还是选择了尊重作者的方式。如若对读者造成困扰还望海涵。

本书所收录的所有文章都是中国当代学者的思考，他们知识背景不同、关注领域不同、工作使用的语种不同，但都是将语文学作为重要的方法论和问题域，进行了自己的思考。他们有的考察学科史、有的考察具体个案，无论何种方式，也都在中外学术共有的古老语文学传统的延长线下，拓展了比较文学的研究。

在一个AI技术突飞猛进、人类空间不断萎缩的时代，重新思考语文学的历史，探索比较文学与人文学科的未来，更成为一个迫切的问题，关乎我们的安身立命之本。这也是本书副标题名为"传统与未来"的原因！

癸卯秋日南开马蹄湖畔

目　录

语文学与比较文学

比较文学起源与德国语文学的遗产

郝　岚*

　　比较文学到底是如何起源的？这似乎是一个很难找到最初且唯一起点的问题，因为它蕴含着丰富的层面：作为学科还是研究方法？学界公认，作为学科的比较文学开始于法国的比较文学讲座；但是作为一种研究方法，比较文学的发生是一个德国故事，具体而言，与发生于德国的现代语文学关系最为密切。

　　尽管关于"比较"的方法论追溯常常溯源至比较解剖学，例如在法国学者布吕奈尔等人经典的《什么是比较文学》中的确花费笔墨将比较解剖学从17世纪的英国到19世纪的法国成绩进行了列举，但他只是认为"举一个比较主义在自然科学中发展的例子"是必要的，在此之前布吕奈尔更大篇幅谈及："一个民族主义的世纪赞扬历史意义、传统、民俗学复活死亡了的文学，尤其必须迫使每一个人民，每一个种族的集团意识到它在人类共同体的背景中的独特性。我们想到了赫尔德，想到了格林兄弟，想到施莱格尔兄弟，想到费希特，想到黑格尔"[①]，这些都是德国人。常被引述的黑格尔在《小逻辑》中当然谈道："不容否认，这种比较的方法曾经获得许多重大的成果，在这方面特别值得提到的，是近年来在比较解剖学与比较语言学领域内所取得的重大成就"[②]，文中所言，比较语言学就是语文学在19世纪成就的最高代表。而本文想澄清，比较文学的方法论基础与德国现代语文学的关系更紧密而直接，与

*郝岚，南开大学文学院教授。
①[法]布吕奈尔等.什么是比较文学？[M].葛雷，张连奎译.北京大学出版社，1989：18.
②[德]黑格尔.小逻辑[M].贺麟译.商务印书馆，1997：252.

自然科学较为间接。①

　　语文学(Philology)究其古希腊词源的字面意思而言，是对"言语之爱"，其研究的对象主要是语言与文本，是人类的创造物，而非植物、动物等自然之物。比较文学继承了德国现代语文学赋予语言和文本以精神史意义的特征，这来自18世纪维柯《新科学》为代表的以反思知识为主的人的时代。维柯提倡的新科学，不同于启蒙运动时期主流认为通过牛顿力学研究人的方法，而是坚持依赖人自己的创造，将语言、历史、法律、宗教等作为认识人的唯一途径，它代表人的情感、想象、创造力等诗性认知，其方法正是将人的历史之路引入语言怀抱的语文学。在这个意义上，语文学作为现代人文学科的起源，同样滋养启发了比较文学，一起头顶着最为耀眼的人文主义光环。这也是为什么从奥尔巴赫到萨义德，总是将维柯的《新科学》作为需要不断回归的精神原点。

　　明尼苏达大学比较文学、英语和文化研究教授提姆西·布里南(Timothy Brennan)曾说："事实证明，语文学——在其18世纪的现代起源、19世纪的败坏和目前的复兴中，都是比较文学一直苦苦挣扎、未能自身认知，或是正忙着试图抛弃(而不得)的东西。"②本文的思考，来源于长期的疑问：为何国内学界将法国作为比较文学的起点，国际学界却常提及比较文学的德国起源？德国语文学为比较文学留下了什么遗产？这些遗产如何开启、塑造、界定、成就了

---

①这或许是有争议的，因为19世纪语言学从语文学中争取独立的学科地位的方式之一就是试图与自然科学更为靠近。历史比较语言学运用"家族树"的概念，也受到当时演化论的影响，试图将语言描绘为自然产物，如同树一样是有生命的有机体，有出生、成长、衰亡。但是生物学的谱系树理论其实是受到语文学启发的，后者时间更早。具体发展历史和思考，参见郝岚. 莫莱蒂世界文学理论的语文学来源(本书第223—235页). 当然，关于自然科学与人文学起源的语文学是一个互相启发的故事。18世纪法国解剖学创始人居维叶坚持自创世以来物种的稳固性，认为理解解剖学的关键是组成部分的相关性，而非历史演变。德国语文学家马克斯·穆勒(Max Müller)认为语言正好可以完整地揭示比较解剖学理论，并且语言同样属于相类似的科学。参见袁文彬. 本雅明的语言观[J]. 外语学刊，2006(1)：15.
② Brennan, T. "Philology." in Heise U. K. ed. *Futures of Comparative Literature：ACLA State of the Discipline Report*[C]. New York：Routledge，2016：77.

今天的比较文学,或者让它身处悖论与困境?我们只有充分理解这一段学科史,才能理解今天比较文学学科在整个现代人文学科中的位置,谨慎探索学科的未来。

一、法、英学者断言比较文学有德国起源

戴克斯特(Joseph Texte, 1865—1900)是法国早期著名的比较文学研究者,他完成的比较文学博士论文《让-雅克·卢梭和文学世界主义的起源:18世纪法国与英国文学关系研究》,也是公认的第一部科学的比较文学专著;1897年,从他在里昂大学的比较文学讲座开始就经常性地举办活动,因此他也被公认为是比较文学学科的第一位教授。戴克斯特为自己的同学贝茨(Louis-Paul Betz, 1861—1903)所著的《比较文学书目》作序,受到法国比较文学继承者梵·第根高度评价①。

在1893年的文章《外国及法国的比较文学研究》中,戴克斯特认为,比较文学滥觞于18世纪的德国,而且分明同德国人对法国精神生活的长足发展所采取的对立态度有关:"在法国委实也有过几次好奇的、但却是孤立的尝试,然而比较批评并不诞生在法国。它的故乡是德国,缘于德国人力图摇脱文学上的法国专权的枷锁。莱辛、赫尔德、蒂克、施莱格尔兄弟,他们才是比较批评的真正创始者。反对法国影响并用英国模式②取而代之,这是它的两大动力。"尽管他承认比较文学是在法国大学被学科固定化的,但是在戴克斯特看来,关键是德国的发展有一种特殊的辩证法基础:"它一方面使得各民族向它的根源运动,导致集体意识的觉醒,使分散的或者遗失了方向的创作力量专注于真正的世代定居的地方。另一方面,它又通过比较来克服国界的障碍,使相邻民族之间能够更加自由地交流,并能更加全面、更加顺畅地理解外国

---

① [荷]梵·第根. 比较文学论[M]. 戴望舒译. 吉林出版集团,2010:17.
② 关于何为"法国影响"和"英国模式"本文将在第三部分详述。

作品。"① 戴克斯特所言的"根源"运动——溯源性思考正来自比较语文学，它的重镇在德国，特别与德国浪漫主义有关。

即使是作为一种研究实践与方法，比较文学也与语文学关系密切。人文学科史专家詹姆斯·特纳2014年断言，"最繁茂、最执着而彻底比较方法的实践者在西方一直是语文学家（philologists）"，19世纪后期各种社会科学等开始使用的比较方法"都借鉴了语文学"。② 如果我们担心当代学者特纳高估了语文学的功能，那么看看19世纪生于北爱尔兰的波斯奈特（Hutcheson Macaulay Posnett，1855—1927）在1886年出版的世界上第一本命名为《比较文学》的书中所言，或许有帮助："获取或交流知识的比较方法在某种意义上和思想本身一样古老，在另一种意义上是我们19世纪的特殊荣耀。"③ 因为尽管比较方法早在我们比较语文学家（comparative philologists）使用之前，已有法学家、经济学家等学者在使用，但都是无意识、不准确的。足以见得，作为现代人文学科起源地的语文学，与比较文学存在重要关联。

比较文学作为一种超国别的文学研究，其基本思考单位之一，是以民族语言为代表的民族文学，它的最初形式是民族语文学。而比较文学的要求是跨越以语言为分类标准的民族，比较文学"堪称'民族文学的比较研究'（étude comparée des littératures nationales）"，但是"要使比较文学这个词诞生，仅有可以叫做'欧洲的'精神占统治地位还不够。这是一种世界主义的、自由主义的、慷慨大度的精神，是否定一切排他主义及孤立主义的精神"④。这一精神与18世纪启蒙时代的世界主义相关，但最关键的是，比较文学除去需要克服

① Texte, J. "Les études de littérature comparée à l'étranger et en France". in François Joseph Picavet, et al, eds. *Revue internationale de l'enseignement (25)*[C]. Paris：Société de l'enseignement supérieure, 1893：253—269. 转引自[德]胡戈·狄泽林克. 比较文学导论[M]. 方维规译. 北京师范大学出版社，2009：20—21.

②Turner, J. *Philology：The Forgotten Origins of the Modern Humanities*[M]. Princeton：Princeton UP, 2014：xiv.

③Posnett, H. M. *Comparative Literature*[M]. London：Kegan Paul, Trench & CO., 1886：73.

④[法]布吕奈尔等. 什么是比较文学? [M]. 葛雷，张连奎译. 北京大学出版社，1989：17.

民族主义局限的世界主义,还需要对世界上各种语言、文字和文学之间关系的假设,一种在混乱中寻找秩序,思考多元中的统一性的观念,这是由历史比较语言学完成的。他们的最高成就都在德国:19世纪现代语文学分化出的第一个学科除去由超语言和超国别思考的"历史比较语言学"而出现的语言学之外,就是代表民族语文学的日耳曼语文学。因此说比较文学有一个德国起源就不足为奇了。

二、德国现代语文学的成绩

尽管作为一门古老的学问,语文学早在古希腊时期就已存在,但是现代语文学是一个典型的德国故事:以1777年4月8日沃尔夫在哥廷根大学入学时要求注册该学科为标志,到1872年,年轻的巴塞尔大学语文学教授弗里德里希·尼采在《悲剧的诞生》中明确宣布放弃语文学为告一段落,这一时期可以说是语文学的黄金时代。黄金时代的语文学以新的认识论为基础:理性与批判。康德在《院系的冲突》(*The Conflict of the Faculties*)中谈到的在此之前的中世纪,大学里较高等级的三个院系都是有外在约束的"他治"的:神学靠《圣经》、法律靠民法、医学靠医疗专业的裁定;而哲学系(也包括诸人文系科)则不同,哲学系的历史研究权威性是靠理性的,是自治的。加拿大学者雷丁斯(Bill Readings)分析说:现代大学依赖于康德命名的理性(Rationalität)在各学科之间提供的基础,而"语文学,即对语言的历史研究,正是这种有机定位所采取的形式。在语文学研究的阐释过程中,历史按照理性原则被重新界说以便揭示其统一性"[1]。

沃尔夫在18世纪德国开创的现代语文学的关键在于,尽管他们的研究对象可能还是古希腊、罗马手抄本或者《圣经》及其历代注释本,但是文本都不再被当作一个信仰的核心和不可质疑、不容侵犯的对象,而是一个需要运用理性进行批评校勘、鉴别真伪、阐释优劣的世俗文本、属于人的精神产品。沃

---

[1]Readings, B. *The University in Ruins*[M]. Cambridge: Harvard UP, 1996:56—57、66.

尔夫不是在"回归"某一个固定的古代时刻或模板,而是用现代理性精神和独立思考,自由地重塑了语文学的部分内涵。

现代语文学诞生的第一门新学科是语言学,它首先被认为是对印欧语系中几种语言的比较研究,但是19世纪60年代后,它越来越多地被理解为对语言本身的研究,即语言科学。第二门新兴学科是民族语文学,即对非古典的现代语文研究:它总是从编纂该民族的语言词典、语法开端;伴随着民歌调查、民间故事,之后才是文学文献研究。民族语文学首先产生的是日耳曼学(Germanistik),如雅各布·格林(Jacob Grimm)《德语语法》(1819—1837),以及由格林兄弟开启,历经几代日耳曼学者,直到20世纪才完成的著名《德语词典》①等学术著作。众所周知,格林兄弟的民间文学搜集整理,是比较文学主题学的重要内容之一,"德国早期浪漫主义的这些作家不少也是学者和语文学家,他们侧重从语文学的角度研究语言和文本问题,运用比较语文学的知识研究欧洲民间故事"②。而韦斯坦因早就发现,德国民间文学的研究,"一开始就集中在那些往往支离破碎、传播不广的文学本体的产生和演变上,它发现一个故事总有大致相同但又有区别的若干说法,于是感到有必要进行比较,并大致描绘一个故事的系谱图"③。由此可见,比较文学与民族语文学的研究成果有着密切关系。

现代语文学黄金时代的真正成就,体现在比较语文学,具体就是历史比较语言学的成就中。比较语言学虽然后来的重镇是德国,但其基石却在英国。1786年,英国的威廉·琼斯爵士(William Jones)在加尔各答亚洲协会的演说中,提出了一个猜想:他认为梵语和希腊语、拉丁语的相似,说明他们有共同的源头。英国语言学家罗宾斯将琼斯的这一假设视为"迄今为止的现代语

---

① 1854年,《格林辞典》首卷出版,之后不久弟弟去世,1863年哥哥逝世时,词典编写到"F"词条,之后历经数代日耳曼语文学者努力,在首卷出版107年后的1961年才完成整部《德语辞典》。
② 孟昭毅. 主题学在德国的发生学意蕴[J]. 天津师范大学学报(社会科学版),2022(2):65.
③ [美]乌尔利希·韦斯坦因. 比较文字与文学理论[M]. 刘象愚译. 辽宁人民出版社,1987:126.

言学发展史中的重大突破"①,这是思维意义上的。因为琼斯所在的18世纪,比较语言学主要关注的还是各类语言地域性的空间排列和分类的差异,慢慢地学者开始思考这些语言之间的关系,将它分为语系(Language Family)、语族(Language Group)、语支(Language Branch)、语种(Language)、方言(Dialect)等层级概念,用"树状图"描绘语言的谱系,这意味着语文学家认为人类的精神产品——民族的语言(和后来的各民族文学一样),如同树木,不仅由根系的"一"繁殖蔓延为"多",还有萌芽、生长、繁盛、凋零的生命节奏。它不仅与生物学的演化论相关,也蕴含着神正论时代的僵化稳定不变的本质主义的消退,历史感被带入人类精神史的研究。

历史比较语言学首先面对的就是大量不同民族的语言,于是对它们设定标准(例如根据元音的变化、屈折语还是黏着语的形式等),进行分类、归纳就非常重要。19世纪的历史比较语言学主要是依据如下五个特征来进行的:事实的(factual)、描述的(descriptive)、分类的(classificatory)、经验的(empirical)、比较的(comparative),他们甚至认为,只要观察、描述、分类、比较就可以研究语言的本质问题,无须推论(speculation)。苏联语言学家绍尔认为:"语言学脱离语文学和哲学而成为一独立科学,是从19世纪之初开始的,它同古典唯心主义哲学的兴盛、浪漫主义的民族愿望,以及历史主义世界观的发展联系在一起。"②

梵语的发现,以及其他古老文字的发现与释读,是欧洲学者对其他民族文化产生浪漫主义兴趣的动因,而自然和社会的历史进化论方法又成为历史比较语言学的产生基础。"19世纪知识分子关注的是实践和发展。随着实证主义在资本主义向整个世界扩张的时代里蓬勃发展,他们相信所有的事情都在增加;并且,像浪漫主义者和地理决定论者一样,他们喜欢寻找本地土壤培

①[英]罗宾斯.语言学简史[M].上海外国语学院外国语言文学研究所译.安徽教育出版社,1987:165.
②[苏]绍尔.从文艺复兴到十九世纪末的语言学说史梗概,载威廉·汤姆逊编.黄振华译.十九世纪末以前的语言学史[M].科学出版社,1960:114.

育出来的单一树干"①,贝尔纳这里所说的本土"单一树干"就是历史比较语言学的溯源性和寻根说,正对应了19世纪欧洲的人文学术研究发展与民族观念强化所具有的高度同步关系。

比较文学的方法论思维产生需要依赖几个条件:对全世界人类的关怀;超越民族狭隘思考的基本单位(按语言划分的民族文学)及其基于实证主义和历史主义对文学关系的思考。19世纪发现的日益增多的古老语言和文字催生了对世界文化的想象,历史比较语言学对于印欧语系的构拟表达了"溯源性"思考,而语言谱系树的模式,将材料进行了历史化,将民族语言或文本等精神产品视为一个有生命的有机体等,这都与德国19世纪的语文学密切相关,它大大影响了比较文学的发展。

三、比较文学的德国罗曼语文学根基

二战后的美国比较文学有一个重要的德国罗曼语文学的遗产。德国比较文学家狄泽林克(Hugo Dyserinck)曾解释说:"罗曼语言文学不仅课题是完全非德国的和国际性的,而且(它在这里还区别于英国语言文学)同它的出发点有关,即从共同的源流出发,同时研究罗曼语族的各种语言和文化,它与多种文学打交道,促使其走上超国界亦即比较文学研究之路。纳粹时期流亡美国并在那里为比较文学的发展作出贡献的德国人中,相当一部分是罗曼语言文学学者,这就不足为奇了。"②狄泽林克提的问题非常重要,但是回答还不够全面。萨义德也曾就此思考:"20世纪初期的罗曼语文学本质上就是比较的,它的主要操作观念来源于一种根本上来说是德国的阐释传统,它开始于沃尔夫的荷马批评,并为施莱尔马赫的《圣经》批评所继续,亦包括尼采的一些最重要的著作(他是一名职业的古典语文学家),然后于狄尔泰的哲学中达到了

①[英]马丁·贝尔纳.黑色雅典娜第三卷:语言学的证据[M].冯金鹏,赵欢译.南京大学出版社,2020:54.
②[德]胡戈·狄泽林克.比较文学导论[M].方维规译.北京师范大学出版社,2009:34.

顶峰。"①萨义德是从哲学认识论角度出发的,但我们不妨首先回到罗曼语文学的开端。

"作为古典语文学的延伸和扩展,罗曼语文学从19世纪中期起,也见证了这一学科的奠基、发展和壮大",其中包括库尔提乌斯、奥尔巴赫、斯皮泽、捷克裔的语言学家雅各布森和文学史家勒内·韦勒克都属于这个传统,"比起许多古典语文学学者来,这些罗曼语文学者更为人们熟悉。在很大程度上,这是由于罗曼语文学所涉及的对象更为现代,因而他们的著作对于专业外的学者和学科来说意义就更为直接和广泛,于是也就更广为人知,影响也就更深远"②。

整个19世纪的语文学,主要是历史比较语言学,除去使得语言学学科获得独立价值以外,另一项高贵而丰富的遗产就是罗曼语文学。"罗曼语"(Romance languages)是对欧洲中世纪时期以来,以通俗拉丁语为基础,演化形成的各类欧洲早期民族语言的统称,主要包括古法语、普罗旺斯语、加泰罗尼亚语、(古)葡萄牙语、(古)意大利语、罗马尼亚语等。相对而言,这几种语言拥有比较强大的独立传统,除普罗旺斯语外都是某个民族国家的主要国语。由于罗曼语都来自拉丁语,又各自代表不同的俗语和语言地区,将这些有共同祖先的不同语言及文学进行研究,本身就是比较的,而且它的研究既是地域共时性的,也是树形演化的历时性的。德语属于日耳曼语族,虽然不是罗曼语,但是与它们同属印欧语系。请注意,正是历史比较语言学对世界不同语言进行分类和想象的构拟,将不同语言的文学纳入一个有序结构中,让它们彼此呼应产生联系,如同这里的日耳曼语文学虽然无法归入罗曼语文学,但是在印欧语系这一树状结构中,它们来自一个根系。

罗曼语文学的研究早在中世纪时期就已有实践:语文学家在搜寻古老拉丁典籍时有时只得到残本,为了重构最佳版本,除去采用的古典语文学方法使用其他拉丁文献,还逐渐演化扩展至俗语文学,并构成西方语文学的根

①Said, E. W. *Introduction to Erich Auerbach's Mimesis*, in *Humanism and Democratic Criticism* [M]. New York:Columbia UP, 2004:89.
②刘皓明. 从好言到好智[J]. 读书,2004(4):82—83.

基①。罗曼语文学研究的基础虽然来自文艺复兴时期的人文主义者,但真正获得重视还是拜19世纪语文学的树形思维和历史主义所赐②,特别是得益于德国浪漫主义和民族主义的推动。这也解释了虽然罗曼语文学最重要的奠基之作是但丁的《论俗语》,早在文艺复兴时期便已出现,但是在19世纪以后对它的重视才愈加明显。最典型的还要算德国著名罗曼语文学家埃里希·奥尔巴赫(Erich Auerbach,1892 —1957),他不仅写过《罗曼语文学入门》,也专书研究过但丁。在他的遗作《文学语言及其受众》(*Literary Language and Its Public in Late Latin Antiquity and in the Middle Ages*,1965)中,奥尔巴赫在《导言》中特别强调了德国罗曼语文学的独特:它根植于赫尔德等人奠定的建立在个体民族精神(Individual Volksgeist)上的历史主义,而一般的罗曼语文学却是以欧洲作为整体(Europe as a whole)的。学者在分析奥尔巴赫遗著《文学语言及其受众》时解析道:奥尔巴赫认为"德国罗曼语文学的历史主义创立了关于人的辩证观念,其辩证之处就在于,它建立在个体民族的差异性之上;因而它比纯然启蒙主义的关于人的非历史、非辩证的取向更深刻也更现实。没有任何一种学术研究——至少在欧洲没有——像德国罗曼语文学一样如此自然地青睐历史主义观念";他就是这样,"以历史主义为线索,彰显了'一'与'多'的辩证统一。在奥尔巴赫心中,罗曼语文学,既反对德国历史主义忘却欧洲整体性的'多',同时也反对启蒙主义式的取消民族性的'一'"③。在这一意义上,奥尔巴赫的确是真正反对狭隘民族主义的比较文学的精神典范。另一方面,比较文学必须带有历史视野,这也主要是由德裔语文学家推动的,当

---

①成沫. 奥尔巴赫与《罗曼语文学入门》:罗曼语文学研究初探,载郝田虎主编. 中世纪与文艺复兴研究(二)[C]. 浙江大学出版社,2020:230—233.

②施莱赫尔(August Schleicher)19世纪提出印欧语系概念,使用树状图(albero genealogico)把语言分为不同的谱系:原始印欧语起源于公元前3000年的中亚,之后随移民迁移到欧洲和亚洲许多地方。其中在欧洲的有日耳曼语族、斯拉夫语族、凯尔特语族、意大利语族等,罗曼语就是其中的一支。

③张辉. "我的目的始终是书写历史"——奥尔巴赫论文学研究的命意与方法[J]. 天津师范大学学报(社会科学版),2022(2):53—55.

然他们有不同方式,"斯皮策的解释关注的始终是对单个语言形式以及特定作品和作家的准确理解",而奥尔巴赫与之相反,他写道:"我的目的始终是书写历史"①。正因如此,是奥尔巴赫的《摹仿论》,不是斯皮策,为美国比较文学带来生机。尽管前者看似缺乏传统语文学的修辞学细节,但其超越民族主义狭隘、呼唤历史感的努力,对比较文学更为重要。

四、遗产与张力

比较文学作为一种跨越边界的智识活动与对人类精神产品的研究,无论其思维方法还是学科化,都与欧洲的地缘政治密切相关,它的兴起与欧洲现代民族国家的意识同步,基本都是《威斯特伐利亚和约》和《维也纳合约》的连带产物,具有独特的欧洲特性。但为什么德国发挥了如此重要的能动性,这一段学术史如此重要?

欧洲在1618—1648年的30年战争主要是在德意志为主战场的欧洲邦国战争,原因是天主教与新教之间的矛盾以及欧洲各国的政治冲突和领土争夺。最后于1648年签订的《威斯特伐利亚和约》使瑞典、法国及其盟友获得大片领土;确认了德意志诸侯的主权。合约的基本后果是:加深了德意志的分裂割据,为法国称霸欧洲准备了条件。在此之后的德国,经济落后、政治纷争不断,军事动荡,它亲眼见证法国的军事与文化崛起,几乎要成为"新罗马"。而德国的矛盾心理在于:它的宫廷语言和文化是法国的,18世纪上半叶德国出版的多数书籍是拉丁文和法文的,而大批的德国知识分子和精英阶层表达了对德语进行文化与哲学的高级对话的担心。正是在这样的心理中,德国浪漫主义者意图让德国人回归文化根基,并在德国自己的土地和人民中,去创造真正的德意志文明。这就是文章开端戴克斯特所说,德国比较文学的动力之一,正来自与法国的文化抗衡。德国的民族精神,依据所谓18世纪80年代

---

① Auerbach, E. *Introduction: Purpose and Method*, in *Literary Language and Its Public in Late Latin Antiquity and in the Middle Ages*[M]. trans. by Ralph Manheim. Princeton: Princeton UP, 1965: 20.

发展的术语时代精神(Zeitgeist)尽管有形式的变化,但是"民族"的本质是不变的。其中除去对法国的对抗心理,英国,特别是苏格兰的推动力尤其关键,这也是戴克斯特所说的英国影响之一。

1707年苏格兰与英格兰联合的法案,1715年以及1745年打败了觊觎王位者及其子查理(Bonnie Prince Charlie),苏格兰高地盖尔文化遭到破坏,使得苏格兰旧的民族主义再次面临危机。但是讲英语的苏格兰上层贵族将失落的民族主义进行了文学升华,最具代表性的是詹姆斯·麦格佛森(James Macpherson)伪造的全套盖尔语史诗《莪相》(Ossian)。书在1762年出版,假托是3世纪诗人莪相所作,写他与父亲的英雄事迹。尽管很快证明这本书乃伪作,但丝毫不影响莪相在此之后半个世纪的流行。赫尔德就曾做《论莪相和古代民族的诗歌》一文,其中就提倡德国民族文学将莪相作为新文学运动的效仿对象。

18世纪迅猛发展的新概念"童年",位于"进步"和浪漫主义的交汇处。童年是理性之前的情感和感觉阶段,还没有成年的性与"堕落",而且它面向未来,仍有无限可能去创造,在这一点上,童年的成长与浪漫主义进步进行了联手。[1]这个逻辑是非常清楚的,一个"种族"最纯粹的本质蕴含在语言和民歌之中。两者都是时间性的,不稳定、流动的、抒情的、纯粹的、天然的,并非空间性的、世故的、僵化的、人为的、雕琢的。因此,以民间文学为开端的比较文学题材学、主题学,早期最高成绩都在德国,正是来源于对民族"童年"的迷恋。因此,虽然德国语文学对比较文学有着重要起源意义,在社会政治条件和学理上都是合理的,但其危险、矛盾与张力也是内在的。

至21世纪初年,萨义德曾有《回归语文学》一文,哈珀姆尖锐地说:"讽刺的是,毫不夸张地说,萨义德定义为可对抗'一切当下的战争或国旗所基于身份'的语文学,其现代形式却是在民族国家政府推动民族内部团结的语境中

---

[1][英]马丁·贝尔纳.黑色雅典娜第一卷:编造古希腊:1785-1985[M].郝田虎,程英译.南京大学出版社,2020:218.

诞生的。"①他所说的正是这个比较语文学德国故事的如上背景。

历史比较语言学的溯源式思维,来自越古老、越原始、"血统"越纯粹的"反进化论""反进步主义"的浪漫主义思维,德国在学术上构拟了雅利安主义的印欧语假说,在政治上最终滋生了种族主义,在文化上必然带有沙文主义和自我中心主义倾向。这毫不奇怪,因为比较文学的重要奠基者赫尔德,虽然继承了18世纪启蒙运动的世界主义和普世性原则,认为所有民族,包括德国人,都应得到尊重。但是"他的观点及18世纪末和19世纪初德国思想家,包括康德、费希特、黑格尔和施莱格尔兄弟的观点中,明显对历史和地方特殊性的关注以及对理性或'纯粹理性'的蔑视,为此后两个世纪中的沙文主义和种族主义提供了坚实的基础"②。尽管比较文学在18世纪的德国就已奠定了重要的方法论范式,但是却没有在德国占据主导,这是因为它作为一门超国界研究的学科,生不逢时地与德国历史上一直占统治地位的民族至上主义发生冲突。可以说,德国比较文学的夭折标志是1909年科赫《比较文学研究》和《比较文学史杂志》1910年的停刊。③

但无论如何,作为一个超越民族国家的学科,比较文学从德国语文学继承的遗产相当丰富,概括有三个:

第一个遗产是语文学分化出的日耳曼民族语文学,基于词典编纂的对民族语言的研究为基石,围绕民歌、民间故事等民族"童年"展开的研究,最终成为比较文学主题学的基本范式。许多今日被视为比较文学研究者的学者,第一身份都是语文学家、比较语言学家,其学理基础就在于世界语言亲缘关系思考启发了民族文学亲缘关系的研究:例如民俗学者施莱格尔兄弟是最早将梵语研究引入德国之人,1808年,弗·施莱格尔在《论印度人的语言和智慧》中

①Harpham, G. G. "Roots, Races, and the Return to Philology"[J]. *Representations*. Vol. 106, No. 1(Spring 2009):34—62、38.

②Bernal, M. *Black Athena: The Afroasiatic Roots of Classical Civilization, Volume Ⅰ:The Fabrication of Ancient Greece 1785-1985*[M]. London: Free Association Books Ltd. 1987. p. 216.

③参见卫茂平. 德国比较文学——历史与现状[J]. 外国文学研究,1985(1):109—111.

更是第一个使用"比较语法"概念的人，其目标是对人类"原始母语"探求。

第二个遗产是语文学分化出的历史比较语言学，给予比较文学历史化材料的方法，"谱系树"模式和溯源性思考。它最典型的代表就是法国基于实证主义方式的文学国际关系的影响研究。

第三个遗产是二战后流亡的德国罗曼语文学为美国比较文学带来的典范作用。20世纪60年代以前，由于二战后幸存的德国罗曼语文学家多数寓居美国，因此美国的比较文学主导范式需要比较来自两个或两个以上的西欧国家文学（主要是英语、法语、德语、意大利语和西班牙语）的文本，用来自语文学的工具作为这种比较的主要基础。这种比较文学最主要的范本正是奥尔巴赫的《摹仿论》，从荷马到普鲁斯特和弗吉尼亚·伍尔夫。然而到了60年代，这种模式开始受到批评，至少有两个主要原因：首先，语文学所青睐的历时性（diachronic）语文学方法被索绪尔（1857—1913）的共时方法所取代，他开创了今天被称为符号学和结构主义的领域。罗曼·雅各布森（1896—1982）和罗兰·巴特（1915—1980）等结构主义者的理论繁荣，很快掩盖了早已"美人迟暮"的语文学。其次，涉猎的文本语言基本主要是西欧国家文献，它们越来越被认为是狭窄甚至武断的。到20世纪六七十年代，历时性语言家族树模式的历史比较语言学和主张文本自足的新批评越来越水火不容。以罗曼语文学研究为范式的旧比较文学，最终被美国学界简单粗暴地投入80年代所谓的"文化战争"中，文学研究遭受"政治是否正确"的拷问。这不过是说明旧的本质主义的比较文学范式正摇摇晃晃地走向崩溃，新继承者出现的条件或多或少已经成熟了。继任者就是不再教授固定的一套经典文本，而是试图突破罗曼语文局限，依靠译本、尽可能多地囊括不同民族文学的全球化时代的新世界文学。而多数学者都承认，世界文学作为文学分支的出现在21世纪最初10年是一个惊人的发展。①

比较文学的魅力正在于它的备受争议。而德国语文学掺杂着帝国政治、

---

① Surin, K. "Comparative Literature in America: Attempt at a Genealogy", in Behdad, A. and Thomas, D. eds. *A Companion to Comparative Literature*[C]. UK: Blackwell, 2011: 65—71.

种族主义和纳粹意识形态的"黑历史",让比较文学与语文学的交织更显深邃复杂,悖论不断,因此也魅力无限。对两者的知识社会学追溯,也让我们认识到德国语文学和比较文学相通之处,天生带有的无限张力:

张力之一是德国语文学最初所携带的微妙的民族主义动力,转移到了文学研究中,它一方面催生了从编纂民族语文词典到民歌调查为代表的各民族"语言文学系"在大学中的建立;另一方面历史比较语言学所带有"溯源论"和在多样性中创造、构拟有序性和宏观图谱的观念,则是比较文学兴起的学理基础。其关键在于,"19、20世纪对文化的理解上还出现了一个重大转变,被民族国家赋予反思文化身份任务的主要学科从哲学转向了文学研究。文化原本是哲学问题,这时变成了文学问题"①。在这一潮流中,文学、也包括比较文学日益走上风口浪尖。

张力之二是今日的比较文学,学术伦理的正确性正在于维护世界和平与促进彼此的文化理解,但其动力却来自欧洲历史上民族国家与弱小民族之间的竞争。19世纪初,欧洲为了处理拿破仑战争之后的欧洲政治问题,意图恢复战前的各国旧王朝及欧洲封建秩序,防止法国东山再起,战胜国重新分割欧洲的领土和领地,相互制衡并保持和平。1815年签订《维也纳合约》,会议确立了俄、奥、普、英四国支配欧洲的国际政治秩序。而欧洲大陆上的主要帝国(普鲁士、俄罗斯、奥地利)领土上获得巨大收益,这意味着许多小国和语言被纳入了大国的管辖范围。各自不同的文化被安置在少数主要的群体中,在超越民族国家层面上,才能更好平衡。然而对于新兴的比较文学学科来说,这种帝国结构造成了双重束缚,因为它意味着克服民族分裂的尝试恰恰与这些分裂联系在一起,锁定在相互竞争的国家和殖民地的叙述中,因此可以说"按照19世纪的地缘政治术语来理解,比较文学也是竞争性文学"②。

可以肯定的是,正如西蒙·纪坎迪所言,目前看来,"基于发展的比较文学

①Readings, B. *The University in Ruins*[M]. Cambridge:Harvard UP, 1996:67.
② Hutchinson, B. *Comparative Literature:A Very Short Introduction*[M]. Oxford:Oxford UP, 2018:7.

课程，与20世纪50年代的奥尔巴赫和约翰·霍普金斯大学的里奥·斯皮策认识的比较文学系，将有大不同"[1]。至少在百年未有三大变局的时代背景下，各国经济衰退及文化保守主义的抬头，将让世界范围内的大学本已紧缩的人文学科雪上加霜，全球范围很多大学已经减缩或裁撤某些古老语言、国别文学席位，合编为区域研究或跨学科中心。然而悖论正在于，历史证明越是人类面临共同苦难和艰辛的时刻，越是需要能够促进人们跨越疆域、思考普遍主义的比较文学到场之时！

---

①Gikandi，S. *Contested Grammars：Comparative Literature，Translation，and the Challenge of Locality*[M]. New York：John Wiley&Sons，Ltd，2011：65.

西方语文学的分化与"文学"的兴起

梁 展*

西方语言中的"文学"作为一个专业术语,来源于拉丁语的"litteratura",源于"littera",后者为"书写符号"即"字母"之义。古罗马作家西塞罗在"书写"意义上使用"文学"一词,在昆体良那里,"文学"即"文法学"和"文献学",特尔图良笔下的"文学"则相当于现代西语当中的"科学"和"博识"。到17世纪后期,人们还习惯于把"有文学"视为"有文化",法国作家枫丹纳尔因之将数学也归到"文学"当中。伴随着路易十四时代"文人共和国"的崛起和文人地位的提高,在法国,"文学"一词才被用来指以优雅的文字写成的、能够激发读者情感的作品,这就是"美文学",它亦被称之为"优雅的科学"或"优雅的学识"。近代意义上的"文学",即从审美判断角度加以理解的文学创作和文学研究则源自19世纪晚期,斯达尔夫人的《论文学》确立了近代"文学"的含义。"文学"一词的语源脉络表明,它首先是一种得自书本的知识、学问和"科学"。直到今天,法文中的"lettres"和英文中的"letters",还保留着"知识"和"科学"的意思,法语世界中的"lettres"如今还被用来指称包括人文科学和社会科学在内的"文科",纯粹形式科学即数学亦属"文科"的范畴。在学识教育方面,古罗马时代有"三艺",即文法、修辞和逻辑,以及"四艺",即算术、几何、音乐和天文之说,它们合称"七艺"。由"七艺"组成的"自由技艺"是古代城邦中的自由公民必须接受的教育,它与以培养奴隶劳动技能为目标的"实用艺术"相区别。中世纪的欧洲,"自由技艺"渐渐具备了百科全书的形

*梁展,中国社会科学陆军外国文学研究所研究员,中国社会科学院大学外国语学院教授。

式,成为以基督教信仰为基础的修道院教育的核心内容。在那时,"文学"与我们现在所说的"自然科学"不加区分,它们共同构成基于宗教信仰的知识谱系。

文学与自然科学的分化缘于近代科学所引发的工业革命及其相应的教育体制变革当中。古代意义上包括"文学"在内的"科学"最初是指人类的认识能力,随后被转化为一个哲学观念即"纯粹知识",这个词汇后来又成为一个宗教观念,它被用来指称有关宗教经典及其释义和书写的知识。17 世纪,在以培根、洛克为代表的英国自然哲学家那里,认识自然的目的被确定为恢复人类原有的支配地球的力量,这种力量本是上帝赋予人类始祖亚当的、复又在其堕落过程中丧失掉的东西。自此,古典"自由技艺"经过基督教信仰的改造,转向了以征服自然为目标的近代自然科学。大英帝国正是借助于这一建立在宗教信仰之上的科学观念,将广大的海外殖民地当作进行科学研究的场地和有待进行殖民征服的对象。伴随着科学观念的形成,英国的古典教育体制也发生了改变。持续的工业化和殖民活动为大英帝国带来了巨大的财富和人口的激增,从而造就了一个和平、富庶、感受细腻、拥有民族自信的"维多利亚时代",中产阶级正在形成的过程当中。显然,以古典文学为核心的教育体制已经无法实现这个阶层的教育理想,他们需要一种新的文化规范、生活风格、价值观和道德观。柏拉图在《理想国》中曾经关注于城邦如何培养自由的公民,维多利亚时代的知识精英们也面临着同样的问题:新崛起的中产阶级需要一种什么样的教育才能与其理想相适应?

文化批评家马修·阿诺德曾以"菲里斯丁"一词来讽刺维多利亚时代庸俗的中产阶级生活风格,在他看来,这个阶层固执地排斥"甜蜜与光明",过着一种令人"鄙视和不自由的生活"。阿诺德坚持以贵族式的古典文学教育理想来审视维多利亚时代普遍的精神和文化状况,这本身就标志着古典教育体制在一个新兴的工业化帝国的衰落局面。阿诺德的贵族文化主张遭到了推崇进化论思想的哲学家赫胥黎的质疑。他认为,没有任何国家和个人能够处在领先世界的地位,假如在其知识储备当中物理科学宣告阙如。阿诺德强调保持文学教育在整个教育体制中的突出地位。他认为单纯进行自然科学教育会使人们忽视"人性养成"的问题。自然科学只是些零碎的知识，阿诺德说，而我们人类具有一种天然的欲望，要把这些零碎的知识与我们的行动感和美感联系起来，而这构成了生命的力量，自然科学不愿意也不能够满足人类这一天生的欲望，只有人文学术能够做到这一点。

假如说在维多利亚时代，文学与科学教育的冲突渐露端倪，那么第二次世界大战之后，文学文化与科学文化则分裂成了两个互不沟通的知识领域。1959年，英国物理学家兼小说家斯诺（Charles Percy Snow）发表了题为"两种文化"的讲演，其批评的矛头直指英国乃至整个西方社会生活和教育体制中日益明显的科学与文化相冲突的现象。具备教育战略思想的斯诺指出，当今西方社会分裂成了两极，"文学知识分子"和"科学家"，后者尤其是指"物理学家"，两极之间横亘着一条无法填补的鸿沟，分属两个阵营里的人们（特别是年轻人）甚至相互怀有敌意和厌恶之情，彼此产生了扭曲的印象，以致在人类最容易沟通的情感方面，二者也找不到任何共同的基础。斯诺认为，文学与科学文化的分裂不仅是整个社会的损失，同时也是人类思想和创造力的损失——两种文化的交流和沟通是人类创造性的根本来源。就英国的情况来说，这种分裂源自传统教育所追求的专门化和英国社会形态不断走向僵化的趋势。造成这一状况的历史和政治原因在于，尽管英国的工业革命领先于其他欧洲国家，但文学知识分子们未能真正地关注和理解这场伟大的革命。反之，传统教育日渐脱离了工业革命的实际需求，片面地培养青年人从事管理工作，培养他们到印度从事殖民事业，或者从事使文化恒久化的工作，却从未能在任何情况下培养他们去理解或置身于工业革命当中去。这一教育方针导致英国没有能够及时培养出大批适应工业革命需要的实用人才，而在同期的德国，虽然其工业革命落后于英国，但他们能够抓住时机从普通民众当中培育出了许多技术人才。与生活在70年前的阿诺德不同，斯诺面临的问题是英国如何才能够在未来科学革命中领先于其他国家，他为英国教育改革开出的方子自然是偏向科学文化教育的。难怪他的教育战略主张会招致当时的大批评家李维斯的谩骂，后者严厉地指责斯诺完全忽视了文学、历史、文明史和工业革命所包含的人文意义，作为一个小说家，李维斯讥讽道，"他对文学创作一窍不通"[①]。

诚如斯诺所言，邦国林立的政治现实延缓了德国工业革命的发生。但与英国相比，德国的教育革命却遥遥领先于欧洲其他国家。19 世纪初，第三次拿破仑战争的失败使普鲁士丧失了半壁江山，从而沦为一个欧洲弱国。作为结束战争的条件，哈勒大学被法国占领军关闭，原本在那里执教的施莱尔马赫不得不来到柏林。然而普鲁士国家并不甘于战败与落后的现状，亟须在柏林创办一所新式的大学，其目标在于继续保持在"高尚的人文教育"方面领先于德意志诸邦的地位，借此增强自身的国力，"以期与自然地理意义上的德意志国家保持一种活生生的联系"[②]。在这一历史条件下，施尔莱马赫随即投入到由威廉·冯·洪堡（Wihelm von Humboldt）领导的柏林大学的创建工作当中。在教育史家、哲学家鲍尔生看来，新创建的柏林大学因之承载着普鲁士国家的历史和民族使命。1809 年 2 月，洪堡被施泰因男爵任命为普鲁士文化与教育部负责人，并着手按照鲍尔生所说的"新人文主义"理想改革普鲁士的教育体制。古典人文主义注重教育为《圣经》的阅读和信仰服务，"新人文主义"则强调教育的自主性和独立性，其最终目标在于促进人性的发展。根据"新人文主义"这个术语的提出者鲍尔生的说法，18 世纪 70 年代，在德国继启蒙运动之后产生了一个新的世界。在此之前，哲学和科学均遵循着伽利略、霍布斯、笛卡尔和斯宾诺莎所奠定的原则，以数学——理性主义的范畴来理解现实的世界。

物质世界如此，精神世界亦是如此，语言、风俗、宗教、国家等皆在一个高高在上的理性那里得到解释。理论上如此，实践上亦是如此。比如，传统的诗歌教育的内容仅仅局限在创作诗歌的技法等。新生的世界不再满足于这

---

①Leavis, F. R. *Two Cultures? The Significance of C. P. Snow*[M]. Pantheon Books, 1963: 38.

②Schleiermacher, Friedrich. *Gelegentlische Gedanken über Universitäten in deutschem sinn*[M]. Berlin: Re-alschulbuchhandlung, 1808: 145—146.

样一种贫乏的机械解释方式,转向了一种更为丰富的有机观念。新人文主义理念最早出现在以沃尔夫(Friedrich August Wolf)为代表的古典语文学研究当中,新人文主义使这门学问变为服务于通识教育的学科,目标在于"促进纯粹的人性教育,促进一切精神和情感力量的提升,以期达到人之内外完美的和谐",这是新人文主义教育的核心思想。莱辛、赫尔德、温克尔曼、施莱格尔兄弟、歌德、席勒和洪堡等人都积极强调古典语文学的人文传统,他们主张直接从古希腊的语言、文学和艺术中寻求完美人性的典范,借此反对当时的教育仅在培养官员和商人的"实用主义"思想。在致沃尔夫的信中,洪堡希望通过对希腊语文的学习,让人们认识到这个民族的精神气质构成了人类理念的典范表征。然而应当特别指出的是,洪堡的以古希腊为范本的人文教育(养)理念恰恰顺应了普鲁士国王腓特烈二世追求统一德意志诸邦的政治愿望。

洪堡创建柏林大学之举,一方面出自在如费希特、施莱尔马赫等普鲁士知识分子中日渐高涨的民族主义诉求,而其直接的动机则源于普鲁士国王上述切近的政治目标。1807年9月4日,普鲁士内阁通过建立柏林大学的动议,在迟疑良久后,洪堡才于1809年5月向腓特烈二世上书陈述自己创建新大学的计划。在这份吁请书中,洪堡不无恭维地说,在启蒙和精神生活方面,普鲁士国家在引领邻邦的过程中与其他德意志邦国建立了亲密的关系,这层关系非但没有因为刚刚遭受的失败而松懈,反而得到了加强。其原因是,在这一危机的时刻,国王仍然念念不忘支持和改善国家的科学研究机构,希望在精神和道德方面继续领导德意志诸邦,最终实现德意志国家统一的总体目标。洪堡并不讳言,正是崇高的、统一德意志国家的政治目标吸引了大批在普鲁士境内从事教学和研究工作的有识之士,他们以非凡的热情投入到建立柏林大学的工作当中,在这些人心目当中,新创建的柏林大学将成为普鲁士邦和整个德意志国家的精神象征。洪堡认为,普鲁士国家现有的众多科研院所和医科大学存在着严重的系科分离状态,这不利于以培养学生完善的人性为目的的"科学教养",严格意义上的"大学"应当不排除任何一门科学,应当使教学机构取得"学术研究的尊严",尽管教学机构的水平足够地高,但假如其尚未能够成为大学的话,那么她的建设就是不成功的,因为她从未使机构这个概念固定下来。这就是说,无论是包含物理、地理等现代自然学科在内的哲学系,还是包含生理学、生物学在内的医学系,所有单独的学科均应当在大学这个学术机构中熔铸成综合的、统一的、促进人性培养的普适性知识。反之,因为理论与实践课程是不可分割的,所以仅仅基于实际用途而建立的机构则是危险的。

在大致上写于1810年左右、20世纪初始得发现的一份题为《论柏林高等科学机构的内外组织》的手稿中,洪堡主张高等学校应当建立在脱离于国家政治之外的、纯粹的科学概念之上,其本质在于客观科学与主观教养的内在结合。同时,由于人性中的精神效应是诸多效应的综合,因此高等学校的组织应当创造和保持一种连续的、永远保持着生命力的、非外力强制且没有目的的综合效应。科学研究应当被视为教授者与学生共同的、无休止的知识追求和精神生活本身。可以说,洪堡的大学理念是普鲁士国家政治统一诉求与新人文教育理想相结合的产物。以此为原则,洪堡开始以柏林大学的建立为契机来改革整个普鲁士教育体制,建立施莱尔马赫所说的"德国意义"上的大学,而"德国意义"上的大学是针对拿破仑一世治下的法国大学而言的"创造"。拿破仑在法国大革命之后的1808年建立了帝国大学,这个统一的行政组织通过学校管理人员将全国从大学到小学的各类各级学校组织起来,在旧有的、遭到法国大革命摧毁的大学之上,建立了独立的、有组织的新型大学。他关闭了神学系,并将哲学系划分为"科学门"和"文学门",这使大学完全沦为国家的考试机构。其目标不在进行科学研究本身,而在于培养直接服务于国家的行政官员,其中法学和医学则直接服务于军队和教会,教师作为国家教育官员,其任务只是准备让注册大学生通过由各个科系举办的国家考试而已。[1]

与此相反,洪堡的大学理念强调政治上脱离国家的直接需要,经济上则

---

[1] Paulsen, Friedrich. *Die Deutschen Universit tund das Universit Tstudium*[C]. Berlin: Verlage von A. Ascher & Co. 1902:62—63.

不再使大学成为国王的负担,力主大学"通过自身的能力和国民的捐赠"来维持自身的发展。①

与当时的法国教育体制片面注重实用性学科如法学和医学教育相比,洪堡的大学课程设置首在培养学生的精神力量,这样一来,哲学系就自然成了首要的科系,它能够起到引领其他单独学科的作用,并为后者提供思想和方法指导。因此,数学、物理、地理等现代意义上的自然科学统统被整合进了哲学系里。不同的是,它不再建立于中世纪教会统一体的基础之上,转而建立在近代人性思想的统一性之上。失去了中世纪大学的修道院特征和地方特征,成了探求真理的学术机构,超越了教会和国家的界限,这使得德国的大学代替中世纪的巴黎大学成了国际性的大学,吸引了来自欧洲其他国家乃至东方的学生。应当说,"德国意义"上的大学的上述发展趋势不但实现了洪堡创建柏林大学的初衷,而且也超过了其本人的预期。在上腓特烈二世吁请书中,洪堡曾说:"学校和中学会对其所在的国家产生最为重要的用途。只有大学能够超越她的边界发挥相同的影响,而且能够促进整个操同一种语言的民族的形成。"②

但是19世纪初期知识分化的复杂状况使得按照洪堡的理念试图整合各个门类科学的大学改革方案显得十分艰难。知识分化带来的学科分化现象,首先出现在新人文主义发端的语文学领域,以雅格布·格林和威廉·格林兄弟为代表的日耳曼语文学冲破了沃尔夫、洪堡等人的希腊主义藩篱;其次是由支持洪堡进行教育改革的施泰因男爵亲自参与、以兰克和尼布尔为代表的历史研究学派的兴起激发了一种德意志的民族主义思想;最后,19世纪20年代数学——自然科学的兴盛使得生理学、物理学脱去了在古典自然哲学框架当中的思辨色彩。上述三种知识分化和学科分化现象使哲学作为大学之首要系科的地位受到严峻的挑战,康德试图以批判哲学为框架来综合自然与历史

①Wilhelm von Humboldt, Gesammelte Schriften. der preusischen Akademie der Wissenschaften, Bd. 10, Berlin: B. Behr's Verlag, 1903: 139—141.
②同上。

的尝试渐渐失去了效力，这使哲学本身也遭到了前所未有的质疑和不信任。而且，即使传统的神学也不断受到自然科学的影响，产生了所谓实证神学和以大卫·施特劳斯为代表的历史批评派神学。传统的法学研究对象亦由"自然法"转向了"实在法"。①

在法国的占领行动结束之后，尽管洪堡的继任者们延续了其建设普鲁士统一学制的改革方案，但他们也根据当时的社会现实渐渐做出了一些调整。1817年至1819年间制定的课程法规定，国家作为"大教育机构"应当实施相应的"国家青年教育任务"：小学、国立学校和中学按照统一的国家目标而设置。为服务于国家建设，中学相应地增加了实用的课程。古希腊语因不具实用性而渐渐再次让位于拉丁语，而德语、德国历史教学比重则有所增加。到了1840年左右，当威廉四世上台的时候，人们普遍认为，古典语文学研究并没有那么重要，也并不是为一种高尚的教养所必需的东西，哲学和自然科学、国家科学和政治学、神学批评和现代文学比起古典语文学来说更为重要和有趣味。人们甚至呼吁中止正在进行的人文主义教育改革，因为古典语文学并非时代的需要，它虽然能够为未来的官员、学者、医生和技术人员提供一点儿古典语言知识，但在日常的知识和商业交往中，人们更需要现代语言、更需要熟悉数学和自然科学，在作为科学研究的前提方面，它不比对现代文化发展的理解更弱；而且一种对本民族精神发展有深度的、有学养的理解对于将来成为这个民族的领导者们而言至少是适合的。这位注重实际效用的普鲁士国王试图纠正新人文主义教育的偏颇，他主张"并非对所有事物的知识，而是在有限领域方面的能力才能造就一个干才"。主因并非"教养"，而是"思想"，教养不但不能够促进思想；相反，它还会给后者带来危害，尤其是教养显露出单单制造傲慢和浅薄，从而小觑卓越的和真正的劳作倾向之时。

显然，洪堡的大学方案并不能满足正处于工业化时代开端的德国政治和

---

① Paulsen，Friedrich. *Die Deutschen Universitätund das Universitätsstudium*[C]. Berlin：Verlage von A. Ascher&Co. 1902：62—63.

社会现实的需要。仅就大学的课程设置而言,为了强调人文教育的完整性和统一性,它未能将自然科学从中世纪大学的医学系和哲学系中分离出来,而是将它们完全归入哲学系里。然而早在1800年就已建立起来的哥廷根和哈勒两所大学已经将化学、植物学和动物学划为医学系或国民经济系;数学、物理学和矿物学则或被归入哲学系,或被归入国民经济系或医学系,而新建立的柏林大学则将化学、植物学和动物学重新纳入哲学系里。于是,在19世纪30年代至90年代间德意志的大学出现了诸自然学科从医学系和国民经济系退出,悉数被归入哲学系的过程。但是随着人文科学和自然科学的分化以及大学教师职位的不断增加,哲学系内部各个学科之间潜在的冲突也在不断地加剧。1863年,应自然科学家和医学家们的要求,图宾根大学成立了第一个自然科学系,尽管这遭到了哲学系教授们的反对。

接着,斯特拉斯堡大学在1872年也成立了自然科学系,从19世纪60年代开始,自然科学纷纷从哲学系中分离出来。如果强调知识分类与学科独立是现代大学的特征,那么早于柏林大学建立的哥廷根大学和哈勒大学应当是德意志大学的典范,而非进行系科整合的洪堡型大学。有德国学者进一步指出,洪堡的大学理念既没有出现在19世纪初期的教育讨论中,亦没有在制度层面上得到落实,而所谓建立在其大学理念之上的"柏林模式"只不过是20世纪初期兴起的新观念论思想所制造的"洪堡神话"而已。制造这一神话的新观念论,则在人文学科面临自然科学挑战之际重新强调人文学科的重要性,尤其是强调人文科学所建立的新的德意志民族认同,如日耳曼学和民俗社会学等。依笔者之见,这一点恰恰凸显了洪堡大学理念的本有的民族主义内涵。

20世纪初期德国新观念论思潮在教育上的代表斯普朗格(Eduard Spranger)正是哲学解释学奠基人狄尔泰的学生。狄尔泰的生命哲学和解释学是因反对威廉四世实用主义风格而兴起的思潮,受其影响的教育思想是1890—1914年间德国最重要的教育思想。狄尔泰1850年代在柏林大学曾经聆听过大史学家兰克的讲座,深受历史学派的影响,后来又接过了施莱尔马赫和洪堡的新人文主义旗帜。因此,"历史性"和"个人性"就成为狄尔泰区分精神科学与自然科学的重要特征。在他看来,二者的区别首先基于他们处理各自研究对象的方式和方法。自然科学研究自然界中的物体,它们具有广延性,延伸在时间和空间当中,并且能够运动。物体最基本的特征在于空间和数量之间的关系,我们可以通过数学使之固定下来,并建立其间的因果关联,发现自然秩序中的机械规律。①

精神科学与自然科学的界限是世纪转折点上德国思想家们普遍关心的问题,狄尔泰关于两类科学的界定引发了一系列有关自然科学与精神科学分界的论争。与狄尔泰远承新人文主义教育理念的做法不同,同一时期的新康德主义者是在为人类知识提供规范的意义上来界定两种科学的,其问题可简化为:人类作为经验主体如何把握摆在其面前的现实?②新康德主义南德学派的领袖文德尔班(Wilhelm Windehbm)将自然科学和历史(就精神科学普遍建立在历史性基础之上而言)视为以认识现实为任务的经验科学的两个不同的门类,前者追寻"表现为自然规律的普遍",后者则追寻"特定历史形态当中的个体"。前者沉思于永不改变的形式,后者则沉思于现实事件之一次性的、特定的形态。"前者是关于规律的科学,后者则为关于事件的科学;前者教人以永远发生的东西;后者教以人曾经发生过的东西。在前者那里,科学思想是规律性的,在后者那里,它是个人性的。"③在狄尔泰那里,自然科学与精神科学各自研究的对象,即它们所面对的现实性是不同的,前者是自然物,后者是生命关联;在文德尔班这里,两种科学担负着不同的认识任务,这一点在李凯尔特那里进一步得到了明确。作为文德尔班的学生,李凯尔特(Heinrich Rickert)放弃了对两种科学做内容上的、实质性的区分,转而给出了两种科学

---

① Dilthey, Wilhelm. *Der Aufbau der Geschichtlichen Welt in den Geisteswissenschaften*[M]. Frankfurt a. Main:Surkamp, 1970:106.

② Anton Hügli, Poul Lübcke. *Philosophie im 20. Jahrhundert*[M]. Bd. 1(Rowohlt Tb. ,1992), S. 40.

③ Windelband, Wilhelm. *Geschicte und Nuturwissenschaft*[M]. Tübingen:Paul Siebeck, 1907: 364.

在纯粹逻辑和形式上的区分方式。根据李凯尔特,自然科学与历史所处理的对象并非两种不同的现实,而是从不同观点来看待的同一个现实,换言之,它们是我们面对同一现实所怀有的不同目的。李凯尔特认为,自然科学与历史只是两种不同的概念结构方式,即两种思考方法或思考形式,它们各自在不同思考形式的指引之下,分别完成着对同一现实性的认识,如巴尔的物种概念和兰克笔下每位教皇的独特历史境遇和内心世界,它们分别是两种科学所思考的内容。

李凯尔特对现实性的思考是新康德主义者们共面对的问题,这也是海德格尔思考存在问题的出发点。1913年,他在李凯尔特那里完成了题为《邓斯·司各脱的范畴和意义学说》教授资格论文。尽管这篇论文以中世纪哲学为研究对象,但它明显延续了李凯尔特对现实性的基本把握方式。科学在这里被视为对对象的处理方式,"单独的科学处理不同的对象领域,或者是处在不同角度之下即'从另一方面来看'的一个也是同一个对象领域。在我们的沉思中,我们认识到我们进入了作为某种特定现实领域出现的单独的对象领域"①。在司各脱那里,这些科学门类分别是物理学、心理学、数学和逻辑学,它们所把握的是四种不同的现实性类别,这也就是我们把握对象的四种范畴。那么自然科学或者说物理学是如何把握呈现在我们面前的对象或现实的呢?

在《存在与时间》中,我们面对的"物"首先是我们在日常生活中所使用的工具。工具并非单独存在着,一件单独的工具与其他的工具发生着这样那样的关联,这构成了一个关联的总体,例如,一个课桌不是孤零零的存在物,它关联着课本、教室这些存在物,而且也关联着教室中的教师和学生等。这一总体关联即为"世界",在海德格尔看来,当一件工具出现在工具的总体之中,当工具与工具的总体关联呈现出来之时,一个所有的存在者以及人存在其中

---

① Heidegger, Martin. *Gesamtausgabe*[M]. Frankfurt a. Main: Vittorio Klostermann Verlage, 1978:210—211.

的"世界"便敞开出来①。海德格尔将工具的这种存在特征命名为"上手性"，它是对物的一种范畴规定性，与自然科学直接将物或存在者置于时间和空间当中，析取其"抽象"属性这样一种理论性把握方式不同，上述对存在物（工具）的范畴规定性旨在让其"自身显现出来"，这正是海德格尔的"现象学方法"，即让物或存在者"从自身那里敞开"的"观"物之法。另一方面，海德格尔又说，工具"上手性"的基础在于"现成性"，所谓"现成性"即与工具的存在特征相区别的"自然物"的存在特征。与工具的"上手性"不同，自然物的存在是透过工具的用途为我们所"发现"的，例如，我们通过鞋子这个工具，发现了用于制作鞋子的自然物，动物的皮毛、线绳和钉子等，它们皆出自自然，是在自然中生长之物。通过工具，我们发现了自然物，我们发现后者是前者存在的基础或"根基"。

自然物在什么意义构成了工具存在的根基呢？在《艺术作品的本源》中，海德格尔借助凡·高的绘画《农鞋》对此做了分析。在这幅绘画中，作为工具的鞋子让与鞋子共存的其他存在者和在大地上的劳作者一同敞开出来，泥土、谷物、狂风、田间小径以及农妇本人，等等。在画作中，作为自然的"大地"敞开在人和物共存的"世界"当中，大地作为万物和人共同的根基敞开出来。

因此，我们通达物、认识物必须以这样一种在"敞开""遮蔽"意义上的真理的发生为前提，也就是说，物理学对对象的认识也必须基于物"自身的敞开"，在科学（理论性）认识发生之前，"真理"已经发生了，而就真理是在艺术作品中发生的而言，科学"并非本源性的真理发生，而是对已经发生的真理领域的扩充"。自然科学作为一种对自然物的把握或"筹划"方式，只是以数学的方式对已经敞开的自然物进行规定，赋予其时间、空间、广延性和大小等属性，使之变为可供我们计算和测量的东西。"科学的筹划方式只是让存在显现在光明当中，而并没有改变存在"，它只是对已经敞开之物的利用。这就是自培根以来统治西方世界的征服自然思想的根源所在。相反，只有艺术能够将

---

①Heidegger, Martin. *Sein und Zeit*[M]. Tübingen：Max Niemeyer Verlage, 1986：66.

我们从对自然的单纯利用中抽身,让我们重新回到与自然的和谐关系当中,"让大地成为大地"。借此,海德格尔经由对自然科学与艺术(诗歌)对物的不同处理方式的分析,走向了对近代技术的批判和对艺术本质的高扬。新康德主义者将历史性作为区分自然科学与精神科学或文化科学的本质特征,但海德格尔通过对物之存在的分析,揭示了真理是历史地发生的事件,换言之,在他看来,真理是历史性的,因此以认识真理为己任的自然科学研究亦无法逃脱于历史之外。

自20世纪50—80年代以来,在以巴什拉、康吉扬和福柯为代表的法国科学史研究中兴起了一种被称为"法国认识论"的思想。在巴什拉看来,科学史并非客观的,它是对"科学事实"的"价值判断",而传统意义上的经验史和民族史只是在追求所谓的"客观事实"。①

康吉扬认为,没有历史的科学,即不诉诸特定时刻当中的客观性条件的科学是非科学或伪科学,如占星学等。与讲求线型发展的传统历史观念不同,科学史以现在为终点,在过往的历史当中发现真理逐步形成的过程,它是一种循环的历史。福柯受益于上述两位科学史家的研究方法,注重"理性在建构自身及建构自身的分析对象"的过程中所发生的断裂现象。在洪堡的新人文主义中,理性作为同一性,起着综合自然与历史的作用,它将精神科学与自然科学结为一个知识统一体,后者构成了洪堡大学理念的基石即"纯粹的科学概念"。但是在"法国认识论"中,理性不仅分化为"局部的理性主义",而且理性本身也被历史化了。在巴什拉和康吉扬看来,不仅自然科学与人文科学各自所运用的理性不同,而且在自然科学内部各个门类中所应用的理性亦非同一种理性。相反,理性主义依各个学科的不同而展现出多元的"地域性",如"电子理性""机械理性"等,诸多不同的理性之间并不存在"同一性"。

如果说海德格尔试图在揭示存在发生的境遇中建立真理的历史性,那么福柯则在知识的理性化、规范化的组织方式上重建真理的历史,二者可谓是

---

① Wagner, Pierre. *Les Philosophes et la Science*[M]. Paris: Gallimard, 2002: 934.

一脉相承。这样一种有关真理历史性的洞见有助于我们重新审视自然科学与人文科学所共享的"知识型"，福柯用它来指称出现多种科学门类之间或多种科学门类的不同话语之间的所有关系。[1]在《词与物》中，福柯分析了知识型在多学科之间传递的状况，如理性语法体系转化为语言学的理论体系；自然史研究转化为近代的生物学；有关财富的分析转化为经济学。福柯以知识型为线索展开的跨学科研究让我们认识到，自然科学与人文科学在知识组织结构这一更高层面上的同一性。

---

[1]Foucault, Michel. *Dits et Ecrits I*[M]. crits I Paris：Gallimard, 2001：1239.

阿甘本的批判语文学及其比较文学契机

赵　倞*

乔治奥·阿甘本(Giorgio Agamben,1942—　)是近年来全球知识界极受关注的一位思想家、人文学者。其学思以宏赡著称,又不乏深彻洞明的世见。可是,如何评价其成就,拿捏其思想脉络,界定其工作畛域? 想要清楚地回答这些问题,并非易事。

"Homo sacer"系列(1995—2014)是阿氏最为人所知的作品,[①]单就这一作品而言,其论辩已涉及哲学、政治、宗教、文学、法律、历史、古典、生命科学等领域,内容驳杂;加之阿氏笔法浪漫自由,援引事例不拘一格,读者往往因行文的飘举不定,而忽视了字里行间其实非常严格的思辨逻辑。而这已经是阿甘本构思最具规模、最为整饬的作品了。其余诸种短论、杂集,多采取散文、片段、断片,甚至格言化的文笔,读之怡然,却更不好捉摸其学理上的统绪。不过,阿甘本的全部学思,未始脱离对"人"(humanitas:社会、历史、政治、宗教处境中人之为人的根由)与"文"(humanae litterae:过去一切人性文化活动的成果与迹象)的关注,故将他的工作领域笼统地 称为"人文学",想必是较稳妥的。

另外,"神学"——或者以比较公允的现代学科语言来说,"宗教学"——

---

*赵倞,中国人民大学文学院副教授。

①"Homo sacer"字面直译是"神圣人",国内学者对这一概念有诸多译法:吴飞译文"神圣的人"、刘小枫译文"法外人"。有学者译文"神牲人""牲人",似翻译太过。本文依从阿甘本的主张,保留其拉丁文形式。参见吴飞.唯一的哲学问题——"理解自杀"札记之二[J].读书,2005(8):111—118.刘小枫.阿冈本与政治神学公案[J].读书,2014(11):7.

在阿甘本思想中亦有极重要的地位，并从一开始就广受学者的重视。涂尔干（Émile Durkheim）的宗教理论如今已成为某种意义的经典（locus classicus），如接受其关于宗教本质在于区别圣、俗的看法①，则凝缩着阿甘本全部计划的那个拉丁文成语——homo sacer——恰恰由"人"与"神圣"这两个关键概念构成，与之相应的，恰好正是人文学与神学的千古纠葛。本文正是围绕着这一议题而作。

一、批判与语文学——早期阿甘本的人文学思想

2008年，阿甘本将自己的工作领域界定为"人文学研究"（la ricerca delle scienze umane）②，看似轻描淡写的说法，实则经历了不少周折。他在大学时修习法学，年轻时混迹于罗马的文学圈子；曾两次参加海德格尔在普罗旺斯的研讨班，并奉海氏为"师"（il maestro）。③ 此外，他私淑本雅明之学，追随后者的"文人"品格。④他谙识古典学问，亦对19、20世纪人文学的各路专家巨擘，有持久、广泛而深入的阅读，如瓦尔堡（Aby Warburg）、弗洛伊德（Sigmund Freud）、施皮策（Leo Spitzer）、施米特（Carl Schmitt）、彼得森（Erick Petersen）、凯连尼（Károly Kerényi）、本维尼斯特（Emile Benveniste）、阿伦特（Hannah Arendt）、迪美齐尔（Georges Dumézil）、列维-施特劳斯（Claude Lévi-Strasuss）等，以及法国后结构主义一代思想家们。"跨学科"对阿甘本来说，全不陌生。这种经验也促使他反省自身的工作领域，体现在20世纪70年代中后期的几篇

---

① Durkheim, Émile. *Les Formes Élémentaires de la vie Religieuse*[M]. Paris：Quadrige，1990：50ff.

② Agamben, Giorgio. *Signatura Rerum：Sul Metodo*[M]. Torino：Bollati Boringhieri，2008：8.

③ Agamben, Giorgio. *Idea della Prosa：Nuova Edizione Iuuminata e Aurescuita*[M]. Macerata, Italy：Quodlibet，2002：39. 在题为"缪斯的理念"的一章中，阿甘本不仅深情追忆了当年在普罗旺斯林间小木屋聆听海德格尔讲课的情形，还称其为"il maestro"（大师）。

④ 作为20世纪的马克思主义知识分子，本雅明被阿伦特视为"文人"（homme de lettres）。参见 Arendt, Hannah. "Introduction" to Walter Benjamin, *Illuminations：Essays and Reflections*[M]，trans. Harry Zohn，ed. Hannah Arendt. New York：Schocken Books，2007：23；[德]汉娜·阿伦特. 启迪：本雅明文选[M]. 张旭东，王斑译. 生活·读书·新知三联书店，2008：42.

文章中:①初版于1975年的《阿比·瓦尔堡与无名之学》一文(1983年补充了一则"附识")①,②1977年《诗节》一书的序言②,③1978年《童年与历史》所收录的《刊物计划》一文③。

《阿比·瓦尔堡与无名之学》一文旨在介绍艺术史家瓦尔堡的生平及学术。在极大的程度上,瓦尔堡的"无名之学"也为阿甘本所融会,代表了后者的人文学理想——他多次被意大利哲学家内格里(Antonio Negri)称为"批判存在论领域中的瓦尔堡"④。瓦尔堡不满足于19世纪以来侧重于形式、风格方面的艺术史研究,提出了"图像学"(iconology)的方法,大大拓展并深化了艺术史的研究范畴。在宏阔的视野下,其实际操作,却从细微之处着手——此即形象或图像(bild,immagine,image)。瓦尔堡承袭了当时的科学成果,将形象理解为历史文化记忆的载体,也将其设立为自己研究工作的基本单元。借此,阿甘本将瓦尔堡的工作路径,呈现为一种在解释学循环中不断提升的过程,并将其大致分为三个层次:一为图像志、艺术史的层次;二为文化史层次;第三层次方抵达所谓"无名之学",即"借由幻象而对西方人做一诊断"。⑤故

---

① Agamben, Giorgio. *La Potenza del Pensiero:Saggi e Conferenze*[M]. Bari:Neri Pozza, 2005:127—151.

② Agamben, Giorgio. *Stanze:Parolae Fantasma nella Cultura Occidentale*[M]. Torino:Einaudi, 1977:xi—xvi.

③ Agamben, Giorgio. *Infanzia e Storia:Distruzione Dell'esperienza e Origine Della Storia*[M]. Torino:Einaudi, 2001:141—152.

④ 参见内格里于2003年为阿甘本《例外状态》一书所写的书评:Antonio Negri. "Il Frutto Maturo della Redenzione", Il Manifesto, 2003:21。亦参考了内格里2007年的文章《辩证法的审慎趣味》:Antonio Negri. "The Discreet Taste of Dialectics", in Matthew Calarco and Steven De Caroli eds. *Giorgio Agamben:Sovereignty and Life*. Stanford:Stanford University Press, 2007, 109—125。

⑤ "Una diagnosi dell'uomo occidentale attraverso i suoi fantasmi", 见 Agamben, *La Potenza del Pensiero*, 140.

可知其鹄的在于"人的诊断"，"无名之学"本质上是一种广义的人学。①

《诗节》的序言，提出了关于"批判"（critica）的理想。"批判"的概念，表面上来自德国浪漫派及19世纪法国文学批评，实则针对西方两大话语传统——诗与哲学——的"古老敌对"②而言。诗与哲学的分裂衍生了一系列分裂。"批判诞生于这种分裂趋于极端的时刻"③，乃阿甘本为弥合诗与哲学、艺术与科学、神秘与理性、潜能与行动、思想与政治等诸多分裂所提出，旨在将为现代性所裂变的诸话语领域重新融合起来，形成一种普通的人文学工作平台。因此，"批判"的命意，显然不止于文艺作品的"批评"，而与福柯意义上的"批判"不谋而合——它指向了权力、伦理与政治的领域。凭其与"姿势""情境"等概念的关联，"批判"更被引入生命、艺术、思想、政治的结合地带。④

"批判"又被称为"批判语文学"，看似陈旧迂阔的"语文学"；实为极受阿甘本珍视的资源。理想中的"语文学"功课，不止于疑义释读、章句考订，在阿甘本看来，亚历山大语文学、彼得拉克、德国浪漫派的文学实践、19世纪文学批评、瓦尔堡的研究、本雅明晚年的《拱廊计划》，甚至某些当代艺术作品，都属于语文学。内格里曾说，语文学是阿甘本的解毒剂，让他克服了海德格尔

---

① "人学"，照字义或许对应西文的"anthropology"。然而阿甘本并未沿用这一名目。因为在他看来，作为现代学科的"人类学"，侧重于对文化中无意识因素的发掘，而历史则是文化的有意识表达，无名之学恰恰处于人类学与历史之间。关于"无名之学"与"历史"（Storia）、"人类学"（Antropologia）的区别，参见 Agamben, *La Potenza del Pensiero: Saggi e Conferenze*, Bari：Neri Pozza，2005:131—2。

② "παλαιὰ ἐναντίωσις"语出柏拉图《国家篇》第十卷607b。参见柏拉图对话集[M]. 王太庆译. 商务印书馆，2010:470。阿甘本自他第一本书起，就开始关注这一问题。参见 Agamben, Giorgio. *L'uomo Senza Contenuto*. Macerata：Quodlibet，1994:79。

③ Agamben, Giorgio. *Stanze：La Parola e il Fantasma Nella Cultura Occidentale*[M]. Torino：Einaudi，1977:xiv.

④ Agamben, Giorgio. *La Potenza del Pensiero：Saggi e Conferenze*[M]. Bari：Neri Pozza，2005:248—257. Agamben, Giorgio. *Mezzi Senza Fine：Note Sulla Politica*[M]. Torino：Bollati Boringhieri，1996:48.

存在论的毒素,在后结构主义知识分子中卓然独立。①

　　"语文学"的理念,在《童年与历史》所收《刊物计划》一文中得到了更为深刻的发展,阿甘本早年关于"人文学"的思想,亦多见于此。值得一提的是,这份只留下计划而并未办成的刊物,提出了三组足以隐括意大利文化的核心范畴;② 而这三组范畴——悲剧与喜剧、法律与造物、传记与传奇——成了日后阿甘本思想的三条轴线,学者以为"Homo sacer"系列即起源于此,确为中肯之论。③《刊物计划》开宗明义地提出了它的核心问题:传统的裂变——在"文化遗产与传承、真理与传播、经典与权威之间",形成了一个难以弥补的"错差"(lo scarto)④。语文学恰恰在这种脱节之中寻找它的地位,它回应着古今的"错差",是人文教育的基础:"维系文化传统的延续,传承其真义,这项任务一直是交给语文学的。"⑤语文学家不仅负责旧文本的物质传递,更凭借其"校勘"(emendatio)与"度测"(coniectura)的工作,直接干预过去与现在之间的错差;许多著名的语文学家都与"作伪"有关,这在阿甘本看来,反倒能反映出语文学在某种深层意义上的本质。

　　可惜的是,语文学却对自己的关键作用懵然无知。因此它必须超越其自

---

①内格里认为沉浸于语文学是阿甘本的独特气质,在语文学的帮助下,阿甘本"进步地……运用了海德格尔""《存在与时间》重读于托斯卡纳的艳阳之下。野蛮的德意志、纳粹倾向被祛除了"。参见 Negri,"The Discreet Taste of Dialectics",109—116。

②《意大利范畴》介绍了当年这份刊物的主要情况:20世纪70年代中期,阿甘本与旅居巴黎的卡尔维诺(Italo Calvino)及意大利学者鲁加菲奥里(Claudio Rugafiori)定期会面,3人商定要合办一本刊物,但出于种种原因,未能遂愿,但提出了三组工作"范畴"。部分文稿之后在《意大利范畴》一书中出版,如《喜剧》一文。参见 Agamben. *Categorie Italiane:Studi di poetica e di Letteratura*. Bari:Laterza,2011:vii—viii。

③Durantaye,Leland de la. *Giorgio Agamben:A Critical Introduction*[M]. Stanford:Stanford University Press,2009:200—202.

④Agamben,Giorgio. *Infanzia e Storia:Distruzione Dell'esperienza e Origine Della Storia*[M]. Torino:Einaudi,2001:143.

⑤同上,第146页。

身,以达成"一种超出狭隘的学术概念所限定的边界的语文学"①。因此理想中的语文学,应当是一门通彻社会生命的跨学科之学:既要打破文艺与学问的隔阂;又要将文学、生命与思想本质性地引入政治、伦理及实践的场域之中——这一综合性场域,后来被阿甘本称为"姿势"或"形式—生命"。在他看来,先锋文学艺术直截而敏锐地回应着传统的危机,因此也属于一种语文学,而应被纳入文学史中;反过来,本真意义的研究工作,既属于人文学和语文学,也被看作是一种严肃的诗作。

用阿甘本的话来讲,语文学的真正任务,在于它对传统"错差"予以"扬弃"(abolizione;aufhebung)。古代社会中,这个任务乃由神话承担。神话构成了对宗教仪式、礼俗节文的解释,又与文学艺术亲缘极近,将社会生活的各个领域凝为一体。故人文学中的语文学与传统中的神话,行使着同一功能,发挥同一作用。在此意义上,语文学"可以被定义为批判神话学":

> 这种"新神话",寄托着谢林的任务:在我们的时代,审思诗与学的统一,他问道:"如何才能产生这样一种神话,它并非由某一诗人所作,而是一代人的创制?"从布雷克到里尔克、从诺瓦利斯到叶芝,现代诗人们一直孜孜以求,却无法实现的新神话,实则早已存在,此即意识到自身任务的语文学(语文学这里指一切批判语文学科,即那些今日被稍欠妥当地称为"人文学"的学科)。②

引文将语文学、批判、批判语文学、批判神话学等名目,统统归于"人文学"(le scienze umane)。只不过,今日人文学对自身的任务疏于反思,而成了一个"稍欠妥当"的名称。阿甘本有更好的提法。他将"批判语文学"称为一种坚实的"跨学科的学科":一切人文科学与诗歌汇聚于此,其目标,是被广泛

---

①Agamben, Giorgio. *Infanzia e Storia : Distruzione Dell'esperienza e Origine Della Storia*[M]. Torino : Einaudi, 2001 : 146.
②同上,第147页。

宣告为下一代人的文化任务的"普通人文学"①。

"普通人文学"(la scienza generale dell'umano),是被当作某种理想而唱诵出来的。可惜这一关乎"下一代人的文化任务"的学科理想,并未持续太久。1983年,阿甘本在为《阿比·瓦尔堡与无名之学》一文所作的"附识"中提到:

> 7年过去了,本研究所阐说的普通人文学计划,在作者看来,虽并未被超越,却断不能再以从前的术语来进行了。何况自20世纪60年代末,人类学及人文学已进入一个除魅的阶段,这样的计划,也会因此而废弃了吧。(有时,它会被当成某种泛泛的科学模型,在这里或那里、以各异的方式被重新提出,可这不过是说明了学术圈的轻率,认知问题中暗含着诸多历史、政治疑难,他们却总是轻易地将这些症结消化于无形。)②

20世纪60年代末传统人文学的退潮,学术日渐脱离于历史、政治,而趋于形式化,似让阿甘本对"普通人文学"心灰意冷。以至于后来他重新使用了"人文学"这一曾受到过批判的折中性词语。可是阿甘本自20世纪70年代以降的学术道路,却始终忠于这一理想(只是使用了不同的语端)。"Homo sacer"系列是"普通人文学"无可争议的成果。就阿氏"普通人文学"之要略,可以撮举如下:

第一,以"人文"(l'umano)为基础因素和根本关怀。初期阿甘本的"人文关怀",侧重于文化传统的宏观层面;"Homo sacer"系列以具体而微的个案为基础,寻求独异个体与文化总体之间的结合,考求西方传统对于"人"的处置。

---

①Agamben, Giorgio. *Infanzia e Storia: Distruzione Dell'esperienza e Origine Della Storia*[M]. Torino: Einaudi, 2001: 148.

②Agamben, Giorgio. *La Potenza del Pensiero: Saggi e Conferenze*[M]. Bari: Neri Pozza, 2005: 143—144.

因此,他被称为"人的研究者"①。

第二,跨学科性。此为"普通人文学"的应有之义,前文多有论及,不待多言。另外,"普通人文学"的提法,显然是受到索绪尔"普通语言学"的影响。②

第三,依托事例。这大概是阿甘本作品自始至终的显著特色。"例子""示范"或"形象"等③,不唯是人文学话语运作的基本单元,也是人文学逻辑仍独立于现代自然科学的坚韧之处。惟有凭借示范的逻辑,个例的研究才有可能成为"普通"的。

第四,深察细节。自19世纪下半叶起,以关键细节决断整体的学风,开始盛行于欧洲人文学界。细节问题往往具有颠覆全局的力量。阿甘本常提到"语文学对于细节的重视"④[也将瓦尔堡的格言——"上帝藏身于细节"("Der liebe Gott steckt im Detail")⑤——奉为圭臬]。

第五,扬弃神秘。现代人文学的科学性、分析性话语中,并没有秘密或神秘的一席之地,而后结构主义作家群体却在人文学写作中重新引入了神秘性甚至秘密教。阿甘本在这种张力中采取了独特的身姿。一方面,他对于"不可说""谜语""秘密""神秘"等问题保持长期的学术兴趣;另一方面,他坚持"神话的扬弃"。既说"扬弃",自然不是简单的废黜;"神话"也不在狭义上使

①在出版了《奥斯维辛的余存》一书之后,法国《解放报》对阿甘本进行了专访,称其为"人的研究者"(或"追寻者")。参见"Agamben, le Chercheur de L'homme", in *Libération*, Paris, April 1, 1999:2—3。

②索绪尔的《普通语言学教程》至今仍是人文学者的必读文献。阿甘本对于《教程》是否准确地概括了索绪尔的符号学思想,存有异议。参见 Agamben, Giorgio. *Stanze：Parola e Fantasma nella Cultura Occidentale*[M]. Torino：Einaudi, 1977：181ff. 他引用索绪尔自己的话"'在社会生命中研究符号生命的科学',仍远未得到认识",道出了符号语言学的弊端。

③关于"例子"的哲学分析,参见 Agamben, Giorgio. *La Comunità che Viene*[M]. Torino：Bollati Boringhieri, 2001：13—14;关于"示范",参见 Agamben, Giorgio. *Signatura Rerum：Sul metodo*[M]. Torino：Bollati Boringhieri, 2008：11—34;关于"形象",参见 Giorgio Agamben. *Ninfe*[M]. Torino：Bollati Boringhieri, 2007, passim.

④Agamben, Giorgio. *La Potenza del Pensiero：Saggi e Conferenze*[M]. Bari：Neri Pozza, 2005：14.

⑤Agamben, Giorgio. *Stanze：Parola e Fantasma nella Cultura Occidentale*[M]. Torino：Einaudi, 1977：71.

用,而可以推广到学术中的诸多疑难与奥秘。故读者看到阿甘本一次次以明朗的陈述解开人文学中的秘密。①

第六,历史因素。历史及历史因素(lo storico,the historic)的概念在阿甘本著作中至关重要,定义却鲜有清晰。一方面,历史性指生命在时空中不可化约的具体处境;另一方面,"历史"指一个契机、一次过程、一种结构:混沌的时间成为觉悟的历史,孩童清晰地发语,人们从神话中苏醒,承担起生命的全部潜能和重负。一切言语、政治、文艺的根基,皆昉乎此。更为重要的是,"历史因素"可依神学的语言称为"弥赛亚因素"(il messianico;the messianic)。本雅明的《神学政治残篇》(Theologisch-politisches Fragment ②及《论历史概念》(Über den Begriff der Geschichte)③,是理解这一思想的最重要文本。"历史因素"不仅让语文学、神学、马克思主义等汇集于一,也是"普通人文学"在政治、实践、伦理方面所深藏的骨鲠。

二、神学与人文的体用之辨

阿甘本在任何意义上都不是神学家,然而神学的概念、问题、义理、逻辑、事例、典故、意象,萦绕着他几乎全部作品。这种现象在西方现当代思想家中

---

① 阿甘本常常依靠细致而大胆的语文学、语义学分析,祛除某些神学语汇的神秘色彩,使之在历史语境中获得坚实的理解。譬如,"秘密的经济",最初不过是指十字架受难的安排,后来被不断赋予了神秘的意义,还被反转为"经济的秘密"(上帝救世计划的奥秘);希腊文"秘密"具有戏剧含义,将其放到希腊化世界的戏剧语境中来理解,"十字架受难"因此具有了充实的戏剧意义;保罗书信中所谓"恶的秘密",也是将拯救、末世的问题理解为某种历史的戏剧行动。参见 Giorgio Agamben. Il Regno et Gloria. *Per una Genealogia Teologica Dell'economia e del Governo*[M]. Torino:Bollati Boringhieri,2009:31—64;*Il Mistero del Male: Benedetto XVI e la Fine dei Tempi*[M]. Bari:Laterza,2013:30—39.
② Walter Benjamin. "Theologisch-politisches Fragment" in *Gesammelte Schriften*(hrsg.). von *Rolf Tiedemann und Hermann Schweppenhäuser*,*VI/1* Frankfurt:Surkamp,1991,S. 203—204. 此篇的意大利文译本正是由阿甘本译出。参见 Opere Complete,a cura di Enrico Ganni,Torino:Einaudi,2008(1):512—513。
③ 在阿伦特主编的《启迪》中,原题改作"历史哲学论纲"(Theses on the Philosophy of History),亦为读者所熟悉。参见 Benjamin,*Illuminations*,253—264。

并不少见，如想触及西方传统的深处，神学大抵难以绕开。只不过，思想家们绝大多数时候是借神学资源以立言，而不愿拘束于信仰之内，杨慧林教授近年所倡导的"基督教的'非宗教'诠释"，大致也是这一意思。用阿甘本的话来说："上帝"不过"是人们思考决定性问题的地方"而已。①要言之，阿氏作品中所出现的神学，无疑都属于神学的非神学诠释，其根底仍在人文学。换句话说，人文为体，神学为用。具体而言，阿甘本的"神学"主要涉及三大唯一神宗教。其中，最为阿甘本所熟悉的，当数基督教神学。无论是圣经释读、教父神学、宗教礼仪、修会运动、经院神学、系统神学，还是20世纪神学名家，都已卷入了阿甘本的论域。随着岁月的积累，神学在阿甘本作品中的权重有明显的增加。②

关于神学与人文学的体用关系，试举几例说明。在《将来的共同体》第二章"自灵薄"（Dal limbo）中③，阿甘本以轻快的笔触，总结了托马斯·阿奎那笔下对灵薄中生命境况的烦琐论述：他们不承受任何地狱的刑罚，缺乏对上帝的享见，他们的身体无感觉，却时时因自然的圆满而享乐其中。④《将来的共同体》初刊于1993年，是对法国学界有关"共同体"讨论的回应之作，从更广的角度来说，则体现了作者对于苏联解体、东欧剧变后的全人类历史情境的反思。其写作主题，则围绕着经院哲学中的"任意"（quodlibet）概念，试图对将来的社会生命形式作出哲学上的规定——"将来的存在，是任意的存在"⑤。可是为何这本回应现在、设想将来的书，却偏偏从经院神学的过去出发，从"灵薄"出

①原文作"Dio è il luogo in cui gli uomini pensano i loro problemi decisivi"。

②"Homo sacer"系列中3部篇幅较大的书，全部与神学有关：《王国与荣耀——治理与经济的神学系谱学》（Homo Sacer, II, 2）；《至高的贫穷——规则与生命形式》（Homo Sacer, IV, 1）；《上帝的事工——圣礼考古学》（Homo Sacer, II, 5）。参见 Agamben, Giorgio. *Altissima Poverta. Regole Monastiche e Forme di vita*[M]. Vicenza：Neri Pozza, 2011；*Opus dei：Archeologia dell'uficio*[M]. Torino：Bollati Boringhieri, 2012.

③Agamben, Giorgio. *La Comunità che Viene*[M]. Torino：Bollati Boringhieri, 2001：11—12.

④参见圣多玛斯·阿奎那. 神学大全[M]. 第十三册，第三集，第五十二题，第五节，陈家华、周克勤等译. 碧岳学社, 2008：396.

⑤Agamben, Giorgio. *La Comunità che Viene*[M]. Torino：Bollati Boringhieri, 2001：9.

发呢？同书题为《无阶级》①的一章，则深刻地剖析了全球小资产阶级的品格：小资产阶级遍布全球，传统意义上的阶级区分似已消弭；他们从虚无主义中继承了世界，不拥有任何宏大梦想；他们看似保留了世界的多样性，却仅仅将这种多样性委弃于虚幻而空洞的展演之中；他们可包容一切对立的情感，却让实际生活陷入了麻木无感；一切似乎都可以交流，都可以拍成电影大加宣示，最终崭露出来的，却只有"赤裸的生命"，即"纯粹的不可交流"。两相参照，可知"灵薄"中的存在境况，构成了冷战结束后西方社会生活的寓言。对小资产阶级的严词批判，与对将来生命形式的憧憬，竟有着相似的表面形态。其中的微妙区分，正是阿甘本的赌注所在。须注意，这里的"灵薄"，已不再是经院神学的一项具体学说，更不可能拘泥于天使博士的权威解释，而成为一个纯粹"示范"或"事例"，以指示出将来生命的可知性与可能性。阿甘本"灵薄学说"不同于传统的关键即在于此：灵薄生命无法享见上帝，不知道自己的原罪与拯救，因此他们潜在地具有脱离上帝拯救之经济的可能性。

正如卡夫卡笔下的罪犯从流刑地解脱那样，审判他的机器毁掉了，他却从中幸存；他们"灵薄中的灵魂"也将那个关于罪与审判的世界抛在了身后：照落在他们面前的光，是审判的昨日过后的一缕曙光。然而在审判日过后在大地上方始兴起的生命，不过是人的生命。②

一场传统上的神学官司，终于着落在"人的生命"这样一个无疑属于"普通人文学"的范畴。与之类似，犹太教神学中"舍金纳的孤立"的提法，也被阿甘本拿来用作发达资本主义"景观社会"的解说词。③神学中的"天使"与"先知""创造"与"拯救"，被用来对应人文领域中的"诗"与"思"。④假道于神学的

---

①Agamben, Giorgio. *La Comunità che Viene*[M]. Torino：Bollati Boringhieri，2001：51—53.

②同上，第12页。

③ Agamben, Giorgio. *La Comunità che Viene*[M]. Torino: Bollati Boringhieri, 2001: 63—66. Agamben, Giorgio. Mezzi Senza Fine. *Note Sulla Politica*[M]. Torino: Bollati Boringhieri, 1996: 60—73.

④Agamben, Giorgio. *Nudit*[M]. Roma：Nottetempo，2009：7—18.

话题,真正的人文学命题被提出,这样的案例屡见于阿甘本的作品中。

反过来,阿甘本也经常将人文学的问题引入神学领域,用神学的范畴对其进行分析和释读,这样一来,就出现了非神学的神学解释及人文为用,神学为体的情形。这也是阿甘本思想一个颇为显著的特色。

讨论摄影的《审判日》(16:5—18)即为典型一例。其文开宗明义地写道:

> 对我来说,摄影某种程度上就是最后审判的场所,它呈现出上帝震怒、末日降临时世界的样子。这当然不是指作品的主题,我的意思不是说,我喜爱反映沉痛、严肃甚至悲剧性题材的那类摄影,相反,相片可以展示任意的一副容颜,一件物品或一个事件。①

摄影家唾手拾得的形象,居然可以联系上末日的审判! 阿甘本竟有意将这种惊人的看法拓展到全部摄影,并特意以1838年的银版摄影《圣殿大道》(*Boulevard du Temple*)为例加以说明。《圣殿大道》主体是巴黎街景,达盖尔从他的工作室窗户摄取了这张图像。当时本应车水马龙,大道上偏偏阒无一人,只是在画面的左下角,出现了一团黑影,原来是人行道上一名男子正在抬脚擦鞋,这或许也是摄影作品中第一次出现人像。平常而具体的街景,触发了大胆而奇妙的解释:

> 我想象不出有什么影像比这一幅更适合于末日审判了。人群——或者说全人类——就在那里,却无法看到,因为审判只关乎单独的人,关乎单独的生命:就是这个生命,不是别的。而末日的天使——也就是摄影的天使——又如何抓住、捕获了这生命,让他成为不朽? 凭他最平常、最普通的姿势,凭这个擦鞋的姿势! 在至为紧要的瞬间,这个人,以及每一个人,都将永远地保持一个至为卑微、日常的姿势。只是,凭着摄影镜头,这样的姿势才荷载了整个生

---

① Agamben, Giorgio. *Il G iorno del G iudizio*[M]. Roma: Nottetempo, 2004: 5.

命的重量,而在那种微不足道,甚至有些犯痴的神态中,却涵盖着、凝缩着生存的全部意义。①

故优秀的摄影善于收集"姿势的末世论本质"②:这倒不是说这些摄影在题材或内容上与宗教有关,恰恰相反,影像越是在某一瞬间指示着清晰的历史,越是通过别样的姿势承载具体的生命,才越能被赋予终极的意义。照片中的影像不同于一般意义的形象:"它是在感性与知性、副本与真实、记忆与希望之间的一种错差,一道崇高的裂痕。"③影像的末世论性质,又被联系到基督教关于身体复活的千古疑题。阿甘本推崇奥利金的看法:复活的并不是身体本身,而是身体的模样,身体的形象(ei-dos)④。故优秀摄影作品所捕捉的容颜与身体,正是对天堂"荣耀之身的先知预言"⑤。此时,生命具体而卑微的瞬间与天堂中永恒的理相直接等同,历史与赎解紧密相联。如本雅明在《论历史概念》所述:"因为时间的每一秒,都可以是弥赛亚仄身而入的小门。"⑥

事例、形象、生命、历史、弥赛亚,当这些因素充分化合并凝结为一个人文学—神学话语空间时,许多看似奇诡的思想,或可以迎刃而解。譬如,对于卡夫卡的微型小说《在法的门前》,阿甘本从农民身上读出了微妙的反抗姿态,就读出了一层柔弱的弥赛亚力量("法"的悬置)。⑦至于莎士比亚《暴风雨》中的爱丽儿、托斯卡纳童话中的匹诺曹、卡夫卡《城堡》中土地测量员的助手、《一千零一夜》中的大臣等,这些文学形象被阿甘本统称为"协助者",他们帮

①Agamben, Giorgio. *Il G iorno del G iudizio*[M]. Roma: Nottetempo, 2004: 8.

②同上,第9页。

③同上,第12页。

④Agamben, Giorgio. *Nudita*[M]. Roma: Nottetempo, 2009: 132.

⑤Agamben, Giorgio. *Il G iorno del G iudizio*[M]. Roma: Nottetempo, 2004: 12.

⑥Benjamin, Walter. *Gesammelte Schriften (hrsg.). von Rolf Tiedemann und Hermann Schweppenhauser*[M]. Frankfurt: Surkamp, 1991: I2, 704.

⑦Agamben, Giorgio. *Homo Sacer: Il Potere Sovrano e la Nuda Vita*[M]. Torino: Einaudi, 1995: 65. Agamben, Giorgio. *La Potenza del Pensiero: Saggi e Conferenze*[M]. Bari: Neri Pozza, 2005: 257—277.

主人公获得幸福，自己却被遗忘。恰恰是在这些被遗忘者和失落者身上，可以读出末日的信息，他们准备着天国的来临，将弥赛亚时间化入世间①。甚至纯粹的诗学、文体学，也能与神学因素相联：阿甘本认为诗韵乃是基督教的发明②；普罗旺斯诗人的六节诗中蕴藏着某种末世论机械③；而在诗歌的结尾处，音律与语义同归于寂的时刻，更有一种时间终结的弥赛亚味道。④类似的例子不胜枚举。

三、阿甘本作品中的神学印记及其分判

人文学过去从神学中出走，今日亦必容纳神学。二者互体互用，共转于解释的圆圈之中。这未必是某种"怪圈"或"恶性循环"（circulus vitiosus）。如海德格尔所说："决定性的事情，不是从循环中脱身，而是依照正确的方式进入这个循环。"⑤欲进入人文学与神学的解释循环，阿氏印记理论或许是正确方式之一。这种理论流行于文艺复兴、巴洛克时期，认为凡事皆有"印记（signatura）"。宇宙是一个印记系统，事物之间互有彼此的印记，上帝是最初、最高的做印记者，唯通过印记，事物才具有可知性，一切深刻知识才是可能的。作为一种认识论范畴，印记理论曾起到整合各类知识的作用，后在启蒙时代被斥为荒谬不伦⑥，渐湮没无闻，只在部分神秘主义者那里得到继承。而在本

①Agamben, Giorgio. *Il Giorno del Giudizio*[M]. Roma：Nottetempo, 2004：19—30

②Agamben, Giorgio. *Il Tempo che Resta：Un Commento alla Lettera ai Romani*[M]. Torino：Bollati Boringhieri, 2000：78

③同上，第77—84页。

④ Agamben, Giorgio. *Categorie Italiane：Studi di Poetica e di Letteratura*[M]. Bari：Laterza, 2011：138—144.

⑤海德格尔. 存在与时间[M]. 陈嘉映, 王庆节译. 生活·读书·新知三联书店, 1999：179.

⑥《百科全书》中"印记"（Signature）一条说："植物的形状与药效之间可笑的关系，这个荒唐的系统已流行太久。"（Rapport ridicule des plantes entre leur figure et leur effet. Ce système extravagant n'a que trop régné）其所针对的，正是基于印记理论的医学（比如，帕拉塞尔苏斯曾记载，小米草因形状与眼睛相似，故可以治疗眼疾）。参见 Denis Diderot, Jean le Rond D'Alembert et al., *Encyclopédie, ou Dictionaire Raisonné des Sciences, des Arts et des Métiers*[M]. Paris, 1775：193.

雅明、福柯等现代学者那里，它被重新开掘出来。① 阿甘本则进一步将其树立为一种人文学的基本方法：

> 人文学科中的任何研究……都必然与印记有关。对于研究者来说，学会正确地识别并运用印记，是一项尤为迫切的任务，因为他的研究成果最终取决于此。②

举例来说：莫雷利（Alberto Morelli）根据细枝末节如福尔摩斯探案般鉴定古画的真伪③；弗洛伊德根据摩西雕像姿势判断米开朗琪罗的创作意旨，然后转入精神分析的主题化操作④；瓦尔堡参考中古占星知识，从斯基法诺亚宫壁画人物析出历史的沉积层，以此对传统的内蕴张力作出判断。⑤ 在阿甘本看来，这些都是人文学中善于利用印记的典范。此外，"印记"在某种程度上针对"符号""指涉"等概念而言。解构主义将索绪尔语言学的符号观念推向极致，建立了能指（signans；signifier：漂浮不定的符号）之于所指（signatum；signified：稳定的意义）的优先地位。相较于解构主义者的"厄言曼衍"，阿甘本显然更推崇福柯的考古学分析，而欲确立"印记之于符号的优先性"⑥。质言之，揭橥"印记"（signatura），无非是将人文学符号（signum）还原于其得以生成的

---

① 参见 Walter Benjamin. *The Origin of German Tragic Drama*[M]. trans. John Osborne, London: Verso, 1998: 146—148（本雅明. 德意志悲苦剧的起源[M]. 李双志、苏伟译. 北京师范大学出版社, 2013: 170. ）; Michel Foucault. *Les mots et les choses*[M]. Paris: Gallimard, 1966: 40ff（福柯. 词与物——人文科学考古学[M]. 莫伟民译. 上海三联书店, 2002: 36.）.

② Agamben, Giorgio. *Signatura rerum: Sul metodo*[M]. Torino: Bollati Boringhieri, 2008: 77.

③ 同上，第70—71页。

④ 参见弗洛伊德. 米开朗基罗的摩西[A]. 孙庆民、乔元松译. 车文博主编. 弗洛伊德文集（第四卷）[M]. 长春出版社, 2004: 508—534.

⑤ 参见 Warburg, Aby. "Italian Art and International Astrology in the Palazzo Schifanoia, Ferrara", in *The Renewal of Pagan Antiquity: Contributions to the Cultural History of European Renaissance*[M]. trans David Britt. Los Angeles: GettyResearch Institute for the History of Art and the Humanities, 1999: 563—592.

⑥ Agamben, Giorgio. *Signatura rerum: Sul metodo*[M]. Torino: Bollati Boringhieri, 2008: 79ff.

历史、话语、伦理过程，追溯其可知性逻辑——"让隐蔽者得以发现"①，并凭此获得原原本本的见地。因此，印记的领域处于符号学与解释学的中间地带，也是人文学话语的真正兴发之地。

这样，阿甘本早年的"批判语文学"及"普通人文学"，在福柯的影响下，已自我武装为一种新型的人文考古学，其中不仅有非神学的神学印记，亦有神学的人文印记。比方说，在冉森派、托马斯主义者以及耶稣会士关于"上帝的恩典是否充分"的争论背后，阿甘本发现："不论有心还是无意，神学家们实际上是在讨论政治"②——这种印记思维完全可以推广到《王国与荣耀》全书，无论该书涉及怎样复杂的神学论辩，都是在讨论人类政治与治理的基本原理。又比如，当"赤裸"在当代艺术中已被彻底主题化时，阿甘本提出"在我们的文化中，赤裸与一个神学印记密不可分"③——这当然是指亚当夏娃在伊甸园中的裸体状态及堕落后因羞耻而穿衣，这又牵出了身体、衣装与荣耀的复杂思考。有趣的是，连印记理论本身都有明显的神学印记：按照帕拉塞尔苏斯的说法，上帝是最高的做印记者，原罪为一切人做了印记，只有伊甸园中的亚当，才是未做印记的。④因此，假使有一种人文学实践能够终结印记与符号间的分裂，完成印记的历史使命，回归乐园般的无印记状态，阿甘本仍愿意为它留下想象的余地。⑤

在"Homo sacer"系列收官之作《身体之用》中，阿甘本提示读者：整个系列

①Agamben, Giorgio. *Signatura rerum : Sul metodo*[M]. Torino : Bollati Boringhieri, 2008 : 35.

②Agamben, Giorgio. *Il Regno ela Gloria : Per una Genealogia Teologica dell'economiaedel Governo*[M]. Torino : Bollati Boringhieri, 2009 : 288.

③Agamben, Giorgio. *Nudita*[M]. Roma : Nottetempo, 2009 : 85.

④Agamben, Giorgio. *Signatura rerum : Sul metodo*[M]. Torino : Bollati Boringhieri, 2008 : 35.

⑤同上，第81页。

中存在着"破"(pars destruens)和"立"(pars construens)两股力量。①循着这一线索，有必要探究一下阿氏作品中——以及阿氏神学中——的"破"和"立"究竟是什么。阿甘本曾将一切事物分为"有生命物"(gli esseri viventi)和"机器"(i dispositivi)两大类；这是一种"存在者层次"的"生命政治"区分：机器采摄生命，并对生命的形式予以节制、安排、决断②。作为一个基本的人文学术语，机器的概念可以延及社会生活的方方面面：一部手机都可以是生命政治的机器③。当然，它也可以在漫长的神学传统中找到其对应物——如"经济"(oiko-nomia；economy)、"圣阶"(hierarchia；hierarchy)、"治理"(gubernatio；govern-ment)等，这些概念不仅昭示了历史进程中西方权力向生命权力的转变，甚至也经"世俗化"而转化为现代的政治、经济的概念。

从"生命—机器"的区分出发，可就阿甘本作品中的主题性因素作出另一基本区分：一方从属于机器对生命的节制作用——如生命政治、homo sacer、二战中集中营内的"穆斯林"等；另一方从属于生命对机器的消解作用——如"形式—生命""姿势""共同运用""世间化"等。在一个神学印记的帮助下，我们或可以对阿氏作品中纷繁复杂的神学主题因素作出相对清晰的分判。这个印记就是所谓的"弥赛亚"，在阿甘本笔下，亦称为"末世论""时间的终结"等。弥赛亚的来临，将会让神学机器暂停运转，也将对世上一切正统权力构成决定性的质疑，他悬停旧的宗法，奠定新的时代，故而是神学中赎解生命的因素。历代神学家、思想家们积累了丰富的弥赛亚主义论说，到了布洛赫、本雅明、阿甘本的时代，这份遗传已变得深奥而玄妙。可是最该继承弥赛亚主

---

① 阿甘本说，任何研究都不是始于批判、终于建设那样中规中矩的，"破"和"立"的部分每每交织在一起，难以分辨。参见 Giorgio Agamben. *L'uso dei Corpi*[M]. Vicenza：Neri Pozza，2014：9。按："破坏部分"(pars destruens)、"建设部分"(pars constituens)的说法，出自培根(Francis Bacon)的《新工具》。在一个归纳法中，首先是破坏部分，然后是建设部分。参见培根：《新工具》，第一卷，第一至五条，许宝骙译. 商务印书馆，2011：88—89.

② Agamben，Giorgio. *Che cos'è un Dispositivo?* [M]. Roma：Nottetempo，2006：21.

③ 同上，第24页。

义的教会,却遗忘了弥赛亚使命。[①]因此,复兴弥赛亚主义,是"阿甘本神学"最显著、最深刻的意图。

据此,我们有了一个大致的判别基准:凡是带有弥赛亚印记的内容,都属于"立"论;反之,对于神学—政治机器的分析与批判,则属于"破"论。因此,《王国与荣耀》解开各种神学概念机器的奥秘,大体属于"破"论;《至高的贫穷》中讲方济各会士创造某种"形式—生命",大体属于"立"论。毋庸多言,这两部分往往是紧密交缠在一起的。而阿甘本之学真正灵妙之处,即在于他在危险之处发现拯救,在生命受尽苦厄、神学政治机器已臻极致的地方,倾听弥赛亚的召命之音。2013年初,本笃十六世辞去教宗职位,阿甘本著书评论此事,认为教宗"辞去大位",反倒重新照亮了"末世论的秘密",他赞赏逊位教宗。[②]

近期阿甘本刊行了他对霍布斯的解读。[③]他抛开了寻常阐释,从《利维坦》初版的插画入手,将其还原到巴洛克时期徽章文化及寓意画传统中,发现了许多引人生疑的幽微之处,借此重新阐释了君王、人民、国家的理论,并发掘出关键的神学印记——霍布斯强调安全与满足,暗示了神学的经济转向以及政治权力的生命政治转向;而"利维坦"在传统上与末世密切相关,基督教每每把它当成"敌基督"的化身,犹太教则要在安息日的宴席上大啖利维坦的肉,因此由利维坦所象征的国家应当在末世被消灭,这样一来,霍布斯的整个

---

①阿甘本甚至主张用"messia"(非专有名词的"弥赛亚")一词翻译保罗书信中的"基督"。因为"基督"(Cristo)一词在西方文化中已经完全成了一个特指"拿撒勒人耶稣"的专有名词,从而遮蔽了"弥赛亚"(χριστός)一词的赎解意蕴。在阿甘本看来,遗忘了其自身应有的弥赛亚性质,遗忘了末世,乃是今日基督教会(Chiesa;Church)和犹太教会(Sinagoga;Sinagogue)所共有的症结,参见 Agamben, Giorgio. *Il Tempo che Resta : Un Commento alla Lettera ai Romani*[M]. Torino : Bollati Boringhieri,2000 :10、23—24。他多次借神学家特罗尔希的话说,教会已关闭了它有关末世论的部门。参见 Giorgio Agamben. *La Chiesa e il Regno , Roma*[M], Nottetempo,2010 :6sgg。

②Agamben, Giorgio. *Il Mistero del Male : Benedetto e la fine dei Tempi*[M]. Bari : Laterza,2013.

③Agamben, Giorgio. *Stasis : La Guerra Civile Come Paradigma Politico*[M]. Torino : Bollati Boringhieri,2015.

国家理论都具有了末世论的蕴意①。无论是在神学抑或人文学的论域中,上述作品始终保持着对弥赛亚印记的关切姿势,是阿氏的上乘之作。

最后,有必要对阿甘本所谓的"历史因素"与"弥赛亚因素"做一番探讨。"历史因素"(或"历史性")不单指某事物从属于某一历史时空的性质,更是指历史中所蕴含的自我发生、自我关联的结构。而这正是弥赛亚时间的结构。②在阿甘本看来,基督教是历史性的宗教。耶稣必须是历史上真实的人物,十字架受难、复活必须是历史上的真实事件,基督教的信仰才有基础(正是因为这种历史性的诉求,《尼西亚信经》中引入本丢·彼拉多这个有案可查的历史真实人物并不奇怪③);更重要的是,现代人的历史概念是由基督教来确立的:后者将罪与拯救引入了历史,使历史不可逆转地成了一个必将终结的进程。④在这个意义上,连马克思主义的历史观,在本质上都与基督教无异,只不过罪与拯救的历史剧,换成压迫与解放而已(与"弥赛亚"相当的,大概只能是"革命")。因此,历史问题的辩证即在于:人们自觉到历史,也就是自觉到历史的终结。故在历史这一张力场域中有两股力量,一方拦阻历史的终结,具体而言是国家、法律等权力机制;另一方,不断打断时间、完成时间的力量就被命名为"弥赛亚"。⑤

弥赛亚时间就是历史的时间。神学上,弥赛亚(基督)两次来临之间的时

---

① Agamben, Giorgio. *Stasis:La Guerra Civile Come Paradigma Politico*[M]. Torino:Bollati Boringhieri,2015:74—77.

② 这里只须参阅两篇小文章,就可以对阿甘本笔下弥赛亚及历史的关系有一个较清楚的理解。此即《教会与王国》(Agamben, Giorgio. *La Chiesa e il Regno*. Roma:Nottetempo,2011.)及《非常的秘密——作为秘密的历史》(Agamben, Giorgio. *Pilato e Gesù*[M]. Roma:Nottetempo,2013:21—39.)

③ Agamben, Giorgio. *Pilato e Gesù*[M]. Roma:Nottetempo,2013.

④ Agamben, Giorgio. *Il Mistero del Male:Benedetto e la Fine dei Tempi*[M]. Bari:Laterza,2013:29.

⑤ Agamben, Giorgio. *Stasis:La Guerra Civile Come Paradigma Politico*[M]. Torino:Bollati Boringhieri, 2015:16; Agamben, Giorgio. *Il Mistero del Male:Benedetto e lafine dei tempi*[M]. Bari:Laterza,2013:34.

间，被命名为弥赛亚时间，而这在线性时间上正好对应着人类的历史。弥赛亚却并非线性时间的终结，只是打断它、转化它；他并不教人等待着时间走向终末，而是催促着时间，让每一瞬间生命所亲历的时间都与终末相关联，让时间成为"时一机""时一候"，如保罗所说——"时间缩紧了"[1]；亦如《神学政治残篇》中所说："唯弥赛亚本人完成一切历史中发生之事，其意义在于，他不过是赎解、完成并生产出历史同弥赛亚因素本身的关联而已。"[2]正是在这一意义上，不属此世，却来救赎此世的神学人格耶稣，必定要被带到猜疑、寡断、集重重矛盾于一身的历史人物彼拉多面前，受他的审判。

四、比较文学附识

"阿甘本与比较文学"，开启这一话题的意义不止于有趣。阿氏熟悉多门欧洲语言，涉猎领域横亘人文学全部光谱，理论上尤有孤诣。按苏源熙（Haun Saussy）的看法，"三门以上语言""跨学科性"以及"理论"，正好是让比较文学得以大行其道的基本特色[3]。从学科建制上讲，目前全球高校学者对于阿甘本的研究更多地在比较文学之中展开；奇怪的是，阿氏作品中几乎从未提到过这个学科。作为"理论"或"文论"的名家，比较文学关注阿甘本，实在理所当然；可阿甘本为何错过、忽略，甚至无视比较文学？其中又可能有怎样的款曲？思考这些问题，有助于比较学者的"自反而缩"，在诸人文学科——乃至人文学科与自然科学、应用科学——的竞争领域中，为我们的学科寻得恰当

---

①《哥林多前书》7：29："ὁ καιρὸς συνεσταλμένος ἐστίν."，和合本译"时候减少了"。Agamben，Giorgio. *La Chiesa e il Regno*[M]. Roma：Nottetempo，2011.

②Benjamin，Walter. *Opere Complete*[M]. a cura di Enrico Ganni. Torino：Einaudi，2008：I，512.

③Saussy，Haun. "Exquisite Cadaver Stitched from Fresh Nightmares". ed. Saussy，Haun. *Comparative Literature in an Age of Globalization*[M]. Baltimore：John Hopkins University Press，2006：3.

的身位。

阿甘本曾言："凡有历史，即有生命"①。在比较文学并不算悠久的生命史中，它被不断宣告着"危机"，甚至"死亡"，又每每在危亡时刻得到长足发展。前辈学者对学科的历史性有清醒的自觉，而这一历史性又赋予它以深刻的生命性。而阿氏"普通人文学"的愿景，有着同样深刻的生命与历史。普通人文学的基础在于 19 世纪伟大的人文学成果，其中比较语文学尤为关键，而比较文学恰恰兴起于 19 世纪的比较学（各种比较学皆归宗于比较语文学和比较解剖学）②。二者诞生于同一历史进程。当阿甘本见证传统人文学的衰退，感喟"普通人文学"宏愿无法按原计划实行时，比较文学正在北美飞速发展，实际地发扬着阿甘本的设想。至 21 世纪初，斯皮瓦克（Gayatri Chakravorti Spivak）认为我们的学科必须"重新来过"（redo），呼吁着"新比较文学"；苏源熙则以为"比较文学现存的学科建制或许只是一种暂时性的装扮，它正在为人文学的普遍革新铺垫道路"③，他们似又踏入了阿甘本提出"普通人文学"时的境地。

比较文学素来是各种矛盾的杂合体。历史上"实证研究"（即关联研究、影响研究）与"平行研究"（比较研究）冲突而并存；如今在"理论"和"文化研究"名下，聚集了各种各样穿越边界的人文学实践。其成功之处，正是其脆弱之处：

> 它缺乏恒定而明确的目标；（从方法论上讲）它既处于那些有清晰领域及准则的学科之间，又高于后者；对于学科间的横向联络，以

---

① 原文作："si da vita di tutto ciò di cui si da storia" 系阿甘本对本雅明"辩证图像"（dialektisches Bild）思想的化用。

② Saussy, Haun. "Comparative Literature?"[J]. *PMLA*, Vol. 118, No.2, 2003：337—338.

③ Saussy, Haun. "Exquisite Cadaver Stitched from Fresh Nightmares." ed. Saussy, Haun. *Comparative Literature in an Age of Globalization*[C]. Baltimore：John Hopkins UP, 2006：5.

及总体的立法过程，它保持着开放姿态。①

　　苏源熙试将"文学性"设立为比较文学的总目标，可他本人亦清楚地知道，一切文学性的分析，必依托具体语境，方能在特定性中得到确立。如欲为枝蔓丛生的比较文学经验寻找一个主干，则只能是"人类经验的普遍总体"这样的泛泛之言。②斯皮瓦克提倡"文学研究应循着'喻象(figure)'的向导"③。我们或许可以把这一概念当作"星球性(planetarity)"与"区域研究(area studies)"两种趋向的结合。可"喻象"到底是什么，斯皮瓦克语焉不详。此时，人们可发现比较文学与阿甘本学问在内在逻辑上的深刻相似。寻求普遍性、基于特殊性、以喻象为向导的研究，早已为阿甘本所执行。只不过"喻象"在后者那里，称为"形象"或"示范"。

　　形象或示范的概念，亦蕴含着一整套工作模式：它们处于普遍与特殊、历时性与共时性的交汇点，采取一种从独特到独特的逻辑。④亚里士多德的"比拟"逻辑，德勒兹的"块茎"逻辑，苏源熙的"与"逻辑（"and" logic）⑤，以及阿甘本的"示范"逻辑，在一定的程度上，实属同一种逻辑。而这，是否就是比较文学——及其意欲通达的将来人文学——的元逻辑？

　　比较文学在20世纪的成功，借苏源熙的比喻，就像转基因作物的大肆繁育影响了自然环境那样，让诸人文学科不得不有所濡染⑥。果真如此的话，对比较文学的根本文化基因做一番考察，就极有必要。因为一切的外在性状（诸如多语言、跨学科、重理论等），皆源于其学科元逻辑——其最基本的"摹

---

① Saussy, Haun. "Exquisite Cadaver Stitched from Fresh Nightmares". ed. Saussy, Haun. *Comparative Literature in an Age of Globalization*[C]. Baltimore：John Hopkins UP，2006：24.

② 同上，第13页。

③ Spivak, Gayatri Chakravorti. *Death of a Discipline*[M]. New York：Columbia UP，2003：71.

④ Agamben, Giorgio. *Signatura rerum：Sul metodo*[M]. Torino：Bollati Boringhieri，2008：32—33；Agamben, Giorgio. *La Comunità che Viene*[M]. Torino：Bollati Boringhieri，2001：13—14.

⑤ Saussy, Haun. "Comparative Literature?"[J]. *PMLA*，vol. 118，2003（2）：338—340.

⑥ Saussy, Haun. "Exquisite Cadaver Stitched from Fresh Nightmares". ed. *Saussy, Haun. Comparative Literature in an Age of Globalization*[C]. Baltimore：John Hopkins UP，2006：4.

仿因"(meme)。比较学者不乏博学广识之辈,除苏源熙的初步探索外,对此却疏于考察。"摹仿因"(meme)的概念大有来历,它由生物学家道金斯(Richard Dawkins)所造,大致相当于文化基因的概念①。它源于希腊的"摹仿"概念,故携带深厚的人文学意涵。②

理念(eidos)与实物的关系,即为原本与摹本之间的摹仿关系——反过来,不朽的DNA序列,也被道金斯比喻为"建筑师的设计图",其柏拉图理念论的影迹依稀可辨。③"上帝"的观念是一个典型的摹仿因④;同理,阿甘本思想中"弥赛亚""末世""历史因素"等,也都是相关联的摹仿因。尤其值得注意的是,道金斯的"摹仿因"受到德国生物学家塞蒙(Richard Semon)"记忆元"(mneme)的启发。从这里又可牵出另一影响链条:从塞蒙的"记号"(engram),到瓦尔堡的"储能记号"(dynamogram,即"图象"的别名),再到本雅明的"辩证图像",直至阿甘本的"形象"与"示范"。如将上述概念(及其作用模式)联结为一星宿,比较文学研究的基本单元将得一翔实说明,未来人文学的元始逻辑也能就此显豁,同时,人文学与自然科学亦必触及各自的根荄与极限。这项艰难而有益的工作,借司马迁的话说,唯"俟后世通人君子"。

---

①Dawkins, Richard. *The Selfish Genes*[M]. Oxford: Oxford UP, 2006: 192.

②希腊词"μίμημα"本意"摹仿物",源于动词"μίμεομαι"(摹仿);转写为英文作"mimeme",略去一个音节而得"meme"。其构词方式与人文学中"phoneme"(音素)、"my-theme"(神话素)、"episteme"(认知型)等语一致,故可译为"摹仿因"。

③Dawkins, Richard. *The Selfish Genes*[M]. Oxford: Oxford UP, 2006: 22.

④同上,第192—193页。

主题学在德国的发生学意蕴

孟昭毅*

　　主题学最早产生在德国,原是文学研究的一个分支,继后逐渐成为比较文学的一个重要领域。以发生学的起源分析法进行考查,这种现象的出现是有其历史渊源的。17世纪的德国,确切地说应该是德意志,自三十年战争以后,国家处于四分五裂的状态。300多个小公国割据称霸,政治腐败,经济落后,人民怨声载道。德国人是最早知道咖啡的欧洲人,但是因为贫穷,在英国人、法国人、奥地利人已经喝了100多年以后,才在18世纪初喝上咖啡。德意志在这样的社会基础上,要想像西欧其他国家那样通过启蒙运动引导政治革命,那是不可能的。因此,当时以普鲁士为代表的具有启蒙思想的进步知识分子普遍认为:外来的古典主义文学改造在于德国现实本身,要想振兴民族文学和文化,只能从研究传统的民俗学入手,只有建立统一的民族文化和文学,促进民族的统一,才是当务之急。于是他们几乎将自己无用武之地的全部精神创造力完全集中在了民族文化艺术上,以便在精神领域构筑他们具有浪漫主义色彩的理想王国。在这一过程中,他们形成了一种具有德国特色的浪漫主义的民族概念。"它赋予'每个民族'以自己的'超个性的个性',把每个民族的语言、文学、艺术、哲学、政治等连在一起,作为'民族灵魂'亦即'民族精神'的统一标志。"①这种民族概念为德国主题学的产生准备了温床。英国

---

①[德]胡戈·狄泽林克.比较文学导论[M].方维规译.北京师范大学出版社,2009:11.

哲学家以赛亚·伯林在其《浪漫主义的根源》一书中也实事求是地指出:"反启蒙运动的思潮,其实源自别的地方,源自那些德国人。"①他在继后的论述中进一步强调:"无论如何,浪漫主义运动起源于德国。"②经过浪漫主义者的努力,终于形成德国18世纪在文学、哲学、音乐、美术等方面的繁荣局面。正如恩格斯所指出的:"这个时代在政治和社会方面是可耻的,但是在德国文学方面却是伟大的。"③在诸多的先进人物中,主要有德国民族文学奠基人莱辛(1729—1781)、"狂飙突进"运动的代表作家赫尔德(1744—1803)、歌德(1749—1832)、瓦格纳(1747—1749)、席勒(1759—1805)等。

其中,作为民族概念之父的赫尔德(Johann Gottfried Herder)的学术思想对德国主题学的发生影响最大。他青年时代的著作《论德国新文学》(1766—1767)指出德国文学是一个独立的文学。每个民族都有自己独特的文学,它依赖于各自的语言,而语言又依赖于社会。他强调了"把文学本身理解为民族精神的表现"④的观点。其理论著作《论语言的起源》(1772)认为语言是人类精神的产物;《论莪相和古代民族的诗歌》(1773)提倡文学要打破陈规陋习,以适应自由表达感情的需要;《民歌中各族人民的声音》(又名《民歌集》,1778)主要收集和翻译了德国、欧洲及秘鲁、马达加斯加等国的162首民歌。他对民歌的重视,影响了继后浪漫主义诗人对民歌的态度,以及主张重视民间文学研究的风气。以"世界公民"自称的赫尔德还在实践中大量收集民歌,重视民俗学的研究工作,通过研究民间文学、民族诗歌,主张和颂扬世界主义。他那种历史的、总体的文学观对德国初期的文学题材与主题史研究产生了明显的影响。德国当代著名思想史作家吕迪格尔·萨弗兰斯基(Rüdiger Safranski,1945—)在《荣耀与丑闻——反思德国浪漫主义》一书前言中指

---

①[英]以赛亚·伯林.浪漫主义的根源[M].吕梁等译.译林出版社,2008:40.
②同上,第131页。
③[德]恩格斯.德国状况.见:马克思恩格斯全集[M].第二卷,中共中央马克思恩格斯列宁斯大林著作编译局译.人民出版社,1957:634.
④[德]胡戈·狄泽林克.比较文学导论[M].方维规译.北京师范大学出版社,2009:18.

出:"我们可以说浪漫主义的历史始于 1769 年的那个时刻。当时赫尔德匆忙启程,航海赴法。"①他在法国结识了百科全书派的代表人物狄德罗,并受到狄德罗世界观的影响。译者卫茂平、著名德国文学专家也在"代译序"中写道:"但'浪漫'的思维方式,或者'浪漫主义的精神姿态',作为德意志民族的性格要素,存至今日。"②由此可见,浪漫主义及其代表人物赫尔德在德国文学中的重要地位及其深远影响。

18 世纪下半叶,在德国历史思想和历史研究的文化传统影响下,赫尔德完成了他最重要的巨著《关于人类历史的哲学思想》(1784—1791)。"此书涉及许多国家的地理、历史、艺术、文学、科学、哲学及风俗习惯。作者试图从对各个国家的不同领域的分析、研究中抽象出人类历史发展的规律。"③他的这种历史主义和世界主义的思想导致了浪漫主义先驱、文艺理论家、语言学家施莱格尔(1772—1829)在 1789 年提出《宇宙诗》[即《环宇诗》(Universal poesie]的观点。其"认为由于人类的感觉类似,心灵相通,诗的表达方式容或不一,但它的题材具普遍性,包含人类经验的共相,故探讨人类的心灵,便能发现一切文学的真相。"④

他们另外一个重要的观点是,古典的诗歌形式是"机械的",来自外部,浪漫的诗歌形式是"有机的",是从题材中产生的。这些理论都影响了 18 世纪末、19 世纪初的一批德国学者。他们从民间文学语言为主的研究发展为对整个德国民俗学进行全面的研究并形成热潮。这些浪漫主义时期的作家和学者受德国古典哲学的影响,提倡个性解放,放纵主观幻想,追求神秘和奇异感。主要代表人物除弗利德里希·施莱格尔(1772—1829)以外,还有奥古斯特·施莱格尔(1767—1845)、路德维希·蒂克(1773—1853)、布伦塔诺(1778—

---

① [德]吕迪格尔·萨弗兰斯基. 荣耀与丑闻——反思德国浪漫主义[M]. 卫茂平译. 上海人民出版社,2014:11.

② 同上,第 10 页。

③ 丁建弘、李霞. 德国文化:普鲁士精神和文化[M]. 上海社会科学院出版社,2003:177.

④ 张汉良. 比较文学理论与实践[M]. 台湾东大图书股份有限公司,1986:22.

1842)、阿尔尼姆(1781—1831)、雅格布·格林(1785—1863)、威廉·格林(1786—1859)、沙米索(1781—1838)和维廉·豪夫(1802—1827)等。他们的主要贡献在于民间文学的整理和研究方面。蒂克的《民间童话集》对安徒生很有影响。布伦塔诺和阿尔尼姆在大量收集整理民歌和童话的基础上出版的《儿童的奇异号角》(1806—1808)也影响颇大。但是"正如梅林所说,没有赫尔德尔这一民歌集(《民歌中各族人民的声音》——笔者注),也就不会产生浪漫派的著名民歌集《儿童的奇异号角》"①。沙米索的童话体小说《彼德·史雷米尔奇异的故事》(1814)具有现实性和进步意义。豪夫受浪漫主义影响,擅长运用历史和民间材料编写童话,颇有声誉。尤其是格林兄弟在共同搜集,亲自记录民间故事、传说和童话的过程中,受到布伦塔诺和阿尔尼姆采集民歌时观点的影响,竭力保持民间想象力的特色和口语风格,最终整理出版的《儿童与家庭童话集》,即《格林童话集》(1812—1814),成为世界儿童文学宝库中最珍贵的财富。

格林兄弟自1806年起,根据流传于德国民间的传说、童话和神话(绝大部分出自黑森和哈瑙伯爵领地美因河、金齐希河地区)加工整理而成。他们"重点联系"了民间的讲故事的能人,如哈克斯特豪森和德罗斯特–许尔斯霍夫家的"故事大妈"们,将其口述编辑成书。《格林童话集》共200余篇童话,被格林兄弟等人修订和整理过,因为在当时除了安徒生,尚未发现有原创的童话作品存在。即使有儿童读物和所谓的童话作品,那也不过是民间故事和民间传说的翻版而已。这些童话无可争辩地具有文学传承和文学传统上的学术意义和贡献。但是过度解读也无科学上的必要性。因为童话和寓言不同,未必需要有寓意或说明一个道理。它更注重故事性,其中的对话和人物个性只要有吸引人的叙事性,就能得到充分的展示。格林童话和其他民间文学一样,通常也有共同的故事模式和人物类型。其正面人物常常是公主或善良的姑娘,继母和坏皇后往往是巫婆一类的坏女人;王子是能拯救灰姑娘一类女孩

①丁建弘、李霞.德国文化:普鲁士精神和文化[M].上海社会科学院出版社,2003:176.

的英雄;猎人帮助弱小打败邪恶势力,是正义的代表等。书中永远充斥着恶魔的贪婪,巫术的威力和坏人的恶毒等相同的题材和主题。因为童话遵循的不是事理的逻辑,而是情感逻辑,所以其中的非现实成分会让阅读者学会思考真实的社会因素。其实,赫尔德在浪漫主义思潮中形成的注重民族性研究的传统,不仅对德国民间文学研究产生了重大影响,而且也使其成为德国文学史研究的一个热点。其中艾希霍恩(1752—1827)和布特维克(1766—1828)的研究都是其回响。继后的科贝斯泰因(1797—1870)的关于"破晓歌"的研究和盖尔维努斯(1805—1871)从历史角度来解说文学的主张,则是其余波。他们的努力虽然有的受到德国比较文学界的批评,但是对于主题学在德国的研究与发展,还是有一定意义的。

德国早期浪漫主义的这些作家不少也是学者和语言学家,他们侧重从文献的角度研究语言和文学问题,运用比较语言学的知识研究欧洲民间故事;发现它们平行发展,但有共同的渊源。他们起初研究的侧重点仅仅在于探索民间传统和神话故事等在神奇幻想和奇异情节方面的演变,但是随着研究的不断深入,他们关注的已不再是相同的神话故事,民间传统的主题、题材、情节在不同时期不同作家笔下反复出现的规律性问题,而是将研究视野扩大到探讨诸如友谊、时间、别离、自然、世外桃源和宿命观念等一些与神话传统、童话故事联系不那么密切的相关问题上。德国民间文学的研究,"一开始就集中在那些往往支离破碎、传播不广的文学本体的产生和演变上,它发现一个故事总有大致相同但又有区别的若干说法,于是感到有必要进行比较,并大致描绘一个故事的系谱图"①。随着研究视域的扩大,必然要求学者对研究对象要有本质上的认识,在研究方法上要有创新。于是在整理诸多碎片化、口耳相传采集而来的民间文学作品进行正本清源,系统研究,综合分析,并注重其影响接受时,在研究方法上开始注意对比研究和影响接受的研究。因此,

①[美]乌尔利希·韦斯坦因. 比较文字与文学理论[M]. 刘象愚译. 辽宁人民出版社,1987:126.

主题学开始时是通过题材、主题的研究与比较文学产生了从逻辑到事实上的联系。学界也相继发表了"多的不可胜数"的博士论文和一些短论文。19世纪中叶的德国学者本菲(1809—1881)撰写了《五卷书：印度寓言、童话和小故事》一书，其中对印度《五卷书》中的寓言、传说、故事进行的多种渠道和形式的世界播扬过程的研究，是比较文学主题学形成研究传统的重要参照。德国另一位学者约瑟夫·戈莱斯(Joseph Görres, 1776—1849)的《德国民间故事书》是"比较文学史中研究主题流变的早期文献"①。他在书中对比分析了《尼伯龙根之歌》与北欧英雄传说的异同。这种学术研究主要倾向于探讨神话故事和民间传说的描述轮廓，以及人物形象的典型性在不同文化环境中的发展变异。这就形成了19世纪下半叶得到广泛承认的流传论、借用论、题材迁徙论等。其研究成果包含在主题学(题材史)的研究中，以至于梵·第根在1931年评论道："主题学……在德国发展极为迅速。在那些民间文学研究十分活跃的国家里，情形确是如此。只要主题学蓬勃发展，它就会对文人创作的文学发生深刻影响。"②

胡戈·封·梅茨(1846—1908)1878年独立主编的《比较文学杂志》，1887年停刊。梅茨属于在匈牙利说德语的少数民族，处于多瑙王朝(奥匈帝国，1867—1918)的一个多语种区域。他在德国进过莱比锡和海德堡大学学习，1872年任新建的科洛斯堡大学的日耳曼文学史教授。"随着梅茨讲座中深入探讨的比较文学而来的专业杂志的创刊(1877)实际上是把自赫尔德和浪漫派以来所有迟疑不决的倡导汇集起来的第一次尝试，并以此作为组建这个学科(比较文学——笔者注)的基础"③。从某种意义上来说，该杂志的创刊客观上意味着德国以前主题学的研究传统被阻断。因为"这本杂志的立场和方向是明确的：典型的超国界方法。这在当时主要有两个意义：一方面，是对单一

①参见刘介民. 从民间文学到比较文学[M]. 暨南大学出版社,1998:2.
②[美]乌尔利希·韦斯坦因. 比较文字与文学理论[M]. 刘象愚译.辽宁人民出版社,1987:126.
③[德]胡戈·狄泽林克. 比较文学导论[M]. 方维规译.北京师范大学出版社,2009:15.

语言文学研究中盛行的民族主义思想的严厉批评"。例如批评日耳曼文学史家科贝斯泰因的"破晓歌理论"有民族主义倾向;批评日耳曼历史学家、文学史家盖尔维努斯等对歌德的世界文学观点的误解。"另一方面,梅茨还强调指出'世界主义的捉摸不透的各种理论与比较文学的理想完全不是一回事'"①。这本杂志的作者不乏国别文学研究领域的重要学者,也有其他不同学科的代表人物。因此其内容也很广泛,文学比较、文学关系、翻译问题、民歌概况甚至民俗比较,乃至人类学民族志学等学科的比较等。自1881年6月起,该杂志单行本扉页上注明一点是"一本多语言的半月刊,涉及歌德所说的世界文学,涉及较高的翻译艺术,'民俗学'、比较民歌概况以及类似的比较人类学和人种学学科"②。由此可见,该杂志在19世纪后期虽然未将主题学的名称归入其中,但已将其研究的内容纳入比较文学范畴里了,而且成了当时德国比较文学研究的热门。

梅茨的《比较文学杂志》停刊的前一年,马克斯·科赫(1855—1931)在柏林创办了《比较文学史杂志》(1886—1910),"他的探索带着19世纪末德国精神科学普遍发展中的有利因素,宣告了当时的德意志比较文学新时期的开端"。科赫曾为该杂志写了纲领性的《引论》,其宗旨"就是研究国际文学要为更好地为本国文学服务"。例如他在《论德国诗歌的起源与发展》一文中写道:"应当先看一下外国其他民族的韵律诗,诸如法国的、意大利的、伊斯帕尼亚的(比利牛斯半岛古名——笔者注),以及英国的、荷兰的,等等;这么做,是为了考察其他诗歌的源流是否与德国的诗歌有相同之处。"③他不仅指出莱辛《论戏剧历史与戏剧接受》(1754)是德国第一篇论述比较文学史的本质、任务和作用的论文,而且"还认为赫尔德的研究也显示出类似的端倪,着重指出赫尔德'把文学本身理解为民族精神表现'的观点"④,科赫的这种重视民族诗歌

---

①[德]胡戈·狄泽林克.比较文学导论[M].方维规译.北京师范大学出版社,2009:15.

②同上,第174页。

③同上,第17页。

④同上,第18页。

研究和民族精神表现的学术思路是和赫尔德一脉相承的。除此而外,在他的论述和设想中,科赫"期望借助于追溯到赫尔德的民歌研究,为促进民俗学的研究作出贡献;尤其在其他一些国家,民俗学'已经成了独立的学科'。此外,他对传说研究和素材史(即题材史——笔者注)研究也表现出浓厚的兴趣"①。由此可以看出,科赫已将主题学研究的内容纳入比较文学的范畴,甚至可以说德国主题学是从科赫的研究开始进入德国比较文学领域的,亦即主题学在德国的诞生。

这种观点在国际比较文学界是有共识的。法国第一位比较文学教授、法国比较文学史上的重要人物约瑟夫·戴克斯特(1855—1900)即有类似的论述。1892年他受聘里昂大学主持题为"文艺复兴以后日耳曼文学对法国文学的影响"的讲座。他认为"比较文学滥觞于18世纪的德国",并"把赫尔德称为'比较文学真正的创造者'"。②在戴克斯特看来,关键在于比较文学在德国的发展有一种特殊的辩证法基础。即"德国的不同观察方法既同本国利益有关,又关注国际文学状况,后者正是我们所要采用的研究方法的特征"③。主题学作为一种研究方法之所以首先在德国发生,正是因为以赫尔德为首的德意志语言文学学者在既注重民族文学研究,又注重世界文学发展的双重视野之下,发现了比较文学这一兼容的交感区域,才使之成为可能。遗憾的是,虽然20世纪前后的比较文学界并不感谢德国学者在比较文学产生过程的开创之功,但是在科赫《比较文学史杂志》1910年停刊后,德国要设立比较文学学科的尝试却举步维艰。"皮之不存,毛将焉附",比较文学学科专业难以确立,主题学研究则更难有立锥之地。

20世纪初的德国,比较文学遭到国别文学研究者,尤其是以民族文学为己任的日耳曼语言文学家的拒绝。苏黎世比较文学家路易·保尔·贝兹(1861—1904)则力挺其发展。争论一直持续到1903年,维也纳的耶利内克

①[德]胡戈·狄泽林克. 比较文学导论[M]. 方维规译. 北京师范大学出版社,2009:19.
②同上,第20页、第11页。
③同上,第21页。

(1876—1907)在柏林发表了《比较文学书目》。该书目"更强调民俗学、民间文学以及研究古代圣像的圣像学，并视之为题材史和主题史的进一步深化"①。虽然这一事实显示出"比较文学"实证主义思维方法的局限，但是主题学研究的主要内容还是和科赫的主张得到了沟通与延续。因为"德国比较文学专心经营的、'毫无问题的题材史'同实证主义牵扯到一起"，已经成为他们的学术传统。德国语言学家、文学史家威廉·舍雷尔（1841—1886）是实证主义研究方法的创始人。他既接受了雅各布·格林用语言学方法研究民间文学，又继承了盖尔维努斯用历史学方法研究文学，像研究自然科学一样研究语言和文学。致使实证主义的文学研究在19世纪后期在德国十分流行。直至20世纪初，多所大学执教的德国文学史家均出自其门下。这种在日耳曼语言文学中将民族文学史整理得极其严谨的学风，也成为主题学研究能够在比较文学中安身立命的根基。

与日耳曼语言文学排斥德国比较文学的发展相反，德国从事罗曼语言文学研究的学者却努力为比较文学正名。他们借助"罗曼语言文学与比较文学"课程进行教学与研究。在这一过程中，德国威尔茨堡大学讲师爱德华·封·雅恩的努力值得记忆。他在1927年所作的就职演说中，"把比较文学说成'无法绕过的要求'"。②1929年他在格赖夫斯瓦尔德大学担任讲座教授。另一位不能忘记的奋斗者是1934年取得教授资格的图宾根大学高级讲师库尔特·魏斯。他直到退休一直从事罗曼语言文学和比较文学两个领域的教学与研究。作为罗曼语言文学和日耳曼语言文学专家，他们的努力虽然未能使比较文学作为独立学科在德国学界真正立足，但是也给人一种包括主题学在内的德国比较文学传统没有断裂的感觉。之所以德国的罗曼语言文学在很大程度上可能进行比较文学研究，是因为"同它的出发点有关，即从共同的源流出发，同时研究罗曼语族的各种语言和文化，它的与多种文学打交道，促使其

---

① [德]胡戈·狄泽林克. 比较文学导论[M]. 方维规译. 北京师范大学出版社,2009:31.
② 同上,第33页。

走上超国界亦即比较文学研究之路"①。其中最优秀的代表,即德国罗曼语言文学学者恩斯特·罗伯特·库尔提乌斯(1886—1956)。"他的著作《欧洲文学与拉丁中世纪》(1948)(简称"欧拉"——笔者注)在文学史领域展现了一个基本观点,这一观点堪称比较文学研究的典范。"②从本质上说,德国日耳曼语言文学研究走上比较文学之路和罗曼语言文学研究走上比较文学之路轨迹是一致的,即都是从同一语族的各种语言和文化的研究,发展到对多种文学形态的研究,涉及"素材""主题""神话"等方面的研究,从而进入比较文学领域。

由此看来,比较文学中的主题学研究主要是在德语区的国别文学研究中展开的。它从梅茨的《比较文学杂志》时开始兴起,到科赫的《比较文学史杂志》时成为主要内容之一。"很重要的原因是,'素材史'和'主题史'在这以前就在德国受到注重实证主义的日耳曼文学的竭力推崇。处在开拓阶段的比较文学,只需把它看作研究模式吸收就是了。"③尽管主题学在比较文学的发展过程中长期处于或隐或显的潜行状态,但是由于它的实证主义研究方法和史学的研究方法的科学严谨,所以直到20世纪上半叶,依然受到德语区各国的日耳曼文学史家的钟情,以致一些与之有密切联系的现代文学史家也很欣赏这种表现颇为顽强的学术传统,从而使主题学的相关研究理念能够在其他语言文学,包括中国语言文学中也能立足发展。实际上直到20世纪下半叶,比较文学主题学才开始凭借自己丰硕的研究成果,在世界范围内向着积极、全面的方面转化。主题学终于在德国民俗学的孕育之下,在日耳曼语言文学中成长壮大,最后进入德国比较文学的大雅之堂。

事实确实如此,1929年至1937年间,法国学者保尔·梅克尔努力编辑了一套主题学丛书。1937年,德国学者沃尔夫·爱伯哈德编撰了《中国民间故事类型》一书,尽管其中有偏颇的观点,但还是极有意义的。因为正如法国著名比较文学家马·法·基亚所说:"如果民间风俗已被格式化了,那么就要转到比较

---

① [德]胡戈·狄泽林克. 比较文学导论[M]. 方维规译. 北京师范大学出版社,2009:34.
② 同上,第35页。
③ 同上,第99—100页。

文学的领域了。"①第二次世界大战后，德国学者伊丽莎白·弗伦泽尔（E. Frenzel）开始编纂文学主题词典，"形成了以比较为方向的主题学不可或缺的论坛"，成为比较文学主题学研究的重要阵地。1962年，弗伦泽尔又出版了主题学研究专著《文学史的纵剖面》，它成了研究比较文学主题学必不可少的一种工具书。1966年，弗伦泽尔还出版了《题材与动机史》。这些涉及从民俗学切入比较文学主题学研究的专论专著，不仅在德国，而且在相邻的国家和地区也产生了影响，主要有法国、瑞士、意大利和捷克等。

法国以加斯东·帕里斯（1839—1903）为代表的一批学者对此类研究颇感兴趣。例如，伊索寓言或米利都人的笑话、民间故事或宗教寓意诗等，是如何流传下来的；《蓝胡子》的故事是否还能觉察出是在传播雅利安人分散居住前虚构的一个古老太阳的神话等。另外，波西米亚（捷克）作家学者聂姆佐娃（1820—1862）作为民间传奇、童话故事的作者和研究者也有代表性。其童话故事基本上都是民间故事和民间传说的二度创作，即使有个人的原创童话，也延续的是格林童话的风格。聂姆佐娃的《七只秃鹰》和格林的《六只天鹅》是相同内容的故事，主题都是妹妹忍辱负重救哥哥。在格林童话里人物主要有巫婆和国王、继母，六个儿子和一个女儿，她的作品里父母是普通人，有一个儿子、一个女儿。这些受德国此类文本影响的作家和学者采取的研究策略大致相同，普遍是将以前文学作品中的各种主题归纳合并为作品传统的单纯叙事要素，再进行新的组合，但并不改变其主要内容。以聂姆佐娃的童话为例，原作中的巫婆的威力、继母的恶毒等主题，变为普通母亲因嫌弃孩子的吵闹而说了"让你们全都变成秃雕"的话，于是原作中的六只天鹅就变成了七只秃鹰了。由此可以看出民间文学这种主题史的变化过程。此后，他们又着手考察浮士德、唐璜等民间传说题材的渊源及其流传的情况，民间文学怎样和何时进入"高级文学"，以及口头文学与书面文学的关系等。从而使主题学研究日益深入。因此，韦斯坦因在自己的《比较文学与文学理论》一书中论述主

①[法]马·法·基亚. 比较文学[M]. 颜保译. 北京大学出版社，1983：41.

题学时,强调指出:"这里我想重申,主题学从传统上讲被认为是一块德国的领地,因为它是在十九世纪从德国的民俗学热潮中培育出来的一门学问。"①

由此可见,主题学发端于德国19世纪浪漫主义文学思潮中的民间文学整理与研究,历经百余年,明显表现出发生学思想的历史主义特征。德国作家与学者出于振兴德国文学之目的,对丰富的民间故事、神话传说和童话进行了收集和编纂,发现其主题、题材、情节相同的传说、故事和童话会在不同时代、不同地域的作品里反复出现,于是自觉不自觉地就用比较的方法来对比,归纳它们之间的异同点和流传演变过程,从而初步奠定了主题学研究的理论与实践的基础,并在客观上丰富了比较文学研究的内容。

---

①[美]乌尔利希·韦斯坦因. 比较文字与文学理论[M]. 刘象愚译. 辽宁人民出版社,1987: 126.

语文学的"飞升"与《神曲》图文注疏

潘源文*

贡布里希指出:"波蒂(提)切利的艺术很容易适宜于种种最矛盾的解释。"①此说在今天仍然成立。在多元进路推进下的文艺复兴研究视野内,围绕作品寓意展开的论争从未止歇。尽管波提切利的创作语境愈发明朗,《春》(见彩插图1)的重重迷雾仍未有定论。在回顾《春》的图解文献之前,有必要回避纷繁的解释,简单回顾《春》的画面。春和景明的橘园树木茂盛,花团锦簇,画面叙事从右至左推进,园中共有九人:身着天蓝色衣服的男子悬浮半空,从右侧侵入画面,压弯月桂树枝,他鼓起腮帮子试图劫持少女,少女回望上方,口吐花瓣;她左侧的女子一袭花衣,手捧玫瑰;画面正中靠后的女子抬起右手,头歪向一侧,小腹微微隆起,其头顶上方的蒙眼爱神即将射出带火焰的箭;顺着箭头方向,左侧三位女子围圈跳舞;画面最左侧的男子背对众人,头戴头盔,红色披风布满火焰纹饰,腰间斜挎弯刀,脚蹬有翅膀的靴子,他抬头看天,举起神杖伸向头顶的云雾。关于《春》的委托人身份、创作的具体时间,没有直接文献记录。瓦萨里在《著名画家、塑家、建筑家传》中首次提到该作品,他在柯西莫·美第奇公爵(Cosimo I de'Medici)位于城外的喀斯特罗别墅看到"一幅维纳斯的诞生,画面中有带她下凡的风神和爱神;另一幅也是维纳

---

*潘源文,对外经济贸易大学外语学院副教授。
①[英]E. H. 贡布里希. 象征的图像:贡布里希图像学文集[M]. 杨思梁、范景中等译. 广西美术出版社,2017:73.

斯,美惠女神给她装点鲜花——春之象征"①。瓦萨里此番描述略有些语焉不详,尼古拉·鲁宾斯坦(Nicolai Rubinstein)指出:"从瓦萨里的年代起,这幅画的主题已被定为'春',但我们无法确定瓦萨里所说的'春'究竟是整幅画,还是画中某个人物。"②韦伯斯特·史密斯(Webster Smith)发表于1975年的论文厘清了一个重要信息:通过梳理美第奇家族的收藏目录,明确了《春》最初摆放于美第奇家族旁支洛伦佐·迪·皮耶尔弗朗切斯科·德·美第奇(Lorenzo di Pier-francesco de' Medici,后被称为"小洛伦佐"或"平民派洛伦佐")在城内拉尔加大街(即加富尔大街)的别墅婚房③。《春》体现了艺术家怎样的创作意图? 充满古典主义风格的春日橘园,究竟有何寓意? 波提切利对古代经典的解读,与同时代人文主义者的交流,为创作提供了哪些素材? 本文暂时搁置瓦尔堡提出的图解文献《岁时记》,以《神凡配》来解读《春》的画面右侧,并指出,克里斯多弗洛·兰迪诺(Cristoforo Landino)作为波提切利的人文主义顾问,以《神曲注疏》为其创作提供了绘制的具体方案。

一、从瓦尔堡到贡布里希的《春》之图解

瓦尔堡发表于1893年的博士论文《波提切利的〈维纳斯的诞生〉和〈春〉:早期文艺复兴的古物观念》仍是解读《春》的奠基之作,后世学者无论是否同意,都要尽回顾的义务。瓦尔堡提出,除了塞涅卡、卢克莱修等古典作家的作品,波提切利还主要参照了古罗马诗人奥维德的长诗《岁时记》和同时代佛罗伦萨诗人安杰洛·波利齐亚诺(Angelo Poliziano)的《武功诗》(Stanze per la Giostra)。在《岁时记》第5卷第194—220行中,仙女克洛丽丝讲述了自己为西风所劫持,成为其新娘,后化身花神芙洛拉的经历,因此《春》右侧三个人物分

①[意]瓦萨里. 著名画家、雕塑家、建筑家传[M]. 刘明毅译. 中国人民大学出版社,2004:174.

②Rubinstein, Nicolai. "Youth and Spring in Botticelli's Primavera"[J]. *Journal of the Warburg and Courtauld Institutes*, 1997(60):248.

③同上。

别对应西风神、克洛丽丝和芙洛拉。①波利齐亚诺的《比武篇》缘于 1475 年的比武盛会，诗中的尤里奥（Iulio）即豪华者洛伦佐的弟弟朱利亚诺（Giuliano de' Medici）。他沉迷狩猎，对爱情不屑一顾，遭丘比特戏弄，在森林里撞见女子西蒙内塔，因中了爱神的箭而对她一见钟情。西蒙内塔"全身与衣饰如此洁白，衣服上还绘有玫瑰和其他花草。她的额头谦卑且高贵，一头金色卷发从额前垂下。整座森林都围着她微笑。她举手投足庄严而温顺，睫毛闪动仿佛足以平息风暴。她的面庞充满天使般的喜悦，用自然创造的花朵编织小花环，衣服也以鲜花绘制而成。看到年轻人（尤里奥——引者注），她有些害怕地抬起头，抬起白臂拾起裙边，带着满身鲜花站起身来"②。丘比特完成恶作剧后，"欢快地在暗夜中飞回母亲的王国，这里有它的众多小兄弟，美惠女神个个欢欣。西风神在芙洛拉身后胁迫她，令绿草长满鲜花"③。《比武篇》是波提切利同时代的文本，上段文字显然来自对《岁时记》的改写，西蒙内塔的造型与《春》的维纳斯高度吻合。诗中西蒙内塔的原型为贵妇人西蒙内塔·韦斯普奇（Simonetta Vespucci），这位 1476 年早逝的女子为作品增加了悼念意味。

贡布里希将解释重心从美第奇家族主枝（即豪华者洛伦佐和朱利亚诺两兄弟）移至旁支小洛伦佐。他是豪华者洛伦佐的堂弟，二人的祖父是亲兄弟。小洛伦佐生于 1463 年，比堂兄小 14 岁。1476 年，小洛伦佐的父亲去世，堂兄成为他和乔万尼两兄弟的监护人。兄弟二人在诗人纳尔多·纳尔迪尼（Naldo Naldini）、哲学家马尔西里奥·菲奇诺（Marsilio Ficino）、诗人波利奇亚诺等人的教导下，接受了完备的人文主义教育。贡布里希指出："波蒂（提）切利的神话作品不是对现存书面文字的直接图解，而是根据某位人文主义者特别制定的'方案'绘制的。"④他梳理了菲奇诺在 1477—1478 年写给小洛伦佐的信，提出

①Warburg, Aby. *The Renewal of Pagan Antiquity : Contributions to the Cultural History of the European Renaissance*[M]. Los Angeles : Getty Research Institute, 1999 : 159.

②Angelo Poliziano, *Stanze*, Firenze : Stamperia di Giuseppe Magherip, 1812 : 12—13.

③Angelo Poliziano, *Stanze*, Firenze : Stamperia di Giuseppe Magherip, 1812 : 24.

④[英]E. H. 贡布里希. 象征的图像：贡布里希图像学文集[M]. 杨思梁、范景中等译. 广西美术出版社, 2017 : 70.

《春》体现了菲奇诺对这位贵族少年关于"维纳斯—人性"的教导①。至于这份教导的来源,贡布里希则移步古罗马作家阿普列尤斯在《金驴记》中描述的帕里斯裁决②。安德烈·沙泰尔③和潘诺夫斯基④认可贡布里希对创作时间和委托人身份的论断,同时侧重于新柏拉图主义的哲学路径。温德⑤在《文艺复兴时期的异教神话》中绕过了创作时间和委托人问题,以菲奇诺的学说解释人物位置关系,但他的解读集中在画面左侧,在右侧图解上仍紧随瓦尔堡的《岁时记》之说。罗纳德·莱特鲍恩⑥在1978年出版的两卷本波提切利传记,细致描述了《春》的历史背景,尤其是波提切利与美第奇家族的关系,主张作品是为小洛伦佐的婚礼创作。《春》与委托人的婚姻或爱情有关,此说在莱特鲍恩之后为学界普遍接受。

多数学者的解释路径并未远离瓦尔堡的观点,即《岁时记》是《春》的主要图解文献,但在画面的整体寓意,尤其是在墨丘利形象上仍众说纷纭,未有定论。瓦尔堡视墨丘利为美惠三女神的引导人,同时引用塞涅卡在《论恩惠》中的说法:"墨丘利同她们站在一起,并不是因为这些美惠女神需要赞美的理由或演说,而是因为那作画的人喜欢这样画她们。"⑦这说明瓦尔堡意识到墨丘利与美惠女神的关系在古罗马时期并不明确,从而对此说亦犹豫不决。自瓦尔堡以来的众多解读,根本的疑问在于:若《春》的确传递了统一和明确的含

①[英]E. H. 贡布里希. 象征的图像:贡布里希图像学文集[M]. 杨思梁、范景中等译. 广西美术出版社,2017:76—81.

②同上,第81—88页。

③Chastel, André. *Art et Humanisme à Florence au temps de Laurent Le Magnifique : Études sur la Renaissance et l'humanisme platonicien*[M]. Paris : Presses Universitaires de France, 1982 : 173—174.

④Panofsky, Erwin. *Rinascimento e rinascenze nell'arte occidentale*, Milano : Feltrinelli, 1971 : 223—232.

⑤Wind, Edgar. *Pagan Mysteries in the Renaissance*[M]. New York : W. W. Norton & Company, 1969.

⑥Lightbown, Ronald. *Sandro Botticelli : Life and Work*[M]. New York : Abbeville Publishers, 1989 : 11.

⑦[古罗马]塞涅卡. 道德与政治论文集[M]. 袁瑜琤译. 北京大学出版社,2010:262.

义,艺术家为何参考了如此众多的图解文献？人文主义者在艺术家的创作中究竟提供了何种具体方案？

公元5世纪的迦太基学者马提亚努斯·卡佩拉(Martianus Capella)创作的散文诗《斐洛罗吉雅和墨丘利的婚礼》(*De nuptiis Philologiae et Mercurii*,以下简称《神凡配》)被认为是《岁时记》之外的另一图解文献。查尔斯·登普西最早提出此说,他在1968年的论文中指出,《神凡配》解释了墨丘利和维纳斯为何在《春》中出场。作品呈现了春天的三个月份:西风、克洛丽丝、芙洛拉以追逐与变形开启春天,象征多风的三月;维纳斯、丘比特和美惠三女神象征四月,该月主题为爱情;墨丘利寓意五月,因为"五月(maggio)"得名于墨丘利的母亲迈亚(Maia)。他的结论是:"《春》是以农业历法为基础,为美第奇君主的乡间别墅创作。"[1]登普西此说在韦伯斯特·史密斯的论文发表前提出,因此仍将喀斯特罗别墅视为《春》的最初摆放地点,且并未以《神凡配》解释《春》的全局。莱特鲍恩对《神凡配》的引用与登普西相似,目的是要证明《春》是为小洛伦佐的婚礼创作。至于画面右侧,他仍采信瓦尔堡《岁时记》之说。此外,保罗·巴罗尔斯基的多篇论文提示我们注意《春》与《神曲》的关系,对还原波提切利的创作语境提供了新思路。[2]笔者认为,《神凡配》这一线索仍有推进的可能,《春》呈现的婚礼是《神凡配》的特定婚礼,该书和《神曲》的注疏传统可以形成诠释《春》的闭合圆环。

二、《神凡配》:《岁时记》之外的图解文献

《神凡配》的主题为天神墨丘利与凡人斐洛罗吉雅(语文学之托寓)的婚礼。该书共计9卷,前2卷以婚礼为主题。第1卷讲述了奥林匹亚山的众神为

---

①Dempsey, Charles. "Mercurius Ver, the sources of Botticelli's Primavera"[J]. *Journal of the Warburg and Courtauld Institutes*, 1968(31):256.

②Barolsky, Paul. "Botticelli's Primavera and the Tradition of Dante"[J]. *Konsthistorisk tidskrift/Journal of Art History*, 1983(1):1—16; Barolsky, Paul. "Botticelli's Primavera as an Allegory of its own Creation"[J]. *Notes in the History of Art*, 1994, Vol. 13, No. 3:14—19; Barolsky, Paul. "Matilda's hermeneutics"[J]. *Lectura Dantis*, 1998(22/23):199—202.

辩才之神墨丘利的婚事忧虑，墨丘利向阿波罗征询意见，后者推荐了好学不倦的凡女斐洛罗吉雅。两兄弟上升天界，向朱庇特和朱诺陈情，天界大会批准了这桩婚事。在第2卷，缪斯和智慧女神、美惠女神等接连问候凡女。在不朽仙女提携下，凡女呕出书籍，终于飞升天界。在第3至9卷，自由七艺的托寓以伴娘身份依次讲述自身德行，以此作为墨丘利的聘礼。《神凡配》以华美的语言创造了百科全书式的寓言文本，是古典神谱知识的集大成者。卡佩拉提出自由七艺，显然受古罗马学者瓦罗（Marcus Terentius Varro）《原理九书》的影响，但他略去了与世俗功用联系过密的建筑和医学。阿普列尤斯的《金驴记》被贡布里希判定为《春》的可能图解文献，该书在结构以及埃及宗教等主题上亦影响了卡佩拉。9世纪，卡罗林王朝的僧侣欧塞尔的雷米吉阿斯（Remigius d'Auxerre）发表了《马提亚努斯·卡佩拉注疏》（*Commentum in Martianum Capellam*），提出斐洛罗吉雅象征智慧，其吐出书籍的行为寓意对尘世学问的净化，在与墨丘利象征的辩才结合后，人方能获得不朽的知识。雷米吉阿斯的注疏确定了新柏拉图主义的解释路径，被奉为最权威的版本，与原著共同成为后世注疏的对象。

《神凡配》对中世纪至文艺复兴的神话文学、艺术创作影响深远，艺术史家凡·马勒指出："很少有文学作品如此长时间受到欢迎。15世纪佛罗伦萨的人文主义者亦对其有所研究。如在瓜里诺·瓜里尼和皮科·德拉·米兰多拉的通信即可证明。"[1]波提切利无疑熟悉《神凡配》的文本。1873年，菲耶索来的莱密别墅（Villa Lemmi）出土了两组湿壁画《青年男子被介绍给自由七艺》（见彩插图2）和《维纳斯和美惠三女神馈赠青年女子》（见彩插图3），这是波提切

---

[1]Van Marle, Raimond. *Iconographie de l'art profane*, Vol. 2. Le Haye: M. Nijhoff, 1932: 207.

利在 1484 年前后为佛罗伦萨的阿尔比齐和托尔纳伯尼两大望族联姻所作[①]。前一画作中，七艺女神齐聚右侧，欢迎左侧女性陪同下的年轻男子；后一画作中，女子正从美惠三女神和维纳斯那里接受花环，持家族徽章的天使分立两侧。莱密别墅壁画的主题高度符合《神凡配》内容，而这并非波提切利根据《神凡配》创作的唯一作品。细读《神凡配》第 2 卷第 127—146 行[②]，斐洛罗吉雅在不朽仙女提携下的飞升与《春》的画面右侧较为吻合。在众缪斯依次以歌咏问候凡女后，审慎、公正、节制与力量四位美德仙女走进凡女闺房与她交流，打消她的顾虑。接着是哲学女神登场，预言凡女即将升天。随后，美惠三女神围圈舞蹈，预告不朽仙女将至，她将应允婚约的凡女带往天界。方欲升腾，不朽仙女意识到斐洛罗吉雅胸口被世俗之物堵住，敦促凡女摆脱尘世事物："你若不呕出这些堵住胸口的事物，就无法获得不朽的宝座。"[③]斐洛罗吉雅"以很大的力气"呕出了书籍，缪斯纷纷靠近，搜集与自身技艺相匹配的知识。

　　这段文字作为《春》的图解文献，搁置了瓦尔堡的论断，提供了《春》的另一种解读。瓦尔堡判定为西风神的人物应为不朽仙女，克洛丽丝则是即将升

---

①霍恩认为作品可能是波提切利为洛伦佐·托尔纳伯尼（Lorenzo Tornabuoni）和乔瓦娜·阿尔比齐（Giovannadegli Albizzi）的婚礼所作，时间在 1486 年前后（Horne, Herbert. *Alessandro Filipepi, commonly called Sandro Botticelli, painter of Florence*[M]. London: George Bell and Sons, 1908: 142—148）。但在莱密别墅湿壁画中，从维纳斯手中接过鲜花的少女和多米尼科·基朗达约在新圣母教堂的托尔纳伯尼家族礼拜堂创作的湿壁画《三博士朝拜》中的乔瓦娜长相差别较大。利奥波德·埃特林格据此认为莱密别墅湿壁画中的少女是娜娜·托尔纳伯尼（Nanna di Niccolò Tornabuoni），她在 1484 年嫁给玛泰欧·阿尔比齐（Matteo d'Andrea Albizzi）[Ettlinger, Leopold. "The Portraits in Botticelli's Villa Lemmi Frescoes"[J]. *Mitteilunger des Kunsthistorischen Istitutes in Florenz*, 1976(20): 404—407]。贡布里希则提出质疑，认为莱密别墅可能并非这两大家族的财产，而是小洛伦佐与塞米拉米德（Semiramide di Giacomo Appiani）结婚时购置的（《象征的图像：贡布里希图像学文集》，第 114 页）。虽尚无定论，但莱密湿壁画体现了婚礼主题，对此学界的观点是一致的。

②Capella, Martianus. *De Nuptiis Philologiae et Mercurii*[M]. Leipzig: B. G. Teubner, 1983: 40—44.

③同上，第 42 页。

天的斐洛罗吉雅，抛花女子自然也非芙罗拉，而是某位缪斯在搜集凡女吐出的尘世学问。但此说与画面亦有两处明显的不一致之处：不朽仙女在《神凡配》中是女性，而《春》的最右侧人物明显为男性；斐洛罗吉雅飞升前吐出书籍，但画中女子口吐鲜花。此外，关于墨丘利的疑难也未得到充分解释，因为他并未出现在斐洛罗吉雅飞升的现场，仅在众人歌咏与对话中出现，而《春》中的墨丘利则十分突兀，与其他人物的关系模糊不明。上述不一致是否足以推翻这一假设？这需要回到波提切利绘画语言发展的语境中深入探究。

灵魂被引领升天的主题在古希腊罗马时期的造型艺术已出现，最早服务于神化帝王的政治目的。提携灵魂的载体有三种：第一种是灵魂乘坐双翼战车或乘风上天。第二种是灵魂被雄鹰带上天，如希腊神话中宙斯化身巨鹰劫持了甘尼梅德，但丁在《神曲·炼狱篇》中写道："我这时在梦中似乎看见，一只有金色羽毛的鹰翱翔在蓝天，它张开翅膀，准备下降，我仿佛身在甘尼梅德的伙伴被他抛弃的地方，因为他被劫持到天国的会堂。"[①]第三种则是灵魂在天使提携下升天，由希腊胜利女神尼刻演变而来的罗马永恒女神即属此列。基督教造型艺术最初受到上述三种传统的影响，后逐渐确定为最后一种，并加以改造。弗里茨·扎克斯尔指出，在基督教艺术中，升天的引领者从尼刻这一女性形象被逐步改造为男性形象。[②]此外，尼刻或爱神（Eros）的样貌特征还常与基督教大天使米迦勒融合，后者在末日审判时数算灵魂，引导其走向彼岸世界。在多纳泰罗创作的青年男子半身像中，男子胸前佩戴的奖牌上有爱神（Eros）驾驶战车，其形象源自尼刻，但已经具有明显的男性特征。在波提切利本人的作品中，《春》右侧的男子面容分别在《反叛者的惩罚》《维纳斯的诞生》及《春》中出现。波提切利或许在1481年前后创作了某个原型，并在不同作品中重复使用。综上，基督教造型艺术对提升灵魂的载体进行了改造，波提切利受此影响，以鼓气吹风的男子形象改造不朽仙女，而画面中被压弯的

①[意]但丁. 神曲·炼狱篇[M]. 黄文捷译. 译林出版社，2011：84.
②Saxl, Fritz. *La Storia delle Immagini*[M]. Bari：Laterza，1990：10—14.

月桂树枝寓意名声不朽,也可作为旁证。

斐洛罗吉雅吐出的书籍在《春》中变成花,这一变形是否合理? 回到《神凡配》文本,凡女得知众神关于婚配的旨意后,深感焦虑,因为"她未经准备就要接受众神考察。她一直喜欢墨丘利,当她在园中采花,几乎瞥见他跑了过去"①。鲜花寓指自由七艺,斐洛罗吉雅"采花"寓意人类学习语法和文学以获得辩才,接近理性。以"鲜花"托寓"文萃"已见于中世纪。兰迪诺所作《致尊贵的费拉拉公爵的俗语写作信札及其他华美言说文萃》,也使用了"花"(fiore)表示"文萃",可见该表达流行于波提切利所在时期的佛罗伦萨。从词源上看,花与文亦相通。florilegio(文萃)一词的词源是 fiore(花),在 19 世纪进入意大利语,该词又从希腊语的 antologia 转写而来,而 antologia 一词由 anthos(希腊语中的"花")和 legein(希腊语中的"说""搜集")组成,同取"撷英"之意。可见以花喻书并不突兀,这说明波提切利将书籍改造为鲜花,并未偏离文本。

墨丘利背对众人的姿态印证了卡佩拉对水星逆行的描述。②节杖是传统的墨丘利形象的主要配置。喜剧缪斯塔利亚向斐洛罗吉雅赞美她未来夫君的德行,提到墨丘利对骤至的风暴始终保持警醒,"节杖能抗击可怕的毒液"③。墨丘利脚边的亚麻植株象征着古埃及冥神欧西里斯,进而将线索指向智慧之神透特。由于墨丘利与透特在职能上高度近似,公元前 5 世纪的希腊人已将他们等同视之。希罗多德在《历史》中指出,埃及流行透特崇拜的城市被称为赫尔墨波利斯,即赫尔墨斯之城。④根据古埃及神话,欧西里斯被兄弟杀死后肢解,伊西斯找回丈夫的尸身,阿努比斯和透特用亚麻布拼凑出完整尸身制成木乃伊,令其复活。卡佩拉在《神凡配》开篇称:"孟菲斯王后(伊西斯——引者注)如此深爱丈夫(欧西里斯——引者注),但为无尽哀痛困扰,反

---

①Capella, Martianus. *De Nuptiis Philologiae et Mercurii*[M]. Leipzig : B. G. Teubner, 1983 : 29.
②同上,第 333 页。
③同上,第 40 页。
④[古希腊]希罗多德. 历史[M]. 王以铸译.商务印书馆,1997 : 140、172.

而宁愿从未找到夫君。"①随后又借塔利亚之口称墨丘利"独自愉快地修复了欧西里斯的命运"②。可见卡佩拉同样将墨丘利和透特视为同一人。亚麻在墨丘利脚边的出现,进一步提示了《春》对《神凡配》文本的呼应。

美惠三女神、丘比特及香桃木都足以用来确定画面中央的女性为维纳斯,卡佩拉为这位维纳斯的身份留下了线索。斐洛罗吉雅的升天得到劳役之神拉波(Labor)和"一位光彩照人的男童"的帮助。卡佩拉声明他"不是欢乐维纳斯的儿子",而是被哲学家们称为爱神(Amor)③。卡佩拉显然引用了柏拉图的《会饮》,暗示他是天上的维纳斯的儿子,陪同人类智慧向沉思生活上升。换言之,《春》中的维纳斯是"天上的维纳斯"。以上图像线索表明,《春》和《神凡配》的婚礼的文本是较为契合的。从莱密别墅壁画到《春》,波提切利在此期间的创作参照了卡佩拉的文本。前文提及,自雷米吉阿斯以来,新柏拉图主义成为《神凡配》注疏传统的主脉,这一进路在15世纪佛罗伦萨人文主义者那里得到了复兴,并为艺术家处理古代经典提供了具体方案。贡布里希提示我们留意波提切利与人文主义者的合作,他将菲奇诺视为《春》的方案制作者,对兰迪诺重视不足。实则兰迪诺作为菲奇诺的老师,与波提切利交往更密切。人文主义者兰迪诺和艺术家波提切利就《神曲》注疏展开的"四手联弹",是解读《春》的另一路径。

三、波提切利与兰迪诺的《神曲注疏》

在《神曲·地狱篇》第9章中,但丁和维吉尔来到狄斯城外,遭遇复仇女神和蛇发女妖美杜莎的阻挠,维吉尔担心但丁被美杜莎石化,遮住他的眼睛。"一位天上来的使者(messo celeste)"降临、鬼怪精灵避散后,维吉尔方放手。使者左手挥开浓雾,用"小杖(verghetta)"打开城门。但丁并未明言"天上来的使者"的身份,历代注疏家提出的主要猜测有墨丘利、赫拉克勒斯、埃涅阿斯、

---

①Capella, Martianus. *De Nuptiis Philologiae et Mercurii*[M]. Leipzig: B. G. Teubner, 1983: 3.
②同上,第39页。
③Capella, Martianus. *De Nuptiis Philologiae et Mercurii*[M]. Leipzig: B. G. Teubner, 1983: 44.

恺撒、摩西、圣彼得、基督和亨利七世①。但丁之子皮耶特罗在《但丁神曲评注》(Comentum)中最早提出墨丘利之说。他旁征博引，在《埃涅阿斯纪》《忒拜战纪》及解经学著作中遍寻证据，认为墨丘利是宙斯派往冥府的使者，与《神曲》的使者身份契合。维吉尔遮住但丁的双眼，寓意理性的局限性，不能引导人深刻认识恶，需要墨丘利的辩才方能脱难②。本韦努托·达·伊莫拉沿袭了皮耶特罗的观点，又从星相学和哲学角度完善了论证，并明确提到了卡佩拉：

> 水星是月亮之上的第二个行星，墨丘利是雄辩和睿智之神。受此行星影响，人会变得敏锐、精明、雄辩、勤劳和缜密，今天的佛罗伦萨人便是如此。他还是商人之神，因为雄辩与睿智都是商人必备的品质。但丁以此展现雄辩的力量，它足以击溃任何阻碍。具有辩才之人能在遮蔽视野的浓雾中发现真理。墨丘利脚上有翅膀，表明没有什么能比辩才更快……但丁以此阐明，辩才可发现被遮蔽的事物，揭示秘密，揭开虚假表象。墨丘利是宙斯的儿子，是辩才之神，历史上认为他来自天上。从隐喻角度说，雄辩的礼物就是上天的礼物。很多人错将墨丘利当成天使，这违背了作者的想法。墨丘利是信使，是诸神的诠释者和诸神命令的执行者。荷马、维吉尔、斯塔提乌斯、马提亚努斯·卡佩拉和许多作家都如此表述。神杖意味权柄，展现辩才的力量与效能。这一神杖，或者说是令人难以置信的小舌头，战胜了死亡本身，而死亡是诸恶的最后一个。③

---

①Pasquazi, Silvio. *Enciclopedia Dantesca, Vol. III*[M]. Roma：Istituto della Enciclopedia Italiana, 1971：919—921.

②Alighieri, Pietro. *Super Dantis ipsius genitoris Comoediam Commentarium*[M]. Firenze：Piatti, 1845：125.

③Rambaldi da Imola, Benvenuto. *Illustrato nella vita e nelle opere e di lui Commento Latino sulla Divina Commedia di Dante Alighieri*[M]. trans. Giovanni Tamburini, Imola：Tipografia Galeati, 1855：239—242.

本韦努托之后,兰迪诺接过了注疏经典的传统。他与菲奇诺的关系可谓是互为师生。1456年,在兰迪诺的敦促下,菲奇诺完成了《柏拉图教义基础》(*Institutiones ad Platonicam disciplinam*),并将该书献给老师兰迪诺。菲奇诺的学说反过来又为兰迪诺注疏经典指明了理论路径。1481年,统治者洛伦佐赞助兰迪诺出版了首部以佛罗伦萨俗语创作的《神曲注疏》(*Comento di Christophoro Landino fiorentino sopra la comedia di Danthe Alighieri poeta fiorentino*),首印1200册,可见影响之广。①《神曲注疏》在兰迪诺的注疏事业中分量极重,他称自己先前的《埃涅阿斯纪注疏》是《神曲注疏》的预备:"因为我近来以拉丁语评注了维吉尔的《埃涅阿斯纪》,阐说其隐喻含义,我认为对同胞来说,若我同样地研习、考察佛罗伦萨诗人但丁·阿利吉耶里所作《神曲》的神秘、隐藏的神圣含义,也是不无裨益的。我以拉丁语阐述了拉丁诗人,现在要用托斯卡纳语解释这位托斯卡纳诗人。"②

在1474年发表的《卡马尔多利修道院里的辩论》(*Disputationes Camaldulenses*)第4卷,兰迪诺也广泛引用了《神曲》。二十年间锱铢积累,其新柏拉图主义的解释路径越发明晰。1477—1478年,博洛尼亚文人雅各布·德拉·拉纳(Jacopo della Lana)创作于1328年的《神曲注疏》在威尼斯和米兰出版,推动兰迪诺将自己的注疏付梓。1478年,朱利亚诺在帕奇阴谋中遇刺身死,美第奇家族和佛罗伦萨共和国遭遇空前的政治危机。洛伦佐对兰迪诺的赞助,显然有借文化事业彰显城邦和家族荣耀的政治考量。

在长达62页的序言中,兰迪诺详细阐述了《神曲注疏》的理论基础及创作意图。序言分为六部分。第一部分"为但丁和佛罗伦萨辩护,驳斥其虚伪的中伤者";第二部分赞美佛罗伦萨凭借其公民的杰出德行,在语言、音乐、贸易等各方面获得的成就,兰迪诺毫不掩饰对其他俗语作家注疏的蔑视(尤其轻蔑伦巴第地区俗语和罗马涅地区的俗语),还列举了佛罗伦萨数次对外战争

---

①Lentzen, Manfred. *Studien zur Dante-Exegese Cristoforo Landinos*, 1979:34.
②Landino, Cristoforo. *Comento di Christophoro Landino fiorentino sopra la comedia di Danthe Alighieri poeta fiorentino*[M]. Firenze:Niccolò di Lorenzo della Magna, 1481:Ir.

的胜利；第三部分是但丁生平；第四部分则提出新柏拉图主义的解释路径；第五部分收录了菲奇诺不吝溢美之词的贺信，信中称流放的诗人已借由兰迪诺注疏回到了祖国；最后一部分讨论了地狱的地址和形制，准备带领读者进入地狱幽暗的森林①。

回到"天上使者"的身份问题。兰迪诺同意本韦努托的墨丘利之说，并抛出净化说。他指出墨丘利就是上帝的恩典，挥舞神杖象征上帝恩典净化人的智慧："但丁描述了这位天使的到来所产生的冲击。维吉尔之前没看见美杜莎，匆忙捂住但丁的眼睛。他放手后，但丁便看到了天使。人类智慧的职责便在于在逆境中闭眼，在神圣事物上睁眼。感官之美（美杜莎——引者注）与神圣之美相距甚远，智慧处于它们之间，有时可清晰辨识二者，有时不能。墨丘利将面前象征无知的迷雾尽皆驱散，洗净我们的恶习，令我们预备好接受德行。雾即恶习和无知，被驱散后，我们方得净化，能轻易被引向上帝的知识和真理。"②此说将本韦努托的解释推向新柏拉图主义哲学，指出上帝恩典"净化"智慧，引导其从低端事物中上升。

兰迪诺对墨丘利形象的阐发是一以贯之的。在注疏《埃涅阿斯纪》时，兰迪诺向读者展示了和《春》中造型一致的墨丘利："诗人们称其为辩才之神。他头上和脚踝有翅膀，左手持小杖上缠绕蛇，意味着对万物不失审慎的冲动。右手的弯刀寓意辩才的力量，头盔保护他不受日光灼晒。"③1482年，兰迪诺发表了对贺拉斯《颂诗》的注疏，称自己从多部经典中杂糅了墨丘利的不同特征，"将其醒目地呈现给需要使用墨丘利形象的人"④。他为谁打造这一墨丘

---

① Landino, Cristoforo. *Comento di Christophoro Landino fiorentino sopra la comedia di Danthe Alighieri poeta fiorentino*, Firenze：Niccolò di Lorenzo della Magna, 1481：Ir-32v.

②同上，第 c. 70r 页。

③ Landino, Cristoforo, Vergilii Bucolica, Georgica. Aeneis, cum Servii commentariis Ad hos Donati fragmenta, Christophori Landini et Antonii Mancinelli commentarii. Venice：Bernardino Stagnino, 1507：sig. ppiiiir.

④ Landino, Cristoforo. *Q. Horatii Flacci Opera Omnia Interpretationum*[M]. Florentiae：Impressum per Antonium Miscominum, 1482：f. xxvv.

利形象?《神曲注疏》的插图绘制将答案引向了波提切利。

兰迪诺的注疏原计划是要配与《神曲》篇数相同的插图,但出版后只有《地狱篇》前19章配图,且并非出自波提切利之手。瓦萨里在1550年出版的《意大利艺苑名人传》中提到此事,称波提切利在罗马完成西斯廷礼拜堂的穹顶装饰后"立即回到佛罗伦萨,他苦苦思索,评注但丁,为《地狱篇》作插图,并印行问世,他为此花费了不少功夫,忽略了自己的本行,严重地扰乱了他的生活"①。瓦萨里提供的细节并不准确。

兰迪诺的注疏在1481年8月30日印刷,其时波提切利尚在罗马,1482年2月17日其父去世,才赶回佛罗伦萨,终其一生再未离开。实际上,刊印版的铜板插图由巴乔·巴尔迪尼(Baccio Baldini)及其画室完成。②瓦萨里在为画家马可安东尼奥·波洛涅塞(Marcantonio Bolognese)作传时提到巴尔迪尼,称他是"一位佛罗伦萨金银匠,虽未创作多少素描作品,但技巧性地绘制了桑德罗·波提切利的素描"③。虽然没有直接证据表明二人有交往,但波提切利的哥哥安东尼奥是美第奇家族的金银匠,巴尔迪尼也许因此结识了波提切利。

1540年的《匿名手稿》(Anonimo Magliabechiano)是文艺复兴时期名人传记的重要文献,其中的波提切利传记成书时间早于瓦萨里的《意大利艺苑名人传》,同样提到了为《神曲》绘制插图一事:"波提切利在羊皮纸上作画,为但丁配插图,献给小洛伦佐,作品体制极其精美。"④此处说的是存世的92张羊皮纸作品,其中85张藏于柏林版画与素描博物馆,7张藏于梵蒂冈使徒图书馆⑤;每张正面是《神曲》一章,背面是银尖笔勾勒底稿,最后用蘸墨硬笔完成的插

---

① [意]瓦萨里.著名画家、雕塑家、建筑家传[M],刘明毅译.中国人民大学出版社,2004:176—177.

② Clark, Kenneth. *The Drawings for Dante's Divine Comedy by Sandro Botticelli*[M]. London: Thames & Hudson, 1976:8—9.

③ Vasari, Giorgio. *Le vite de'più eccellenti pittori scultori e architettori*, Vol. 5[M]. Firenze: Sansoni, 1971:3.

④ Anonimo. *L'Anonimo Magliabechiano*[M]. Napoli: Fausto Fiorentino Editrice, 1968:114.

⑤ 缺少的部分是《地狱篇》第2—7、11、14章,以及《天堂篇》第21、33章。

图,其中4幅上色。羊皮纸作品中《地狱篇》缺10章,与巴尔迪尼插图缺失部分吻合。合理的猜测是,波提切利在1481年去罗马前创作了部分插图(即瓦萨里所说"为地狱篇作插图"),将底稿留给了巴尔迪尼。1490年前后,他受小洛伦佐委托在羊皮纸上再次进行创作。波提切利第一次为兰迪诺的注疏所创作的底稿并未存世,我们只能从巴尔迪尼粗劣的复制中窥探原貌。对比波提切利的羊皮纸插图和巴尔迪尼的插图,虽有高下之别,但在线条和结构上确有相似之处,有理由认为波提切利两次创作的作品差别并不大。

瓦萨里指出,以绘画注疏《神曲》为波提切利招致了恶名。在1568年的第二版《意大利艺苑名人传》中,瓦萨里提到一则趣闻,某位朋友被波提切利讥为异端,他毫不客气地回敬道:"波提切利才是异端,他几乎不识字,怎敢评注但丁,滥用自己的名字?"①里查德·斯塔普福德认为这是瓦萨里有意虚构,以塑造艺术家散漫、痴癫的形象。②

不管瓦萨里用意如何,波提切利显然并非粗通文字之人,否则小洛伦佐不会以此重任相托,插图的绘画风格与但丁的语言风格同步变化,也说明他对《神曲》的文本相当熟稔。《地狱篇》的插图风格近乎现实主义,出场人物拥挤,画面结构紧张,《炼狱篇》配图相对柔和,《天堂篇》的线条则简练到极致。波提切利为《神曲》绘制插图,为确定《春》的创作时间提供了进一步证据。布雷德坎普认为,《春》的古典主义风格表明波提切利对古物有系统研究,这显然发生在西斯廷礼拜堂创作时期,因此《春》应在15世纪80年代中期完成。③这一推测意味着,成年的小洛伦佐委托波提切利创作了《神曲》插图和《春》。

此说在《神曲》插图和《春》的对比中可得到进一步印证。巴尔迪尼创作的《地狱篇》第5章插图,展现了保罗和弗朗切斯卡这对爱侣与诗人对话的场

①Vasari, Giorgio. *Le vite de 'più eccellenti pittori scultori e architettori*, Vol. 3[M]. Firenze: Sansoni, 1971: 519.

②Stapleford, Richard. "Vasari and Botticelli", Mitteilungen Des Kunsthistorischen Institutes in Florenz, 1995, Vol. 39, No. 2: 397—408.

③Bredekamp, Horst, and Sandro Botticelli. *La Primavera: Florenz als Garten der Venus*[M]. Frankfurt: Frankfurt am Main, 1988: 22ff.

景,悬浮半空的形体与《春》中不朽女神形象接近;羊皮纸插图中《炼狱篇》第29章神学三女神的形象同样出现在《春》;《天堂篇》第9章金星天中的贝娅特丽齐(见彩插图4)更与《春》中维纳斯的举止完全一样。

从《春》回看《神曲》,在《炼狱篇》第27至29章对地上乐园的描写中,诗人密集运用古代经典,呈现与《春》极为相似的田园景象。在第27章中,但丁穿过炼狱第七层的火墙,在梦中看见了利亚与拉结两姐妹。利亚在草地上采花唱歌,妹妹拉结"总是寸步不离她的那面明镜,整日坐在那里"①。这一异象预告诗人即将进入炼狱山顶端的地上乐园。第二天(第28章),但丁在地上乐园看见贵妇人玛泰尔德一面唱歌,一面采花,"鲜花把她走过的道路装点得美妙如画"②。《神曲》的地上乐园、踏花而行的玛泰尔德与《春》的春和景明的橘园,园中一袭花衣、步步生花的女子,都存在较高的相似性。在表面的相似之外,是否存在如下可能:炼狱的地上乐园与春和景明的橘园,来自艺术家的同一个绘制方案?

根据《圣经》的解经学和历代《神曲》注疏,利亚和拉结分别象征积极生活和沉思生活。兰迪诺对这一传统解释进行了延伸:"我要指出,但丁将利亚安排在此处,旨在说明人在洗净恶习后,得以进入地上乐园,也就是道德生活、积极生活,依据公民德行和基督教来生活。成为地上的耶路撒冷的好公民后,我们就能进入天上的耶路撒冷,在那里我们遇到的不是利亚,而是拉结,即沉思生活。"③此处,兰迪诺明确提出地上乐园就是积极生活,随后指出,如利亚异象所预告的,玛泰尔德是积极生活的完美体现,"但丁以该贵妇人喻指积极生活,称其为玛泰尔德。因此,在欢愉的天堂的起始(在这个天堂中他放置了积极生活),他让我们与玛泰尔德相遇,公民德行和真正的基督教信仰在她身上结合了。但丁称她独自一人,不是因为积极生活是孤独的,而是因为

---

① [意]但丁. 神曲·炼狱篇[M]. 黄文捷译. 译林出版社.2011:295.
② [意]但丁. 神曲·炼狱篇[M]. 黄文捷译. 译林出版社.2011:84、304.
③ Landino, Cristoforo. *Comento di Christophoro Landino fiorentino sopra la comedia di Danthe Alighieri poeta fiorentino*[M]. Firenze:Niccolò di Lorenzo della Magna,1481:c. 247r.

积极生活同样需要艰苦的沉思"①。兰迪诺认为在完美的积极生活（即地上乐园）中，公民德行和真正的基督教信仰（即沉思生活）和谐结合，但这仍只是灵魂朝圣的一段路，最后要让位于心灵对"天上的耶路撒冷"的追求。

沉思生活高于积极生活，兰迪诺在注疏中对此多次强调。在《地狱篇》第2章第43—57行诗评注中，他道明了美惠三女神与沉思生活的关系："没有美惠三女神，我们不能蒙福。为获得天上的福，我们须沉思灵性的、无形体的神圣事物。美惠三女神的名字是阿格莱亚、欧佛洛绪涅和塔利亚。阿格莱亚在希腊语的意思是光辉，唯有神恩能让我们灵魂闪耀。欧佛洛绪涅意思是欢乐，只有她能让我们欢心。塔利亚意思是鲜花盛开的、郁郁葱葱的，因为它能让我们德行开花葱郁。他们还说，美惠三女神的后两位会回看第一位，因为人的灵魂有赖于第一位方能欢欣茂盛。因此，人让感官服从理性，以智性为引导，这一智性不仅为所有人类学问所照亮，还因三位美惠女神而变得高贵，如此，人将不迟疑地走上沉思道路。"②后两位美惠女神回看前者，与《春》的美惠女神目光互动一致。她们令智性高贵，从而引导人，这又与《神凡配》的美惠三女神职责相契合，都预告了神恩对人类智慧的干预，令其从尘世事物、即积极生活中得到净化，上升至沉思生活。

美惠三女神并未出现在地上乐园，但就引导人性走向沉思生活的职能来说，她们与地上乐园现身的神学三超德并无差别。在《炼狱篇》第29章，信、望、爱三位女性现身游行队伍，围圈舞蹈。兰迪诺指出，她们将引导但丁从积极生活抵达贝娅特丽齐象征的沉思生活，而"贝娅特丽齐包含了沉思生活的教导"③。在注疏《天堂篇》第8章时，兰迪诺则直接引用柏拉图的《会饮》："柏拉图并非诗人，而是哲学家和自然秘密的最好探究者。他在《会饮》中指出，存在两个维纳斯和两个爱神，一是天上的，一是世俗、尘世的。我们的灵魂从

---

①Landino, Cristoforo. *Comento di Christophoro Landino fiorentino sopra la comedia di Danthe Alighieri poeta fiorentino*[M]. Firenze：Niccolò di Lorenzo della Magna，1481：c. 249v.
②同上，cc. 27v—28r.
③同上，c. 251v。

肉体污染中分离,向天空上升,立刻进入对神圣的无形体事物的极强烈切盼,由此诞生天上的爱。这种爱鄙视所有尘世事物,要在无形体的、神圣永恒的事物中寻找真正的美。"①通过兰迪诺的注疏,《神曲》成为新柏拉图主义的灵魂上升之途,但丁误入的"幽暗森林"是享乐生活的象征,炼狱山顶的地上乐园则是经过完善的积极生活,而贝娅特丽齐所在的天堂则是沉思生活。

利亚的异象发生在清晨时分,"就在西特丽亚从东方最先照耀山岭那个时刻,她似乎一直被爱情之火所烧灼"②。兰迪诺指出这是一条隐秘线索,意味着但丁从地狱上升到炼狱时,维纳斯同样处于上升中,这证明"天上的维纳斯"始终在引领着诗人的灵性之旅。在《神曲·炼狱篇》第1章第19—20行,但丁写道:"那美丽的星宿把爱洒向人间,她也曾使整个东方绽开笑脸。"③兰迪诺指出这里是但丁对维吉尔的模仿,"正如那位诗人(维吉尔——引者注)让埃涅阿斯以天上的维纳斯,而非地上的维纳斯为向导和引路人,但丁在此处表明,天上的维纳斯在引导他"④。

回看《春》,"天上的维纳斯"处于画面中心,这春日的橘园无疑是波提切利创造的又一个"极其令人愉快的所在"(loco amenissima)。在维纳斯的引导下,从享乐生活到沉思生活的过渡在观者眼前铺展开来。从这个意义上回看《春》的全局,最初被暂时搁置的瓦尔堡《岁时记》此时被"唤醒"了。西风神对克洛丽丝的追逐象征对情欲无节制的追求,在天上的维纳斯引导下,享乐生活转化为墨丘利抬头看天、驱除云雾的沉思生活。尽管这位象征辩才的天神并未在地上乐园现身,但丁借玛泰尔德的回答还是暗示了他的出场。针对但丁的疑问,玛泰尔德回答:"'你使我心中快乐'的那首诗篇,令人心明眼亮,也

---

①Landino, Cristoforo. *Comento di Christophoro Landino fiorentino sopra la comedia di Danthe Alighieri poeta fiorentino*[M]. Firenze:Niccolò di Lorenzo della Magna,1481,c. 300v.

②[意]但丁. 神曲·炼狱篇[M]. 黄文捷译.译林出版社,2011:294.

③[意]但丁. 神曲·炼狱篇[M]. 黄文捷译.译林出版社,2011:84、2.

④Landino, Cristoforo. *Comento di Christophoro Landino fiorentino sopra la comedia di Danthe Alighieri poeta fiorentino*[M]. Firenze:Niccolò di Lorenzo della Magna,1481:c. 165v.

能把你们心灵中的疑云驱散……我也将把蒙蔽你的那片云雾澄清。"①驱除疑云、净化智慧的，正是辩才之神、《神凡配》中的新郎、以神杖敲开迪斯城门的"天上的使者"墨丘利。

由此观之，墨丘利的形象确为波提切利的匠心独运。他以《神凡配》为底稿，在春日橘园中展现了凡女斐洛罗吉雅与天神墨丘利的婚礼，婚礼主题寓意人类智慧在净化后脱离尘世事物，飞升以成不朽。沿着新柏拉图主义的解经路径，兰迪诺的《神曲注疏》同样呈现了灵魂脱离享乐生活，经由积极生活而抵达沉思生活的上升路径，而波提切利将《神曲》的地上乐园叠加到了斐洛罗吉雅升天的场景，定格在春日橘园的一瞬。

前文提及，兰迪诺的《神曲注疏》具有鲜明的政治意图，他要以注疏但丁来赞美城邦的伟大。他在序中称赞"佛罗伦萨人卓越于辩才"，先是指出智慧和辩才为人类独有，随后指出"在我们的城邦，这一才能（诗歌——引者注）最后熄灭，却最先复兴"。②15世纪的佛罗伦萨即当代雅典："我们的城邦因为拥有将柏拉图学说引至光明处的人而倍感荣耀；诗人和历史学家崛起了，他们定不为未来的荣耀辜负。我认为可以得出结论：佛罗伦萨追随了雅典的足迹。希腊作家们指出，雅典并非得名于雅典娜，而是得名于anthos，即鲜花。正如雅典的语言胜过希腊诸邦的语言，佛罗伦萨语言也胜过意大利诸邦的语言。"③

正如雅典得名于鲜花，佛罗伦萨也是文化繁盛的鲜花之城，"这个共和国不仅在伟大事情上杰出，在较小的事物上也展现了自己的丰富。普林尼写道，这座城市起初被称为'弗卢恩蒂亚'（Fluentia，意为河水流淌之地——引者注），因为坐落于阿诺河和穆诺内河之间。后来，高贵的才能在城邦中如繁花盛开，各种美都盛开，她的公民不再叫她弗卢恩蒂亚，而叫她'鲜花之城'，并

---

① [意]但丁. 神曲·炼狱篇[M]. 黄文捷译. 译林出版社，2011：84、305.
② Landino，Cristoforo. *Comento di Christophoro Landino fiorentino sopra la comedia di Danthe Alighieri poeta fiorentino*[M]. Firenze：Niccolò di Lorenzo della Magna，1481：c. 4v.
③ 同上，c. 5r.

在各种花中选择百合花作为象征"①。鲜花之城的比喻同样见于豪华者洛伦佐致那不勒斯国王阿拉贡的费德里科(Federico d'Aragona)的信中,这位美第奇君主自豪地宣称:"许多可敬的诗人在托斯卡纳语言的荒漠上耕种,在最近几个世纪中,我们的语言以花草为装。"②《神凡配》中辩才与智慧相遇的春日橘园,是《神曲·炼狱篇》中的地上乐园,在现实中则是鲜花之城佛罗伦萨。《神凡配》的主题与兰迪诺的《神曲注疏》通过波提切利的创作相呼应。

余论

《春》并非波提切利受兰迪诺《神曲注疏》的影响创作的唯一作品。本文在最后要效仿贡布里希,在完成对《春》的讨论后,移步《密涅瓦与肯陶罗斯》(见彩插图5)。这两个作品是波提切利在同一时期的创作,均出现在美第奇家族1498—1499年的藏品目录中。该目录是小洛伦佐的弟弟乔万尼去世后,为清点财产而作,其上登记的作品名为"卡米拉和一个半兽人"。1503年,小洛伦佐去世,第二份藏品清单只是简单记下了"有两个人物的大型画作"。1516年,小洛伦佐的儿子皮耶尔弗朗切斯科·迪·洛伦佐·德·美第奇(Pierfrancesco di Lorenzo de'Medici)③和乔万尼的儿子路德维科(即柯西莫公爵的父

---

① Landino, Cristoforo. *Comento di Christophoro Landino fiorentino sopra la comedia di Danthe Alighieri poeta fiorentino*[M]. Firenze:Niccolò di Lorenzo della Magna,1481:c. 6r.

② de'Medici, Lorenzo. *il Magnifico*, *Opere*, *Vol. 1*. Bari:Gius. Laterza & figli,1913:5.

③ 美第奇家族世袭姓名者甚多,有必要对其族谱进行简要说明。祖国之父柯西莫·迪·乔万尼·德·美第奇(Cosimo di Giovanni de'Medici)与其弟洛伦佐·迪·乔万尼·德·美第奇(Lorenzo di Giovanni de'Medici)分别是主枝与旁枝的族长,又被称为老柯西莫和老洛伦佐。老柯西莫之孙即豪华者洛伦佐(Lorenzo il Magnifico),豪华者之孙亦名洛伦佐,全名为洛伦佐·迪·皮耶罗·德·美第奇(Lorenzo di Piero de'Medici),又称小洛伦佐,他于1512年美第奇家族复辟后掌权,1516年被封为乌尔比诺公爵。小洛伦佐之子为亚历山德罗·德·美第奇公爵(Alessandro de'Medici)。本文的小洛伦佐是旁枝的老洛伦佐之孙,因其政治立场,又被称为平民洛伦佐(Lorenzo il Popolano),其孙亦名洛伦佐,也被称为小洛伦佐(Lorenzino或Lorenzaccio,以-accio结尾,有明显贬义),这位小洛伦佐在1537年刺杀了亚历山德罗·美第奇公爵。最后,平民派小洛伦佐的弟弟是乔万尼,后者之孙为柯西莫大公(Cosimo I de'Medici),即瓦萨里的雇主。

亲)又分割了财产,这份清单明确将该作品称为"密涅瓦和肯陶罗斯"①。恩里克·利多而菲(Enrico Ridolfi)②在1895年发表的论文《艺术上的伟大发现:重新发现波提切利的帕拉斯》中提出该作品具有政治寓意,旨在歌颂豪华者洛伦佐的外交才能。贡布里希不认同此说,认为这件作品既然藏于美第奇家族私宅,就与公共宣传的政治目的相悖,他仍将其归为菲奇诺制作的新柏拉图主义绘制方案。在讨论肯陶罗斯的形象时,贡布里希做了一个仓促的结论,称其手中的弓箭"可能不需要特定的解释"③。笔者认为,他因此遗漏了一条重要线索。肯陶罗斯的形象取自奥维德《变形记》第12卷,但在古希腊到文艺复兴的造型艺术中,肯陶罗斯均没有弓箭,唯一与波提切利的持弓箭的肯陶罗斯相吻合的例外出现在《神曲·地狱篇》第12章。

在地狱第7层,但丁走过险峭的山崖,目睹"在悬崖底部和沟壑之间,奔驰着肯陶罗斯,他们排成一列,身背弓箭,如同在世上通常前往狩猎一般"辈辇訛。肯陶罗斯负责看守在此戴罪受罚之人。波提切利的羊皮纸插图展现了一队肯陶罗斯手持弓箭飞奔的形象,和《密涅瓦与肯陶罗斯》的形象高度一致。此外,地狱的断崖也以断垣残壁的景象出现在《密涅瓦与肯陶罗斯》的画面左侧。在兰迪诺看来,但丁沿着险峭山崖的下行,象征了理性在感官伴随下的下降,直至沦为"沉思诸恶"(contemplazione de vitii)。④肯陶罗斯寓意"不受约束的残暴欲念"(gli effrenati et crudeli desideri)⑤,即淫欲或僭主政治,密涅瓦头戴象征智慧的月桂花环,"赋予智慧的女神"⑥与半人半马怪的互动,寓

---

①Smith, Webster. "On the Original Location of the Primavera"[J]. *The Art Bulletin*, 1975, Vol. 57, No. 1:32.

②Ridolfi, Enrico. "Una grande scoperta artistica. Ritrovamento della Pallade di Sandro Botticelli"[J]. *La Nazione di Firenze*, 1895, Vol.37:61.

③[意]但丁. 神曲·炼狱篇[M]. 黄文捷译. 译林出版社, 2011:98.

④Landino, Cristoforo. *Comento di Christophoro Landino fiorentino sopra la comedia di Danthe Alighieri poeta fiorentino*[M]. Firenze: Niccolò di Lorenzo della Magna, 1481:c. 84r.

⑤同上, c. 84r。

⑥同上, c. 281r。

意智慧对感官的降服。

当观画者的视线越过马背，可以看见不远处的小船满帆而行，密涅瓦的臂弯成为画中画的边框。小船并非简单的景观刻画，而是另具深意。但丁在《神曲·天堂篇》第2章开篇写道："坐在一叶小舟中的你们，热望谛听诗歌的内容，紧跟我那漂洋过海、放声歌唱的木船航行……我所航行的这片海水，是前人从未走过；密涅瓦在送风，指引我的是阿波罗，还有九位缪斯女神在向我指点大熊星座。"①至于小船的寓意，兰迪诺则指出："许多诗人都曾使用这一转写，将大海比作质料，木船则是人的机巧与学说。"②

《神曲》中持弓箭的肯陶罗斯、放声歌唱的木船，以及兰迪诺从新柏拉图主义出发对密涅瓦驯服半人马的解释，都足以证明波提切利与兰迪诺的合作并未止步于《春》。人文主义者和艺术家的"四手联弹"是文字和绘画的和谐奏鸣。兰迪诺在序言中称，他在佛罗伦萨开设但丁讲座多年，"语言若不形成文字，就会从胸口飞走，不留任何足迹。因此我要将在学校以声音阐述过的内容诉诸笔端"③。波提切利则接过了兰迪诺的注疏之笔，以《神曲》插图和《春》完成了对但丁的神圣喜剧的艺术呈现。

---

①[意]但丁. 神曲·炼狱篇[M]. 黄文捷译. 译林出版社，2011:15.
②Landino, Cristoforo. *Comento di Christophoro Landino fiorentino sopra la comedia di Danthe Alighieri poeta fiorentino*[M]. Firenze：Niccolò di Lorenzo della Magna，1481:c. 281r.
③同上，c. 4v。

语文学发展史视角下西方人文学者的图像解读

姚　霜*

"她觉得,他的神态庄严肃穆;那一头铁灰色头发,那深陷的眼眶,使他俨然像洛克的一幅肖像。他个子瘦小,脸色苍白,符合一位学者的形象,跟那种容光焕发、留红鬓髯的英国绅士大不相同,后者的典型便是詹姆士·彻泰姆爵士。"①

乔治·艾略特(George Eliot, 1819—1880)在《米德尔马契》(*Middlemarch*)中对卡苏朋先生的描写,是当代学者谈及语文学——这个被遗忘的人文学术源头——的历史时最频繁引用的例子,也成了语文学家经典的文学形象。在小说中,这是一个事业"注定失败"的角色。多萝西第一次见到卡苏朋的崇敬与吸引,伴随着生活真相的揭示而消失,卡苏朋作为学者的典型形象进而固化为——一个严肃的神态、深陷的眼眶、瘦骨嶙峋乃至不修边幅,古板、无趣、没有创造力的人。虽然没有确切来自作者的证明,后世读者都相信,卡苏朋(Cassubon)这个姓氏指涉了其将16世纪晚期的法国古典语文学家伊萨克·卡苏朋(Issac Cassubon, 1559—1614)视为原型。存世的伊萨克·卡苏朋的肖像画(见彩插图6)中,这一古板、严肃的形象在写实主义的表现手法中似乎得以印证,与小说中提到的约翰·洛克(John Locke, 1632—1704)较为流行的18世纪肖像(见彩插图7)对比,其极其相似的面部特征与神态再次得到强调,让我们不禁对如此的学者的形象产生出怜悯。然而伊萨克·卡苏朋乃至洛克这样

---

*姚霜,中国人民大学文学院讲师。

① [英]乔治·艾略特. 米德尔马契:外省生活研究(上)[M]. 项星耀译. 人民文学出版社,1987: 15—16.

的人文主义学者所从事的事业,是骄傲的绅士教育的前提,其所散发的荣光照耀着整个西方人文学术。仅凭一条,伊萨克·卡苏朋精通古希腊文、拉丁文等古典语言乃至犹太学术,其以古希腊文本研究工作闻名英法地区,并为英皇钦定版《圣经》(The King James Bible)的发行做出了贡献。

乔治·艾略特的文学描绘实际暗示了语文学在其漫长的历史中所面临的矛盾:一方面,它是"精神科学的王者",要求精湛的技艺、精密的分析和渊博的知识,它巨大的潜力能让卡苏朋先生深信他的工作将开启一切神话的大门;另一方面,它与现实保持着距离,其所发展出来的职业规范、专业性与高门槛将普通人拒之门外,使得所掌握的知识不具备普遍的、实用的价值。这一套人文学术技艺的确在19世纪的英国绅士教育(polite learning)中更是受到争议:希腊语、拉丁语的作业与古代文本的阅读,正面对来自商业社会兴起所需的、有用的知识诉求的挑战。① 然而与现代意义的专业领域知识又不一样的是,语文学(Philology)这个词汇在构造上就表明了它的开放性,而非专一性。它是由一个行为"热爱(philo)"与一个行为对象"文字(logos)"构成,这里的"logy"并不是"研究"的行为,而是对象。因此,谈到语文学家,我们对其形象的认识和想象应随语文学(philologies)的定义而变化。此外,Adi Efal 在论述语文学与艺术史的哲学关系时,指出语文学方法的历史主义(Historicism)和诠释(hermeneutics)属性,与艺术史注重的图像学(Iconology)解读不谋而合,艺术史则可以被认为是形象语文学(Figural Philology)。② 因此,本文则试图在视觉艺术的世界中,寻找语文学/语文学家,乃至西方人文学者的形象,从而深化我们对于语文学与西方人文科学发展的认识。通过对古典时代、中世纪与文艺复兴的语文学历史的梳理,解读与此相关的历史图像,本文将探寻

①相关讨论参见:Burns, James. "From 'Polite Learning' to 'Useful Knowledge'"[J]. *History Today*, 1986, Vol. 36, Issue 4. Online Access: https://www. historytoday. com/archive/polite-learning-useful-knowledge.

②Efal, Adi. "Philology and the History of Art." *The Making of Humanities: From Early Modern to Modern Disciplines*, vol. 3[C]. Amsterdam: Amsterdam UP, 2012:283—299.

语文学家形象的变迁,试图勾勒一段直观的、图像的语文学发展历史。

一、古典时代的语文学：语文学家在哪里?

在古希腊,这个概念与今天我们普遍认可的人文知识却大相径庭,但这并不影响古希腊文明是孕育出西方人文学术的摇篮。古希腊人系统性地对语言、文字进行考察,发明了修辞学,制造出精密的考订文本的方法操作,并创造了语法。他们所从事的事业,对于我们今天再次理解广义的语文学定义,具有十分重要的启发意义。

语文学(φιλολογία)本身的希腊词汇据说最早出现在柏拉图的作品里,其本意是指爱交谈、爱辩论、爱理性,其对象的变化取决于对"λογία"这个复杂词语的理解。①很快这个词就运用于指向对语言的研究,包括阅读、修辞、文学、文本考订。在古典时代,语文学定义本身便发生着变化,比如第一位自称为语文学家的埃拉托色尼(Eratosthenes,约前275—前194),其更为人所知的是数学和天文成就,而他所说自己是语文学家,则泛指博学且爱好文字。埃拉托色尼担任了亚历山大图书馆的第一任馆长,而亚历山大图书馆正是文本语文学诞生的地方。的确,伴随着希腊城邦的建立和亚历山大的扩张,多语种的环境催生了对语言文字学习的需求,以此获得思想与文化的交流。在这样的环境下,语文学,一门研究语言文字的学问,就成了哲学家、文学家、法学家等一切与文字打交道的所谓的知识分子的必备技能。这种技能细分表现在最重要的两大范畴,即修辞学和文本语文学。

首先,古希腊城市考古遗址中经常会出现文化活动空间,比如剧场、广场、议事厅,甚至神殿。这些地方聚集着热爱公共辩论的古希腊人,比如议事厅(bouleutērion)几乎在每座希腊城市遗址中都可以找到。而修辞术正是公共辩论的必备方法。修辞术被认为是参与政治讨论、公共生活的关键。亚里

---

①有关该词语详细的构词学讨论参见[美]门马晴子.语文学在何处? 刘雨桐译.沈卫荣、姚霜.何谓语文学:现代人文科学的方法和实践[C].上海古籍出版社,2021:64—66.

士多德认为,辩证法从普遍接受的意见出发,而修辞术则从个体具体的意见开始。① 这即是说,哲学会用来发掘普遍适用的真理,而语文学则是诠释个别个案的。语文学带有的诠释属性,是文学、历史这样的人文学科的方法,区别于追求普遍法则的自然科学。因此,语文学家应该是善于修辞、诠释,善于厘清具体事实并进行逻辑推演。基于这样的理解,我们或可说古典时代的语文学家可以是那些活跃在公共场中的希腊学人,因为他们很大程度上都受到了修辞与语法的训练,甚至还在哲学中讨论了有关语言的理论。文艺复兴画家拉斐尔(Raphael,1483—1520)在梵蒂冈阿波罗宫中为教皇尤利西斯二世所作的壁画《雅典学院》(见彩插图8)便为我们提供了一种对古典时代哲学家的想象。

这间房间本是作为教皇的私人图书馆所建,房间四面墙上的壁画分别主题为哲学(The School of Athens)、神学(Disputation of the Holy Sacrament)、诗歌(The Parnassus)与美德(The Cardinal Virtues)。这幅表现哲学寓言的壁画中,过去很多学者认为是以不同的人物群体代表"博雅七艺"(Seven liberal arts),而将"七艺"人格化的中世纪文学来源之一正是与语文学相关的名作《费洛基亚与墨丘利的联姻》(*De nuptiis Philologiae et Mercurii*,又名《神凡配》《青年男子被介绍给自由七艺》,参见彩插图2)。② 然而恰恰与其他幅表现古典寓言的绘画形式不同,拉斐尔反其道而行之,作了去人格化、去寓言化的表现,将哲学用活生生的哲学家及其实践展现在了这幅图中。古典学家格兰·莫斯特(Glenn Most)则认为这幅图展现的是柏拉图《普罗塔戈拉》中的文本场景。③ 因此,这的确是再现了古希腊式公共辩论的场景,让我们看到了柏拉图的定

---

①详细讨论参见:[美]詹姆斯·特纳."幽居的书虫,在缪斯的鸟笼里争论不休":语文学从古希腊到约1400年的历史.王珀译.沈卫荣、姚霜.何谓语文学:现代人文科学的方法和实践[C].上海古籍出版社,2021:106—107.

②参见该壁画研究的综述回顾:Most, Glenn W. "'The School of Athens' and Its Pre-Text"[J]. *Critical Inquiry*,1996,vol. 23,no. 1,p. 149。

③Most, Glenn W. "Reading Raphal: 'The School of Athens' and Its Pre-Text"[J]. *Critical Inquiry*,1996:163—171、179—182.

义中"爱交谈、爱辩论、爱理性"的人。此外,值得指出的是,不管拉斐尔被认为是按照新落成的梵蒂冈圣彼得教堂还是罗马的雅努斯拱门(Janus Quadri-frons)而设计的雅典学院的建筑布景①,其中轴线上蓝天白云的透视和敞亮的大厅消除了室内的封闭感,这与在庞贝出土的马赛克作品《柏拉图学院》(见彩插图9)的空旷的半户外场景类似。

然而这时期如埃拉托色尼等自称语文学家的人却与擅长修辞术、爱好辩论的知识分子保持着距离。他们更加以研究文本,而非辩论而著称。他们常年坚守在图书馆里,而非公共的广场。为了能在泛雅典娜节上朗诵《伊利亚特》或《奥德赛》,为了保证在大型仪式上演可靠的戏剧作品,更重要的还有荷马史诗的流传,仿佛为了古希腊一切的显像文艺活动的繁荣,语文学则需要退居幕后从事文本语文学的工作。

在19世纪新古典主义代表画家安格尔(Jean Auguste Dominique Ingres,1780—1867)的《为荷马封神》(The Apotheosis of Homer;见彩插图10)的画中,胜利女神耐克在为一位盲人老者荷马戴上桂冠,坐在宝座下方的两位女子正是《伊利亚特》和《奥德赛》的化身。而左侧一位老人向他献上羊皮卷的作品,被认为是悲剧作家欧里庇得斯(Euripides,前480—前406)。这幅新古典主义对希腊文学文化的浪漫化达到了极致,尽管安格尔坚称自己是传统派。画中参与礼赞朝拜的是来自不同时期的人物,包括但丁、维吉尔、莫里哀,而画面大部分人物却是艺术家们,包括菲迪亚斯、拉斐尔、普桑,甚至画家自己。这幅画中没有描绘任何一位语文学家,然而正是他们为将荷马送上圣坛,做出了根本性的贡献。

经典文本的形成、研读、引用、阐释、厘定和流传,就是语文学的实践。詹姆斯·特纳(James Turner)曾精确地指出:"语文学只能在书本足够普及而形成

①详细讨论参见 : Most, Glenn W. "Reading Raphal: 'The School of Athens' and Its Pre-Text"[J]. *Critical Inquiry*, 1996:171—179.

复杂文本问题的时代里出现。"① 以荷马的作品为例，约公元前6世纪之前的时代，大众接收着游吟诗人传唱着特洛伊战争、奥德修斯漫游的各种故事，公元前800年后，有人把这些故事用文字写了下来，帮助口头表演。到了梭伦时代，这些故事被归到一位叫荷马的作者的身上，而至今，有关荷马史诗的文本是何时成型的依然充满争议。荷马史诗的研究不仅引导着古希腊文本语文学的发展，也刺激了近代语文学的诞生。近代语文学奠基人、德国语文学家弗莱德里希·伍尔夫（Friedrich August Wolf, 1759—1824）的代表作《荷马导论》（*Prolegomena ad Homerum*）即指出可以通过对文本语言的分析找到暗藏在真实和经过编辑的荷马的原声，将其从杂质经年累月的腐蚀之下破解出来。②

在安格尔画中，《伊利亚特》和《奥德赛》以两位婀娜身姿的妙龄少女突出了作品的完美属性。而在古典时代，打造出"完美的"文本正是文本语文学家的任务。他们识别手抄卷的各种错误、篡改，试图提供"准确的"或者"好的"文本，特别是在莱库古斯（Lycurgus，前330）的推动下，这变成了一种标准化、圣化的需求，因为如果在泛雅典娜节上朗诵了不可靠的《伊利亚特》会使整个城邦遭受耻辱。到了亚历山大图书馆建立之后，两位语文学家阿里斯托芬（Aristophanes）和阿利斯塔库斯（Aristarchus）在对比手稿版本的校勘基础上，从语言学、历史的角度研究判断，找到了最佳的手稿，并为其作注，从而减少了荷马诗歌文本流传的歧异。

公元前4世纪，埃及国王托勒密一世在亚历山大城中修建了自己的缪斯神殿。在古希腊很多城市里，缪斯神殿（mouseion）都是作为文学活动的中心，而托勒密则创建了一种新兴的文学机构以挑战雅典作为希腊文化中心的地位。因此，亚历山大图书馆建立了起来，学者和科学家受雇在这里讲学和做

①[美]詹姆斯·特纳."幽居的书虫，在缪斯的鸟笼里争论不休"：语文学从古希腊到约1400年的历史. 王珞译. 沈卫荣、姚霜. 何谓语文学：现代人文科学的方法和实践[C]. 上海古籍出版社, 2021:109.
②参见沈卫荣、姚霜. 导论. 何谓语文学：现代人文科学的方法和实践[C]. 上海古籍出版社, 2021:21.

研究，而托勒密一世和二世则致力于丰富的文本馆藏，目标是搜罗所有希腊文写成的文献。而文本语文学的方法则是用来为书籍收藏把关，包括识别挑选多版本抄本、剔除低劣抄本、鉴定伪作等，同时还需要汇编这些收藏的书稿。最重要的是，亚历山大图书馆的语文学家们发明了文本校勘符号，开始逐行注释、试图解释看懂文本。

奎里纳尔宫的中厅中原定设有一幅新古典主义的作品（见彩插图11），是意大利画家卡慕其尼（Vincenzo Camuccini, 1771—1844）受拿破仑一世的委托所作，展现了托勒密二世视察亚历山大图书馆的情形。画中托勒密二世菲拉德尔菲斯身穿鲜艳的红袍，而在他面前的学者，有带着络腮胡的年长者，以其年龄展示博学的阅历，还有带有头巾的埃及学者，他们正在为国王展示写满了文字的莎草纸粘连而成的长卷。相比于《雅典学院》，相似的建筑布景中，尽管依然可以抬头看见蓝天，整个空间的渲染着昏暗的色调，人们工作在一个相对密闭的环境里，学者们低声私语，透露着严肃和紧张的氛围。而在英俊潇洒的托勒密国王面前，所有学者似乎都黯然失色。值得注意的是，最右侧的学者手中拿着的并非手卷、书籍而是一块刻板。亚历山大图书馆的语文学家不仅仅从事文本语文学，他们的研究工作还包括很多今天我们看来是历史学的范畴，包括撰写学术传记，采集神话、传说、民谣，誊写、识认碑文，研究文物遗迹。这亦是现代早期的古物研究发展的古典渊源，可以说，博物学从一开始就成了语文学密不可分的部分。

无论是亚历山大图书馆的文本语文学家们、博物学家的实践，还是专注于修辞学、语法学的希腊学术传统都被罗马人接受并进一步发展。被誉为是"最博学的罗马人"的瓦罗（Marcus Terentius Varro, 前116—前27）提出了自由人技艺（artes liberales），而以语文学为主的语法、修辞、辩证法（即中世纪"七艺"中的"三艺"）通过罗马的教育普及得到了发展。据说，一位罗马帝国里家庭条件优越的男孩在学完基本读写后就会由语法教师和修辞学教师来教导。他所接受的语文学文本教育可以说是十分全面：修辞学的系统教育让他们为公共演说做好准备,罗马的各类文献,包括诗歌都是修辞学的讨论范围。^①我们看到著有《雄辩术原理》的昆体良(Quintilian,35—96)正在向学生们讲学(见彩插图12),以他为代表的修辞学手册一直流传到文艺复兴;而文本语文学家更是推动了罗马的语法教育。罗马的语法教育体系包括了文本对勘、语言分析、介绍文物和历史著作多个方面。而活跃在400年的罗马语法教师塞尔维斯(Servius,活跃于4—5世纪;见彩插图13),为了更好地教学,对维吉尔的作品作了详细的注释,包含对每一个术语,即文本中的词汇、典故的考证,并将过去学者的意见都汇总在注释中,让文本每一句都包含出处。这种注释形式被称作scholia,其希腊语的本意即是"注释或者解释"。由此,我们也观察到,语文学的活动从公众的文化场所转向学校教室的空间,从研究、辩论转向以此作为方法的教学活动。

二、基督教"语文学":神性的追求

古典学术史的学者在叙述这段历史时,往往会认为这是一段"反语文学"的历史,甚至担忧所谓的"学术",即围绕文本的校订、注释和集注的活动,是否在西方的中世纪存在。^②语文学的传统和语文学家当然并未消失,如果我们将犹太的拉比们纳入考虑范围的话。他们曾经在托勒密时代的亚历山大城就开始将"摩西五书"翻译成了希腊文,更不用说希腊文的"七十子译本",而后者则是早期基督教徒视为的《旧约》。因此,早期基督教徒从异教语文学中学习到了很多方法,并运用于厘定《圣经》。而解读圣经文本的释经学者虽然提出了不同层次阅读文本的方法,但他们更看重神学、讲道或者修行。经

---

①参见[美]詹姆斯·特纳."幽居的书虫,在缪斯的鸟笼里争论不休":语文学从古希腊到约1400年的历史.王珞译.沈卫荣、姚霜.何谓语文学:现代人文科学的方法和实践[C].上海古籍出版社,2021:125.

②[英]约翰·埃德温·桑迪斯.古典学术史第3卷第三版.第1册.康涅狄格州曼斯菲尔德中心:马蒂诺,2009(1921):441—678.转引自[美]詹姆斯·特纳."幽居的书虫,在缪斯的鸟笼里争论不休":语文学从古希腊到约1400年的历史.王珞译.沈卫荣、姚霜.何谓语文学:现代人文科学的方法和实践[C].上海古籍出版社,2021:138.

院主义并不注重文献、历史的研究，他们更看重哲学能够带来普世的"真理"，创造出了一套与历史语境完全无关的神学体系。

《书房中的圣奥古斯丁》(*St. Augustine in His Study*；见彩插图14)与《书房中的圣哲罗姆》(*St. Jerome in His Study*；见彩插图15)是两幅相同绘画题材的文艺复兴时期名作，是对基督教两位重要的圣人学者的经典图像表现。在威尼斯画家卡帕齐奥(Vittore Carpaccio, 1465—1525/6)的画中，圣奥古斯丁坐在书台前右手握着笔，眼睛看向了窗外。窗外的阳光照进了房间，并点亮了圣人的脸庞，就连左侧地上的小狗也被窗外的事物吸引。屋里摆放着圣坛、经书展示台、一个红色的讲台，地上散落着书本。奥古斯丁作为古代早期的基督教作家，继承了罗马时代的语文学训练。但是他愿意接受这些希腊语的古典文献，是因为他认为这套学问可以为基督教传播所用，而他则通过罗马的修辞术来提升基督教的布道水平。同时，在他们所倡导的解经方式中，尽管看到了圣经文字具有多层次的意义，但认为其中的灵性意义远远比字面意思更重要。正如图中所表现的，圣奥古斯丁受到了神的召唤，他手上的文本工作已然停止。这也是圣奥古斯丁对源自亚历山大语文学传统的、以文本语文学为基础来展现圣典的犹太语文学家的态度。他曾说："犹太人是我们的书吏，我们是圣书的守护者。"①而这幅画的图像学意涵则是圣奥古斯丁正在给圣哲罗姆写信，他听到了后者的神示召唤，而这照进来的光即代表的是哲罗姆。

然而哲罗姆与作为基督教学者的奥古斯丁的学术路径颇有不同。哲罗姆反对奥利金的三重解经法，他精通希伯来语，从犹太学术中学习良多。他不认为希腊文的七十子本是神启的，而应该是希伯来文的。以此方法，他将《旧约》翻译成了拉丁文，成了在中世纪通行的"武加大译本"。以扬·凡·艾克(Jan van Eyck, 1390—1441)的这幅画为例，哲罗姆表现为一位文本工作者、多

---

① [美]詹姆斯·特纳. "幽居的书虫，在缪斯的鸟笼里争论不休"：语文学从古希腊到约1400年的历史. 王珞译. 沈卫荣，姚霜. 何谓语文学：现代人文科学的方法和实践[C]. 上海古籍出版社, 2021: 132.

语种翻译家的形象,而书籍、阅读、冥思状成了他的部分图像特征。然而如此语文学的方法,或者说使用博物学、历史学来研究圣典文本的语文学家几乎在中世纪伴随着经院哲学的兴起而逐渐失落。

对文字、文本、学问的理性追求在中世纪被神性、灵性的向往所替代。"缮写室"(Scriptorium)则是一个经典的展现基督教学术的文学和图像题材(见彩插图16)。缮写室是往往在一间修道院的独立的房间,里面坐着一位全神贯注的抄写员。他的工作是手抄文本,要一字不漏,最好有上乘的书法,还要负责制作文本,为抄本填色(illuminate),从而制作出精美的、象征财富的书籍。[①] 尽管与语文学学者类似,缮写室中辛苦抄写的修道士们都是某种"旷野恐惧征"(Agoraphobia)患者或者埋头经营的"书虫",但他们并不负责研究手上的文本——抄写是一种苦修。如有抄错则是对进入天堂的阻碍。抄写员的恶魔蒂蒂维鲁斯(Titivillus)就是专门干扰抄写员、让他们有理由抄错的邪灵(见彩插图17)。[②]

尽管一切都是为了基督教的发扬光大,一些具有学识的基督教僧人使用和倡导某种广义的语文学的方法来帮助理解基督教文献。卡西多鲁斯(Cassiodorus,约490—585)为修道院的僧人写了一本手册,其目的是保证基督教的经书可以被正确理解和传抄,成了中世纪图书馆的必备书籍。他提到,"不论是修辞手法、字词的定义,还是语法、修辞、辩证法、算数、音乐、几何和天文知识,都可以帮我们更好地理解圣经以及十分渊博的圣经注疏"。[③] 这里所提到的这些技艺,正是著名寓言《费洛基亚与墨丘利的联姻》中"语文学的伴娘",即中世纪教育的"七艺"。而在中世纪大写教育与经院学术中,文本语文学几

---

① 有关缮写室的讨论受到英国文学研究学者包慧怡的学术笔记《缮写室》的启发,参见包慧怡. 缮写室[M]. 华东师范大学出版社,2018年。

② 有关抄写员的恶魔的讨论参见[法]雅克·勒高夫. 中世纪的知识分子[M]. 高建红译. 华东师范大学出版社,2021:11—12.

③ [美]詹姆斯·特纳. "幽居的书虫,在缪斯的鸟笼里争论不休":语文学从古希腊到约1400年的历史. 王珞译. 沈卫荣、姚霜. 何谓语文学:现代人文科学的方法和实践[C]. 上海古籍出版社,2021:139—140.

乎极少涉及,语文学的范畴主要在"七艺"中的前"三艺"。他们强调语法,但并不是服务于解读文本,而是从中研究适用于所有语言的普遍语法规则。这些技艺就像某种手艺,是匠人之才。的确,在中世纪对 5 世纪学者卡佩拉(Marianus Capella)的名篇《费洛基亚和墨丘利的联姻》的传颂中,身为凡人的语文学(即费洛基亚)或语文学家要被缪斯、智慧女神、美惠女神等一一问候,在不朽仙女的提携下,从口中吐出书籍,才能飞升天界。尽管费洛基亚象征智慧,但这吐书的行为寓意着对尘世学问的净化,嫁给象征辩才的墨丘利神,凡人语文学家才能获得不朽的知识。[①]也难怪我们很难在西方绘画艺术的万神殿中,找到一位具足妙相的费洛基亚(Philologia)女神的形象。因为大多语文学家怀里仍然还装着文本与书籍,仍是凡夫俗子。

三、人文主义语文学 : 书斋与学者

虽然在基督教的中世纪里,神学隐蔽了语文学,特别是文本语文学的发展,然而古代文本以不同的形式得以保存了下来。在中世纪晚期的大学中,语法课、修辞学的训练让老师和学生们传抄、收集、演说古代文献,以得到技艺的训练。而到了 14 世纪的意大利,人们开始以另一种思维理解古代文本,找到了另外学习古代的方法。例如,彼特拉克(Petrarch,1304—1374)通过文本对比、注释的方式重新审视了有关罗马历史、西塞罗的叙述。此外,随着印刷行业的发展与希腊语教学的回归,15 世纪至 16 世纪之间,学者们开始向构成法学、医学、神学的经典权威文本发起挑战,比如瓦拉(Lorenzo Valla,1407—1457)的主要成就。某种历史意识介入了文本研究中。而随着书籍流通不断增大,人们开始厘定、校对、研读、注释、评论文本,那些亚历山大的古典传统,特别是文本语文学传统在人文主义学者处被复兴了。潘诺夫斯基(Erwin Panofsky)曾总结道,语文学家赋予古代世界历史意义,让我们明白与

[①]潘源文在其文章中展示了这一寓言故事与波提切利的名作《春》的图像解读的关系,并点出了"吐书行为"作为费洛基亚的形象特征,参见潘源文.语文学的"飞升"与《神曲》图文注疏(本书第68—89页).

之距离和研究它们的绝对难度和所需方法的广度;更多时候,语文学家竭尽全力去填补这些鸿沟,使得古代的文本与今天的需求息息相关。①在人文主义世界中,语文学并不是一个纯粹的真空的概念,而是在生机勃勃的教学、出版世界里被规定、塑造乃至探索。

法国人文主义学者纪尧姆·卜代(Guillaume Budé,1467—1540)撰写的《王子的教育》(De l' institution du prince)指出一位王子是需要学习语文学的,书中的插图则展示了人格化的费洛基亚(见彩插图18)。卜代作为人文主义学者继承了瓦拉拆除《君士坦丁堡赠礼》的文本研读方法,他在法学经典文本中发现罗马律师与教会教规律师依据的那些权威文本充满了错误和年代混乱。他考证了这些文本,著有系列法学汇编注释,更是推动建立了法兰西学院和之后的法国国家图书馆。在他的这部人文主义教学著作中,与波提切利对寓言的演绎不同的是,我们真正看到了"费洛基亚"的形象——她穿着严谨的黑色袍子,一副苦行修女的打扮,在摆放着各种书本的书桌前,埋头专注于书籍;她身后墙上有着陈列书籍的书架,让前来一手倚着书桌、一手持剑的墨丘利更像是一个游手好闲的侵入者。这里的书籍插图并未表现他们的婚礼,而是单独展现了一位王子所需的各种教育项目。这或许才是一位"凡人"语文学家的实际状态。

这种面无表情地沉浸在书籍中的形象容易让人联想起这一时期的印刷行业的抄写员。这时期的抄写员已不再困在缮写室里,而是活跃在书籍出版行业中。彩插图19中是一位名为让·米罗特(Jean Miélot)的15世纪的抄写员,他受雇于勃艮第大公,为其图书馆制作书籍,而且很多之后成了印刷版。然而这一时期的抄工很大程度上成了语文学家的敌人,因为他们不断以自我意识干涉和改动文本,比如他们将不理解的认作是没必要的,把作者故意颠倒的文字又改回来,而印刷更是放大了这些错误。因此,语文家在不断增加

---

①[美]安东尼·格拉夫顿. 人文主义的语文学:西方近代早期文本、古物及其学术演变. 姚霜译. 沈卫荣、姚霜. 何谓语文学:现代人文科学的方法和实践[C]. 上海古籍出版社,2021:176.

的文本中需要完成的一个首要任务是剔除他们的错误。

在这样文本与知识急剧增长的时代,闭门起来造学问的需求也提升了,而在一些地方君主的慷慨资助下,人文主义学者将书斋文化推向了巅峰。由其孕育出的书斋绘画(studiolo),则是15世纪意大利文艺复兴的一种经典艺术创造。书斋类似于缮写室,是一间可供学习和冥思的安静房间,但不同的是,书斋被实物和绘制于墙壁的书籍、乐器、科学仪器等各种珍奇收藏所包围,展现着拥有者的博学与财富(见彩插图20)。尽管语文学家不一定在如此奢华的书斋里工作,但书斋里对古物的尊崇和展示代表了此时语文学家在古物研究和博物学的成就。人文主义学者认为,在罗马城下保存的石头能够提供的历史信息比起书本里的可靠得多。[1]他们开始识读古代碑铭、记录万神庙上的装饰壁、埃及方尖碑上的文字,仔细检测分析内米湖打捞上的罗马游船,利用来自其他地区文明的知识帮助研究古代文本和历史。

小汉斯·荷尔拜因(Hans Holbein the Yonger,1497—1543)所作的伊拉斯谟(Erasmus,1466/69—1536)的肖像(见彩插图21),被尊崇为这位伟大学者的肖像模板。与瓦拉从历史学的角度挑战圣经权威一样,伊拉斯谟撰写了希腊文的《新约》,使用文本语文学的方法,对不可侵犯的拉丁文圣经进行了矫正,从神学内部为宗教改革打了基础。这幅图中,伊拉斯谟身穿黑色裘皮大衣、庄严而祥和地将手轻放在一本红色大书上("The Labours of Hercules"),他的身后斜上方的书架上有一本写着拉丁句子的书。这幅16世纪肖像绘画使用的创新的现实主义手法即通过书籍、文字,刻画出了一位人文主义知识分子的形象精髓。研究中世纪的知识分子的学者认为,人文主义者与中世纪学者的形象有一个很大的差别:中世纪正在授课的经院学者的身边簇拥着学生,长凳上坐满了听众;而人文主义学者孤独安静地在敞亮、豪华的书斋中任凭思想驰骋,他们的周围的环境整洁、优美,而他们并没有因为与大众失去了联

---

[1]参见[美]安东尼·格拉夫顿. 人文主义的语文学:西方近代早期文本、古物及其学术演变. 姚霜译. 沈卫荣、姚霜. 何谓语文学:现代人文科学的方法和实践[C]. 上海古籍出版社,2021:171.

系而惶恐,反而平静与满足。①

伊拉斯谟高贵、寂静的形象正是19世纪乔治·艾略特眼中的严肃、倦怠的学者形象的前身。通过人文主义学者的努力,语文学及其训练成了"现代人文学术"的根本方法与标准,它塑造了研究与教育的模式,以其精湛的技艺、范围的拓展乃至机构体制的保障,延续了它的活力,并在后期大航海与殖民主义的历史中,发挥出了更大的文化扩张的潜力。从古希腊已降,人文学者或活跃在旷野与人辩论,或关进书斋专研手稿,或走入田野寻找古迹,或立于讲堂开坛布道,语文学自希腊继承的广义范畴实则一直在被实践②,而在这个庞大的学术生产游戏规则中,必然有成功者与失败者。人文学者的形象更应放置在他们的事业与成果中去考察,他们与文字文学乃至文明的联系均属于经验主义的,而非统一、固化的。或许语文学家从来的使命都不是揭示普世的意义和价值,从而开示、拯救人类,而是从具体的、个体的案例出发,再现人类"从不吸取的"一次次教训,再现人类历史与文化的多样性和复杂性。而正如当代学者所指出,语文学的历史本身就如一面透视镜,在同一图像中,它结合了学术研究的最高远的志向和最黑暗的恐惧。③

---

①[法]雅克·勒高夫. 中世纪的知识分子[M]. 高建红译. 华东师范大学出版社,2021:260—261.

②至今,英语字典中对于"philology"一词的首要释义仍然为"对于字词、文献和学问的热爱"。参见:沈卫荣、姚霜. 导论. 何谓语文学:现代人文科学的方法和实践[C]. 上海古籍出版社,2021:8—9.

③[美]杰弗里·哈芬. 根源、种族与回归语文学. 寿天艺、马艺芸等译. 沈卫荣、姚霜. 何谓语文学:现代人文科学的方法和实践[C]. 上海古籍出版社,2021:375.

语文学与世界文学

作为古典语文学家的尼采和作为职业的科学

沈卫荣*

一

2003年,当代最杰出的文艺理论家萨义德(Edward W. Said,1935—2003)在他学术生涯即将终结的时候,向学界郑重地发出了"回归语文学"(the Return to Philology)的呼吁,他说:"在与人文主义相关的所有学术分支中,语文学几乎是最不时髦、最不性感,也最不现代的一个,而且在21世纪之初有关人文主义对生活之适用性的讨论里,它也最不可能出现。"可是就是这个"古旧发霉的过气学科",或正是当下充满了不着边际的术语(套话)和专注于宏大权力结构和人类历史之宏观叙事的文艺批评学科最不可或缺的救赎和对治。为了降低世人对语文学的抵抗,并消除人们将语文学视作反动知识的观念,萨义德别出心裁地提醒大家:"在过去150年中,西方所有思想家里最激进、思想上最无畏的一个人——尼采(Friedrich Wilhelm Nietzsche,1844—1900),曾经并一直都认为他自己首先且主要是一名语文学家。"①

其实,此前20年,北美另一位著名的文艺理论家保罗·德曼(Paul de Man,1919—1983)先生曾发表过一篇同样题为《回归语文学》的文章,在北美学界引起过巨大的反响和持续的争论。德曼提出文学研究对理论的转向,即是对语文学的回归,试图以此缓解传统文学研究者们对法国结构主义文艺理论的敌视和排斥,最终摆脱北美英语文学研究学科面临的严重危机。他指出文学研究不应该是一个包罗万象的人文的和历史的学科,而应该是一门专注于文学文本本身,重视研究语言结构及其意义之传达方式的专门性学科,强调即使是福柯(Michel Foucault, 1926—1984)和德里达(Jacques Derrida, 1930—2004)这样的法国文艺理论大家,他们讨论问题时通常也不以哲学推理为依据,而是更重现实的和实证的研究,探讨的是语言和现实之间的相互指涉关系。而"即便前述所有作者常常引用的尼采,人们强调的也是其语文学家的一面,而非存在论的虚无主义者(哲学家)的另一面。"①

　　语文学通常被人看作是理论的天敌,而萨义德和德曼两位先生明明都是名闻四海的前卫的文艺理论家,却一先一后,如此高调地呼吁文学研究要回归语文学,这不免令人惊愕和诧异,其背后一定有他们个人独特的情感遭遇和对学术理路、范式转换的反思和考虑,很值得我们对此做一番细致的考究和梳理。德曼还曾公开声称自己是一名语文学家,而不是哲学家②,而萨义德则将库提乌思(E. R. Curtius, 1886—1954)、奥尔巴赫(Erich Auerbach, 1892—1957)和斯皮策(Leo Spitzer, 1887—1960)等著名的欧洲文学研究大家,都划归语文学家范畴,声称他们是他最崇拜的英雄,而他自己则是他们当之无愧的

---

① Man, Paul de. "The Return to Philology". *The Resistance to Theory*[C]. Minneapolis: University of Minnesota Press, 1986: 21—27.

② Man, Paul de. "An Interview with Paul de Man, Stefano Rosso." *The Resistance to Theory*[C]. Minneapolis: University of Minnesota Press, 1986: 118. 在这个访谈中,德曼解释了为何他是一位语文学家,而不是一名哲学家。他说:"文本自我解构,它本身就是解构性的,它不是被一种来自文本之外的哲学的干预而被解构的。我自己和德里达的不同在于德里达的文本是那么灿烂、深邃和强大,不管在他身上发生什么,这都是在德里达和他自己的文本之间发生的东西。他不需要啰嗦,他不需要任何其他人。但是,我非常需要他们,因为我从来没有过我自己的一个观念。它总是来自一个文本,来自对一个文本的批判性的检讨。"

继承者。①总之，虽然德曼和萨义德二人都以文艺理论见长，但对语文学都抱有一份特殊的情怀，也各有他们与众不同的理解，他们分别号召要回归的那个语文学指的甚至也并不是同一个东西。

颇令人费解的是，他们异口同声地拿尼采来说事，坚信这位近代欧洲最伟大的虚无主义哲学家、思想家，更应该被算作是一位职业的古典语文学家，还将他一度曾经拥有过的瑞士巴塞尔大学古典语文学（Klassische Philologie）教授身份，拿来为于北美人文学界早已经是明日黄花的语文学树旗招魂。按理说，他们二人都应该非常清楚，以古典语文学为职业的那段时间恰好是尼采学术人生中一段滑铁卢式的经历，说起来都是些令人不堪和伤心的故事，他们既然都愿以尼采为偶像和榜样，何以不为尊者讳，且把这段故事隐下不表，而偏偏要揭人之短，哪壶不开提哪壶呢？

二

作为19世纪后半叶德国最著名的哲学家、思想家、文化批评家、美学家、诗人、作家和作曲家，尼采绝对是一位不世出的天才，抑或本来就是一位碾压常人（或曰"最后的人"letzte mensch）的"超人"（Übermensch）。不但他的虚无主义哲学对后世流行的"存在主义""后现代主义"和"后结构主义"哲学思潮等，都有着极其广泛和深刻的影响，而且他的那些文学、美学和诗学作品，也

---

①萨义德在他为奥尔巴赫名著《摹仿论》所写的导论中说："远不是对言语来源如尘埃般枯燥乏味的学术研究，对于奥尔巴赫，以及与他相类似的同时代著名学者如浮士勒（Karl Vossler），斯皮策和库提乌思等人，语文学事实上是一种对现存的一种或多种罗曼语言写成的所有文献的浸入式的专注，从钱币学到碑铭学，从文体学到档案研究，从修辞学和法律，到一种包罗万象的文学工作观念，即文学包括编年史、史诗、布道辞、喜剧、故事和随笔等。20世纪初期的罗曼语文学本质上就是比较的，它的主要程序观念来源于一种根本上来说是德国的解释传统，它开始于沃尔夫（Friedrich August Wolf, 1759—1824）的荷马史诗批评，并为施莱尔玛赫（Herman Schleiermacher）的圣经批评所继续，亦包括尼采的一些最重要的著作（他是一名职业的古典语文学家），然后于狄尔泰（Wilhelm Dilthey）的常常是很吃力地表达清楚的哲学中达到了顶峰。Said, Edward W. "Introduction to Erich Auerbach's Mimesis." *Humanism and Democratic Criticism*[C]. p. 89.

对今世的文学、文艺理论和美学研究有着不容忽视的巨大影响。可是,唯独作为一名职业的语文学家,尼采收获的却都是批评、攻击和羞辱,他的古典语文学教授生涯留下的是非常失败的记录。

1869 年,年仅 24 岁的尼采获授瑞士巴塞尔大学古典语文学教授职位,成为欧洲大学历史上最年轻的教授。遗憾的是,这样难得的机会和殊荣,竟成为尼采学术人生失败和不幸的开始。①1872 年,尼采出版了他生平第一部学术专著——《悲剧自音乐精神的诞生》(*Die Geburt der Tragödie aus dem Geiste der Musik*),原以为凭它可以为自己尚未兑现的天纵之才正名,不料出师不利,尚未起飞,就先折断了翅膀。这部至今依然受万千人膜拜的作品,于当时却招来了世界学术史上罕见的批判和讨伐,而且这些激烈、刺耳的批评声,多半来自德国古典语文学专业内部。

曾经非常敬重尼采,且与尼采来自同一所以其优秀的古典学教育而著称的中学(Schulpforta),还在同一所大学(Bonn)同样攻读古典语文学学科的晚辈学人维拉莫维茨(Ulrich von Wilamowitz-Moellendorff, 1848—1931)先生,发表了一篇充满火药味的长篇书评,激烈地抨击尼采对古典学学术的无知和背

---

① 当时的瑞士巴塞尔大学是一所不甚富裕的欧洲小大学,尼采受任的古典语文学教授席位是一个特任教席(Ausserordentlicher Professor),它在等级上要低于专任的正职教授(Ordentlicher Professor, Ordinarius)。有人将"特任教席"英译为"Associate Professor",即"副教授",这是不妥当的。"特任教席"同样是正教授,德国的大学体制中并没有"副教授"的设置。一般来说,一个学科只有一名专任教授,但有些学科因为各种特殊的原因,会加设一名甚至多名"特任教授"。迄今为止,德国大学的专任教授位置原则上是不能直接授予仅取得了博士学位的候选人的。取得博士学位只是表明你有了从事独立的科学研究工作的能力,而有志于将科学当成职业者,在此之后,还必须继续完成一篇"教授升等论文"(Habilitation),方可获得"私人讲师"(Privatdozent)资格,具有在大学授课的许可和义务,并可候选教授职位。而一旦"私人讲师"获得教授职位,则不管是专任,还是特任,他们都是正教授,也都是国家公务员,不可被大学无故辞退。尼采的职业生涯打破了当时德国人文科学学术体制的惯例,他受任巴塞尔大学古典语文学特任教授时,尚未取得过任何学位,为了帮助他顺利入职,莱比锡大学破例授予他名誉博士学位。尼采的古典语文学学术水准在出版《悲剧的诞生》一书后受到质疑,并被要求辞职,但巴塞尔大学没有强制他辞退,后来当尼采以健康原因辞职后,他获得了教授的退休金。

叛,指责他缺乏对真理的热爱,凭借他个人对音乐精神和古典神话的激情,带着强烈的现实关怀,从个人内心体验出发,以哲学推理为方法,对古希腊悲剧做了完全非理性、非学术的演绎。全书完全不符合语文学学术规范,它既不引用一手的古希腊悲剧原著,也不征引二手的前人研究著作,甚至没有做任何脚注。它以很大篇幅讨论瓦格纳(Richard Wagner,1813—1883)的音乐和德国的悲剧精神,热切地呼唤寓意生命本能的酒神和日神精神的复活,还将瓦格纳的音乐看作是古希腊悲剧精神在德国复活的希望。当时,瓦格纳的歌剧虽然深受尼采推崇,但有音乐评论家却认为它不堪入耳,恐只有未来的听众才能欣赏得了他这种怪异的音乐,故称它为"未来音乐"(Zukunftsmusik)。维拉莫维茨觉得尼采这本《悲剧的诞生》与瓦格纳的歌剧一样糟糕透顶,非驴非马、不伦不类,所以是"未来语文学"(Zukunftsphilologie)。① 尼采不具备古典语文学家应有的专业水准,更缺乏理性、科学的职业精神,他才不配位,应该"信守诺言,拿起酒神杖,从印度去希腊,走下那个他应该教人科学的讲坛,将虎豹召之膝下(施教),而不是那些学习语文学的德国青年,他们应该在苦行僧般的自我否定的工作中,学会处处独自寻找真理,并通过自愿的奉献来解放自己的判断。"②

同样,尼采的博士父亲(Doktorvater)、学术导师李奇尔(Friedrich Wilhelm Ritschl,1806—1876)先生,曾把尼采看成是一位无所不能的、现象级的少年天才,视他为其39年语文学教授生涯中最得意的弟子,并预言假以时日他必将成为德国最一流的语文学家,甚至甘愿以自己作为语文学家一生的学术声誉为赌注,不吝惜一切溢美和夸张之辞,来为尼采的古典语文学能力作担保。

---

① 对"未来语文学"这个说法之意义的解释,参见 Hanneder, Jürgen. "Zukunftsphilologie oder die nächste M[eth]od"[J]. *Zeitschrift der Deutschen Morgenländischen Gesellschaft*, Vol. 163, No. 1(2013), pp. 159—172.

② Ulrich von Wilamowitz-Moellendorff. *Zukunftsphilologie! Eine Erwiderung auf F. Nietzsches . . . "Geburt der tragödie"*[M]. Leipzig: Druck von Baer & Hermann, 1872, S. 1—32. 对维拉斯茨这篇书评的讨论,参见 Porter, James I. "'Don't Quote me on That!' Wilamowitz Contra Niwtzsche in 1872 and 1873"[J]. *Journal of Nietzsche Studies*, Issue 42, 2011:73—99.

可他在读到《悲剧的诞生》之后，表面沉默无语，私下却难掩极度的失望和恼怒，称它纯粹是一部"令人脑洞大开的垃圾玩意儿"（Geistreich Schweinerei）、简直"疯狂之至"（Größenwahnsinn）。① 而也曾为尼采申请巴塞尔大学古典语文学教席时的推荐人、李奇尔的弟子和继任者、维拉莫维茨的导师、曾任波恩大学校长的古典语文学和比较宗教学教授乌瑟纳（Hermann Usener, 1834—1905）先生，更是直言不讳地宣告这本书"纯属胡言"（der bare Unsinn）、"任何写出这样的东西的人，以科学（学术）而言，他已经完结了（wissenschaftlich todt）"。②

《悲剧的诞生》的问世本应令洛阳纸贵，可事实却鲜有人问津，它催生的是尼采职业生涯的悲剧，使他陷入了难以挽回的职业危机，从此注册来上他古典语文学课的学生竟少到了无人的地步。于整个古典语文学界，尼采声名狼藉，处于极端孤立无助的境地，以致身心俱惫，最终因健康原因无法履职，而不得不于1879年申请提早退休，很不情愿地从他的古典语文学教授席位上退下，结束了近10年的职业生涯，时年仅35岁。③

值得庆幸的是，一旦离开了职业岗位，尼采脱离了大学人文学术制度加给他的种种有形的和无形的束缚，终于能够做自己的上帝，成为一名真实意义上的"自由思想家"（Freier Denker）。作为思想家、哲学家的尼采，他的灿烂人生正是从这时才开始的，此后10年是他随性地生活、读书和写作的人生黄金期。作为一名"以科学为职业"的人文学者，尼采不应该是先知和预言家，

---

①若没有李奇尔先生超乎寻常的鼎力举荐，尼采应该不可能得到这个古典语文学教席。参见Jensen, Anthony K. and Helmut Heit. *Nietzsche as a Scholar of Antiquity*[C]. New York; London: Bloomsbury Academic, 2014: xvii.

②Bishop, Paul. *A Companion to Friedrich Nietzsche: Life and Works*[C]. New York: Camden House, 2012: 110; James I. Porter. *Nietzsche and the Philology of the Future*[M]. Stanford, CA: Stanford UP, 2000: 34.

③离职10年之后，于1889年1月6日致杰克伯·布克哈特（Jacob Burckhardt）先生的信中，尼采曾经这样说过："实际上，我更愿意是一名巴塞尔大学的教授，而不是上帝！"（见Anthony K. Jensen and Helmut Heit. *Nietzsche as a Scholar of Antiquity, title page.*）

而失去了这个身份的尼采,却最终成了连他一生的敌人维拉莫维茨都不无羡慕的"一位不是宗教的宗教的先知和一位不是哲学的哲学的先知"(Prophet für eine irreligiöse Religion und eine unphilosophische Philosophie)①。至1889年彻底失智为止,尼采于这黄金10年间,接二连三地发表了他一生最为重要的著作,如《查拉图斯特拉如是说》(Also sprach Zarathustra)、《人性、太人性的》(Menschliches, Allzumenschliches)、《善恶的彼岸》(Jenseits von Gut und Böse)、《道德谱系学》(Zur Genealogie der Moral)、《朝霞:关于道德偏见的思考》(Morgenröte: Gedanken ueber die Moralischen Vorurteile)、《快乐的科学》(Die fröhliche Wissenschaft)、《偶像的黄昏》(Götzen-Dämmerung oder Wie man mit dem Hammer philosophirt)和《反基督》(Der Antichrist)等。显然,正是在摆脱了与他个人性情和志向很不相应的职业身份,脱掉了硬套在他身上的那件不合身的紧身衣之后,尼采才于哲学、文学、艺术和宗教领域内取得了一系列创造性的成就。无疑,尼采的伟大在于他是一位先知和预言家,而不在于他曾经是一名职业的语文学家。不得不说,德曼和萨义德以尼采这个古典语文学的反面例子,来为他们"回归语文学"的主张背书、祭旗,多少有点不合常情。

三

虽然发生在尼采和维拉莫维茨之间的这段"语文学公案"曾经轰动一时,但是今天尼采在思想界、文化界依然还是神一样的存在,就连德曼和萨义德也把他当英雄来崇拜,而维拉莫维茨的名字则大概只有极少数西方古典语文学的专家才偶尔会记得。可在这段欧洲学术史上十分出名的语文学公案中,尼采曾是彻底的失败者。相反,维拉莫维茨曾先后出任德国哥廷根大学、柏林大学古典语文学教授,担任过哥廷根大学的副校长和柏林大学的校长,有《荷马史诗研究》(Homerische Studien)和《语文学史》(Geschichte der Philologie,

---

① Ulrich von Wilamowitz-moellendolf. *Erinnerungen 1848—1914*[M]. Leipzig: Roehler, 1928: S.130.

1921；亦称《古典学导论》*Einleitung in die Altertumswissenschaft*，Leipzig，1927；或者《西方古典学术史》*History of Classical Scholarship*，Gerald Duckworth & Co Ltd，1982）等古典语文学名著传世，在当时欧洲古典语文学领域内，他取得了远胜于尼采的学术声望和地位。平心而论，就古典语文学而言，维拉莫维茨的天才一点也不比尼采逊色，作为年仅24岁的大学生，他在身边没有任何参考书的情况下，仅用两周时间就写成了这篇不但博闻强志，古典学术底蕴深厚，而且气势恢宏，嬉笑怒骂皆成文章的传奇性书评。

有意思的是，或许是被尼采"超人"的光环所笼罩，今天很少人能够想象和理解这段语文学公案何以会是这样的一个结果，有人甚至把"未来语文学"这顶讽刺性和侮辱性都极强的帽子，错当作一个可以尼采为标榜，预示着语文学之未来的新世纪的和新时代的语文学，开始对它进行大张旗鼓的宣传和倡导。① 2006年，德国柏林高等研究院（Berliner Wissenschaftskolleg）在柏林科学委员会的支持下，专门设立了一个新的学术平台，题为"未来语文学：跨区域研究论坛"（Zukunftsphilologie：Forum Transregionale Studien），既倡导语文学的回归，同时亦推动区域研究的进步。②

其实，与其不合实际地显摆尼采的古典语文学家身份，并将它拿来作为今天倡导人文学术回归语文学的理由，还不如将尼采的职业生涯放置于19世纪下半叶德国之人文学术背景中，分析其失败的具体原因。今天，有人或将其偶像当年职业生涯的失败怪罪于语文学，并开始嫌弃语文学。连尼采自己也曾说过这样的气话："语文学带来的后果：过高的期待；庸俗；浅薄；文本阅读与写作地位的过分拔高；与人和人类需求的疏离……语文学的任务：消

---

① Pollock，Sheldon. "Future Philology？ The Fate of a Soft Science in a Hard World" [J]. J. Chandler and A. Davidson eds. *The Fate of the Disciplines*[C]. Chicago，2009：931—961.

② Wissenschaftskommission，Berliner. *Zur Gründung eines Forums für transregionale Studien. Geistes-und Sozialwissenschaften unter globalen Bedingungen. Empfehlung vom 15. November 2006.*

失。"① 所以很多人或幻想如果尼采当年选择的是哲学的话,那么他一定会拥有一个光辉灿烂的职业生涯。这显然是不了解19世纪下半叶德国的人文学术环境和大学学术体制,也没有领会马克斯·韦伯(1864—1920)发表于1919年的那篇著名演说——《作为职业的(人文)科学》(*Wissenschaft als Beruf*)的甚深密意。

尼采之所以遭遇这样的职业困境,问题的关键并不在于尼采是一位古典语文学还是哲学教授,而在于尼采究竟是不是一位合格的职业人文科学家?在于《悲剧的诞生》作为一部古典语文学著作是否足够的专业、理性和客观?传说尼采于1871年就曾尝试转任巴塞尔大学哲学教授,当时的哲学教授职位因古斯塔夫·特伊奇穆勒(Gustav Teichmüller,1832—1888)先生转任爱沙尼亚多尔帕特大学而出缺,但并没有取得成功。② 其实,尼采根本没有担任哲学教授的条件和理由,他从没有受过任何职业的哲学训练,他进波恩大学时初选专业是神学和古典语文学,但第一学期结束时他就放弃了神学,专注于古典语文学。根本说来,尼采从来不是一名学院派的哲学家,不但《悲剧的诞生》是一部古典语文学、瓦格纳音乐学和叔本华哲学的杂烩,而且终其一生,尼采也没有发表过一部系统和专深的哲学著作,而更多是格言、警句式的哲学和伦理学随笔,他的哲学思想常常游走于艺术、学术(科学)和哲学之间。像他这样的"自由思想家"式的哲学、文学、艺术和伦理学研究,从来没有明确的学科定位,与作为职业的大学哲学教授的学术,从研究方法到研究主题都有根本的不同。说白了,尼采或是一位天才的哲学家,但在当时德国的人文科学

---

① Nietsche, Friedrich. "We Philologists." William Arrowsmith, trans. and ed. "Nietsche: Notes for 'We Philologists'"[J]. *Arion*, n. s. 1, no. 2(1973/74).

② 特伊奇穆勒于巴塞尔大学的哲学教授职位同样是特任教授,他因薪水过低而调任俄国的多尔帕特大学。他的空缺最终由他的弟子鲁道夫·奥伊肯(Rudolf Eucken, 1846—1926)先生接任,并升职为哲学和教育学专任教授。1874年,奥伊肯转任耶拿大学哲学教授,1908年获诺贝尔文学奖。奥伊肯主修哲学,兼修古典语文学和古代史,博士论文是《论亚里斯多德的风格》。

背景下，他同样不适合做一名职业的哲学教授。

美国哥伦比亚大学印度学和南亚研究教授谢尔顿·波洛克（Sheldon Pollock）先生是当今世界语文学的旗手，可他却也曾将"未来语文学"视为语文学的未来，且不遗余力地要促使语文学重回21世纪世界一流大学人文科学研究的核心位置。而他对尼采和维拉莫维茨这段争论的理解似有失偏颇，他说："从一个更广阔的视镜中来观察，这是发生在历史主义者和人文主义者、科学和教育、学术和生活之间的一场争议，这是一种对欧洲现代性而言并不独特的争议。而这一次胜利走向了历史主义者——这只'知识的冷血魔鬼'。"他还说："他们的争议是关于古典研究的方法和意义。对于维拉莫维茨而言，对过去的任何社会的或者文化的真实知识，只能通过检验它的历史语境的每一个特征方能获得，为此必须与当下现实关注完全脱离开来。而对于尼采而言，语文学这个新近才职业化了的（和最近才命名的）学科的学术进路已经彻底使古典研究走进了死胡同，歪曲了它的研究的真正目的。语文学家们自己对什么是他们应该辩解的，和什么是他们应该保卫的已毫无感觉。"①

事实显然并非如此！维拉莫维茨和尼采之间并不存在历史主义和人文主义、科学和教化和学术与人生的争论，维拉莫维茨写下这篇人文学术史上罕见的长篇书评，无非就是想要证明尼采不是语文学家，他写的是一部"不干净的科学著作"（unsauberes wissenschaftliches Arbeiten），故他没有资格担任古典语文学教授职位。他曾直截了当地说："尼采先生不是作为科学研究者出场的，他沿着直觉的道路，部分以公文体裁，部分又以新闻记者熟悉的那种推理的方式呈现其智慧。"而"我们的英雄们和每一个真正热爱科学的人，不被一个对最终结果之假设所迷惑，唯以真理为荣耀，而不断推进知识的认知，对每一个历史性的现象，只把它置于它于此发展出来的那个时代的前提中来理解，于历史的必然性中来观察它的合理性，而这样的研究道路恰好就是其对

① Pollock, Sheldon. "Future Philology? The Fate of a Soft Science in a Hard World"[J]. *Critical Inquiry*, 2009, Vol.35, No.4：932—933.

立面:我想说的是,这种至少在原则上已经成为科学之共有财富的历史的和批判的方法,恰好就是这一种看待事物方式的对立面,即那种必须被教条捆绑,并发现其始终如一的证据(的方式)"[1]。最后,维拉莫维茨还强调:"我相信对(尼采)的无知和缺乏对真理的热爱的激烈指责,于此我已经提供了足够的证据,但我还是担心我对尼采先生不公平,假如他今天回答我说,他根本就不想知道什么历史和批评,根本就不想知道所谓的世界历史,他只想制造一个酒神—日神式的艺术品,一种形而上学的安慰剂,他所说的根本就不是我们这个共同的日常现实,而是梦幻世界中的一种更高级的现实,那我一定以最好的形式撤回和自贬,我将很乐意允许他的福音(传播),因为我的武器打不中它。"[2]

四

因《悲剧的诞生》而引发的这场争议的胜利者是维拉莫维茨,但这不是历史主义者——这只"知识的冷血魔鬼"——的胜利,而纯粹是语文学的胜利。于19世纪的德国学界,语文学正处于全盛时期,它曾是学术皇冠上的明珠。语文学被称为"关于人类智力生产的精准科学"(The exact science of the productions of the human intellect),是现代学术的最高形式。它是科学精神的化身,具有与生物学、地质学等自然科学学科相应的准科学的地位。语文学与古典(Altertumswissenschaft)无二双运,相辅相成,是包罗古典时代所有知识的主干学科,它包括历史、地理、神话、法律、宗教、艺术、碑铭学和社会史研究等学科。语文学家凭借通过语言学习而积累起来的经验,构建起一套语言的总体分类,揭示语言、神话、宗教和民族(种族)的起源,进而对文化发展的原则做出历史性的阐释,并对这样的人类文化现象达成一种哲学的理解。语文学

---

[1] Wilamowitz-Moellendorff, Ulrich von. *Zukunftsphilologie! Eine Erwiderung auf F. Nietzsches … "Geburt der tragö die"*[M]. Leipzig:Druck von Bear & Herman, 1872.

[2] Wilamowitz-Moellendorff, Ulrich von. *Zukunftsphilologie! Eine Erwiderung auf F. Nietzsches … "Geburt der tragö die"*[M]. Leipzig:Druck von Bear & Herman, 1872, S. 32.

从对语言、文本、作者和作者所处的时代环境的探究，进而进入对文化、文化的起源，甚至对人类的起源的探究，即从语言和文本的细枝末节出发，扩展至对广泛和深刻的人类历史的、哲学的和道德的意义的探索。总而言之，语文学包罗万象，它与人文思想领域的任何知识都相关。"通过真正的语文学，语言研究就像所有精深的哲学一样，产生诗歌般的魅力。"以理性主义、批判主义和自由主义为代表的现代精神，是和现代语文学同一天诞生的，现代精神的缔造者就是语文学家，语文学是现代性的科学。自15世纪以来，人文科学的一切进步都可以归结为是语文学精神的成就。在现代人文科学体系中，语文学是"大师学科"（master discipline），即使是哲学、神学这样的学科，也都必须建立在语文学研究基础之上，换言之，哲学家和神学家首先都必须是语文学家，否则他们的学术研究就不能被纳入现代人文学术的体系之中。①

总而言之，尼采时代的德国，语文学是代表现代性的前卫学科，语文学家浑身上下散发着一圈权力的光环。语文学既包括一种对语言及其所代表的文明的非凡的精神洞察的天赋，而且也是生产这样的作品的能力，其语言表达能同时具有美学的和历史的力量。正是在这种语文学控御一切的现代人文学术背景下，尼采早早地放弃了当一名神学家、牧师的志向，而决心要成为一名职业的古典语文学家。遗憾的是，尼采最终并不属于语文学家这个闪光的圈子。

《悲剧的诞生》的主题是古典语文学视野中的文学、音乐、艺术和哲学研究，它自然不缺乏闪光的思想，但不是一部优秀的古典学和语文学研究著作。它失败的根本原因是它背叛了古典语文学求真求实、追求历史真实的学术精神，违反了语文学言必有据、精益求精的学术规范。尼采职业生涯的失败，说到底，就在于他不够科学，不够语文学。在维拉莫维茨等同时代语文学家眼里，尼采或就是一位"天才和激情的票友"（a gifted amateur enthusiast），故他没

---

① 参见 Harpham, Geoffrey Galt. "Roots, Taces, and the Return to Philology"[J]. *Representations*, 2009, Vol. 106, No. 1: 34—62.

有资格将语文学作为自己的职业。①

有意思的是，即使在经历了失败的职业语文学家生涯之后，尼采依然对语文学念念不忘，不但留下了《我们语文学家》(Wir Philologen)这样一部未完成的笔记集录，而且还为语文学提出了一个至今给人启发的新定义——语文学就是慢慢读书的艺术。在1886年秋天为《朝霞——关于道德偏见的思考》一书所写的前言中，尼采对他的语文学观念做了如此的描述：

> 人是不会白白地当了一回语文学家的，或可说，人或许还会是一位慢慢阅读的老师。最终人们写起来也要慢慢的。此即是说，语文学是那种值得敬重的艺术，首先它要求其追随者先走到一边，不紧不慢、静下心来、放慢一点——(语文学)作为一种词语的金匠艺术和专长：它必须是纯粹精致和细腻的活计不可，若非以慢板做成，则什么也做不成。正因为如此，今天它比以往任何时候都更加被需要，亦正因为是如此，在这一个"工作"的时代，或者说，一个匆忙的，不太正常的和汗流浃背、着急忙慌的时代，即总想着要把一切，也包括要把每一本旧的和新的书，都立马"做完"的时代，它最吸引我们，也最令人醉心。它(语文学)本身并不那么容易用它来完成任何东西：它教人如何好好读书，此即是说，慢慢地、深入地、瞻前顾后地，带着内在的深思，带着敞开着的门，用精细的手指和眼睛来读。"②

令人钦佩的是，尼采始终愿以语文学家自居，希望人们最终能够接受和

---

①"一位天才和激情的票友"的概念出自 Said, Edward W. Orientalism[M]. Routledge & Kegan Paul Ltd, 1978:191, 指未在大学里接受过正规专业训练的东方学家。

②这个段落笔者自译自《朝霞》(Morgenrote)德语原文序言，英译文参见 Nietzsche, Friedrich. Daybreak:Thoughts on the Prejudices of Morality[M]. Preface. Cambridge, 1997. 尼采对语文学当作慢读的艺术的定义，更多与新批评主义的文本细读(close reading)有共通之处，而与传统语文学强调的尽可能人文地、历史地语境化文本的阅读方式不太一样。关于作为一种语文学态度的"慢读的艺术"的讨论，参见沈卫荣. 语文学与现代人文科学的方法和实践——在清华邺架轩读书沙龙的报告[J]. 中国文化, 2022:252—261.

承认他是一位优秀的古典语文学家。他甚至认为一个道德的谱系也可以很好地被安放于语文学的罗盘之中，认为歌德（Johann Wolfgang von Geothe，1749—1832）、瓦格纳（Wilhelm Richard Wagner，1813—1883）、叔本华（Arthur Schopenhauer，1788—1860）、莱奥帕尔迪（Giacomo Leopardi，1798—1837）等文学家、音乐家和哲学家等，都应当算作最高等级的语文学家。

尼采离开这个世界至今已经120余年了，他作为职业语文学家的这段失败经历早就被人遗忘，而作为哲学家、思想家的尼采，其影响力则与日俱增。相反，语文学却在今日世界人文学术体制中无处可寻了。波洛克说维拉莫维茨在这段争议中只是赢得了空心的胜利，它预言了在接下来一个世纪里语文学将遭受在文化资本中被碾压的厄运。① 维拉莫维茨曾以自己灿烂的学术生涯，把语文学带到了一个前所未有的新高度，可物极必反，语文学很快盛极而衰。如果说尼采时代是德国乃至欧洲语文学最辉煌的时代，那么在他去世后的半个世纪内，语文学快速地经历了从全盛到衰落的断崖式过程。

自20世纪中叶开始，语文学于整个世界全面衰落，其中无疑有许多复杂的原因，对此今天有波洛克等一批学者正在做细致的检讨和总结。与语文学在世界其他国家和民族之命运或有明显不同的是，德意志语文学本来是世界语文学的旗帜和巅峰，却因为它与德国纳粹反犹太主义和法西斯主义有非常深刻的关联而更加急速地跌下了学术神坛。与尼采同时代的和一些略早于他的先辈学者，如施莱格尔（August W. von Schlegel，1767—1845），葆朴（Franz Bopp，1791—1867）和马克斯·缪勒（Friedrich Max Müller，1823—1900）等几代德国权威语文学家们，协力构建了被认为是上帝或者天堂语言的"原始印欧语"（Proto-Indo-European Language），进而创造出了有关雅利安人种的神话，而这最终成为德国纳粹、法西斯主义主流意识形态的科学依据，是纳粹法西斯疯狂迫害和屠杀犹太人的共谋和帮凶，于第二次世界大战中犯下了灭绝人

①Pollock, Sheldon. "Future Philology? The Fate of a Soft Science in a Hard World"[J]. *Critical Inguiry*, 2009, Vol.35, No.4:933.

性的滔天罪行。随着纳粹政权的垮台和法西斯主义的被清算,德国语文学一下从学术的顶峰跌落到了深渊。

五

20世纪70年代以来,西方学界兴起了以萨义德东方主义理论为武器的后殖民主义文化批判热潮。而德国纳粹时代的语文学,特别是印度学研究,成了西方后殖民主义文化批判之最理想的靶子。20世纪90年代,波洛克发表了一篇题为《深度东方主义》的长文,对作为纳粹帮凶的德国印度学家们的罪行做了激烈和尖锐的揭露和批判,令本来自视清高、目中无人的德国印度学家们个个灰头土脸,欲哭无泪。[1]令人意外的是,波洛克对德国纳粹语文学家所作的这种政治性和意识形态性极强的指控,却让战后成长起来的新一代德国语文学家们很难理解和接受,他们不但不相信纳粹时代的语文学家个个都是纳粹分子,而且认为对纳粹语文学家及其罪行的揭露和批判,不应该连带着把作为德国现代人文学术之核心的语文学也一同给彻底地否定掉,这正可谓是在泼掉洗澡脏水的同时把婴儿也给泼掉了。[2]

显然,仅仅出于反帝国主义和反法西斯主义的义愤,或者仅仅从东方主义和后殖民主义文化批评这个角度,来揭露和批判德国语文学、印度学,特别是它们与纳粹法西斯主义罪恶的关联,有失简单和偏颇,德国纳粹法西斯主义更是一个欧洲内部的殖民主义和种族主义的政治性计划。无疑,我们不但应该对纳粹时代德国语文学家的身份认同(政治立场、意识形态观念和学术伦理)、学术研究(研究课题、学术成就)和学术方法(语文学、古典学)等,做出

---

[1]Pollock, Sheldon. "Deep Orientalism?: Notes on Sanskrit and Power Beyond the Raj". In: C. A. Brecken ridge/P. van der Veer(Hrsg.): *Orientalism and the Postcolonial Predicament: Perspectives on South Asia*[C]. Philadelphia, 1994: 76—133.
[2]参见 Hanneder. "Zukunftsphilologie oder die nächste M[eth]od"。于2021年10月在清华大学召开的"纪念陈寅恪先生西域和佛教语文学国际研讨会"上,德国慕尼黑大学印度学荣休教授延斯-乌维·哈特曼(Jens-Uwe Hartmann)先生也对"纳粹语文学"表达了与汉内德(Jurgen Hanneder)同样的意见,他很激动地说:"他们是纳粹,他们不是语文学家"。

明确的区分,具体问题具体分析,不能笼统地像对他们的政治观念做价值评判一样来评价和批评他们的学术;而且除了东方主义和后殖民主义批判这一套话语体系之外,我们或可借助对19世纪后半叶至20世纪前半期德国"浪漫主义科学观"的分析,来考察那个时代之德国人文科学学术的历史,以揭露语文学何以与纳粹紧密关联的深层原因。这样,我们或更能清楚地理解不够语文学的尼采当年何以如此失败,而盛极一时的语文学在他之后又为何如此一败涂地?

所谓"浪漫主义科学观"说到底不过是一种对人文科学之客观和真实性的迷信,即完全相信科学是实证的、连贯的、不冲突的,具有历史的和语文学的精确性。科学完全脱离现实政治和意识形态的影响,价值中立,不为现实政治和利益服务。严肃的学术著作不是政治宣传,它超越现实的关注,经得起历史和时代的检验。对这样的浪漫主义科学观——对这种"理想型"(Ideal Type)科学的设计,最经典的文本,就是常为人津津乐道的韦伯《作为职业的(人文)科学》的讲演。

韦伯主张科学是一种专业性运作的职业,当一名职业的科学家是一场疯狂的赌博,它不但需要全身心的投入,需要接受长期的专业训练,而且要有承受失败的勇气,不怕遭受被平庸者埋没的风险。而只有通过最彻底的专业化,科学家才有信心在知识领域取得真正完美的成就。科学是为学者对现实关联的认知和自我思考服务的,它应当远离政治,远离现实的关怀,政治不属于课堂。学术不是一种由先知和预言家们施与救赎和觉悟的恩赐,也不是智者和哲学家对世界意义之思考的一个组成部分。职业的科学家是一位献身于科学本身、追求真理、求真求实的专家(Fachmann),他的价值仅在于它的专业的发明和创造,谋求的是为人类智力化和理性化过程作出贡献。科学家和票友的差别既不在于灵感的多少,也不在于能否提出有意义的问题,而在于他们对学术方法是否有确定的保证,他们的灵感或者灵光一闪的思想是否能够得到合理的检验。职业的人文科学家不应该是领袖和先知,不是实际生活方向的指路人或者政治领袖,他们绝大多数都不具备领袖气质。只要人文科学家带着自己的价值判断走到哪里,他们对事实的充分理解就将在那里终结。①

上述韦伯对作为职业的人文科学学术的理想型的设计,正是德国浪漫主义科学观的最好表述。而正因为这种浪漫主义科学观曾经是多么深入人心,所以被认为是脱离政治和现实关怀,独立于意识形态之外的德国语文学曾被捧上了至高无上的地位。语文学的实证性、客观性,以及它的独立思想、自由意志和批判精神,正是韦伯的"浪漫主义科学观"的最完美的体现。所以语文学家们浑身上下洋溢着科学权威的光环,比较而言,尼采则远没有达到一名职业的人文科学家的要求,他既没有圆满完成胜任这份职业语文学家的足够的专业训练,而他的《悲剧的诞生》又显示出了明显的不够专业的票友性质,最终导致了他作为职业的科学的古典语文学教授生涯的失败。

但是浪漫主义科学观终究只是一种幻想和迷信,以语文学为主体的德国人文科学研究从来就没有能够满足这种韦伯式的期待,它从来就不可能完全脱离现实政治、权力、利益和意识形态的牵引。作为专家的语文学家首先是人,他们都难逃其所处时代的政治和意识形态的影响,他们的独立之精神、自由之思想和历史批判精神都只能是一种相对的理想,他们的语文学研究也远没有达到绝对的客观、真实、理性和科学的程度。19世纪欧洲语文学最引人瞩目的成果,或就是"印欧语系"的发现,以及与其相随的雅利安人种理论的建立,它们曾被认为是欧洲人文科学研究的最伟大和可靠的成就。可就是这两个语文学的典范成就,后来却成了德国纳粹反犹太主义和法西斯主义之主流意识形态的理论依据,犯下了世界文明史上少见的滔天罪行。随着纳粹和法西斯主义的垮台,德国辉煌一时的语文学也与纳粹一起遭到了清算,它在现代人文科学体系中不但失去了往日的荣耀,甚至最终也失去了栖身的

①Weber, Max. "Wissenschaft als Beruf." Dirk Kaesler, ed. *Max Weber Schriften 1894—1922*[C]. Stuttgart: Kröner, 2022: 474—511;参见渠敬东."学术生活就是一场疯狂的赌博"——韦伯与德国大学体制的论争.见[德]韦伯.科学作为天职:韦伯与我们时代的命运[C].李猛编.生活·读书·新知三联书店,2018:139—179.

家园。

其实，纳粹语文学的本质是纳粹和法西斯，语文学虽然是纳粹有力的帮凶和支持者，但二者之间本来并没有必然的关联。如果同代人不把韦伯描述的理想型的职业科学精神，当作德国人文科学学术的现实和语文学家们践行的现实图景，那么他们早就有理由和责任去怀疑印欧语系和雅利安人的建立事实上具有明显的政治目的，反映出的是极端的反犹太人的民族主义、种族主义和法西斯主义思想倾向。原始印欧语和印欧语系的建立，看似欧洲几代语文学家们共同努力得出的学术成果，它或不只是语文学家的幻想，或者说是专门为了服务于纳粹法西斯主义而制造出来的一种意识形态产品。但是，毋庸置疑，印欧语系的建构，特别是雅利安人种理论的发明，与德国由来已久的帝国主义、殖民主义和反犹太主义倾向确实有很明显的关联。德国的语文学和古典学从来就不是一个超尘脱俗的职业的科学领域，从德国新语文学的开创者沃尔夫开始的德国古典语文学研究，就显示出了对希腊和拉丁文化的过分热情，并把它们当作是机械、抽象和缺乏活力的犹太宗教、文化的对抗者，显现出了他们明显的反犹太倾向。而"印欧语系"和"雅利安人种"的建构虽然是语文学家们的作为，但它们本身则更多是一种受意识形态驱动的政治建构。反犹太主义、种族主义、帝国主义和东方主义等意识形态不但都严重损害了语文学家们的良知，而且也极大地削弱了作为职业的语文学家们的学术能力。

值得说明的是，我们今天不应该把对纳粹语文学的清算和对作为职业的科学和语文学的批评完全混为一谈。纳粹语文学家的身份首先是纳粹，作为纳粹分子的语文学家早已完全违背了求真求实的语文学精神，语文学不过是他们用来蛊惑人心和取信于大众的工具，他们的所作所为是彻头彻尾的法西斯主义行为，严重玷污了语文学学术的理性和纯粹。即使像马克斯·缪勒这样声名显赫的语文学家，也从来不是一名纯粹的"职业的科学家"，他在发展雅利安人种概念时完全是一位具有强烈民族主义和种族主义思想倾向的哲学家，他更关心的是建构雅利安人种的种族优势，为此他甚至将康德的《纯粹理性批判》翻译成了英文,因为他坚信康德的纯粹理性代表了雅利安人心目中完美的男子气概,故他要把它作为雅利安人的传家宝传给使用英语的种族,即未来的雅利安人种族。但是需要再次强调的是,语文学和语文学家并非都必然会走上纳粹和法西斯的道路,他们之间没有必然的联系。不够语文学的尼采生前并没有明显的反对犹太宗教和文化的倾向,只是他的妹妹在他身后编集出版其著作时加入了一些反犹太人的言论,受到了后人的批评。而尼采一生的敌人、杰出的古典语文学家维拉莫维茨先生则是一位著名的反对反犹太主义的英雄人物,他有幸死在了纳粹政权猖獗之前,逃过了惨遭迫害的劫难。

19、20世纪欧洲的语文学学术实践,远远没有达到韦伯对职业的人文科学理想的期待,"浪漫主义科学观"是一种失败的实践。今天我们重读韦伯《作为职业的科学》的意义,无非是要理解浪漫主义科学观是一种尚未实现了的学术理想,但它依然是我们今天应该倡导和践行的人文科学学术理想。我们绝不能因为职业的语文学,曾经经历过尼采式的,或者纳粹语文学式的失败而否定这种伟大的理想。我们今天倡导回归语文学的根本目的,就是要完善我们对"作为职业的科学"的理解和实践,在对语文学学术史作出客观和真实的理解的基础之上,从切实的历史实践中发现并抢救出一种脱离形形色色的主义的影响的、真正核心的、本质的语文学。

六

最后,我们或当再回到文章开头时提出的问题:德曼和萨义德为何在他们的生命走到终结时都呼吁学术要"回归语文学"? 并都自称自己和尼采一样不是哲学家,而是一位语文学家? 对此,前人曾提出过诸多异议,有人对他们本身的语文学能力提出强烈的质疑,有人对他们隐藏在"回归语文学"背后的政治动机做了揭露,还有人干脆就认为这二位习惯于在学术界当弄潮儿的学术大咖纯粹就是在玩弄学术游戏,花哨的理论玩腻了,就来点古板的语文学,其实他们压根就不懂何谓语文学。例如,德国的语文学家曾直言不讳地说："学术研究之光明大道本就应该一以贯之，绝不能动不动就像美国人乐于做的那样来个什么转向（turn），研究的前沿（frontier of research）总还是可以被尖端的研究（cutting-edge research）所突破和取代，这在欧洲可是一件要担心自己是否违背了学术伦理的事情。"①

　　然而作为文艺理论大家的德曼和萨义德之所以要倡导回归语文学，而且他们发出的这种倡导之所以能够引起足够大的回响，②这显然不能仅仅以他们是在玩弄学术游戏来解释，至少他们各自都对语文学和语文学于当下人文学术研究中的意义提出了一种新的思考和理解。虽然德曼发表《回归语文学》一文的主要目的是为以德里达为首的欧洲结构/解构主义理论学派辩护，并为处于危机中的北美英语文学研究寻找一条新的出路，③但他将对理论的转向看作是对语文学的回归，似非一时信口开河，而确实反映了他对文学研究的现状和其学术方法的深刻的和一贯的反思和探索。德曼将新批评主义的"文本细读"（close reading）等同于文学研究的语文学方法，主张阅读文本当专注于对语言的结构、逻辑和修辞的分析，用心体会意义如何在语言表达中被传达的方式，并要求读者去掉先入为主的人文的、历史的意义嵌入，去掉读者个人的立场、观念和价值判断，只从对文本语言结构的分析来理解和解释文本，而这就是德曼理解的语文学。

　　后结构主义理论对当下文学研究的批判，主要就是批判当下的文学批评家把个人政治、道德、伦理、宗教和审美的立场和观念，广泛和深入地介入到对文学的批评和解释当中，即脱离了对文学文本研究本身，而专注于对文学文本之外延，即政治、现实、社会、思想、历史、宗教和文化的研究，使文学研究成为一门无所不包的超级学科，这无疑不是职业的文学研究应该做的事情。

---

① 参见 Hanneder, "Zukunftsphilologie oder die nächste M[eth]od", p. 160.
② 德曼《回归语文学》一文发表后，引来了一系列关于语文学的讨论，例如哈佛大学就曾专门组织了题为"何谓语文学"的学术会议，并结集出版了一部《论语文学》的会议论文集。参见 Ziokowski, Jan. *On Philology*[C]. The Pennsylvania State University Press, 1990.
③ 参见 Bate, W. Jackson. "The Crisis in English Studies"[J]. *Harvard Magazine*, September-October, 1982: 46—53.

从这个意义上说,德曼号召文学研究要回归语文学确有其必要性和合理性。后结构主义主张文学批评要从对文本的语言、结构和逻辑的分析着手,来改正或者解构人们赋予这个文本的人文的、历史的和经典的意义,而这正是作为专业的文学研究应该从事的工作。由是观之,后结构主义理论可以被当作是从事文学研究的语文学方法,所以德曼说对理论的转向就是对语文学的回归并非没有道理。

从本质上讲,作为一种文本阅读方法的新批评主义的"文本细读",主张切断文本与任何外在的人文的和历史的联系,它显然不是传统语文学的文本阅读方法,甚至可以说它是反语文学的。语文学的文本阅读强调要把文本放置于其本来的语言的、历史的和人文的语境中,尽可能地发掘与文本相关的人文的和历史的资料,对文本做十分细致的语境化工作,以求能够准确地解读文本的微言大义。但是,虽然传统语文学和新批评主义的文本细读看似两个极端,然从其基本精神而言,二者却有非常一致的地方,它们代表的是两种不同的阅读方法,都是为了更准确地理解和解释文本。语文学要全面地、彻底地语境化文本,尽可能地发掘和利用所有外在的关联性信息,而新批评主义则相反要去掉一切外在的、概念的、历史的东西,避免它们给批评家理解文本施加外在的影响,要求他们仅从文本本身出发,从对文本的语言、结构、修辞和逻辑的分析出发,达到对文本的正确理解。德曼认为文本本身具有解构性,对它的理解不需要哲学的介入和干预。他推崇的新批评主义的文本细读与德里达后结构主义文艺理论的主张,从根本上来说是一致的,都是要重返文本,从对文本的语言结构的分析来理解概念和它所指涉的物的关系,进而去除以往人们给这些名称和概念所赋加的人文的、历史的和思想的意义,这就是后现代的解构,它与传统的语文学在学术精神上有共同之处。

德曼主张文学研究应该回归与后结构主义理论相应的那个语文学,是要把文学研究专门化、职业化,回归到他们所主张的只研究文本之语言结构的专业语文学层面上的文学研究,它应当是一个相对小众的,但更加职业和学术的学科。而这种主张其实不失为一条可以解决20世纪80年代北美英语文学批评和研究所面临的危机的具有建设性意义的出路，因为这种危机本来就来自如何使一个包罗万象的超级学科转变成为一个更加专业的、学术的和更具有明确学科性意义的文学研究学科。而文学研究之所以曾经是一个巨无霸的超级学科，或就是因为它始终未能从作为现代人文科学之起源的传统语文学中彻底解放出来。①

1978年，萨义德《东方主义》一书问世，这使已经处在危险中的东方学，或曰东方语文学（Oriental Philology），于一夜之间彻底瘫痪。萨义德犀利地批判了作为东方主义思想之核心的充满了毒素的殖民主义知识论，雄辩地证明因为东方主义，东方从来就不是思想和行为的自由主题，所以东方语文学研究都带着西方帝国主义和殖民主义的原罪，它与19世纪欧洲各国出现的各种"民族语文学"规划一样，都是一种与民族主义、殖民主义和帝国主义密切相关的政治的和意识形态的计划。西方对东方的表述，无一不受其时代的政治、权力和利益的沾染，永远不可能做到语文学所追求的客观和真实，是故，东方语文学只能是东方主义的一种最典型和最集中的表现形式。萨义德的东方主义理论强有力地解构了"语文学家周身洋溢着的一种无懈可击的权力的光环"。

随后，以萨义德东方主义理论为批判的武器，后殖民主义文化批判家们几乎打倒了所有曾经声名卓著的东方语文学家，例如，波洛克就用他的"深度东方主义"的指控，打倒了几乎所有纳粹时代的德国印度学家。所以当萨义德和波洛克回头再来倡导语文学的回归时，别人没法不怀疑他们是否在玩弄学术游戏，他们对语文学的批判或者倡导背后是否都有不可告人的政治动机？其实，萨义德对语文学从来就有着一种两难的情结，他一方面激烈地批判"民族文学""民族语文学"和"东方语文学"一类的语文学研究，将这类语文学研究看作是在政治和意识形态影响下的对真正的语文学的歪曲；而另一方

---

① Turner, James. *Philology：The Forgotten Origins of the Modern Humanities*[M]. Princeton and Oxford：Princeton UP，2014：113—273.

面,他对奥尔巴赫主张的"世界文学的语文学",或者说"世界主义的语文学"从来推崇备至。①他把语文学作为人文主义阅读的科学,认为语文学对文本的关注是要引导出其背后的整个具体的历史世界。语文学是对文本的细致、耐心、谨慎的审察,是对文本之语词和修辞的毕生持之以恒的关注,语文学家必须将自己置身于作者的语境中,全身心地沉浸在后者所栖身的那个历史世界之中,观察某些态度、感觉和修辞的结构如何与另一些潮流、历史和社会的规则在这个语境中彼此交织。此外,人文主义的阅读还必须与文本形成抵抗关系,必须直面其对现实,特别是对民族主义意识形态的英雄主义式的抵抗。于当今世界,语文学阅读特别要做到批判性地面对那些要影响我们的观念和立场,并形塑我们的思维模式的打包好了的头条式的信息。总之,语文学式的阅读是一种与文本的亲密、抵抗、解放和历史认识的过程,它是适度的人类解放和启蒙运动。

显然,萨义德号召我们要回归的那个语文学远远超越了现代人文学术研究的范畴,虽然他明确声明语文学研究应该与文化、政治和意识形态等目的性议程分离开来,但他所肯定的这种作为民主的、启蒙的人文主义语文学阅读实践,和要把语文学用来对抗"一切当下的战争或国旗所给予的身份"②,并深刻批判欧洲语文学学术霸权,这都使他所倡导的语文学蒙上了强烈的政治和意识形态色彩。而作为文学批评和研究的方法,萨义德倡导的语文学显然不是德曼提倡的那个新批评主义的"文本细读",而是要通过对文本的接受、抵抗和批评,去了解这个文本背后的整个历史世界。可见,萨义德理想中的语文学式的文学研究依然还是那个包罗万象的超级人文和历史学科。

平心而论,到了德曼和萨义德的时代,现代人文学术早已有了壁垒分明的学科分野,语文学也早已在当代人文学术体制内失去了栖身的家园。德曼

---

① 萨义德将奥尔巴赫的著名文章译为英文,并在自己的著作中对它进行了多次讨论,详见 Auerbach, Erich. "Philology and Weltliteratur", trans. Maire Said and Edward Said. *The Centennial Review*[J]. 13.1, 1969:1—17.

②Said, "Return to Philology", p.80.

和萨义德本来就既不是哲学家，也不是语文学家，而是职业的比较文学研究教授，或者说是文学批评家和文艺理论家。所以他们这里所自我标榜的哲学家或者语文学家已不在当下职业的人文科学家的分类范畴之内，而仅仅是一种对人文科学学术之传统和历史的怀旧式的认同。他们强调自己是语文学家而不是哲学家，表明的是他们的一种学术立场和学术态度，强调的是他们对现代人文科学学术传统的尊重和继承，其中折射出的或是在现代人文科学史上语文学作为大师学科曾经有过的辉煌。当然，也许正是尼采的这一段语文学公案给了他们一个足够难忘的警示，或者说是韦伯所设计的人文学者的理想形象给他们留下了一个如此根深蒂固的印象：作为职业的人文科学家，我（他）们不应该是世间领袖型的先知、哲人或者煽动家，而应该首先是一名献身于科学本身的、求真求实的语文学家。虽不能至，心向往之！①

---

①值得一提的是，德曼身后被人揭露他早年在欧洲时曾在报刊上发表过不少文章，表明对纳粹和法西斯主义的颂扬和支持，这使他的学术生涯蒙羞，被印上了洗刷不清的污点。无疑，我们或也可以同样给德曼贴上"纳粹语文学家"的标签，只是德曼的纳粹经历发生在他进入北美学术界之前，他的这种政治立场和意识形态观念，并没有明显地渗入他其后的学术研究著作之中。在德曼后来的学术生涯中，他对政治和意识形态与学术研究的关系，似有很清楚的认识，明确表明对政治和意识形态的讨论，必须以语文学的研究为基础。他曾经这样说过："我一直持有这样的观点，即人们只有在批判性的语言学分析的基础上才能涉及对意识形态的问题，并延伸到对政治的问题的探讨，而批判性的语言学分析则必须以语言为媒介，并按照它自己的方法来进行。我感觉我只有在取得了对这些问题（questions）的一定的控制之后，才能够来探讨这些问题（problems）。这听起来有点做作，但实情就是如此。我感觉我已经取得了对语言的技术问题的一定程度的控制，特别是修辞的问题，述行语和比喻的关系的问题，以及作为一个在某种语言形式中超越那个领域的领域中的借喻论的饱和的问题等。"参见 Stefano Rosso, "An Interview with Paul de Man", p. 121. 从德曼这个特殊的个人经历来看，我们认为很有必要对一位学者个人的政治和意识形态立场和他的学术研究著作，特别是和他所使用的学术方法，做一定程度的区分，决不能将它们完全混为一谈。

"我的目的始终是书写历史"——奥尔巴赫论文学研究的命意与方法

张　辉*

　　标题上这句话,见于奥尔巴赫(Erich Auerbach,1892—1957)的遗著《文学语言及其受众》(以下简称《文学语言》)开篇——《导言:目的与方法》一文。在这篇几乎可算是他唯一的学术自述中,奥尔巴赫将自己的文学研究,与罗曼语文学同行斯皮策(Leo Spitzer,1887—1960)做了对比。在他看来,"斯皮策的解释始终关注的主要是对单个语言形式、对特定作品和作家的准确理解",这与罗曼语语文学的传统正像契合;而他奥尔巴赫,则与斯皮策乃至与绝大部分同行形成对照:"我的目的始终是书写历史(I,on the contrary,am concerned with something more general,my purpose is always to write history.)所以我从不将文本看成孤立现象,我对之提出问题。我的问题,而非文本,才是出发点。"①

　　这段话,很容易让我们想起他的代表作《摹仿论》(或按原文书名直译为

---

*张辉,北京大学比较文学与比较文化研究所教授。

① Auerbach, Erich. "Introduction:Purpose and Method" in *Literary Language and Its Public in Late Latin Antiquity and in the Middle Ages*[M]. trans. by Ralph Manheim. Princeton:Princeton UP,1965:20. 以下引自该文者,仅在文中注页码。值得注意的是,这篇《导言》是奥尔巴赫在他的一则关于维科的英文文章基础上大幅度修改而成的。该文即"Vico's Contribution to Literary Criticism", in Studia philologgica et litteraria in honorem L. Spitzer, Anna G. Hatcher and K.L.Selig eds.(Bern:Francke Verlag, 1958)31—37,现亦收入 Time ,History and Literature:Selected Essays of Erich Auerbach, ed. and with an introduction by James I. Porter, trans. by Jane O. Newman, Princeton: Princeton UP, 2014:3—10. 在一本致敬斯皮策的书中发表这篇文章,当然不会直接说出自己与这位尊敬同行的根本不同,但在自己著作的《导言》中则另当别论。我们这里因讨论奥尔巴赫本人文学研究的命意与方法,故所依据文本为《导言》。

《摹仿》）。这部书从荷马史诗、《旧约》一路写到莎士比亚、司汤达、席勒、伍尔夫，确实有一条看得见的线性时间线索。甚至为了弥补全书在土耳其写作时留下的遗憾——公元600年至1100年这一段的空白，他的收山之作《文学语言》就确实处理了那五百年的历史。

但正如韦勒克在《近代文学批评史》中所说，《摹仿》事实上却既不是一部一般意义上的"通史"，也不是一部"风格层次演变的历史"。①正相反，无论是《摹仿》还是《文学语言》，恰恰集中关注的是特定作家、特定作品，以及这些作品的特定片段。

长达数百页的《文学语言》尤其"极端"。作为《摹仿》的补充，奥尔巴赫用于填补五百年文学史空白的内容，其实都是"断章"——他自己所谓的"fragment"。如《摹仿》开篇只是细致分析《奥德赛》第十九卷和《旧约·创世记》第二十二章第1—19节中的相关细节那样，《文学语言》的四篇文章，也分别集中分析的是奥古斯丁《论基督教教义》第四章第18节，《埃涅阿斯纪》第七卷结尾部分，以及《神曲》论述"读者"的段落等。

这些片段式的写作，表面看来难道不是与斯皮策们大同小异？怎么会是在"书写历史"？奥尔巴赫是基于怎样的前提，认为自己所写的是"历史"，而不只是对具体作品的细节、片段及其语言和修辞形式所做的局部解剖和解释？

文学研究既应该避免沦为饾饤之学，又需要努力摆脱大而无当的空洞之弊。弄清楚奥尔巴赫的逻辑，不仅对我们坚持从文学文本的语文学细部出发，真正展现文学自身的生动性和丰富性具有启发意义，而且有助于我们从方法论层面将微观与宏观、具体与普遍、个别与整全有机结合起来。系统而全面地讨论这一问题，不是本文的任务。这里，我们拟通过细致研读《导言：目的与方法》（以下简称《导言》）做一点初步尝试。

---

① [美]雷纳·韦勒克. 近代文学批评史.第七卷[M].上海译文出版社,2006:196、197.

一、历史主义与欧洲危机

《导言》与其第一稿《维柯对文学批评的贡献》①的最大不同在于,一开篇,奥尔巴赫并没有直接讨论维柯,而是从德国罗曼语文学(Romance Philology)切入。这固然与《文学语言》一书的语文学特性直接相关,但更重要的是,他做出了两个重要区分。首先,他将罗曼语文学的历史旨趣与德国历史主义区分开来。其次,在前一个区分的基础上,他将自己的语文学研究与他的同行们区分开来。

我们来看第一个区分。对奥尔巴赫来说,德国罗曼语文学的情况是独特的(unique)。其尤为显著之处在于,这一语文学的分支,并没有完全遵循创始于乌兰(Ludwig Uhland, 1787—1862)和迪茨(Friedrich Diez, 1794—1876)的德国语文学所秉承的历史主义精神——植根于赫尔德、施莱格尔兄弟等人的历史主义精神。因为赫尔德等人的历史主义建立在个别民族精神(individual *Volksgeist*)的基础之上,而罗曼语文学却是以欧洲作为整体(Europe as a whole)呈现其历史图景的。正因为此,德国的罗曼语文学就不能简单等同于一般的德国语文学,毋宁说,二者具有两种不同的历史主义视野。

不过,奥尔巴赫进一步解释了罗曼语文学的这一区别性特征。在他看来,尽管罗曼语文学因其强调整体欧洲而非独一的德意志民族精神,与德国历史主义具有根本不同,但这种强调普遍性的历史观,却又并不是启蒙主义那样非历史性、非辩证的。他说:

> 罗曼语文学的历史主义创立了关于人的辩证观念,其辩证之处就在于,它建立在个体民族的差异性之上;因而它比纯然启蒙主义的关于人的非历史、非辩证的取向更深刻也更现实。没有任何一种学术研究——至少在欧洲没有——像德国罗曼语文学一样如此自

---

①两个文本之间的关系,请参见本文开篇注释的具体说明。

然地青睐历史主义观念。(第 5 页)

具体却也普遍,普遍而又不忘记差异。奥尔巴赫就是这样,以历史主义为线索,一方面厘清了德国罗曼语文学与一般意义上的德国语文学,另一方面也厘清这个独特的语文学与启蒙主义的不同。换言之,对德国语文学而言,奥尔巴赫心目中的罗曼语语言学站在"一"的立场上,否定德国历史主义的"多":忘却欧洲整体性的"多";对启蒙主义而言,奥尔巴赫则认为罗曼语文学强调的是"多",而非启蒙历史主义式的"一":取消民族性的"一"。

当然,奥尔巴赫并不因此认为德国的罗曼语文学者奉行的是折中主义。他更看重的是他和同行们得以超越"民族精神"、克服伪"爱国主义"的优势。对他来说,不是说罗曼语的人之间的差别,以及他们与德意志民族的差别,而是他们共同的拉丁背景和他们所具有的古典及中世纪的共通基底(common substrate),更值得格外关注。

也正是因为这一点,奥尔巴赫接着做了第二个区分,也是对他个人而言更有意义的区分。

这一次,他特别强调了自己与罗曼语同行们的同中之异。就相同之处而言,无论是他自己、卡尔·福斯勒(Karl Vossler)、库尔提乌斯(Ernst Robert Curtius),还是前文已经提到的斯皮策,都可以称为"欧洲语文学家"。这还不仅仅是由于他们有着共同的学科背景,最主要的是,20 世纪欧洲的内在与外在危机,给了他们共同的历史意识,使他们虽然身处学院中,却不只是纯然的专家学者而已,因为他们都强烈觉察到了欧洲身处的历史与文化现实,受到深深的刺激。

对奥尔巴赫而言,真正重要的是他与这些同行们的不同。也许是出于谦虚,他这里强调的不同,不是本质上的,而更多的是程度上的。但谦虚的表达,却实际上更凸显了奥尔巴赫的自我期许和自我激励。在充分意识到自己的文学研究总是试图由片段进入整体这一重要特征的同时,他不无自傲地说道:"然而我的作品,显示了对欧洲危机更为清晰的认识(My work, however, shows a much clearer awareness of the European crisis)。"（第6页）这里所使用的比较级（clearer），与其说是要表明自己与同行们的差别，不如更准确地说，是要表明自己对欧洲文明有更大的危机感。不妨直接看看他的夫子自道：

> 始自早年，并从那时起带着与日俱增的紧迫感，我不再将罗曼语文学呈现欧洲的可能性（European possibilities）仅仅看成可能性，而是将之看成我们时代的特殊任务——这一任务昨日无法设想，明天也将无法想象。欧洲文明已临大限；其作为独特实体存在的历史似乎将要终结，因为它依然被另一个更全面的统一体所吞没。
> （第6页）

奥尔巴赫的这段话，不由让人想到斯宾格勒的《西方的没落》，至少想到茨威格的《昨日的欧洲》。这里既有对没落的欧洲文明的黍离之悲，也有对失去的过去的无尽怀恋。在这个背景上，理解奥尔巴赫对斯皮策们哪怕是不那么公允的"不满"，或许就容易多了。虽然他所书写的历史都是断章式的，但他却正是要用这些历久弥新的片段（enduring fragment），"构成一幅清晰而连贯的欧洲文明及其统一性的图景（to form a lucid and coherent picture of this civilization and its unity）"（第6页）。用他自己的话来说就是：

> 我总是试图依此方向展开工作（随着时间推移，决心也日益坚定），至少在进入语文学的主题——也即文学表达（literary expression）时是如此。这一任务看似繁杂，以致难用任何严肃的努力以毕其功，但我相信有接近问题的相对容易的方法。这一方法就是……选择、拓展并关联起有限的问题，以之作为通向整体的钥匙。整体得以如此展露，便具备了辩证统一体的特征，成为一部戏剧（drama）——或如维柯所云：严肃的诗（serious poem）。（第6—7页）

看来,奥尔巴赫并不认为他的断章式写作与历史书写有什么矛盾之处。甚至正相反,对他而言,从有限问题出发、从具体的文学表现出发,才能真正找到通向整体之方便法门。因为在文学这部"戏剧"或"严肃的诗"中,任何精微的表现方式、任何局部甚至片段,任何语文学的细节,都并不是可有可无的存在,而恰恰是辩证统一体的有机组成部分:"牵一发而动全身"此之谓矣。我们所需要做的,不过是学会正确地披文入情、沿波讨源而已。

而维柯的名字在这里出现,则有更深的意义。因为维柯的"新科学",乃是奥尔巴赫文学研究方法论的最重要哲学依托之一。他是德文本《新科学》的译者,他也是维柯思想的重要解释者和实践者之一。正是维柯独特的历史主义,使奥尔巴赫在德国历史主义和启蒙主义之间、在"多"与"一"之间,找到了自己的思想位置。也正是从维柯独特的历史主义那里,奥尔巴赫找到了由小入大书写整体欧洲、书写整体文学史的理论依据。

二、维柯的革命性意义

维柯确实是奥尔巴赫多年始终关注的思想家。除了发表于去世后第一年(1958年)的这篇《维柯对文学批评的贡献》(也即《目的与方法》第一稿),自1924年翻译出版《新科学》一书之后[1],每隔一段时间(1932年,1936年,1948年,1955年)他都有关于维柯的论述发表。[2]

《目的与方法》一文主要涉及维柯的语文学思想和"诸民族的世界"观念。奥尔巴赫自言,正是维柯的这两方面思想观念,补充并塑造了他对德国历史主义地再理解。

在奥尔巴赫看来,维柯或许是对历史理论作系统化尝试的第一人。因为

---

[1]Vico, Giambattista. *Die neue Wissenshaft ueber die gemeinshaftliche Natur der Voelker (La Scienza Nuova, 1744 edn.)*, uebersetzt und eingeleitet von Erich Auerbach, Munich: Allgemeine Verlagsanstalt, 1924. (Walter de Gruyter, Berlin1929年再版)

[2]题目分别为《维柯与赫尔德》(1932年)、《维柯与语文学思想》(1936年)、《维柯与历史审美主义》(1948年),以及《维柯与民族精神》(1955年),参见 *Time, History and Literature*, pp. 11—55.

正是维柯做出了如下清晰表述:"我们根据自己的经验,判断历史现象和所有人类事务,无论它们的性质是私人的、经济的或是政治的。也就是说,'凭我们自身的人的思想潜力发现其诸原则'。"(第7页)

"根据自己的经验""凭自身的思想潜力",认识历史、认识人,这无疑是一场文化科学(cultural science)意义上的"哥白尼发现"(第10页)——或哥白尼革命。

首先,它将人的历史(the history of mankind)也即维柯所说的"诸民族的世界(world of the nations)",与神的世界也即"自然的世界"(the world of nature, which God created)区分开来。是人创造了自己的历史——人世、人事与人言,也是人在认识自己的历史。还有什么理论和说法,比维柯的这一革命性观念更能体现历史的根本意义。正像自然是神的创造物一样,历史乃是人自己的创造物。

其次,基于上面的大前提,人对自己的理解,也就必然是一种历史性的理解。这种理解,与对自然世界的理解不同,它不可能是纯然客观的,而必须在很大程度上取决于理解者自身的判断。这种理解,也与笛卡尔式的逻辑方法形成对照,它是一种艺术(art)而不是科学(science)。

奥尔巴赫这是在叙述维柯思想的核心内容,又何尝不是在为自己辩护?既然历史是人的创造物,既然历史的理解者不可能具有上帝般的全知全能,既然现代科学的客观理性方案对理解人、理解人的历史不完全有效,为什么不可以尝试从理解者颖悟到的有限问题出发进入整体?为什么不可以写作一部基于主观选择、哪怕是基于断章的文学史?对维柯来说,

> 诸民族的世界(il mondo delle nazioni)不仅包括政治的历史,也包括思想、表达(语言、文学、艺术)、宗教、法律和经济的历史。正因为所有这一切都产生自特定时期人类社会的文化形态,因而必须将之联系起来加以理解——否则就完全无法理解,所以,对人类在特点阶段某个方面创造物的洞察,就提供了理解该阶段其他所有创造

物的钥匙。(第8页)

在这个意义上说,从具体而片段的文本出发书写历史,事实上并不是什么权宜之计、更不是无奈之举,甚至也不只是一种仅仅适用于文学史的方法而已。"诸民族的世界"的互相关联,决定了人类的历史本身就是无法分离的,而这种普遍联系则决定了任何对局部的理解都有可能通向整体,任何对微观的认识都必须与宏观结合起来。文学——或大写的诗,诗的智慧,如维柯对整个"理想的、永恒的历史"所做的三分所表明的那样,首先是"神的时代"的产物,不仅在时间上处于"英雄时代"和"人的时代"之前,在逻辑上也是"历史理解最重要的对象(the most important object of historical understanding),因为它是最困难的"(第8页)。

在现代,尤其在笛卡尔时代哲学之后,我们要理解起源于神的时代、受直觉和幻想主宰的诗,并从诗理解人的历史,在奥尔巴赫看来,维柯的革命性发现具有重要启发意义。因为"正是基于对早期文化统一性的描述,维柯提出了一个无与伦比的伟大概念:现代批评所谓的风格样式或文体(style)——也即是某个历史时期所有(人类)产品的统一体(the unity of all the products)"。(第9页)而通过"文体"进入对文学、对历史的理解,也正是奥尔巴赫的最重要方法,可以说,这也是他与维柯的相通之处,他从维柯那里学到的最重要的"新科学"。正如奥尔巴赫所说,"在任何意义上,(维柯的)整体思想都是从对人类的表达形式——语言、神话和文学开始的",他自己事实上也是如此。文学意义上的人类表达形式(human forms of expression),不过是作为人类产品的所有其他表达形式也即文体的一种特殊存在样态,一种更具体、更讲究、也更生动的"文体"而已。

当然,人理解人自己的历史,并通过自身创造的方式("表达形式"或"文体")理解历史,这就很容易带来相对主义问题。因为所有的理解,很可能变成了一种自我理解,所有的形式也只是时间性的、历史性的形式,而难以获得永恒意义和终极价值。奥尔巴赫再次从维柯那里获得思想资源,试图克服这

个极大的困难。为此,他特别引用了维柯《新科学》第147节:

> 各种制度的自然本性不过是它们在某些时期以某种方式产生
> 出来了。时期和方式是什么样,产生的制度也就是什么样,而不能
> 是另样的。①

他解释说,这段话第一部分的命题意味着"各种制度的自然本性"仅仅在
特定的时间、特定的情形发生,这因而是历史相对主义或透视主义的;但这段
话的第二个命题却意味着,在如此这般的时间和情形下,也就会呈现如此这
般的自然本性而不是其他,这就表明了规律(law)的存在。(第9页)奥尔巴赫
还特别提示我们注意,在《新科学》中,意大利语的 *natura* 也即"自然本性"这个
词多处出现,在维柯那里,它的最简单的意思就是"历史发展(historical devel-
opment)"或历史发展的阶段;而民族的"自然本性"——即其共通性,则是其
"历史的合规律的过程(the lawful course of their history)"。这一共通本性,也
正是《新科学》的主题。(第9页)

撇开维柯概念超出寻常的特定内涵,②奥尔巴赫对《新科学》的解释,事实
上是简明而一语中的的。对他而言,维柯既秉持历史主义原则,同时,《新科
学》的历史主义却是与德国历史主义不可同日而语的。③因为这是一种试图
克服相对主义或透视主义的历史主义,一种将历史发展与规律联系起来的历
史主义,甚至是一种可以与天命(Divine Providence)联系起来的历史主义:

> 对维柯而言,历史的合规律的或自然的发展是天命的产物。虽
> 然天命得以运行的方式是纯然历史的,但其产品却是完全而又完美
> 的整体;故而,每个发展阶段是必然的、自身完满和善好的。维柯所

---

① [意]维柯. 新科学[M]. 朱光潜译. 商务印书馆,1989:105.
② 关于维柯关键概念的特殊意涵,请参见《英译者的引论》,见《新科学》,第14—52页,尤其
是16—36页。
③ 请参见"Vico and Herder"一文,见 *Time,History and Literature*,pp. 11—23.

重点显示的是，他所归因于天命的发展谋划乃是简明而又井然有序的；尽管有持续不断的变化，但作为整体的历史却是"永恒的柏拉图式的理想国（an eternal Platonic Republic）"。因而，维柯的历史相对主义主要关注的是每个连续的历史阶段中所展露出的规律，而远远不是其变异体——也即并非特定民族的发展。（第10页）

这里说得非常清楚，尽管维柯显然重视历史发展的不同阶段，也重视他所说的变异体，但他真正关心的却是必然的规律，归因于天命的规律。历史的所有特殊阶段和特殊存在形式，都是他的起点，而不是他的目的。在极端的意义，甚至可以说，虽然维柯被插上了历史主义和相对主义标签，但从根本而言，在他看来，他正是要在偶然中看见天命，也让偶然成为天命的某种显露。奥尔巴赫也许并没有维柯这么绝对，但毫无疑问他与自己崇敬的哥白尼有共鸣之处，甚至与维柯在思想上可以引为同调。至少与维柯可以类比，对奥尔巴赫而言，关心有限问题终非目的，真正最重要的是"戏剧"、是"严肃的诗"，而且有限问题不仅不是可有可无的孤立、偶然之物，而且还恰恰正是大写的戏剧和诗本身。他是这样理解维柯的，《摹仿》《文学语言》等代表性作品，也是在这样的观念支配下写成的。在这个意义上，奥尔巴赫说他是在书写历史，就并不显得突兀，他说出的是文学史家"观古今于须臾，抚四海于一瞬"的期待与抱负。

在另一处，奥尔巴赫特别强调了在维柯那里语文学与哲学的对举，以此重申关注有限问题亦可具有的普遍意义。

他从维柯格外重视的两个拉丁词——certum 和 verum 入手，再次厘清了特定的真或真确（certum/certain, established）与真理（verum/truth）的根本区别，并在这种区分的基础上揭示了二者之间的辩证关系。对维柯而言，真确是每个文化阶段的真，正是这种真构成了人的行动和制度的基础，但真确却是随着历史的变化而变化的。因而它是维柯意义上语文学的研究对象。而真理，则是不可更易的、绝对的(immutable and absolute)，它是哲学关注的对象。①但二者又不是机械分开而是辩证联系的，对此，奥尔巴赫说了下面一段意味深长的话：

> 对维柯而言，这种真理从不会显明，至少不会在历史中显明。甚至在理性全面发展的时代，即第三历史时代(辉按：也即人的时代)，也仅会呈现为一种潜能，因为对维柯来说，这第三时代仅仅是一个注定要退化并销蚀入野蛮的时代。柏拉图意义上的真确之这一或另一方面会在每个历史的阶段成为现实，但没有任何一个历史时期足以代表其整全。它只完全地包含在天命的谋划或历史的总体过程之中，只能凭整体历史知识得以了解。所以，哲学所追寻的真理与语文学无法分离，语文学所考察的乃是单个或系统语境中的真确。人类历史的系统语境，是维柯的主题——用维柯自己的术语来说，我们最好对等地称之为语文学或哲学。这一语文学的哲学(philological philosophy)或哲学的语文学(philosophical philology)所唯一关心的只是——人。(第16页)

我们终于不难看出，奥尔巴赫在《文学语言》的一开篇大谈维柯，并不是没有理由的。尽管他并不是完全同意维柯的所有观点，甚至一针见血地集中指出了维柯的问题(第16—17页)，但他无疑通过解释维柯，以一种特别的方式告诉了我们他自己的根本思想立场。也可以说，他是要以维柯为镜子，让自己看清自己究竟是怎样一位独特的罗曼语文学家。说到底，他的自我定位是一位"语文学的哲学家"或"哲学的语文学家"，语文学和哲学在他那里不仅不可分离，而且应该相得益彰。

当然，我们这么说并不意味着奥尔巴赫成功实现了自我期许。既关注真

---

① 关于维柯意义上真确与真理的区分，请参见[英]以赛亚·柏林.维柯的知识理论及其源头.见以赛亚·柏林.启蒙的三个批评者[M].马寅卯等译.译林出版社，2014：130—37.

确的历史，又关注永恒的真理；既对细节无微不至，又对历史成竹在胸；甚至既入乎历史，又知乎天命，谈何容易？做斯皮策已经很难，既做斯皮策又同时要做维柯，岂非难上加难？

可贵的是，他做出了切己的思考，并进而付诸实践。

三、文学研究：命意与方法

1958年，奥尔巴赫去世次年，韦勒克发表了一则悼念文章。在简短回顾这位耶鲁同仁生命历程之后，文章概括了奥尔巴赫所做的大量工作。我们多少有些不解地看到，韦勒克对奥尔巴赫下了两个互相矛盾的判断。一方面他认为，将《摹仿》看成一部"通史(general history)"乃是"错误判断"；另一方面，他又认为："奥尔巴赫的研究方法总是始于文本，并且强调语文学、阅读的艺术和文体分析。由此，他延伸至对历史和社会学(譬如作家或其公众的起源)的反思，最终抵达他所谓的"内在"历史(inner history)，亦即精神史(Geistgeschichte)"。①前一个判断几乎否定了《摹仿》作为历史的可能，后一个判断却又指出，奥尔巴赫的工作正是要从文本与文体出发，进入历史和社会学，并最终进入精神史。

这当然并不仅仅是由于韦勒克区分了"通史"和"精神史"的类型而已。悼文的末尾，韦勒克在敬佩奥尔巴赫的学识、感受力和判断力的同时，所流露出的低调而严肃的质疑，才是问题的关键："在我们的对话中，总有那么一刻，似乎不能默许这种怀疑的相对主义。"说到底，无论奥尔巴赫怎样试图勉力书写他的欧洲(文学的)历史，韦勒克还是坚持认为，无法将他对真确的把握与对真理的把握同日而语。也就是说，既无法认同他的"语文学的哲学"，也无法认同他的"哲学的语文学"。原因很简单，在韦勒克看来，真理概念本身就是与奥尔巴赫"反理论的中心论"相矛盾、相抵触的。即使奥尔巴赫出于谦逊

---

①Wellek，René．"Erich Auerbach(1892—1957)"[J]．*Comparative Literature*，1958，Vol. 10，No. 1(Winter)：93—4.[微信公众号"GL对言 AS"(2021年9月22号)刊登了署名越东的译文，可参看https://mp.weixin.qq.com/s/RCVT99RBHRotau1Hgx2yfQ]。

和严厉并没有承认,但他的《摹仿》所追寻的就是超越历史的真理。正因为此,《摹仿》这本书才不仅是一本伟大的学术著作,时代症候的宣言;也是一本"真理之书、洞见之书、艺术之书,永远不会因为历史的嬗变而被超越或显得过时"①。

奥尔巴赫如果地下有灵,不知会如何回答韦勒克。他也许会基本同意这位同事对他的文学研究方法论的描述? 或许部分否认自己是一个维柯意义上的历史主义者,而拒绝与相对主义或折中主义为伍? 或者,他更愿意接受的是吉奥尔科夫斯基(Jan M. Ziolkowski)的指认,一身而兼两任——既是特殊论者(particularist)又是决定论者(determinist);②也或者,他会更倾向于承认萨义德的判断:"所凭借的不是一种先在的方法,也不是一种纲领性的时间框架,而只是个人的兴趣、学识和时间"? ③究竟怎样,我们不得而知。

这里需要提出的是奥尔巴赫在《目的与方法》中特别关注的三个问题,这三个问题看似各自独立,却集中呈现了奥尔巴赫文学研究和方法上的核心观念,尤其值得重视。它们是对前文中维柯论述的展开,也是在文学批评领域的运用。第一个问题,与奥尔巴赫对20世纪西方文学理论主潮的宏观判断有关;第二个问题,涉及文学批评与文学评论中概念范畴的使用;第三个问题,关于文学研究中个人、时代与文学史的关系。

且看第一个问题。奥尔巴赫对20世纪西方文学理论的评论,也是从历史主义开始的。在他看来,正是历史主义克服了建立在坚硬的经典和权威上的教条主义判断,从而开启了新的、更广阔的视野。这不仅为重新考察古代和外国文学提供了基础,而且也使人们可以更好地理解不同时期、不同人群的艺术、文学和音乐。尽管由于纳粹的出现,这一趋势遭到严重遏制,但是至少

①Wellek, René. "Erich Auerbach (1892—1957)"[J]. *Comparative Literature*, Vol. 10, No. 1, 1958:95.

②Ziolkowski, Jan M. "Foreword"in *Literary Language and Its Public in Late Latin Antiquity and in the Middle Ages*[M]. p. Xi.

③[美]爱德华·W. 萨义德. 人文主义与民主批评[M]. 朱生坚译. 中央编译出版社,2017:135.

在美学上人们对不同文化形式的开放度日益扩大。博物馆、音乐会、电影、杂志乃至旅游广告这些现代艺术形式,更在很大程度上拓展了越来越多的可能性。人们——无论是学人、批评家还是普通大众——已不能也没有必要害怕人与人、时代与时代之间的差异——历史主义意义上的差异。奥尔巴赫甚至举例说,在莫里哀的戏剧《贵人迷》(*Le Bourgeois Gentilbomme*)中,其主人公汝尔丹(Monsieur Jourdain)也已不经意地改说了日常语言——而非贵族语言——却并不自知。正是因为此,奥尔巴赫干脆认为,历史主义正是这样一种比喻意义上的我们许多人所并不自知的"日常语言"。

当然,奥尔巴赫其实并没有能彻底贯彻他在这里所显示出来的明显的乐观主义。在著名的《作为世界文学的语文学》一文中,他实际上是对这个世界下了"变得越来越小、越来越趋同"的判断,并对之表达了深切忧虑。[1]这里暂置不论。在这个上下文中,奥尔巴赫更多地看到的还是历史主义的丰沛活力。与之相伴生的,则是对韦勒克也参与其中的"新批评"的不满。

作为一个训练有素的语文学家,一个极其擅长文本和文体分析的批评家,奥尔巴赫对形式主义或所谓"内部研究"的不满,显然并不是要否认从语言和修辞出发正确进行文学研究的必要性。关键在于,他反对同时代的新批评和形式主义文论所宣称的那种胶柱鼓瑟的"绝对有效性(absolute validity)"(第11页)。换言之,在奥尔巴赫看来,那种科学主义的自以为放之四海而皆准的文学研究,忘记了作者、忘记了人、忘记人的历史,而落入了笛卡尔主义的窠臼。这在很大程度上也是奥尔巴赫要以能否书写文学史与斯皮策一分轩轾的原因。文学史,从来不可能仅仅是文学语言的历史,而必须与人的历史——政治、社会、经济、伦理、宗教……的历史紧密相关。那才是有血有肉的历史,生动的历史,充满偶然性和奇妙发现的历史。以历史主义的而不是文学专家、学者的路径进入文学史,是维柯的路径,赫尔德的路径,黑格尔的

---

[1] Auerbach, Erich. "Philology of World Literature". in *Time*, *History and Literature*[C]. pp. 253—65.

路径,也同时是罗曼语文学家不应该回避的路径。

也正是出于对活的文学史的珍惜,奥尔巴赫提出了第二个问题。尽管他自己深入研究过"预象(figura)""宫廷与城市(la cour et la ville)""俗语(Sermo Humilis)"等重要概念,并以此建立了自己的崇高学术声誉——《文学语言》的正式开篇就很显眼地命名为《俗语》,但他极力反对从概念和范畴出发研究文学、展开文学批评。他这样说道:

> 出发点绝不应该是我们强加给材料(material)的范畴(category)——材料必须削足适履的范畴,而应该是在题材中发现的对其历史至关重要的特征。当此特征得到强调和拓展,就理清了什么是具有特异性的主旨,以及什么是与之相关的其他主题。(第20页)

在具体研究和批评中实践这一思想,当然需要磨千剑、识千器的功夫,那关涉萨义德所谓的个人因素。但奥尔巴赫在这里提出如此具有共性的忠告,显然是有感而发。对他而言,以"巴洛克""浪漫""命运观""神话""时间观"等抽象概念作为问题意识的起点,不仅是不正确的,而且是危险的,因为这些概念本身不仅含混,也与文本材料和文学本身缺乏血肉相连的关系。对我们而言,大概"权力""延异""后殖民""后人类"甚至"情感结构"也已成了这一类的"死概念",所以大概不难理解奥尔巴赫的苦心,这一点,无须赘述。

第三个问题,其实与前两个问题有共通的问题意识。奥尔巴赫的原话如下,从这里同样可以看出,他并不是反对使用范畴,只是所有范畴对他来说必须是活的范畴:

> 确实如此,我们停止依据历史之外的绝对范畴下判断,而我们停止寻找这样的范畴,恰恰是因为普遍的或诗的因素,在所有时代的最完美作品中都共同存在的因素,进而也必然可以为我们提供判断范畴的因素,仅仅只能在特定的历史形式中得到理解,并没有明

了无误的方式表达其绝对本质。在历史本身的形式中，我们逐渐学会发现灵活的、也总是临时的我们需要的范畴。一点一点地，我们知道了不同作品在其自己时代意味着什么，从三千年我们所能了解的文学活动的角度看意味着什么。最终，我们学会了，又对我们自身意味着什么。（第13页）

在韦勒克看来，奥尔巴赫将三千年历史、时代和个人三个联系起来，乃是他克服相对主义的一种尝试。这未必没有道理。但考虑到奥尔巴赫并不认同他的历史主义乃是什么相对主义和折中主义的变种，那么或许另一种解释并不多余。贯通古今，寻找客观依托，避免主观片面，所有这些事实上还只是问题的一个方面。①

说到底，活的范畴、活的历史、活的人，才是奥尔巴赫所期望关注的中心之中心。对奥尔巴赫来说，所谓书写历史，正是要将个人与自己的时代和长时段的历史联系起来，获得一个整全的戏剧图景（不要忘了，他身前自己编订的最后一本论文集，题名就是《欧洲文学的戏剧场景》），一部完整的诗。而且，这部戏剧和诗，不仅决然不是语言游戏和语言形式的集大成之作，而且正相反，是一部人自己的历史，区别于神的自然史的——人的历史。

这就是奥尔巴赫大声宣称要书写历史的原因。这也是他要从维柯式的历史主义出发，批评科学主义文学方法，进而希望超越固有概念范畴死的规定性，力图在大历史中融入个人、融入时代的原因。正因为此，他要说："我的目的始终是书写历史。"

---

① Wellek, René. "Erich Auerbach (1892—1957)" [J]. *Comparative Literature*, 1958, Vol. 10, No. 1:95.

埃里希·奥尔巴赫语文学研究"前史"

王晓燕*

学界对于埃里希·奥尔巴赫(Erich Auerbach,1892—1957)的研究无论是从比较文学角度还是语文学角度都以《摹仿论》为着眼点,这从《摹仿论》的出版次数可以看出。可以说,《摹仿论》不仅奠定了奥尔巴赫的学界至尊地位,也开启了学界对奥尔巴赫语文学研究之始。纵观奥尔巴赫的创作历程,从早期的《但丁:世俗世界的诗人》(1929)到流亡土耳其期间创作的《摹仿论》(1946),再到移居美国后创作的《世界文学的语文学》(1952),奥尔巴赫对于语文学的研究从"欧洲"走向"世界",勾勒了他语文学研究从发端—成熟—总结的发展脉络。《但丁:世俗世界的诗人》作为奥尔巴赫的第一部著作,在奥尔巴赫语文学历程中的"前史"意义也显而易见,在创作观念、文本内容、研究方法等方面为奥尔巴赫的语文学研究奠定了基础。

《但丁:世俗世界的诗人》以但丁为研究对象,对但丁的早期诗歌、《神曲》的主题与结构以及但丁作品的现实意义做了细致精到的分析。詹姆斯·艾波特(James I. Porter)在《奥尔巴赫的世俗(反)语文学》[*Erich Auerbach's Earthly (Counter-)Philology*]一文中曾指出,奥尔巴赫的作品从《但丁:世俗世界的诗人》到《摹仿论》"构成了一种反语文学,这种反语文学是以一种更高层次的语文学名义进行的,这种语文学不是关于词语而是关于世界,从这个意义上说,它是一种世俗的语文学"[①]。在此,艾波特从奥尔巴赫创作中的历史主义传统

---

*王晓燕,天津师范大学文学院跨文化与世界文学研究院讲师。

[①] Porter, James I. "Erich Auerbach's Earthly (Counter-) Philology"[J]. *Digital Philology: A Journal of Medieval Cultures*. Johns Hopkins UP,2013:246.

出发,对奥尔巴赫历史观的来源、发展以及在文本中的运用进行了分析,强调了奥尔巴赫语文学的"世俗性、现实性"色彩,相比较德国传统古典语文学而言,呈现一种"反语文学"的特征。该文注重对奥尔巴赫语文学研究的系统性、历史性梳理,忽略了奥尔巴赫语文学研究在具体作品中的集中体现,对《但丁:世俗世界的诗人》在奥尔巴赫语文学研究中的地位有待进一步探讨。本文由此继续开拓,认为奥尔巴赫的"世俗(反)"语文学研究在《但丁:世俗世界的诗人》中便已见端倪,与后期的《摹仿论》及《世界文学的语文学》共同勾勒并完成了奥尔巴赫的语文学研究脉络,在奥尔巴赫研究、但丁研究、中世纪文学研究、德国语文学研究以及比较文学与世界文学研究等方面都具有重要的价值与意义。

一、德国的语文学传统与奥尔巴赫

语文学结合了文学、历史和语言学,是一门针对文本材料历史性、真实性、原始性及其意义研究的学科,融合了"对作者的解释和对语法、修辞学、历史以及与特定语言相关的批评传统"[①]。语文学起源于古希腊,但在不同的历史时代,呈现不同的责任与意义。19世纪到20世纪前半叶是德国语文学的天下,这主要归功于"从温克尔曼到荷尔德林的浪漫派作家和诗人们对希腊文化的迷恋和认同;而具体到古典语文学上,那一两代人中没有谁比弗里德里希·施莱格尔对于启发和促进特别是希腊的古典语文学起了更大的作用……步施莱格尔的后尘,德国古典语文学在19世纪直至20世纪前半期产生了一批里程碑式的成果"。[②]作为对古典语文学的继承和发展,在19世纪中期,罗曼语文学也随之兴起,以德国的恩斯特·R.库尔提乌斯(Ernest Robert Curtius, 1886—1956)、列奥·斯皮泽(Leo Spitzer, 1887—1960)和奥尔巴赫为代表。库

---

①Zakai, Avihu. *Erich Auerbach and the Crisis of German Philology*[M]. Springer International Publishing Switzerland, 2017:37.
②刘皓明. 从好言到好智:德国的语文学传统. http://blog. sina. com. cn/s/blog_76b8f4a50100 stka. html。

尔提乌斯注重从诗学与修辞角度研究中世纪文学,完成了关于中世纪文学的巨著《欧洲文学与拉丁中世纪》;斯皮泽试图通过对文体的研究来解释一个作家乃至民族的心理特征,他的《文体研究》是西方诗学中关于文体研究的重要著作;奥尔巴赫则聚焦比较文学,从早期的《但丁:世俗世界的诗人》到流亡于土耳其的《摹仿论》,乃至移民美国后的《世界文学的语文学》都显示了他作为一名语文学家所具有的广阔的学术视野。具体来看,奥尔巴赫所想的语文学,远远超出了该术语的传统意义,其"对文字和文学的喜爱表现在对文本的研究上——文本的语言、意义、传播、分类、翻译,等等"①。奥尔巴赫不仅继承了德国语文学在古典语言与历史资料方面的深厚性,而且在对文本意义的多面性和文献材料的广泛性与有效性的使用层面进行了深化。这些在他早期的作品《但丁:世俗世界的诗人》中初显,到《摹仿论》时期达到成熟。

1892年,埃里希·奥尔巴赫出生于德国一个犹太家庭,并于1921年获语文学博士学位。1923—1929年,奥尔巴赫在柏林的普鲁士国家图书馆任职。在此期间,他加强了语文学专业知识的学习,完成了维柯《新科学》的德语翻译和《但丁:世俗世界的诗人》两部著作。如果说奥尔巴赫对《新科学》的翻译是一种直接的"知识介绍"的话,那么《但丁:世俗世界的诗人》不仅是他真正意义上的第一部著作,也是一部关于但丁研究最通俗易懂的专著。同时,该作也是研究13—14世纪意大利的社会风貌、民俗语言,以及探讨欧洲文人创作传统的一部重要论著。

奥尔巴赫对但丁的偏爱(在这部专著和《摹仿论》中列专节进行论述),首先源于他对中世纪文学的敬畏之心以及来自维柯的影响。尽管奥尔巴赫的知识涉及面很广,但他认为在罗曼语言和中世纪文学面前,他自己还是个学生。他坚信但丁是第一个伟大的现实主义作家,在于但丁所写之人的真实性,并对这些真实人物的来世命运进行了揭示,赋予了个体生命在历史中的

---

① Porter, James I. "Erich Auerbach's Earthly (Counter-) Philology" [J]. *Digital Philology: A Journal of Medieval Cultures*. Johns Hopkins UP, 2013:245.

延续性。由此,他认为但丁是一个"世俗世界的诗人",是欧洲文学传统中把诗歌与哲学融合的第一人。

在《但丁:世俗世界的诗人》一书中,尽管奥尔巴赫具有日耳曼风格的严谨、威严与理性,但"在《但丁:世俗世界的诗人》中,每隔一段时间,他就会对但丁的意象之美、人物形象、但丁对于智慧的理解,以及但丁能够将地狱、炼狱、天堂结合在一起的艺术技巧感到敬畏"①。与此相似,维柯对研究拉丁诗人们的渴望,尤其"将维吉尔与但丁摆在一起"②来研究,以其探寻二者的创作思想和语言风格,对奥尔巴赫首选但丁为研究对象的影响也是显而易见的。其次,从人生经历来看,奥尔巴赫的《但丁:世俗世界的诗人》写于1929年。一方面,这是一战结束后的第十年。这10年,奥尔巴赫经历的战争,放弃了最初的专业。"据一部关于奥尔巴赫的重要著作的作者杰弗里·格林(Geoffrey Green)推测,可能是战争经验中的'暴力和恐怖'导致其事业生涯从法学到文学研究的转变,从'社会的庞大而无动于衷的法律机构……到[投身于]遥远而变化不定的语文学研究模式'。"③可见,战争对于奥尔巴赫及其创作的影响是不可忽略的。这恰与但丁的人生经历相呼应。众所周知,24岁的但丁于1289年参加了坎帕尔迪诺之战,同年8月,他又参加了佛罗伦萨攻占比萨的卡普罗纳城堡的战斗。由战争带来的内心经验的相似性,使奥尔巴赫不可避免地在但丁研究中表述自己的真实内心。1302年,但丁在一系列的政治迫害中被迫流放,"成了孤独和无助的流放者"④。在奥尔巴赫看来,这次流放恰恰成就了但丁《神曲》的创作,他说:"正是这场政治灾难及其后果,使他自己的命运变得有意义。正是这场政治灾难,使他个人才能这一方面得以充分发挥。对他

① Dirda, Michael. "Introduction" 见 Erich Auerbach. *Dante : Poet of the Secular World*[M]. R. Manheim, Trans. New York : NYRB Classics, 2007 : xi.
② [意]维柯. 新科学[M]. 朱光潜译. 人民文学出版社, 1997 : 620.
③ [美]爱德华·W. 萨义德:《五十周年纪念版导论》,见埃里希·奥尔巴赫. 摹仿论[M](序言). 吴麟绶,周新建,高艳婷译. 商务印书馆, 2018 : V.
④ Auerbach, Erich. *Dante : Poet of the Secular World*[M]. Ralph Manheim, Trans. New York : NYRB Classics, 2007 : 75.

来说,这场政治灾难的最大影响,是他内心深处的一场巨大危机,即突然的外在变化。他克服了危机,极大地丰富了他的个人经历。"①虽然1929年的奥尔巴赫还未被流放,但从他之后的经历来看,这些话语无不揭示了他对自己即将来临的流亡之旅及创作使命的预感。

另一方面,但丁对拉丁语以及传统民族语言的重视,也是奥尔巴赫所推崇的。但丁在流放期间对意大利民间语言进行广泛的采集与研究,撰写了《论俗语》这部著作。该作以语言的起源及历史为出发点,对俗语的优点及其在意大利民族语言和文学中的重要性给予了肯定。由此也为但丁之后创作《神曲》奠定了基础。同理,奥尔巴赫作为德国著名的语文学家,他通晓拉丁语、德语、希腊语、希伯来语、西班牙语、法语等多种语言,他在《但丁:世俗世界的诗人》一书中,对民族语言的赞扬与推崇,也彰显了他对自己祖国语言的喜爱,也以此奠定了他之后创作的语言观。可见,但丁与奥尔巴赫人生经历和创作观念的相似性,在很大程度上影响了奥尔巴赫《但丁:世俗世界的诗人》的创作,也由此开启了他的语文学研究之路。

二、人文主义

《但丁:世俗世界的诗人》全书共分六章:《历史背景及其文学中人的概念》《但丁的早期诗歌》《〈神曲〉的主题》《〈神曲〉的结构》《〈神曲〉对现实生活的再现》②《但丁现实视野的存在与变异》。其中,人文主义传统是该书语文学研究的基础。

奥尔巴赫在书中首先通过肯定西方文学中"人"的重要性来阐释但丁及其创作中的人文主义传统。在书的第一章《历史背景及其文学中人的概念》中,奥尔巴赫便指出:"欧洲文学自希腊诞生以来,便具有这样的洞察力:一个

---

① Auerbach, Erich. *Dante: Poet of the Secular World*[M]. Ralph Manheim, trans. New York: NYRB Classics, 2007: 82—83.
②原译为 The Presentation,为与《摹仿论:西方文学中现实的再现》相区分,在此译着《〈神曲〉对现实的再现》。

人是身体(外表和体力)和精神(理智和意志)是不可分割的统一体,他的个人命运从这个统一体而来,并像磁铁一样吸引着与之相适应的行为和痛苦。"①以荷马为例,奥尔巴赫认为,"意识到一个人的特殊命运是他完整的一部分"所体现的洞察力,使荷马对现实生活的模仿成为可能。荷马对现实及其人物的再现,不是对现实生活简单复制,"不是从观察中产生的,而是像神话一样从一个整体的人物的概念中产生的"②,是来源于荷马对人物及其命运的先验理解而形成的。这就像但丁笔下的贝阿特丽彩一样,是现实主义作家独特的叙述方式。紧接着,他对《荷马史诗》、古希腊悲剧、柏拉图、亚里士多德、奥古斯丁、普罗旺斯诗歌中人性的世俗性、现实性进行分析,完美勾勒了西方文学中人的概念的完整性,深刻揭示了西方文学浓厚的人文主义传统。从第二章到第六章,奥尔巴赫以但丁为个案,对但丁早期的创作,《神曲》的主题、结构与现实性,以及但丁的现实观进行分析与梳理,其中对于普罗旺斯诗歌传统中的人文精神、《神曲》在内容与结构中所蕴含的道德伦理主题的描述,体现了《但丁:世俗世界的诗人》浓厚的人文色彩。

其次,奥尔巴赫不仅是一位人文学者,还是一位历史学家。他的语文学研究往往将历史与人类个体命运相结合。在他看来,历史不仅促进人类自我意识的实现,还为人类的自我表达提供了场所。因此,语文学的人文主义目的便是呈现人类实现自我表达的历史。奥尔巴赫的历史观受维柯和赫尔德的影响较深,在他看来历史是一个"世俗的概念"。语文学的目的便是研究历史,在"人类历史的发展中,潜在地包含在人类的思想中,通过研究和再现的过程,可以被人类理解"。③ 因此,历史不仅是语文学研究的真正目的,而且是语文学研究的重要传统。在《但丁:世俗世界的诗人》中,奥尔巴赫对但丁

---

① Auerbach, Erich. *Dante : Poet of the Secular World*[M]. Ralph Manheim, Trans. New York : NYRB Classics, 2007 : 1.

② 同上,第 2 页。

③ Auerbach, E. *Scenes from the Drama of European Literature : Six Essays*[C]. New York : Meridian Books, 1959 : 97.

的研究始终与欧洲历史发展脉络相联系。他通过对人类命运在"地狱"、"炼狱"和"天堂"中的再现，揭示了人类命运的延续性，也展现了从希腊到现代"欧洲性格的统一"[①]，以及"历史人物及其性格与个性"[②]。这些都深刻反映了奥尔巴赫"完整"的历史观。可以说，但丁奠定了文艺复兴时期"发现人及其价值"这一核心思想的基础。奥尔巴赫则将历史与人文主义相结合，通过但丁作品中的"世俗性"的解读，进一步阐释了"历史中的个体在其肉体与精神中得以重生"[③]这一观点。

再次，奥尔巴赫对人文主义的重视与他所处的文化背景及德国的意识形态环境密切相关。18世纪末，英国语言学家威廉·琼斯发现了欧洲语言和梵语、波斯语之间的相似之处，奠定"印欧语假说（琼斯构想）"的基础。这一发现对于西方文明源头的定义有着重要启示，"支持新人类的不再是圣经的权威，而是比较语言学的权威"[④]。19世纪，在欧洲文字学家和历史学家寻找西方文明新起源的背景下，语文学与雅利安主义、种族主义、反犹太主义和纳粹主义在欧洲的兴起等意识形态和历史变革密不可分："语文学是通过其他手段发动的战争。"[⑤]正是语文学与意识形态之间的暧昧关系，塑造了德国雅利安历史的起源，也进而影响了德国纳粹的反犹政策。"在奥尔巴赫的影响下，意识形态成为语文学不可或缺的一部分。"[⑥] 在书中，奥尔巴赫指出，但丁的政治生涯以及由此而导致的流放经历影响了《神曲》的创作及其思想观念；但丁《神曲》中关于教会、教皇的罪恶和对皇权的拥护等内容，也反映了但丁诗歌

①Auerbach, Erich. *Dante: Poet of the Secular World*[M]. Ralph Manheim, Trans. New York: NYRB Classics, 2007: 151.
②同上, 第175页。
③同上, 第175页。
④Arvidsson, S. *Aryan idols: Indo-European Mythology as Ideology and Science*[M]. Chicago: University of Chicago Press, 2006: 60.
⑤Lerer, S. "Philology and Criticism at Yale"[J]. *Journal of Aesthetic Education*, 2002: 18.
⑥Zakai, Avihu. *Erich Auerbach and the Crisis of German Philology*[M]. Springer International Publishing Switzerland, 2017: Viii.

创作与意识形态之间的密切关系。"正如梅诺卡尔(María Rosa Menocal)谈论语文学学科时所言,我们应该'按照文学始终发挥的基本意识形态作用''带着意识形态去阅读'奥氏与库氏。"①但奥尔巴赫在此并非局限于探究但丁创作与意识形态之间的关系,而是着重于从整体上论述但丁及其创作中对现实生活中"人"的关照,这与德国雅利安语文学中的种族主义相比,既反映了奥尔巴赫对语文学传统中意识形态问题的隐含性表述,也体现了奥尔巴赫作品中人文主义传统的内涵。在奥尔巴赫看来,但丁之前西方文学中的"人"多是"一个遥远的传奇英雄"或者"一种抽象或偶然的事件"。但丁之后,文学对于现实人类个体的描述才开始出现,"在这一点上,无论他们对待的是历史的、神话的或宗教的主题,但丁都是后来所有人类描绘者的追随者,而在但丁之后,神话和传说也成了历史"。②因此,奥尔巴赫坚信但丁是"欧洲文学和文化史上最伟大的人文主义象征之一"③。

可见,面对德国意识形态危机,奥尔巴赫试图以其自己独有的方式来努力"应对"这一危机:在肯定"人的精神史意义"高于意识形态的认识基础上,注重语文学的人文主义精神。对于奥尔巴赫而言,《但丁:世俗世界的诗人》不仅以人文主义传统奠定了他语文学研究之基石,而且还体现了他用人文主义克服意识形态问题这一独特的创作思路。该作作为奥尔巴赫对西方文学中的历史人文主义传统进行阐释的处女作,是其语文学研究之发端,也开启了他语文学研究之路。

---

①[以色列]阿维胡·扎卡伊,林振华.德国语文学危机的两种应对之策——论库尔提乌斯与奥尔巴赫[J].北京第二外国语学院学报,2018(4):9.这里的奥氏与库氏指奥尔巴赫与库尔提乌斯,二者都是德国著名的语文学家。

②Auerbach, Erich. *Dante:Poet of the Secular World*[M]. Ralph Manheim, Trans. New York: NYRB Classics,2007:175.

③Zakai, Avihu. *Erich Auerbach and the Crisis of German Philology*[M]. Springer International Publishing Switzerland,2017:34.

三、《但丁：世俗世界的诗人》的语文学意义

在创作观念上，"语文学是一门带着人文和历史关怀来研究人类语言和文献的准科学"①，不仅关注文本的历史真实性，也强调文本的现实性意义。《但丁：世俗世界的诗人》的德语题目为 *Dante als Dichter der irdischen Welt*，英译本题目为 *Dante, Poet of Secular World*，其中的"irdischen"和"Secular"的意思是"世俗的"（意即"现实性"）。奥尔巴赫《但丁：世俗世界的诗人》便是在此现实观的指导下创作的。他书中的第一章《历史背景及其文学中人的概念》从整体上对其现实主义观念进行了阐释。他认为对现实的再现不是简单的现实描绘，而是"不管这样的事情是否曾经发生过，或者它是否可信，它都能令人信服"②。他强调的是叙述方法及其对现实生活的真实性体验。奥尔巴赫认为但丁所写之人和事，都是他在生活中真实见过的，不是道听途说而来的。但丁在《神曲》中虽然多写死去之人，但却是对这些人现世生活命运的延续，是对现实的真实再现。奥尔巴赫对现实的关照在之后创作的《摹仿论》一书中得到详细阐释，并通过"再现"进一步展示了他对欧洲社会现实的真实描绘，也反映了他现实主义创作观的延续。

从文本层面而言，在文本结构安排上，奥尔巴赫在《但丁：世俗世界的诗人》中先提出一个观点，即"文学中人的概念"，然后以此为切入点对但丁早期的创作、《神曲》的主题、结构及对现实的再现进行论述，并在此基础上对但丁的现实观进行探析。全书结构呈现出"总—分—总"和"从文本到作家"的研究思路。从内容思想上看，奥尔巴赫认为但丁《神曲》描绘了宇宙的神圣秩序，其启示作用在于它"不仅仅是美丽的幻觉，它不再是模仿，而是最高真理。

---

① 沈卫荣. 说不尽语文学[N]. 光明日报，2019-9-2。
② Auerbach, Erich. *Dante: Poet of the Secular World*[M]. Ralph Manheim, Trans. New York: NYRB Classics, 2007:2.

这里所揭示的真理和它的诗歌形式是一体的"①。从这个意义上看,《神曲》揭示了人类的"终极命运"和世界的"完美秩序"。②1929年,奥尔巴赫还未流亡,纳粹还未兴盛,但奥尔巴赫却在这部著作中通过但丁研究记录了"欧洲文明被蛮族征服之前人类和上帝所取得的成就,这位伟大的人文主义者越来越确信:'欧洲文明正在接近它的极限;它作为一个独特实体的历史似乎结束了。'"③可见,《但丁:世俗世界的诗人》不仅蕴含了奥尔巴赫深厚的历史人文主义观,而且也初显了他对欧洲文明"危机"的一种强烈预感。(奥尔巴赫这种人文主义关怀及其对欧洲文明的"危机感"在《摹仿论》中表现尤甚。)同时,语文学对于文本材料语言的研究,使得语言成为语文学研究的基础条件。对于语文学家而言,他们自身本民族的文化与语言才是最珍贵的。奥尔巴赫对但丁的推崇在很大程度上源于但丁对于民族语言的挖掘与重视,而他对于民族语言的坚守还表现在,即使流亡土耳其多年,他依旧坚持德语写作,他反复强调《摹仿论》是一本德语书,不仅仅因为它的语言,还因其所蕴含着的作者深厚的民族情感与家国情怀。

在研究方法上,奥尔巴赫以库尔提乌斯的研究为样,指出"为了完成重大的综合性研究,选择一个起点是必需的,它就好像是主体可以掌控的手柄。起点必须是选自一系列有清晰界限、容易识别的现象,而对这些现象的阐释就是现象自身的辐射,这种辐射涉及并控制比现象自身更大的一个区域"④。在《但丁:世俗世界的诗人》中,奥尔巴赫以语文学研究中所坚守的"必需的历史视角"来"收集资料并将其构成具有持续效力的整体"为前提条件,在具体的分析中,对但丁所处时代的历史背景、文坛现状、创作传统,以及前人对但丁的影响等材料进行整合、分析,既能条理清晰地勾勒出但丁创作的系统性,

---

①Auerbach, Erich. *Dante:Poet of the Secular World*[M]. Ralph Manheim, Trans. New York: NYRB Classics, 2007:100.

②同上,第134页。

③ Dirda, Michael. *"Introduction."* in Erich Auerbach. *Dante:Poet of the Secular World*[M]. Ralph Manheim, trans. New York:NYRB Classics, 2007:xvii.

④[美]大卫·达姆罗什、刘洪涛、尹星主. 世界文学理论读本[M]. 北京大学出版社,2013:87.

又能突出其独特性,微观透视、宏观把握,对于全面了解但丁及其创作具有重要的意义。他在之后《摹仿论》的创作中也以此为模版,在浩瀚如烟的材料中,对相关材料进行有序的整合与恰当的运用,进而成就了《摹仿论》在材料方面丰富而真实的特点。而《但丁:世俗世界的诗人》中每一章都以但丁作品中的具体文本内容为研究对象,从细节出发,以点带面来分析但丁创作的整体风格,这在《摹仿论》中随处可见,由此反映了奥尔巴赫一贯的写作风格。

结语

可以说,人文主义精神是奥尔巴赫经历及创作中所秉承的重要信仰。一方面,他对世俗的、具体的个体精神价值的肯定及对世俗(现实)社会的关照,是他语文学研究的重要目标,并贯穿其一生的创作与研究中,这就是为什么他的语文学最终成为尘世的、世俗的、真正的世界语文学。从早期的《但丁:世俗世界的诗人》到《摹仿论》和《世界文学的语文学》,这些著作是奥尔巴赫在不同时期、不同国家完成的作品。这些作品在时间跨度上间隔相近,在所处国别上经历了从原乡(德国)—流放(土耳其)—异乡(美国)。但从始自终,人文主义传统都未曾缺席。另一方面,正是他对人的精神世界信念的坚持,帮助他克服古典语文学在20世纪德国所面临的政治危机,并撑过伊斯坦布尔的流亡岁月,以至于在移民美国后孤独的执教期间发出“世界文学的语文学”的召唤。自此,在经历从“故园”到“异乡”的过程中,奥尔巴赫的语文学研究也逐渐成熟。而这部创作于90年前关于但丁研究的专著,对于当下的比较文学研究的重要启示也是不可忽略的。首先,《但丁:世俗世界的诗人》中对于但丁创作所受的来自欧洲古典文学及传统的影响以及将但丁与同时代的诗人、作家进行比较研究,是比较文学研究的重要方法,尤其是“基于语文学的文学比较有助于形成跨国界的、泛人类的文学观点”①,这对美国早期比较文学具有重要的开拓作用;其次,文学的跨学科研究方法也在《但丁:世俗世界

---

① 郝岚.被引用的奥尔巴赫——《摹仿论》的比较文学意义[J].外国文学研究,2015(3):37.

的诗人》中有诸多体现,但丁创作中的文学与历史、科学、音乐、地理等方面的关系研究,既体现了奥尔巴赫深厚的语文学知识背景,也使得但丁研究内容更加丰富多元;再次,《但丁:世俗世界的诗人》虽用德语写作而成,但其中涉及分析但丁作品中的具体内容片段时,奥尔巴赫会对其进行翻译,并从语言学的角度阐释文本的意义,由此也可见翻译对文学研究的重要性。同时,奥尔巴赫对文本细节的分析与注重,强调对文本在特定历史中的真实意义,对于当下文学研究中出现的"泛理论化"现象无不是一种重要的警示。

综上,作为奥尔巴赫的第一部著作,《但丁:世俗世界的诗人》在创作理念及研究内容中所蕴含的人文精神,对于奥尔巴赫之后的创作有着重要的影响,而他在研究过程中对文学的渊源、传播、接受等方面的分析与探讨,蕴含着比较文学研究的重要理念,对于当下比较文学研究的意义依旧显著。

从古希腊到拜占庭文学："语文学"研究的价值

刘建军*

一、问题的缘起

在希腊文学与拜占庭文学的研究中,有一个很大的难题,就是如何看待二者的关系。我们知道,在国外学术界有很多学者认为,拜占庭文学就是"希腊文学的一个发展阶段"。其中最著名的文献是160多年前哥伦比亚大学教授查尔斯·安东(Charles Anthon)撰写的《希腊文学指津:从最早的信史时期到拜占庭时期结束》(*A Manual of Greek Literature from the Earliest Authentic Periods to the Close of the Byzantine Era*)。在这部重要的著作中,查尔斯·安东将拜占庭时期的文学视为希腊文学发展的第七个阶段,它是通过希腊化文学和罗马文学直接或间接地对古希腊文学继承和发展的结果,是古希腊文学的重要组成部分。由于查尔斯·安东在这一章提及了诗歌、隽语、小说、历史等十余种文体和一百多位作者,该部著作迄今为止仍是拜占庭文学研究的主要参考文献之一。不仅如此,在学术史上,将拜占庭文学视为希腊文学发展史的某一阶段的观点不仅源远流长,而且长盛不衰。拜占庭文学专家、哈佛大学希腊研究中心主任格列高利·纳吉(Gregory Nagy)在其主编的九卷本《古希腊文学史》中,将拜占庭文学列为第九卷,即《拜占庭时期的希腊文学》(*Greek Literature in the Byzantine Period*)。著名学者罗勃特·勃朗宁(Robert Browning)在写作《不列颠百科全书》(*Encyclopedia Britannica*)"拜占庭文学"词条时,同样

---

*刘建军,上海交通大学特聘教授。

将其归入"希腊文学"的词条之下。而英文版维基百科中的"拜占庭文学"词条，也将拜占庭文学界定为中世纪时期的希腊文学，无论是在拜占庭帝国的领土上，还是在其边界以外用希腊语创作的文学，均囊括在内。至于著名学者斯特雷耶(Joseph Strayer)则更为明确地指出："拜占庭文学指从5世纪晚期到15世纪的希腊文学，也可以将其看成是中世纪的希腊文学。"[1]换言之，在他看来，拜占庭文学主要指"在拜占庭帝国及其影响所及的地区以希腊语进行创作的文学"[2]。

众所周知，拜占庭文学是在希腊文化的沃土上建立发展起来的。应该指出，早期的历史文献中从来没有过"拜占庭帝国"的名称，拜占庭人一直称自己的帝国为"罗马帝国"或"东罗马帝国"。在1453年拜占庭帝国灭亡前，西欧人也一直称其为"东罗马帝国"(Imperium Romanum Orientale)，这样称呼是为了强调拜占庭帝国与古代强大罗马帝国的继承性。但在1557年，德意志历史学家赫罗尼姆斯·沃尔夫在整理编纂《历代拜占庭历史学家手稿》(CorpusHistoriae Byzintinae)时，为了区分东西罗马分治之前罗马时代的古典希腊文献与中世纪东罗马帝国的希腊文献，引入了"拜占庭帝国"(ByzantiumImperium)这个叫法。"拜占庭"这个称呼源自其新首都君士坦丁堡(Constantinople)的前身——古希腊的殖民地拜占庭城。后来，"拜占庭帝国"这个称呼才逐渐被人们接受。尤其是在17世纪之后，经过孟德斯鸠等人的使用，这个称呼逐渐被西欧历史学家广泛应用，其内涵也渐渐演变成用来区分古代罗马帝国东半部与中世纪希腊化的东罗马帝国。拜占庭帝国的初期疆域包括巴尔干半岛、小亚细亚、叙利亚、巴勒斯坦、埃及、美索不达米亚及外高加索的一部分。到了皇帝查士丁尼一世在位时，北非以西、意大利和西班牙的东南等地又被并入版图。值得注意的是，在希腊本土的文明衰落后，在"希腊化"浸润下，这个广袤地区的文明才得以延续和发展。经过1000多年的发展，拜占庭帝国形成了

---

①Strayer, Joseph. *Dictionary of the Middle Ages*, *Vol. II*[M]. Charles Scribner's Sons, 1989:505.
②Strayer, Joseph. *Dictionary of the Middle Ages*, *Vol. II*[M]. Charles Scribner's Sons, 1989:505.

富于希腊文化特色的新文化样态。

从上述简单梳理中可以看到,古希腊文化始终是这一地域漫长历史时期的文化发展的底色。古希腊文化的确是谈论这一漫长时期躲不开的话题。由于与希腊语创作密切相关,就必然会涉及拜占庭的希腊语文学与古希腊文学的关系。也就是说,拜占庭文学究竟是古希腊文学的自然发展,还是受其深刻影响而形成的一种独立的文学形态? 本文试图从语文学的角度,来回答这个问题。

二、古希腊语与拜占庭希腊语的区别

关于古希腊语发展的线索,德国语文学专家克拉夫特(Peter Krafft)在其著名著作《古典语文学常谈》(*Klassische Philologie*)"希腊语"一节中进行了简略而贴切的阐释。由此出发,我们认为,古希腊语的发展大约经历了三个阶段。第一个阶段是最早的迈锡尼希腊语。这是希腊语已知最古老的形式,是公元前14世纪前在克里特岛上发明的,主要流行于多利亚人入侵前,在迈锡尼时期(公元前16至前12世纪)使用于希腊大陆和克里特岛上。它保存在线形文字B写的题字中,迈锡尼希腊语现在主要见于陶片的铭文题词中。"对克里特岛和希腊一些出土场地挖掘出的线形文字B——一种从克里特岛人的音节文字(线形文字A发展而来的文字)——碑文陶片的剖析表明,公元前2000年的这些文献再现了一种原始的希腊方言:迈锡尼语。"第二个阶段是以雅典为中心形成的阿提卡希腊语。从公元前1200年起,由于很多的希腊部落从北方迁徙到伯罗奔尼撒半岛和爱琴海周边地区,多种方言,如爱奥尼亚方言等进入当时的希腊语言。尤其是到了公元前8—前4世纪,包括雅典在内的阿提卡希腊语成为古阿提卡地区主要的语言。《荷马史诗》以及在古典时期产生的戏剧等文学作品大约都是使用该种希腊语写成的。在古方言中,其与后来的希腊语最为相似,并对现代希腊语产生了重要影响。而在"希腊化"之后,古希腊语发展到了第三个阶段,即拜占庭希腊语的发展阶段。①

拜占庭的希腊语有自己的特点。"拜占庭希腊语并不比其他希腊语更难。但有些看起来很熟悉的词有了奇怪的意思,有些外来词就是很奇怪"②。这种语言方面的变化,我们可以从当时的文学创作实践中找到例证。例如在4世纪末,出生在叙利亚埃梅萨的著名小说家赫利奥多罗斯创作了一部罗曼司作品《埃塞俄比亚传奇》这部用希腊语写作的作品所使用的希腊语与埃斯库罗斯、索福克勒斯、阿里斯托芬等人使用的语言已经有了较大的差别。与《埃塞俄比亚传奇》前后出现的,还有《琉喀珀和克里托芬》和《达芙妮和克洛艾》等"希腊化"之后的文学作品。对此,《三种拜占庭文学》的作者塞维岑柯就指出:"他们是用自我想象出的柏拉图式的阿提卡语言,而不是事实上的阿提卡的规则写作的……像赫利奥多罗斯这样的作家,没有任何雅典时代柏拉图的精神。"③"它的魅力在于吸收了很多野蛮的语言(不规范的语言)……当此方言最初显现在文学中的艺术设计中的时候,它的土语是出于讽刺和戏拟以及熟练的"教于乐的目的而被作家采用的"④。之所以会如此,著名的希腊语专家R.M.多金斯指出:

> 亚历山大大帝征服的政治后果必定对希腊语产生广泛的影响。当时,希腊地方话和书面方言融合形成的希腊语,此时需要从其自身的资源发展出适用于这个世界广大区域进行交流的媒介,而在此区域的大部分地方,其他的和完全不同的语言当时已相当繁荣。变调转音的某种简化自然而然地发生了,而阿提卡(Attic)那句法雅致的特点不可避免地丧失了,非希腊语世界几乎不会使用柏拉图和更

---

①[英]克拉夫特.古典文学常谈[M].丰卫平译.华夏出版社,2012:128—135.

②Unknown,Hull,Denison B.,trans. *Digenis Akritas:The Two-Blood Border Lord*[M]. Ohio UP,1972:iX.

③Sevcenko,Ihor. *Three Byzantine Literatures:A Layman's Guide*[M]. Hellenic College Press,1986:8—9.

④同上,第19页。

古时希腊演说家和诗人的习惯用语。面对这一需求,希腊语的回应
是形成了"希腊共通语",即"通用的语言"。存在这样一种被普遍
接受的语言形式,不论其内部自身可能存在多大地方差异,迟早对
古老的方言产生致命的影响。现在希腊语的基础自然是古希腊共
通语。①

对此,克拉夫特还从语言自身变化角度进一步阐释了这个问题:"这是马
其顿国王菲利普(Philipp)和亚历山大大帝统一后的希腊以及(直到古代末期)
自亚历山大占领以来希腊化的东方(埃及、利比亚、小亚细亚、波斯)主要使用
的语言。在其官方文学——标准的行文一中,这种语言非常接近阿提卡语,
可以在阿提卡语的基础上毫不费劲地阅读一如双数的取消或阿提卡音素 $\tau\tau$
被伊奥尼亚语 $\sigma\sigma$(如 $\theta\varepsilon\tau\tau\alpha\lambda\acute{\iota}\alpha$ 改为— $\theta\varepsilon\sigma\sigma\alpha\lambda\acute{\iota}\alpha$)替换。"②德国学者卡尔·克伦
巴赫尔(Karl Krumbacher)在其撰写的第一部拜占庭文学通史类专著《拜占庭
文学史:从查士丁尼大帝到东罗马帝国的陷落(527—1453)》中,从拜占庭和
现代希腊语取代古希腊语的角度进一步指出:"古希腊语早在1世纪就被代替
了,几乎在同时,整个古典时期的诗歌技巧丢失了,元音数量终止,一个新的
韵律原则出现了,即重音。这个原则用于教堂诗歌的韵律从4世纪就开始了,
这种形式主导了拜占庭和现代希腊诗歌,以重音为基础的音调原则也在4世
纪开始使用,意识到这些事实,会将拜占庭时代的起点推到更前面的时代。"③
而塞维岑柯在研究了大量拜占庭文学文本后也证实了这一点,他指出:"它
(指拜占庭流行小说)的语言是那个时代口语希腊语的严肃形式,说这种语言
的人是一些经验丰富的和在小学中观念受到训练的。它的形式并非有意识
地模仿,但注重吸收且来源广泛:闪米特人和东方穆斯林、西方封建主和拜占

---

①[英]N. H. 拜尼斯. 拜占庭:东罗马文明概论[M]. 陈志强、郑玮、孙鹏译. 大象出版社,2012:
232.
②[英]克拉夫特. 古典文学常谈[M]. 丰卫平译. 华夏出版社,2012:133.
③Krumbacher, Karl. *Geschichte Der Byzantinischen Litteratur: Won Justinian Bis Zum Ende
Des Ostromischen Reiches(527—1453)*[M]. B. Franklin,1958.

庭文学的高级形式都被融汇其中。它以安纳托利亚边境的篝"为中心,或在封建城堡家臣的房间里,但是,它传输给我们的主要途径则是修道院的环境。"①这也告诉我们,此时的阿提卡希腊语已经被改造了,被改造后的语言来源是多方面的:小亚细亚、叙利亚乃至埃及等多个语言要素都被吸纳其中。不仅如此,基督教文化对拜占庭希腊语的影响也是非常明显的。公元前1世纪前后,用希腊语写成的《新约全书》出现,此时的拜占庭人认为这是上帝亲自用希腊语给人类最终的启示。因此,拜占庭人觉得他们不仅有神圣的责任让上帝的启示传遍世界,还要把上帝最终用于传达天国真理的希腊语传承下去,并且要在永恒的纯粹中保持希腊语的延续性和纯洁性。而用希腊语进行写作的结果,就是使得基督教的一些语言概念、词语内涵等进入拜占庭的希腊语中了。

这种语词本身的变化,直接导致很多重要概念原有内涵的改变。例如,我们在谈到古希腊"悲剧"概念的时候,就会发现其与拜占庭人使用这一概念的内涵大不相同。在古希腊悲剧作家那里,"悲剧是对于一个严肃、完整、有一定长度的动作的摹仿"②,目的在于引起怜悯和恐惧,并导致这些情感的净化;主人公往往出乎意料地遭到不幸,从而形成悲剧,因而悲剧的冲突成了人和命运的冲突。这个定义涉及悲剧模仿的对象、媒介、方式和功能等问题。亚里斯多德认为,悲剧的主人公应当是一些并非十全十美,亦非十恶不赦之辈,他们应当是好人,但又有一些缺陷和过失,由此给自己招致了灾祸,这样的悲剧才能激起人们的怜悯与恐惧之情,才能使人们的情感得以净化。换言之,有人认为古希腊悲剧在于描写严肃的事件,因此有学者将其译成"肃剧",即"严肃的戏剧"但在拜占庭时期出现的一些文学作品中,我们可以看到"一个好人(有价值的东西)被毁灭"的悲剧含义已经凸显出来,如11世纪出现的

---

① Sevcenko, Ihor. *Three Byzantine Literatures : A Laymans Guide*[M]. Hellenic College Press,1986:4.

② [古希腊]亚里斯多德、[古罗马]贺拉斯. 诗学·诗艺[M]. 罗念生、杨周翰译. 人民文学出版社,1962:19.

《狄吉尼斯·阿克里特》中英雄巴西勒的死，12世纪小说《获萝西拉和卡里克勒斯》中善良可爱的美女卡莉高妮为强盗所杀，才被认为是悲剧性的。

再如，古希腊语"命运"这一概念在拜占庭希腊语中的内涵也发生了变化。在荷马史诗、赫西俄德诗歌以及其他早期希腊文学作品中，拟人化的命运女神（诸女神）称谓多变：《伊利亚特》与《奥德赛》称埃萨为命运女神；而在《神谱》中，"赫西俄德最初将命运诸女神描绘成夜神的女儿（第219行）；而后，赫西俄德又声称，命运诸女神是忒弥斯和宙斯的女儿（第904行）。从这一有关命运诸女神的互相矛盾的身世叙述上看，赫西俄德并未提供一个确切的答案"①。在其他早期希腊文学作品中，命运女神还被冠以阿南刻、摩伊拉或众摩伊拉、命运诸女神之名，这些多变的称谓或者不乏矛盾的描绘表明，在早期希腊人那里，纵使强如最伟大神明、神人之父的宙斯，也无法逃脱命运的操控。到了公元前4世纪，悲剧大都以主人公的自由意志与不可知的外在力量（命运）之间的激烈冲突为表现特征。不同于此前希腊人对命运绝对的敬畏与服从，悲剧开始展现出了对命运不同程度的抗争。尽管以个人意志反抗不可知的命运往往是徒劳的，甚至是悲剧性的，但反抗的意识已经出现了。而到了拜占庭时期的文学作品中，"命运"概念的内涵却悄然发生了变化。被东正教会尊为圣徒的12世纪拜占庭主教、神学家、人文主义学者欧斯塔修斯，在为荷马史诗《伊利亚特》和《奥德赛》所作的注释中，借用了早期希腊文学作品中"命运三女神"之一拉刻斯来表达"命运"，但采用了其变化的形式这一称谓的变化（"命运"从不可违逆的女神的专称降格为一种个人遭际的日常表达）深刻地体现出拜占庭人在希腊人对命运认识基础上的新发展。从某种程度上讲，"命运观"的变化是与希腊人走出黑暗与蒙昧同步的。事实上，在4世纪的早期拜占庭文学中，这种变化已然显现。例如，在《埃塞俄比亚传奇》这部作品中，男女两个主人公面对的灾难是巨大的，不仅有海盗的抢劫、敌手的折磨、亲人的背叛，还有海上的风暴、荒野的遇险、洞穴中的绝望等难以预料的

①[古希腊]赫西俄德. 神谱[M]. 王绍辉译，张强校. 上海人民出版社，2010:9.

各种凶险，但他们的态度始终是积极的。赫利奥多罗斯认为正是借助理性与智慧，命运的决定权和控制权才被交到了凡人手中，人初步成为掌握自己命运的主人。

在这里，笔者仍然是用实证和理论推演的方式谈论这个问题，但倘若借助语文学的方法对词语自身内涵的变异进行考察，可能会对这个问题有更加清醒的认识。因为语文学研究的一个重要方面就是概念内涵本意研究，而探究概念的内涵变化就要首先知道原初的概念含义是什么。只有找到这个基点并准确把握，我们才能真正理解现在的语言概念在哪些地方发展了或偏离了原初的含义。从这个意义来说，语言词汇内涵的变异（内涵的移位、替代和新解）本质上体现的是思维的变化。

由此可见，正是因为语文学家深入、漫长的工作，今天的人们才能从古希腊语到通用希腊语的转变中发现三种希腊语的存在。而语言的变化，必然会导致不同时代作品内容的内涵与语言表达方式的变化。人们常说，世界在变，人们的思想也在变。思想在变，本质上就是思维在变。而思维的变化又是与语言的变化密不可分的，因为"语言是思维的物质外壳"。这也告诉我们，当我们在进行文学研究的时候，无论是从社会学、政治学的角度，还是从科学、哲学及其美学的角度，其实都是从某一个侧面来展开研究的。而语文学则是从语言文字变化的角度去探讨文学内涵的思维变化乃至内在的（纯文字变异意义上的）发展进程，这也是"通过学习古代的语言文字以达成对古代的了解"①的西方语文学的本意。以上提到的语言学家所做的工作，其实就告诉我们，拜占庭作家所使用的希腊语是希腊语发展的一个新的阶段。

三、古希腊文学与拜占庭希腊语文学的区别

我们知道，古希腊文学具有开创之功和鲜明的特色。古希腊文学是在古爱琴文明的基础上发展起来的。在公元前12世纪之前的漫长时期，以克里

---

①苏杰. 语文学的精神是什么[J]. 文汇报，2019-10-25.

特–迈锡尼为代表的围绕着爱琴海而产生的爱琴文明,产生了大量的神话传说,这些神话传说反映的是爱琴海周边地区,尤其是东地中海地区的远古现实生活和人们的思想状况。前12世纪至前11世纪,爱琴文学进入了希腊文化时代。

> 在经历了匿名的口头文学阶段之后,古希腊文学发轫于公元前8世纪的荷马史诗(保存下来的只有《伊利亚特》和《奥德赛》)。随后很快就有了其他体裁,如教谕诗(赫西俄德)、抒情诗(萨福、阿尔凯俄斯)、合唱抒情诗(阿尔克曼、斯特斯科罗斯)、抑扬格诗(阿尔基洛科斯、希波纳克斯)。不久之后,出现了第一批哲学散文和最初的戏剧。凭借这一切,希腊人迈进了新的领域,他们发明、尝试并创建了自己的言说方式,没有依靠任何外来的榜样。①

至于希腊古典戏剧作家的创作,据亚里斯多德《诗学》所言,已经成为古典文学的典范。亚里斯多德的《诗学》其实就是对成熟时期希腊文学的总结。关于古希腊文学的特征,如严肃的题材、重大的事件、净化和陶冶的功用等方面的研究文章甚多,这里不再赘述。到了公元前3世纪至前2世纪,马其顿王朝的亚历山大大帝先后统一了希腊全境,横扫中东地区,占领埃及,征服波斯帝国,开始了"希腊化"历史阶段。此后出现的安提柯王朝②、塞琉古王朝③、托勒密王朝④都在很大程度上呈现共同的希腊化倾向,如使用希腊文写作,寻找或利用古希腊神话和文学中的各种元素进行创作等,以至于埃及的亚历山大里亚此时已经取代雅典成为希腊文化的第二个中心。进入罗马时代后,罗马

---

①[英]克拉夫特.古典文学常谈[M].丰卫平译.华夏出版社,2012:10.
②公元前277年,安提柯利用希腊各邦的胜利,在赫勒斯滂海峡附近给了凯尔特人最后一击。次年,他宣布自己为马其顿国王,建立起了安提柯王朝(前276—前168)。
③马其顿帝国分裂后,亚历山大大帝的部将塞琉古一世创建的以叙利亚为中心,包括今天伊朗和亚美尼亚在内(初期还包括印度的一部分)的王朝。
④亚历山大大帝死后,埃及总督托勒密一世开创的一个王朝,统治埃及及其周围地区。

帝国的文学也受到了希腊文化的深刻影响，并在继承古希腊文学传统的基础上进行了新的创造，尤其是罗马帝国的东部地区（即后来的拜占庭核心地域）与古希腊文化的联系十分紧密。

那么拜占庭时期用希腊语创作的文学作品，是否和古希腊时期创作的作品具有一致性呢？诚然，拜占庭时期的文学创作，确实是按照古希腊作家所开创的创作道路前进的。著名的古典文化研究学者罗米利·詹金斯在他的论著《拜占庭文学的希腊化起源》中详细论证了这个问题。[①]在他看来，拜占庭文学（尤其是早期的文学）几乎都是用希腊语写成的，这一现象甚至持续到帝国的末期。西方学者们还以叙事性作品为例，指出："拜占庭和古代小说的相似之处，包括情节、人物、主题、描述、神祇、地理和叙事技巧。正如古希腊小说以一个更古老的（异教的）希腊世界为背景一样，拜占庭小说也让人回想起更古老的、异教的希腊世界，而财富（tyche）和爱（eros）继续扮演着重要的角色。"[②]有人甚至指出，在拜占庭时期出现的这些叙事作品的"每一页，我们都能看到对荷马和欧里庇得斯的模仿，这是他们的主要模式"[③]。克拉夫特也认为："罗马人都在很大的程度上认同了希腊的外来准则。"[④]据史料记载，在拜占庭作家的写作实践中，古希腊文学是具有支配地位的，因为拜占庭人强烈地意识到希腊语是所有古代的伟大诗人、剧作家、历史学家和哲学家使用的写作语言。

但同时可以看到，早期希腊文学作品中那种古典的纯粹性，在拜占庭文学中已经不复存在，用新的希腊语创作的作品显示出了新的特征。比如，从创作目的来说，文学创作对人的心灵的陶冶和净化功能被削弱，取而代之的是娱乐功能。从作品题材来看，描写严肃的政治题材和社会题材的作品让

①Jenkins, Romilly J. H. "The Hellenistic Origins of Byzantine Literature"[J]. *Dumbarton Oaks Papers*, 1963, Vol. 17.

②Joan, B. *Niketas Eugenianos Drosilla and Charikles*[M]. Printed in the United States of America, 2004：XVi.

③Underdown, Thomas. *The Aethiopica*. The Athenian Society's Publications, 1569：XXXVH.

④[英]克拉夫特. 古典文学常谈[M]. 丰卫平译. 华夏出版社, 2012：11.

位于流行的爱情和冒险故事。对这两点特征,古典小说研究专家琼·伯顿曾指出:"古代小说的扩展,大多是虚构的爱情和冒险的散文叙事,似乎出现在希腊化晚期或早期帝国时期。①安德顿也指出:"随着(罗马)帝国的建立,共和礼仪和公共生活形式也随之终结。过度的自由扼杀了自由,再也没有公民了。个人有充足的空闲时间,他们可以用无聊的阅读来打发,修辞学家们利用富裕阶层的闲散,开始讲述他们没完没了的爱情和冒险故事。"②此时,用新希腊语写成的小说中已经包含着大量的东方故事(如小亚细亚、叙利亚、埃及等)东方是这种性质故事的真实国度……在东方,我们发现了最古老的这类作品。希腊是与东方文明接触最多的国家,也就是说,希腊人第一次品尝到的浪漫主义文学是在小亚细亚那里出现的。最重要的是,后来他们在那里得到了发展。在爱奥尼亚已经产生了《米利都寓言》,《巴比伦传奇》的作者兰布里科斯出生在叙利亚,《卢修斯与真实历史》的作者卢西安也是这样,赫利奥多罗斯来自腓尼基的埃梅萨,阿喀琉斯·塔提乌斯来自亚历山大。塞浦路斯、安提阿和以弗所出生了三个浪漫主义作家,每个人都叫色诺芬。③

从作品表达手法来看,古希腊人那种对生活的直接评判和对意义的清晰显示,让位于寓意和象征手法。

这种现象说明,不管是文学方面,还是宗教方面,中世纪的神秘性是很强的。进入中世纪的作品,发现其中的真实意图或潜在内容,需要付出很大的努力。为了表达可能意义的丰富性,他们制定了"假象"理论或"掩盖"理论,把事情的真实价值掩盖起来,使故事只有语言的表象,而无任何真实性。建立这种理论的目的,在于表

---

① Joan, B. *Niketas Eugenianos Drosilla and Charikles*[M]. Printed in the United States of America,2004:X-Xi.
② Underdown,Thomas. *The Aethiopica*. The Athenian Society's Publications,1569:Xi.
③同上。

达虚构故事的伦理价值,因此它还意味着真实与潜在的密切关系,
按照造物主与"所造世界"的相似性假定并调节个性与普遍性的
关系。①

总之,如果说古希腊的一切文学作品都属于原创性的话,那么虽然拜占
庭帝国时代出现的文学很大程度上是在古希腊文学的基础上发展起来的,但
拜占庭的希腊语作家仍是根据自己的时代要求来表现古代题材的,是为现实
的需要而服务的。因此,有很多打着古希腊神话或史诗旗号的作品,其实不
过是作家想象出的古希腊故事,是为现实需要而"重新创造的故事"。例如,4
世纪末《埃塞俄比亚传奇》尽管是模仿古希腊作品而写成的,但反映的是小亚
细亚和埃及等地希腊化之后的生活场景和风俗习惯,表达的是早期拜占庭人
的思想感情。再如,拜占庭11世纪出现的著名史诗《狄吉尼斯·阿克里特》,尽
管其7个版本都是用希腊语写成的,也包括大量古希腊人的思想意识(如肯定
享受生活、主张追求爱情、歌颂英雄冒险精神等),还具有大量的希腊神话传
说(如赫拉克勒斯的巨大功绩、奥德修斯战胜歌妖塞壬及冥河使者卡戎等),
甚至经常"提及一些古老的诗人—荷马、悲剧作家、品达以及不知名的抒情诗
人"②,但是这种提及和表达本质上与古希腊人的表达相距甚远。简而言之,
拜占庭人表现的是他们的文化与古希腊文化有着血缘联系的幸运之情,而古
希腊人表达的则是自己作为文化当事人的自豪之情。

令人遗憾的是,现有很多研究都过于强调拜占庭文学对古希腊文学的模
仿和继承,而在很大程度上忽略了拜占庭文学的创新性和独特性,因而无法
对拜占庭文学的成就和价值做出准确的估量和判断。为此,我们就必须采用
语文学的方法,细致地辨析文学中有哪些属于古代希腊文学的成分,哪些又
是拜占庭地域文化的新写,这样才能真正厘清二者的联系与区别,才能真正

①[法]让·贝西埃等.诗学史[M](上册).史忠义译.百花文艺出版社,2002:73.
②Sevcenko, Ihor. *There Byzantine Literatures:A Layman s Guide*[M]. Hellenic College Press,
1986:7.

看出拜占庭时期用希腊语所创作的文学作品的特色和创新之处。

四、古希腊文化与拜占庭希腊文化的区别

现在人们常常提及古希腊文化,但就我们目前掌握的情况来看,其实并未分清前希腊文化、古希腊文化与拜占庭时期希腊文化之间的差别。

笔者认为,从文化的角度来说,西方世界有三个希腊文化。第一个是公元前12世纪之前以"克里特—迈锡尼"为代表的远古时期的希腊文化。从位于希腊伯罗奔尼撒半岛东部阿哥里斯半岛的西边、小亚细亚、两河(幼发拉底河和底格里斯河)流域以及埃及等地遗留下来的遗址、碑铭、实物材料等,可以看出这是一个前希腊时代,也可以称为希腊文化的前导时代。处在这一时期的远古部族,产生了大量属于各部族自己的神话。例如,根据现代西方神话学家格莱乌的看法,存在于公元前3500年前后的爱琴海地区最早的远古人类之皮拉斯基人,是最早的神话创造者之一。他们的创世神话"宇宙卵"是最早的神话遗迹之一。甚至后来希腊神话中的海神波塞冬、女神阿芙洛狄特、太阳神阿波罗等,在早期不同的民族部落中都有最初的原型,如阿耳忒弥斯的名字在迈锡尼的文物中就有记载,说明阿耳忒弥斯是由地方神演变而来的。在迈锡尼,阿耳忒弥斯是动物女神,她的别名之一"俄耳提亚",意为"挺立",同树的形象有关。后来她由动物女神又被引申为丰收女神,并特别受到崇拜。阿耳忒弥斯还有许多别名:俄耳提亚、布剌俄洛尼亚、卡利斯忒等,多种名称也反映了其形象与不同地域的民族相关。

同华夏文化不同,它一开始就混杂了多种成分。作为文化构成部分的宗教,它是在民族融合过程中,以阿该亚人、多立斯人的宗教观念为主,吸取当地居民、西亚居民乃至埃及人的宗教观念混合而成的。克诺索斯发现的山峰女神徽章(前2000年)形象犹如西亚苏美尔的女山神。俄狄浦斯杀死的人面兽身女妖斯芬克斯与埃及人面狮身怪兽如出一辙。迈锡尼出土的公牛和山羊的献祭仪式在西

亚也非罕见。酒神狄奥尼索斯起源于伊朗高原和色雷斯。农业和丰收女神墨忒耳源起于小亚细亚,后来才在爱菲斯城邦取得重要地位。狩猎女神阿耳忒弥斯,爱情女神阿佛洛狄忒都源于东方宗教,即使在她们被希腊人接纳,成为奥林帕斯"十二主神"的成员之后,仍然保留着一些原来的特征。历史学之父希罗多德甚至自夸可以为每一个希腊神找到他的外来名称。①

　　法国著名史学家让-皮埃尔·韦尔南在其著作《希腊思想的起源》中也谈道:"最古老的希腊世界在很多特征上都接近同时代的近东各国。克诺索斯、派罗斯和迈锡尼等地的线形文字B文献,以及乌加里特、阿拉拉赫、马里、赫梯的哈图萨斯等地发现的楔形文字文献显示出来的,都是同一类型的社会组织、相似的生活方式和相近的人文性。"②另一学者M.P.尼尔逊也指出,古典希腊的宗教和神话确实直接扎根于早期的迈锡尼文化。③有鉴于此,我们可以说,早期爱琴海区域产生的神话实则是多种远古部族文化的融合体,前12世纪之前所谓的希腊文化其实应该称作爱琴时代或前希腊时代的文化。

　　第二个是我们现在较为熟悉的从公元前12世纪到公元前4世纪的古希腊文化。古希腊文化的真正形成是从荷马史诗和赫西俄德的《神谱》开始的。在笔者看来,正是名为"荷马"的众多古代行吟诗人,在公元前12世纪到前9世纪的这四个多世纪的时间里,以真实发生的特洛伊战争事件为依托,在反复讲述传唱这个事件时,把爱琴海周边的各个不同地区、不同民族创作的神话传说,经过取舍、删减、加工等体系化的工作,融入史诗中了。这不仅使得各部族的神话传说脱离了原初各自产生后的零散存在状态,形成了初步的系统性的神话系统,更重要的是,在史诗形成的过程中增添了希腊人的英雄观、

---

①王小朝. 希腊宗教概论[M]. 上海人民出版社,1997:2.

②[法]让-皮埃尔·韦尔南. 希腊思想的起源[M]. 秦海鹰译. 生活·读书·新知三联书店,1996:1.

③参见[法]让-皮埃尔·韦尔南. 希腊思想的起源[M]. 秦海鹰译. 生活·读书·新知三联书店,1996:2.

生死观、价值导向等要素，具有鲜明特征的希腊文化由此诞生。随后，赫西俄德用其《神谱》的创作，在荷马史诗的系统化基础上，再次对原来各自分散形成的和散在存在的原初神话进行了系统化的体系构成。荷马史诗的流传和《神谱》的创作，标志着古希腊文化的基本形成。"而当我们阅读荷马史诗时，情景就变了：在《伊利亚特》中出现的已经是另一种社会和另一个人类世界，仿佛自荷马时代起，希腊人再也无法准确理解他们所属的迈锡尼文明的真相，他们以为，行吟诗人再现的就是过去的迈锡尼。"①此后，经过古风时代，尤其是古典时代毕达哥拉斯、柏拉图、亚里斯多德乃至德谟克利特、希波克拉底等人的努力，加之雅典的城邦制度的建立到希腊奴隶主民主制的实施等，古希腊文化的特色鲜明地发展起来了。如果我们将这个以雅典、斯巴达和柯林斯等在伯罗奔尼撒半岛及其周边形成的各自独立的城邦国家称为"小希腊"或"古典希腊"，也未尝不可，而恰恰就在这里，产生了持续影响西方后世的强大的文化基因。

第三个是拜占庭希腊文化发展阶段。这是一个在古典希腊文化基础上形成的位于地中海东岸的，包括希腊、小亚细亚、叙利亚、埃及等广袤地域的新希腊文化。这个新希腊文化包括古希腊文化的因素、基督教（东正教）文化的因素，还包括各个不同地域的土著文化要素。诚如塞维岑柯所言："拜占庭文明是一个复合体的存在，其中希腊传统、罗马传统和基督教意识形态以及各种来源不同的流行文化共存共生。"②

诚然，拜占庭文明是在对古希腊文明和文化的继承中发展起来的，我们也可以说拜占庭文明就是古希腊文明的中世纪化。与古希腊文明的中心在雅典不同，"希腊化"文明是以亚历山大里亚为中心形成的新文明，除此之外，还有叙利亚安条克、小亚细亚的卡帕多西亚等古希腊文化的兴盛之地。而到

---

① [法]让-皮埃尔·韦尔南.希腊思想的起源[M].秦海鹰译.生活·读书·新知三联书店，1996：1.
② Sevcenko, Ihor. *Three Byzantine Literatures: A Laymans Guide*[M]. Hellenic College Press，1986：3.

了拜占庭帝国建立后，这一中心又转移到了君士坦丁堡。简要地说，古希腊文化是以多神教为特征的文化，而拜占庭希腊文化是以一神教（东正教）为特征的文化。我们知道，在希腊化之后的几个世纪里，东地中海地区的哲学家和宗教学者就开始将具有神秘色彩的新柏拉图主义和普拉提诺与坡菲力的学说混合在一起，从而形成了古希腊文明与基督教文明合流的趋势。拜占庭帝国建立后，形成了以东派教会为核心的文化版块。罗马帝国东部地区的教会因其地理方位，保留了较多的希腊文化传统，在宗教活动中习惯使用希腊语，故称作希腊教会或东方教会。东派教会神学家用希腊哲学中的亚里斯多德的观点和论证方法来探讨神学问题。被称为"希腊教父第一人"的奥利金（约185—254）就提倡从古希腊哲学中去寻找理论根据，以论证基督教的真理性。他所著的《论原理》被称为第一部比较系统的神学著作。该书在概括地阐述教会关于神、基督、圣贤、未来的赏罚等信仰时常常把希腊的观念，如"理念"等与之相混合，并用古希腊哲学来解释神学问题。其他人也是如此，尤其是"在涉及'三位一体'和'道成肉身'等重要教理时，东派基督教的其他神学家也常常运用抽象的哲学概念进行探讨和阐述；东派教会对基督教的神性和人性问题显得非常敏感，而对于教会与世俗政权的关系却远远比不上西派教会那么关注；教会长期处于东罗马帝国皇帝的控制之下"①，从而体现了其文化的特殊性。因此我们可以说，没有古希腊文化，就没有拜占庭文化。同时，拜占庭文化又表现出与古希腊文化的巨大差异。

五、并非多余的话

研究古希腊文学与拜占庭文学之间的关系，需要具备语文学方面的知识和能力。没有这方面的知识和能力，很难将这个领域的研究引向深入。就笔者上述关于古希腊文化与拜占庭文化之间关系的看法，总体上说，还是思辨推论的产物，是笔者在一些相关材料的基础上经过认真研判、细致思考后用

---

① 张晓华、徐家玲. 世界三大宗教史纲[M]. 东北师范大学出版社, 1994：126.

逻辑推理演绎出来的。换言之,是从研究者的知识体系出发,将其一般性的认识适用于特殊的研究对象,从而达成理解的。这些看法肯定会受到语文学研究者们的怀疑、诘问或指责,因为这是与语文学者所主张的"从研究对象所使用的语言文字入手,着眼于研究对象的知识体系,体贴入微地理解研究对象的具体表述"[①]的要求相违背的。笔者也深知自己这篇文章在这一点上的缺陷,更渴望自己的这些看法或观点是从具体的版本甄别、语词考证、谬误辨析等最基本和最细微的地方入手而得出来的。因为只有这样,所得出的结论才是真正令人信服的,而这也恰恰从另一个角度证明了语文学研究方法的重要性和价值所在。我们知道,自语文学从18世纪的德国产生以来,语文学家们就一直主张研究古典的希腊和拉丁文学必须要重视语言训练和对经典文本的细微阐释。国内学术界长期以来缺乏精通古希腊语与拉丁语的人才,加之对语文学方法重视不够,因此在这方面确实还有很长的路要走。

但要注意,我们也不能把语文学仅仅理解成语言学、音韵学、词汇学、训诂学、版本学、辑佚学乃至考据学等各个单一学科的简单叠加,而必须将其看成是多种知识相互融合的产物。所以语文学是立足语言概念、具体文本继而拓展到哲学、科学艺术、宗教等多学科领域的综合性研究。我们还知道,语文学和思辨科学(或者思想、理论)是人类智识的两大组成部分,二者相辅相成,互相推动,不可或缺。例如,古希腊的一个词汇、一个概念乃至一则神话、一部史诗,无不反映着特定历史时期内的政治、经济、文化的状况和当时人们的需求;而拜占庭的希腊语文学则表现的是中世纪东地中海广袤地域的社会氛围、主要矛盾以及审美趣味等。这就要求我们在考察这两者的联系与差异时,要具备丰富的词语(或文本)知识以及阐发语言对象所附着或者隐含的知识体系的能力。换言之,用语文学方法进行的研究,其实就是细致入微地理解研究对象对某种知识体系的具体表述的综合性研究。但它与一般的综合性研究不同,其具体研究过程是由点到面,即从"语词"或"概念"的"点"开始,

①苏杰.语文学的精神是什么[J].文汇报,2019-10-25.

逐渐拓展到社会、历史、文化的"面",成为一个以语词或概念为核心的知识拓展系统。假如过于拘泥于点,就会走向狭隘;而没有点,就又变成了大而无当。为此,笔者反对那种把语文学和理论人为地对立起来的做法。

> 语文学的阐释常常与其他专业互相关联:对某些文本,历史或社会史的背景知识具有重要意义(古代史),文学艺术原则或许可与造型艺术的相似流派的原则相比较(考古学),对希腊或罗马宗教的影射使人注意宗教史,哲学或基督教早期神学家的文本(早期神学家同时也是拉丁语或希腊语作家,可以从语文学的角度研究他们的作品)需要借助哲学史或神学的阐释手段。……语文学的教学、笺注、专业书籍通常帮助人们达到必需的知识水平。①

要开展这样的研究,研究者不仅需要具备极好的语言知识,更重要的是要能通过语言概念的梳理和确定,还原当时的具体环境和社会文化氛围。正是从这个意义上说,古典学才逐渐发展成以多学科的理论与方法深入研究古代希腊罗马的一门现代学科,而古典语文学方法则成了一种现代的研究方法。

总之,用语文学的方法判断古希腊文学与拜占庭文学的联系与差异是一种较为科学有效的途径,而这也正是西方语文学的本意之一。因为在19世纪后半叶,德国古典学家维拉莫维茨在《古典学术史》的开篇就对古典学的性质和任务做了如下定义:"古典学术的对象是古希腊罗马文明的本质及其存在的每一个方面。该学科的任务是用学术的方法来复活那个已逝的世界。"②但同时,我们不要忘记古希腊著名的"狐狸和刺猬"的比喻。这个比喻源出阿尔齐洛科斯,因被以赛亚·伯林引用阐发而广为人知。伯林认为,从普遍主义出发,聚焦共性的理论家,是刺猬;从相对主义出发,聚焦个性的语文学家,是狐

---

① [英]克拉夫特.古典文学常谈[M].丰卫平译.华夏出版社,2012:9.
② 转引自吴晓群.中国的古典学研究[J].光明日报,2015-4-18.

狸。而笔者认为,我们今天需要的是两者的结合。换个比喻,鸟儿只有两只翅膀一起挥动才能飞得又高又远。

斯拉夫语文学研究的空间流变：方法与思想

田洪敏*

一般认为,基于语文学意义的斯拉夫研究①起源于17世纪,到19世纪逐渐完成学科化进程。其精神诉求是致力于各个斯拉夫国家的民族复兴,其核心内涵是文化聚合性,认为斯拉夫研究是"基于研究斯拉夫各民族语言、文学、历史、传说、物质与精神文化的学科",在此基础上可以增加艺术、宗教、思想史、民族学、政治和经济研究等。斯拉夫研究者以语文学者与历史学者为主,其核心方法论是将文本赋予文化意义的阐释。

现代斯拉夫研究的中坚力量仍然是语文学与历史学,并逐渐拓展到哲学和艺术研究等。19世纪末,斯拉夫研究渐次超越语文学和历史学边界,而第一次世界大战后地缘政治研究介入斯拉夫研究,使得这一学科的研究对象和方法论更加复杂,特别是早期在俄罗斯和东欧地区受到良好的斯拉夫语文学学术训练的学者流寓其他国家,他们的学术研究或文学创作在个体经验的基础上,拓展为对整体世界文学进程、全球历史进程和地缘文化的研究学者们著书立说,在知识历史和学术实践意义上继承了语文学的问题意识和方法论传统,首先指向斯拉夫研究的"内在"与"外在"之争,前者指的是斯拉夫民族国家内部研究,后者则强调20世纪"大历史"进程中形成的"世界斯拉夫研究"。由此衍生出来的问题"一个或者几个斯拉夫",既着眼于一般学术概念,又涵盖其作为"文化前缀"的一般理解,特别是20世纪90年代以来,随着

---

*田洪敏,华东师范大学外语学院教授。
①斯拉夫研究在俄文中有两种理解方式,一种为"斯拉夫研究"(славяноведение),另一种为"斯拉夫学"(славистика)。英文多采用"Slavic Studies""Slavistitics"与二者分别对应。

东欧剧变,斯拉夫研究在历史学领域的学术增值日渐凸显。总体而言,现代斯拉夫研究虽然在确定研究对象和组织研究边界方面仍然面临着诸多挑战和争议,但重要的不是对概念的悖论式争论,而是要明确使用怎样的理论范式来实现学术实践意义上的现代斯拉夫研究。产生意义与解构意义的非人文主义方向是今天斯拉夫文学研究领域的主要问题。二者都认为自己讨论的前提是文学科学性的现代思想。斯拉夫研究中的传统语文学在20世纪后半叶,特别是冷战时期被认为可能会与地缘政治和现实利益混杂在一起,使得斯拉夫研究逐渐从重视语文实践研究的学科转变为一种区域研究,从语言、文学、历史研究进入地缘政治研究领域。

今天欧洲地理空间意义上的斯拉夫人口约三亿,但是斯拉夫研究并非仅限于欧洲斯拉夫民族国家范畴,其具体包括东欧、泛斯拉夫、乌拉尔阿尔泰以及俄罗斯远东地区,除了欧洲、北美以及中东地区对斯拉夫研究保持高度的学术热情,东北亚也对其研究保持着高度活跃性。在我国,除了俄罗斯研究,近年来随着"一带一路"建设的推进,沿线斯拉夫民族国家与我国在国家交往、民众往来以及经济流转方面的意义越来越凸显。换言之,何谓现代斯拉夫研究,其学科构成背景、构成因素及其变化本身就与"一带一路"沿线国家历史研究互为学理依托。现代斯拉夫研究在我国重新学科化,需要超越学术藩篱、重构学术规范,需要整合斯拉夫历史编纂学与学术观念史。作为对国家具有战略发展意义但是投入不足的斯拉夫研究,与"一带一路"学术整合(regulation)可以同步进行,也同样面临跨学科语境中全球化进程的推进与掣肘双重影响,必须在编纂史学基础上继续接受观念史以及历史哲学、文化学的影响。

所谓的超越斯拉夫研究窠臼,回归现代斯拉夫国家在世界历史进程中面临的现实,并非易事。地缘政治、经济环境和人文语境的变化都会直接作用于学术研究与学术生产,除了上述种种因素,每个现代斯拉夫研究者所必须面临的"大历史观念"则是在20世纪战争与危机主导的历史格局中,冷战却意外地以"和平"的方式结束。这一地缘政治现象并非只作为背景呈现,其本身就是斯拉夫研究的重要对象，是现代斯拉夫研究转型的学术勇气和精神力量之一，也是重新思考20世纪历史进程中关键词"战争与危机"的有效契机。第一次世界大战以降的现代斯拉夫研究迅速呈现出复杂的世界图景，基于人文思想的斯拉夫研究者认为将现代斯拉夫研究完全置于地缘政治、社会学以及经济学理念之下，体现出学者缺乏坚守传统的勇气与信念，将斯拉夫研究简单化，容易陷入二元论。那么现代斯拉夫研究是否还具有一个趋向整合性的学术理念，是否还可以期待实现文化同质性，这一问题本身既是目的论又是方法论，既是学术实践又是思想立场，既是自由又是保守，既是民族历史又是世界历史，既是帝国记忆又是民族历史，既是真实的历史进程又是潜在的假定观念，既是消逝又是未来。作为已经被接受的论述，它们是现代斯拉夫研究的历史基础，是观念史与编纂学的动态起点，从传统的线性研究向"主题叙述"①研究转型，也是全球化学术研究共同体中的一部分，是全球史（Global History）观念的一部分，是冷战之后斯拉夫研究"学术竞赛"的一部分。真正意义上打破学科壁垒与学科傲慢，各种人文力量集中发挥，也只有在"苏联解体、东欧剧变"之后才能实现，而对图像学、人类学等学科的新知识、新范式的积极接纳并形成学理意义上的新概念更是发生在20世纪90年代以降的现代斯拉夫研究进程中。

具体到我国该如何培养斯拉夫研究人才，只注重语言训练势必陷入一种仅仅赞美、维护其国家形象的窠臼，或者只是完成了语言学习中的"双重人格"培养，却很难以某种研究视角进入自我文化与他者文化的研究中。虽然诸如自我认同（self-identification）、解构（deconstruction）等观念开始影响现代斯拉夫研究进程，但是究其根本，现代斯拉夫研究还没有完成自身的转型。

①"主题叙述"作为全球史概念逐渐进入研究视野，即强调在20世纪充满如战争、自然灾害及经济大萧条等历史现象的前提下，绕过战争与危机，直接探讨人类生活潜在基础发生的转变。主题叙述方法构筑了社会对于过去的思考以及对于未来的思索。这一研究范式也影响了特别以战争与危机为阐释前提的现代斯拉夫研究，是种族主义、帝国主义之外涵盖科学、商业、劳工、法律与政府等历史的研究。可参见[美]理查德·W·布利特.20世纪全球史[M].陈祖洲等译.江苏人民出版社，2017：1—6.

一种对全球化、对一时借来的理论的怀疑或虚空冲击着当代学者,这一点不仅仅发生在斯拉夫国家,比如当代美国斯拉夫研究者对今天的西方斯拉夫研究也不无担忧,他们认为这些学者并不了解今天的俄罗斯和历史中的苏联,他们的研究不以文献爬梳或实践为依据,而是以观念占据主导位置,而当这些观念特指贫穷、战争、革命与危机的时候,则尤为堪忧。

一、斯拉夫民族空间内部的语文学方法

作为语文学概念的斯拉夫研究,特指对斯拉夫语言、文学、历史和民族的研究。在这一接近"准确科学"(точная наука)的研究领域,试图证明所有斯拉夫国家"具有统一心灵"的普适观念在今天的研究当中并没有消失,这也是"斯拉夫语文学"(Славянская литература)的重要精神诉求,特别体现在斯拉夫语言词源学、考古学以及民俗学等领域。比较研究方法基于寻找斯拉夫语文学方法论的同一性和学术话语的均质性,是斯拉夫语文学应用的传统研究方法。一直到19世纪末,斯拉夫语文学的发展还是囿于东欧直至俄罗斯的广袤平原,并且以这一地理空间的自然环境、语言与民族宗教为研究前提。俄国历史学家克柳切夫斯基[①]曾警醒研究者,在研究国家的自然界对人们的影响的时候,我们有时试图在最后阐明自然界怎样影响着古代居民的心情,观点虽然有趣,但是无法摆脱科学上的严重风险,这是因为今人在探明古人接受周围自然界现象的时候,总是喜欢把自己的亲身感受转嫁给它,然而很可能古人既不考虑审美学,又无暇欣赏美景。[②]这一点亦是对古希腊地理学观念的反拨。

无法期许所有斯拉夫国家都必须具有统一心灵,其理由之一是一般意义

[①]克柳切夫斯基,俄国著名历史学家,代表作品有《俄国史教程》《外国人关于莫斯科的传说》《古罗斯圣徒行传》等。克柳切夫斯基的历史观念主要是将历史编纂学与历史;文学结合在一起,在自然环境、人类迁徙以及经济生活等历史客观因素之外,强调历史进程的语文性。

[②]关于自然界作为文化因素被植入历史学研究的观点,参见[俄]克柳切夫斯基. 俄国史[M](第1卷). 张草纫、浦允南译. 商务印书馆,2015:55—56.

上的民族与宗教的重要区别,比如波兰和捷克就属于天主教国家,古罗斯文学研究者兰钦(Ranchin)在探讨斯拉夫民族文化心灵的同时认为必须细化其中的传统与文学观念。具体来讲,就是必须强调语言文学研究以呼应历史学研究,如9世纪中叶,拜占庭传教士康斯坦丁(死前授名"西里尔")和梅福季创立斯拉夫字母是为了翻译基督教教义,书面斯拉夫语(更习惯称作古斯拉夫语)则是在南部斯拉夫马其顿国家语言的基础上形成的,其中一部分是与希腊语相类似的词汇,另一部分则被赋予宗教新意。所以中世纪斯拉夫抄书人视教会斯拉夫语为神圣语言,不可能设想除表达基督教真理之外还可以用作他途,教会语言不可能成为文艺作品或者世俗文学的语言。在几百年间,东正教书面斯拉夫语唯一的属性即宗教神圣性。[1]而与古罗斯语不同的是,虽然拉丁语、希腊语和古希伯来语都可以被视作教会语言,但是拉丁语也参与了世俗文集的编撰,而这一点在古斯拉夫文学中是不可想象的。文字具有圣像般的庄严性。但是对比波兰可以发现,当俄罗斯人使用古斯拉夫语的时候,波兰人正使用拉丁文来撰写诗歌:"他们的民族文学按照各自的道路发展,几乎没有受到西方对古典文学再发现的影响。土耳其人的征服切断了从拜占庭流向斯拉夫人的文明源泉。"[2]而在对待古希腊与古罗马文明时,显然波兰与斯拉夫世界并不趋同,波兰的乡间诗歌是维吉尔《牧歌》式的风格上述所列举的基于语言宗教原因的斯拉夫国家内部已经呈现的巨大差别,在现代斯拉夫研究中得到加强,正是基于斯拉夫语文学的观念,不同国家的文化史才被清晰描述出来。

尽管如此,斯拉夫语文学追求文化相关性的学术实践也不能被撼动,它并非只建立在18世纪以来的"民族想象共同体"的基础上,而是有着语文学意义上的事实依据和情感的坚韧性。20世纪古罗斯文学研究者德·利哈乔夫的

[1]Ranchin, A. M. *Legends about the Beginning of the Slavonic Script*[M]. Science Press, 1981: 102—105.
[2][美]吉尔伯特·海厄特. 古典传统——希腊—罗马对西方文学的影响[M]. 王晨译. 北京联合出版公司,2015:19.

研究表明,14世纪末到15世纪上半叶这一阶段可以被称作俄罗斯的"前文艺复兴时期"。这一时期,感觉、感性经验、人的内心生活被推到第一位,而俄罗斯文化诞生的两个重镇中的诺夫哥罗德在这方面具有世界文化意义,正是在这一"前文艺复兴时期",俄罗斯加强了与拜占庭和南部斯拉夫国家的交流,在俄罗斯抄稿运往南部斯拉夫国家的同时,许多画师、建筑师和作家也从拜占庭和南部斯拉夫国家来到俄罗斯。诺夫哥罗德将俄罗斯与拜占庭、塞尔维亚、保加利亚等国家联系起来,俄罗斯绘画首先受到了塞尔维亚的直接影响,其强烈的民族与地方特色"无可争议地"表现在14世纪的俄罗斯绘画中。[①]如果进一步将这一前文艺复兴现象推进到整个东欧文化研究,会发现"所谓的东欧前文艺复兴超出了艺术对象范围,除了包含所有的艺术形式之外,还包括神学和哲学,新闻学与科学生活,日常生活和风俗,城市生活与修道院生活"[②],类似的精神文化现象也就应然成为"统一斯拉夫心灵"的重要文化遗产,也是史料爬梳的重要学术阵地,而从历史角度来分析,这一未受到现代学科命名和学术出版严苛分类的空间即隶属于语文学研究。

可以发现,斯拉夫研究主要是基于各斯拉夫国家与拜占庭的文化关系,以及广义上的东欧国家与俄罗斯的关系。这些文化关系经常进入文学或者历史文本,成为今天回溯斯拉夫研究的必经之路。在这些文本当中,"俄国"或者"俄罗斯"的镜像作用不可忽视。比如保加利亚作家柳本·卡拉维洛夫以1876年保加利亚反抗奥斯曼土耳其的起义为背景创作的小说《硬汉一去不复返》以及后来完成的《昔日保加利亚人》,都将俄国作为一个镜像嵌入文本内部。前文中抱怨"保加利亚人死心塌地忠于俄国人",后文中小说主人公哈吉·根乔就已经"在基辅研习赞美诗和《使徒行传》",另一个小说人物利本大

---

①[俄]德·谢·利哈乔夫. 解读俄罗斯[M]. 吴晓都等译. 北京大学出版社,2003:101—151.

②[俄]德·谢·利哈乔夫. 解读俄罗斯[M]. 吴晓都等译. 北京大学出版社,2003:86.

叔则试图证明"他心爱的俄国人是世界上最聪明、最灵巧的人"。①这主要彰显出俄罗斯帝国意识在 19 世纪依然是各斯拉夫国家归训与反抗的对象。总体而言,我们很难设想 19 世纪中叶至今,东欧作家会完全放弃俄罗斯这个镜像。"惶惑不安的波兰贵妇""混居在一起的乌克兰人、德国人、犹太人和俄罗斯全都生活在当权者制造的令人窒息、麻木的喧嚣中""在与俄罗斯接壤的波兰边境""喝着浓醇的匈牙利葡萄酒"②,类似的情节经常出现在作家笔下,所以 19 世纪中叶之后宣布效忠或者反抗俄罗斯帝国对于整个斯拉夫世界非常重要,一种文化攻守态势始终存在于斯拉夫研究中。

斯拉夫国家针对俄罗斯的"文化攻守态势"被一些学者列入帝国意识研究范畴,比如以东欧以及波罗的海沿岸国家与俄罗斯文化的远近亲疏来约定斯拉夫概念。以俄罗斯文学为例比较容易看清楚这个问题,如普希金完成于 1831 年的诗作《致俄国的诽谤者》常常被后来学者当作具有民族主义倾向的大斯拉夫文化表征。这首诗针对 1830—1831 年的波兰起义而作,认为这是斯拉夫民族内部的事情:"住口吧,这是斯拉夫人的内部争执,/是命中注定的古老的家庭纷争,/是你们解决不了的问题。/斯拉夫的河流是否汇入俄罗斯的海洋? /这海会干枯。"③普希金在诗中指出 1610—1611 年波兰攻占莫斯科,"年老的武士"将军苏沃洛夫率军攻占华沙。这些历史事实作为"斯拉夫民族内部冲突"进入普希金的诗歌,从而歌颂俄罗斯英雄主义。虽然后来研究者认为普希金此诗有沙皇订制之嫌,但是从中可以看出普希金也认为波兰作为一个独立国家而存在是与俄罗斯的利益相违背的。20 世纪语文学者利哈乔夫则认为,普希金与陀思妥耶夫斯基是被迫卷入发表民族立场的,前者"宣称俄罗斯现存的各族人民都前往他的纪念碑",后者则强调"俄罗斯人中的全人

---

① 柳本·卡拉维洛夫被认为是第一位保加利亚职业作家,保加利亚民族复兴人物代表。其作品中文译本可参见伊凡·佐佐夫等. 保加利亚中短篇小说选(上)[M]. 余志和译. 人民文学出版社,2018:51、121.

② [匈]马洛伊·山多尔. 烛烬[M]. 余泽民译. 译林出版社,2015:37—39.

③ [俄]普希金. 普希金诗选[M]. 刘文飞注译. 中国宇航出版社,2014:284—289.

类性"。①这一观点也是对欧洲一度将沙皇俄国视作"各族人民监狱"的语文学意义上的反拨,因为在18世纪以前,"欧洲视俄国人为野蛮人、陌生人和无足轻重之辈,俄罗斯人甚至无法赢得源自恐惧的勉强尊重"。②而俄国自身的亚细亚历史因为1236年之后金帐汗国的近250年的统治而得到加强,专制国家共同体想象深深扎根于欧洲对俄国的理解中。举例来讲,俄文中的"世界"或"和平"(мир)从来没有摆脱过对专制以及强权的依附,在古老的斯拉夫语言中它始终涵盖"农业共同体及其成员"这一物质与精神双向依附的含义,比如托尔斯泰与农民的关系、俄国哲学流派斯拉夫主义、俄国无政府主义者问题、现代斯拉夫国家必须以苏联作为知识阐释和智识防御对象,以及如帝国和帝国主义的区别等,在广义上它们都成为现代斯拉夫研究始终要面临的问题。

到了20世纪20年代,基于语文学的斯拉夫研究首先在东欧受到挑战。在1929年布拉格召开的第一届斯拉夫语文学家代表大会,罗曼·雅各布森就宣布,只要不持有偏见,"浪漫主义的泛斯拉夫主义已然永远被埋葬,实证主义的斯拉夫学"③的时代已经来临,这里主要指注重科学主导性的结构主义在斯拉夫研究中的勃兴,担心语文学观念直接导致泛斯拉夫观念的出现,但是作为学术实践,斯拉夫语文学方法论依然参与了整个斯拉夫学者对于世界文学的构想。

二、斯拉夫语文学回归与世界文学观念

总体上来讲,整个20世纪斯拉夫语文学研究,无论是在东欧和俄苏还是在欧洲和北美,斯拉夫语文学致力于构建世界文学一体性的讨论并没有停

①[俄]德·谢·利哈乔夫.解读俄罗斯[M].吴晓都等译.北京大学出版社,2003:27.
②[英]多米尼克·利芬.俄国与拿破仑的决战[M].吴畋、王宸译.社会科学文献出版社,2015:19.
③[俄]罗曼·雅各布森.浪漫主义的泛斯拉夫主义——新斯拉夫学[J].周启超译.中国比较文学,2017(3):5—6.

止。进入21世纪,为了使斯拉夫语文学研究摆脱冷战思维的影响,2010年,美国斯拉夫研究会(The American Association for the Advancement of Slavic Studies, AAASS)易名为斯拉夫、东欧和欧亚研究协会(Association for Slavic, East European and Eurasian Studies, ASEEES),致力于在区域和全球背景下推动有关中亚、高加索、俄罗斯和东欧的研究,这也意味着美国斯拉夫研究在冷战之后着力进行学科转型,斯拉夫学在这里回归语文学意义,削弱其地缘政治含义。越出斯拉夫世界,一般认为欧洲斯拉夫学的奠基者是法国学者安德烈·维兰特(Andre Vaillant, 1890—1977),其主要研究兴趣在于古斯拉夫语言、南斯拉夫语言、历史语法学、词汇学和词源学,同时编辑过塞尔维亚民间歌曲。

斯拉夫语文学在20世纪的回归首先在于如何阐释已经出现的学科分类与学科命名,比如斯拉夫语文学与苏联学研究之间的关系,其界限很难划清。关于苏联学,佛蒙特大学教授丹尼尔斯(Robert V. Daniels, 1926—2010)在《苏联社会和美国的苏联研究:一种成功的研究》(*Soviet Society and American Soviet Studies:A Study in Success*)(1998)开篇有清楚的分析与解释:

> 就其自身而言,苏联学从来就不是一个学科,而是一种学术异端(academic cult)。它仅仅是从类似于学术——历史学、经济学、地理学、社会学、人类学和各种政治学的观点,对苏联进行特殊研究。本质上,政治学、经济学和社会学,以其自身方式针对不断发展变化的当下苏联,足以把苏联的存在纳入其学科框架内查考的。比起他们各自学科的理论主潮,分散在各领域的苏联学家或许少有精妙的方法论,他们作出的判断经常是根据彼此意见,而不是超越同行。在学术意义上,和不同学科相比,它是一种广义的宗教。①

冷战时期,美国苏联学的发展作为斯拉夫领域的"意识形态或者政治正

---

①转引自林精华. 人文学术与国际政治之间的张力——冷战时代英美斯拉夫学界对苏联的文学把握[J]. 俄罗斯研究. 2016(2):140.

确"被接纳。举例来说,如果一个美国斯拉夫学者挑选陀思妥耶夫斯基或者果戈理就相对容易开展自己的学术生涯,甚至只是单纯地会讲流利的俄语也可以成为研究专家。但不可否认的是,在这一过程中,美国也完成了另一路径的俄国文学研究,比如对于陀思妥耶夫斯基的存在主义阐释就是俄国文学世界化进程的表现:"他的著作总是被看作——如果本身不是存在主义的话,至少是存在主义的先驱。"①所以形成美国特色的俄国文学史的写作也介入美国的斯拉夫研究,它与苏联本土文学研究的最大区别是强调对所谓有现代性(modernity)倾向的文学的研究。中国学者薛君智认为,美国俄苏文学研究的发展进程不仅取决于世界形势的变化,而且受制于美国的政治、军事、外交、经济和移民政策的演变,②这一"受制"观念必须与美苏国家关系同进退。按照薛君智的观点,自1728年俄国探险队踏上阿拉斯加之际,俄语就开始在北美大陆传播了。1795年俄国东正教堂在阿拉斯加州建立第一所俄语学校,至19世纪末20世纪初,到第一次世界大战,美国哈佛大学、哥伦比亚大学及斯坦福大学等先后设立俄国文学研究机构,同时依托美国研究机构多设在大学内部的优势,将斯拉夫语文教学与文学研究有机结合,可达到"观察苏联人的行为的政治、社会和思想因素"③的目的。然而文学还是无法预测历史,所以当20世纪90年代苏联遽然解体的时候,美国学者多表示"苏联解体是一起令人惊诧的事件""我被震撼了,我没有想到苏联是轻而易举地终止存在了""我被惊呆了,我们已很好地理解了会发生什么变化,考虑到这些变化的重要性,但没有想到它们会导致苏联解体"。④

类似的"苏联解体震撼论"在20世纪90年代基本占据了整个斯拉夫研究的前沿领域,也标志着冷战时代的结束,清理冷战时代斯拉夫研究的历史遗

---

①[美]苏珊·李·安德森.陀思妥耶夫斯基[M].马寅卯译.中华书局,2004:2.
②薛君智.欧美学者论苏俄文学[C].社会科学文献出版社,1996:338.
③转引自E. J. 西蒙斯.透过苏联文学的镜子:俄国社会概况,薛君智主编.欧美学者论苏俄文学[C].社会科学文献出版社,1996:338.
④转引自林精华.人文学术与国际政治之间的张力——冷战时代英美斯拉夫学界对苏联的文学把握[J].俄罗斯研究,2016(2):137.

产接续成为必然选择。俄国当代作家佩列文认为,事实上不可以使用"解体"
(распад)一词,这个词汇是用来表述一个不间断的(непрерывность)过程的,
而苏联是在瞬间(мгновение)崩塌的。甚至一些历史学家将苏联解体乐观地
看作"历史的终结",而且这一终结至少在理论上是以和平的方式,也使人文
学者以更加绵长的状态来书写这一变革时代的人与事,不再简单使用"革命"
或者"危机"这样的概念来框定历史节点。虽然这一历史进程所引发的"文化
休克"(Cultural Shock)和20世纪90年代新俄罗斯时期的"经济休克"(Econom-
ic Shock)一样漫长,但它的和平结局还是为历史研究提供了新的学术实践的
可能性,至少可以重新回溯革命与危机理论。

　　虽然苏联的防御性意识形态曾经被美国斯拉夫研究奉为圭臬,并且影响
到文学与历史学科,形成丰富的研究成果,但是这并不意味着美国的斯拉夫
研究仅仅是意识形态的附属品,其对于地缘政治的超越性也是不容忽视的。
林精华认为,英美斯拉夫学的学术自由源于"技术层面上不直接实施文化冷
战策略"[1],这一"技术层面"的实现除了美国学者的贡献,也得益于斯拉夫侨
民知识分子的介入。

　　流寓在北美的知识分子以自己的智识力量介入并影响美国的斯拉夫研
究,成为斯拉夫研究世界化进程的重要组成部分。一般认为,美国的斯拉夫
研究在20世纪20年代之后必须面对斯拉夫移民潮流的影响,其学理基础来
自斯拉夫世界的学者罗曼·雅各布森、毕茨利[2]、塔兰诺夫斯基[3]、特鲁别茨科

---

①林精华. 人文学术与国际政治之间的张力——冷战时代英美斯拉夫学界对苏联的文学
把握[J]. 俄罗斯研究,2016(2):174.
②彼得·毕茨利(Bicilli,1879—1953),俄国历史学家、文学家和哲学家,1924年流亡保加利
亚,在索菲亚大学任职,主要研究中世纪历史以及西欧历史对于俄国的影响。
③塔兰诺夫斯基(Taranovski,1911—1993),1920年和父母一起移民到南斯拉夫,1958年到
美国,在哈佛大学等高校任职,主要研究白银时代诗歌。

依①等,如布拉格语言小组是捷克和俄罗斯科学思想共生的成果,也有波兰和西方语言学影响的痕迹。最重要的是,斯拉夫与北美大陆都是这一学派的有机组成部分,北美大陆的斯拉夫研究是超越民族、国家和文化界限的最好实例,甚至是跨学科领域最值得嘉奖的学术勇气所在:"法国的结构主义获得的灵感,来自索绪尔和罗曼·雅各布森的语言学。"②1942年到1949年,雅各布森先后在纽约自由高等研究学院、哥伦比亚大学等学校出任斯拉夫与比较文学教授,就巴尔干斯拉夫人的文学语言等作了专门深刻的研究,所以从第二次世界大战的乌云开始笼罩欧洲到战争结束,雅各布森基本完成了自己的斯拉夫文论构建,并且将之纳入世界文学与世界历史范畴,是语文学的整合图景。③雅各布森所涉猎的斯拉夫文学与语言学、捷克文学、斯拉夫民俗学、中世纪斯拉夫研究和比较斯拉夫文学研究直到今天仍然是欧美斯拉夫研究的基础,雅各布森被认为是"美国现代斯拉夫学的奠基人"④。

与雅各布森的学术路径不同的是,多数斯拉夫学者还是在俄国历史或者俄国文学中继续开疆掠土。比如彼得堡历史学家尼古拉·乌里扬诺夫⑤在1953年离开俄罗斯,到耶鲁大学执教之后,将自己的历史研究和西方中世纪

---

①特鲁别茨科依(Trubetskoi,1890—1938),出生于莫斯科,语言学家、历史学家、哲学家,布拉格语言小组重要成员,斯拉夫结构主义理论奠基人之一,与雅各布森合力研究以地理因素为考量的欧亚语言体系,在布拉格语言小组中倡议建立本体意义上的结构主义,20世纪二三十年代在维也纳大学教授斯拉夫语言学和文学,后研究音韵学,是斯拉夫语言学领域结构主义的倡导人之一。

②[美]雷纳·韦勒克.近代文学批评史(第6卷)[M].杨自伍译.上海译文出版社,2009:512.

③关于这一部分可以参见周启超.现代斯拉夫文论导引[M].河南大学出版社,2011:26—36.

④[美]C. E. 汤森.美国斯拉夫学发展简况[J].方也译.当代语言学,1981(3):70.

⑤尼古拉·乌里扬诺夫(Николай Ульянов,1905—1985),俄国历史学家,1927年完成论文《16—17世纪外国资本对殖民俄国北方的影响》(*Влияние ин остранного капи тала на колониза цию русского се вера в XVI–XVII вв.*),在探索克服俄国帝国沙文思想和地方民族主义思想中推进自己的历史研究。1953年离开苏联到达加拿大,后受邀到达美国,在耶鲁大学执教。

历史研究结合在一起做综合性研究。另一位移民学者马克·斯洛宁①于十月革命之后离开俄国，经日本到达欧洲，在布拉格、柏林和巴黎短暂停留，在每一处停留的一两年当中积极投入当地文学期刊工作，并在巴黎出版《沿着金色的小路：斯洛伐克印象》，同时用英文、法语和意大利语著书立说；1941年斯洛宁离开马赛经由摩洛哥到达美国，在耶鲁大学、芝加哥大学等科研机构从事俄国文学及文化问题研究，1950年完成《俄罗斯文学史诗：从起源到托尔斯泰》（*The Epic of Russian Literature：From Its Origins through Tolstoy*）。像斯洛宁这样的侨民学者在美国往往担任几重文化身份，既是自己祖国文学的研究者又是报刊撰稿人、出版人、政论者和教育者，既是斯拉夫文化的继承者又是20世纪俄苏现代文学研究在美国的开拓者，其研究的丰富性和复杂性使得他们必须成为"百科全书"式的学者。类似斯洛宁这样离开自己的祖国，但是毕生生活在自己国家的文化语境之中的俄国以及东欧知识分子不在少数，如被称作20世纪"匈牙利的普鲁斯特与托马斯·曼"的作家马洛伊·山多尔（Grosschmied Sandor Karoly Henrik，1900—1989）拥有记者、诗人、翻译家、小说家、戏剧家等多重身份，他在今天被誉为匈牙利最优秀的移民作家和学者。1919年马洛伊离开匈牙利到达德国，1923年辗转至巴黎，1948年和1950年在瑞士和意大利短暂停留之后，1952年到达美国，1957年获得美国国籍。马洛伊一直是在乡愁情绪与激情斗士的情绪中写作的，多以奥匈帝国和十月革命虚实交叉为小说背景，匈牙利1956年发生的反抗苏联的革命也是他关注的对象。其小说中诸如"在俄罗斯发生了革命""我的家园曾经是波兰和维也纳""所有的一切都分崩离析，变成碎片"②这类历史与记忆延展的文风带有强烈的时代气息。与大多数侨民斯拉夫作家一样，马洛伊在离开祖国之后再没有回到匈牙利，"到时间中避难"是20世纪斯拉夫侨民作家所必然面对的命运，留恋、哀

①马克·斯洛宁（Marc Slonim，1894—1976），其作品《现代俄国文学史》在2001年由汤新楣翻译完成，人民文学出版社出版；《癫狂的爱——陀思妥耶夫斯基的三次爱情》在1989年由施则勤、董小英翻译，中国文联出版社出版。
②参见[匈]马洛伊·山多尔.烛烬[M].余泽民译.译林出版社，2015:86—89.

伤、愤怒、自嘲与不可和解是其精神处境。

捷克裔耶鲁大学比较文学与世界文学学者、批评家雷纳·韦勒克则不同于上述两类斯拉夫学者。从文学批评角度而言,韦勒克将斯拉夫民族国家与民族文学建构在世界文学与比较文学内部,是具体文学现象的实践性研究。在研究早期,韦勒克也是从介绍、翻译、搜集整理俄国作家如陀思妥耶夫斯基研究的批评文献开始的,但不将自己的民族身份作"例外论"解释是韦勒克进入世界文学进程的先决思想,学界多会征引韦勒克的个人学术经历来佐证斯拉夫民族文学研究可以"世界化",其民族思想可以被辨识并且可以被认知,甚至韦勒克关于民族文学的观点与立场也是其特殊的个人学术经历的形而上阐发。比如韦勒克就认为,既然1607年之后英国在北美建立第一个殖民地,那么美国文学何时摆脱了殖民影响,以及世界上是否有独立的瑞典文学或者比利时文学,这些看似不应该成为问题的问题恰好是解决民族文学的基本原点,而关于这一问题的思考直接源自韦勒克本人的个体生命经历,他出生于奥地利,家庭文化血缘包括波兰等国,后来接受德语、捷克语、拉丁语、英语、法语以及意大利语文化等的影响。①但是在今天,没有人会将韦勒克的文学研究直接嫁接在斯拉夫文化血统论之巅,应该说,韦勒克继承、发展和深化了斯拉夫文学研究,同时其学术研究中饱含对古典主义和现世的关怀,人们恰好是将韦勒克作为世界文学、民族文学以及比较文学影响全球文化历史进程的典范,从这一学术实例来看,这是对于雅各布森语言学的补充,是基于实证主义观念的文学批评,是受到俄国形式主义影响,直到后来体察马克思主义文学批评以及现代派批评的综合体系。

综上所述,可以发现美国的斯拉夫研究虽然也受到苏联学的影响,但是其在斯拉夫语言文学研究方面是自洽的,与基于地缘政治研究的苏联学研究并行不悖。语文学研究远远超越地缘政治研究,因为自美国在20世纪30年

---

①关于韦勒克民族文学的观点及其阐发可参见刘钦.韦勒克的民族文学观及其启示[J].文学评论,2016(2):76—77.

代与苏联建立外交关系，经历第二次世界大战，直到 1957 年苏联发射第一颗人造地球卫星，这一时期被学界认为是美国斯拉夫研究的巅峰。综合考虑美国斯拉夫研究的语文性质和文化政治学特征，美国的斯拉夫研究大体出现三种趋势：20 世纪 30 年代之前，主要研究视野在文学领域，主要研究对象为 19 世纪俄国作家，多数研究者具有丰富的实践教学经验和访问苏联的个体经历；50 年代随着赫鲁晓夫调整美苏关系，美国与彼时苏联的学术交流得到加强①，这一时期历史研究超越文学研究，特别是帝俄政治史研究得到加强，重视原始档案的苏联史学家扎伊翁科夫斯基②为美国培养了大批从事俄国政治史研究的美国学者；70 年代，苏联时期新一代侨民力量得到加强，其对于美国文化和大众生活的参与度更高。以上三个阶段虽然都有斯拉夫侨民知识分子的参与，但是其特点各不相同。从理论上来讲，十月革命、第二次世界大战及 70 年代三个阶段的斯拉夫学都"力求使自己的学术成果具有超越专业领域之外的政策品质"③。

美国的斯拉夫研究中还呈现不同程度的与地缘政治研究错位的表现。随着冷战的结束，西方国家基本完成了至少对于俄罗斯文学历史的学科建设，这一建设成果直接影响了斯拉夫研究的走向。但是也有学者认为这一时期的文学、历史以及艺术研究更像是地缘政治学的批注或阐释，如关于帕斯捷尔纳克《日瓦戈医生》的讨论代表了当时美国知识界对苏联的认知，特别是作家、历史学家以及艺术家基于个体生命的遭际也常常成为国家历史的重要组成部分。这一部分在后来的移民史等专题历史中得到书写，有效预

---

① 关于美国与苏联在 20 世纪 50 年代基于俄国政治史研究的学术交流，可参见张广翔、周嘉莹. 冷战以来西方学者有关 19 世纪俄国官僚史的研究：理论、观点与趋势[J]. 俄罗斯研究，2018(1)：133.

② 扎伊翁科夫斯基(ПетрЗайонковский，1904—1983)，苏联历史学家，强调在历史研究过程中注重"主观因素"，应该深入研究彼时统治者的个人思想在历史研究中的介质作用。这一观点后来影响了美国帝俄政治史专家、哥伦比亚大学教授理查德·沃特曼。

③ 王子晖. 20 世纪五六十年代美国苏联学的发展及其影响[J]. 世界历史，2014(4)：138.

防了碎片化和过度宏观性,像美国的苏联文学史补充了如瓦基诺夫[①]和皮利尼亚克[②]等在苏联解体后回归祖国的作家。这样做的结果是在20世纪80年代初期美国就有了至少在内容上相对完整的苏联文学史,但是也应该看到反苏和保守主义立场,其表现为对整个左派知识传统的消极应对。

三、英国的斯拉夫语文学研究

相比美国的斯拉夫研究,英国以其斯拉夫研究在历史、哲学和文学批评领域,特别是在史料编纂、整理与评述层面厥功至伟,可以说仍然延续了语文学中的历史主义观念,并且在冷战结束之后成为斯拉夫语文学最重要的史料来源地。与此同时,由于英国智识阶层对苏联生活的认识在很大程度上受到德国历史哲学的影响,英国的斯拉夫研究也受到斯拉夫侨民知识分子的影响,但是差异性也比较明显,特别是在历史和哲学领域,在文学领域则主要集中在学术出版方面。

到20世纪初,俄罗斯侨民知识分子奠定了英国斯拉夫研究的基础,几乎所有的移民都选择相信:相对于法国有时候会讨好专制,英国有更加良好的学术研究条件。所以尽管对于俄罗斯移民来说,伦敦不像布拉格、柏林或者巴黎那样具有心灵故乡的意义,然而斯拉夫历史学家和哲学家视伦敦为更好的学术延展地,因为历史上伦敦一直是俄国知识分子从事民主出版以及宣传

---

①康斯坦丁·瓦基诺夫(КонстантинВагинов,1899—1934),俄罗斯诗人,小说家。1989年改革时期,他的作品被重新出版与研究,此前分别于1982年在德国、1983年在美国出版。瓦基诺夫的作品被认为受到果戈理、陀思妥耶夫斯基及别雷的影响,也受到欧洲文艺复兴风格影响。

②鲍利斯·皮利尼亚克(БорисАндреевичПильняк,1894—1938),俄罗斯和苏联作家,俄罗斯白银时代的代表作家,十月革命后从事文学创作,1921年出版了长篇小说《荒年》,这部作品先后被翻译为英文、法文、德文、西班牙文等多国文字,皮利尼亚克的作品因为意识形态和神秘主义等问题招致批评,1926年发表《不灭的月亮的故事》,1929年,因为在国外发表中篇小说《红木》被开除出全俄作家联盟的领导层。皮利尼亚克虽然备受争议和批评,但是到1937年已经成为最受欢迎的作家之一。

个人政治主张的文化重镇。早在19世纪已经有赫尔岑、克鲁泡特金①奠定的
基础;1914年第一次世界大战末期到1922年苏联政权建立与巩固,伦敦更始
终是国外俄罗斯历史与哲学研究重镇。如今,这一历史过渡时期呈现出来的
诸多问题被多层次研究,成为观点冲击带。俄罗斯圣彼得堡大学移民史研究
者彼得·巴扎诺夫②认为,自1990年起的20年当中,俄国侨民历史学家的著述
被广泛研究,除了集中出版,还包括对大量海外历史文献的抢救性整理与研
究,这在很大程度上影响了现代俄罗斯的"历史哲学"(философияистории)。
苏联解体之后,一个巨大的"俄罗斯侨民的星球"(планетаподназвание
mрусскоезарубежье)被发现,特别是在20世纪二三十年代俄侨的政治生活中
各种旨在为"新国家"寻找新的意识形态的组织起到重要作用。这些组织无
不以兴办新闻刊物宣传自己的思想为己任,其出版物包括《自由俄罗斯》《前
夜》《现代人》《自由语词》《面包与意志》《俄罗斯工人》《社会民主党》《革命思
想》等。英国被俄罗斯的反对派或革命者选为政治避难所由来已久,几乎所
有的知识分子都相信在这里可以捍卫自己的政治观点,其中原因复杂,总体
来说相信俄罗斯革命和愿意支持俄罗斯革命的民主思想一直存在于英国智
识阶层中。来自俄国的思想始终吸引着英国智识阶层,或者是刻意回避美国
斯拉夫研究的地缘政治倾向,逐渐在英国形成了特殊的斯拉夫研究模式,英
国学术思想中的观念史部分与俄罗斯历史哲学研究的经世致用思想有效融
合在一起,逐渐形成了超越语言、文化和学科影响的斯拉夫研究。相对于欧
洲大陆,英国的斯拉夫研究尤其深入,这一点也被视为英国海外殖民地思想
在斯拉夫研究中的表现,"英国自身海外殖民地的开拓也必须关注俄国的陆

---

①克鲁鲍特金(Пётр Алексеевич Кропоткин),俄罗斯无政府主义理论创始人,历史学家、
哲学家。曾经在1876年到1917年流亡国外,首先在英国,后到美国。曾在美国波士顿主
持俄国文学史讲座,涵盖其讲座内容的《俄国文学史》由郭安仁先生在1930年译为中文。
②彼得·巴扎诺夫(Петр Базаров),出生于1969年,俄罗斯历史学教授,研究领域为俄罗斯
海外历史学家研究、俄罗斯侨民出版物以及俄罗斯海外政党历史研究等。目前在彼得堡
文化学院等三所大学任教职。

地扩张"①,所以英国的斯拉夫研究更具历史衔接性,一以贯之地奉行了实用和折中的态度。

以赛亚·伯林②与爱德华·卡尔可以代表英国斯拉夫研究者在思想史与历史方面的卓越成就,他们早期身份多为历史学家、外交官、记者和国际关系研究者,均从事过文学写作与新闻写作。在他们的学术生涯中,苏联研究成为无法回避的重要场域。他们的思想史研究或历史研究无不始于对俄国19世纪文学的研究,这在一定程度上也决定了他们在研究俄国思想史或历史时的人文立场。他们几乎都是完美的散文家和报刊撰稿人,是擅长演讲,用激烈、自由或平静的态度表达自己观念的英国绅士知识分子。一般来说,他们必须作为"史学经验主义的反对者"(opponent of empiricism in historiography)才有可能面对作为新的人类历史现象的苏联。可以循例认为无论是伯林还是卡尔都是维多利亚时代文学经验的质疑者,因为俄国文学,特别是陀思妥耶夫斯基的作品是英国文学经验所不能解释的文学现象,它"消解了维多利亚时代'乐观主义'的最后一点残余"③。他们对于苏维埃时代的人都抱有同情之心与研究兴趣,同时是积极的社会活动家,普遍希望与俄国建立某种精神纽带,虽然多数斯拉夫研究者可能因为祖上有逃离俄国的历史,或者因为出生于波罗的海等受帝俄影响的地区。在经历最初有些浪漫主义的对个人心灵史的追踪溯源之后,英国斯拉夫研究者逐渐形成了具有扎实史料基础的研究成果。

以赛亚·伯林被认为是20世纪最著名的思想家、历史学家与文学批评家。他关于自由与多元、单一刺猬与多元狐狸的讨论已经进入现代思想史范畴。

---

①林精华. 人文学术与国际政治之间的张力——冷战时代英美斯拉夫学界对苏联的文学把握[J]. 俄罗斯研究,2016(2):12.
②以赛亚·伯林(Isaiah Berlm,1909—1997),20世纪英国自由知识分子,1920年随同父母移民到英国,后攻读哲学与文学,第二次世界大战期间曾经在莫斯科担任外交官。他的《俄国思想家》《苏联的心灵》等著作都有中文译本,是我国学界比较熟悉的致力于思想史研究的英国哲学家和政治思想史家,他的著名的"狐狸与刺猬"理论也广为人知。
③林精华. 文学国际政治学[M]. 社会科学文献出版社,2013:98.

按照以赛亚·伯林的观点,俄罗斯以及后来的苏联在不同历史时期都与世界上其他国家保持着某种程度的隔绝,从未真正成为西方传统的一部分。以俄罗斯文学传统视之,既有斯拉夫派的公开立场,又包括对立抵制以至于强烈的隔离感。以赛亚·伯林认为这一种强烈的隔离感传统自普希金贯穿到契诃夫。

爱德华·卡尔出身于英国中产阶级家庭,他的身上始终存在一种类似于科学知识分子(scientific intellectual)与文学知识分子(literary intellectual)的研究力量。①这种性情虽然使得卡尔的研究被质疑为不切实际和有些浪漫主义,但不妨碍他仍然被视为英国苏俄历史研究的奠基者,他的著作直接导致了对苏联革命的积极评价。卡尔的研究对象包括19世纪俄国文学如赫尔岑、巴枯宁、陀思妥耶夫斯基等,也涵盖20世纪初社会主义苏联问题。1916年至1936年卡尔在英国外交部任职,1925年至1929年他担任英国驻拉脱维亚大使馆二等秘书,同时开始深入研究苏俄历史。研究革命事件之后产生的政治、社会和经济结构的历史,是卡尔苏俄历史研究所遵循的基本思考轨迹,这显然与苏俄所提供的历史研究场是完全不同的,卡尔认为自己对于"历史的感觉"(a sense of history)正是来自俄国革命,并且最终促使自己成了历史学家。传记作家乔纳森·哈斯拉姆(Jonathan Haslam)则认为卡尔的苏俄历史观念有着"对于俄国革命一种堂吉诃德式的亲近"(Quixotic affinity for the Russian Revolution),其撰写的从列宁到斯大林的苏俄历史不仅令人激动,而且"充满了对世界其他地方的教训与警告"(full of lessons and warnings for the rest of the world)。乔纳森·哈斯拉姆认为卡尔是"永恒的局外人"(outsider),终身反对流行的历史观点,没有明确的意识形态和道德标准,有着对于正在

①科学知识分子与文学知识分子之说转引自[英]E. H. 卡尔. 历史是什么[M]. 陈恒译. 商务印书馆,2016:182.

崛起的资产阶级的痛苦。①这至少证明一点：20世纪英国对苏俄的研究在很大程度上源于它是一种新的制度以及和这种制度相匹配的文化历史观念，这样就可以解释为何英国的斯拉夫研究在本质上没有受意识形态的掣肘了。

四、现代斯拉夫语文学动态

现代斯拉夫研究和多数学科转型在本质上并无二致，但是在学术实践与生产层面则呈现特殊性。现代斯拉夫研究在现代历史阶段（modern history）必须面对语文学基础上的跨学科研究，必须面对历史学与文化学的影响，细化来讲是观念历史编纂学争辩与实现研究成果的场域。特别需要关注的是，在20世纪最后十年东欧剧变与苏联解体的背景下，"历史终结论"很快被证明是盲目的，自由主义并没有二元论地出现在斯拉夫世界。20世纪90年代地缘政治的变化也很快被后来的世界复杂形势证明并非美国的胜利。日本学者柄谷行人就认为，当初看上去仿佛美国霸权得以确立，全球化暂时获得了胜利，可正如20年后的今天所判明的那样，这一切都归于破产，最终使各国多少有些不得已地采取了国家资本主义或社会民主主义的政策。②对比英国学者基思·罗威（Keith Lowe）的观点，往事不应该被遗忘，但是应该放在合适的背景中。今天德国人与波兰人普遍将对方视为友好邻邦，然而在第二次世界大战后德国人与波兰人的世仇宿怨无法消解，波兰人厌恶那个屠杀平民、建立集中营的德意志民族，同时德意志民族也怨恨"野蛮的斯拉夫人"，数千平方英里的德国领土被割去，交给了波兰。第二次世界大战后欧洲出现了令人不安的新对立，西欧气氛比战前更加世界主义，而东欧数百年来世界主义被部分甚至全部地摧毁了。东欧与西欧之间的差异，部分是长期历史进程造成的，

①参见乔纳森·哈斯拉姆的著作《诚信的恶习：E H. 卡尔1892—1982》（*The Vices of Integrity: E. H. Carr 1892—1982*, Verso, 1999）。乔纳森·哈斯拉姆是卡尔的学生、朋友，也是著名的苏俄历史专家。这部传记被认为是爱德华·卡尔的权威传记，能够展现历史学家爱德华·卡尔在一种类似于革命浪漫主义的情绪和个人智识形态之间的徘徊。
②[日]柄谷行人. 世界史的构造[M]. 赵京华译. 中央编译出版社, 2012:2.

比如少数民族问题向来在东欧比较严重。①同时，基思·罗威认为应该警惕欧洲各地彼此竞争的民族团体坚持的统计数字，警惕民族神话，处理复仇还是宽恕、纪念或者遗忘的问题。这不仅存在于东欧地区，还包括西欧地区，比如英国也曾经像美国一样宁可相信他们独立完成了第二次世界大战拯救神话，比如即便是在21世纪，意大利民族主义者也很容易把他们的斯拉夫邻居描绘成流氓恶棍。

　　上述这些现代世界所面临的话语图景都在现代斯拉夫研究中得以确立。在交叉学科发展以及全球学术竞争与通力合作的状态中，斯拉夫研究的边界仍然处于辩论阶段，学者对无限扩大边界和学术研究的历史现象仍心存疑虑，担心斯拉夫研究再次沦为地缘政治研究的附庸。但事实上超越传统语文学范畴的学科合作在俄罗斯已经产生，表现在俄罗斯文学、文化学、历史学的跨学科研究得到加强，在波兰等国强调将现代斯拉夫研究与移民学进行整合研究，欧美斯拉夫研究则面临认知范式与知识边界，以及全球化的影响。同时，"俄罗斯学"（Russialogy）与美国范式的"俄罗斯研究"（Russian Studies）带有比较研究视域，二者都在21世纪之后受到学界重视。按照波兰学者 L.苏哈涅克（L. Suchanek）的观点，俄罗斯学作为斯拉夫研究的专门学科的历史并不长，它衍生于语文学并立即带有文化学特征，具有跨学科性，所以俄罗斯学不是一种西方学术规范体系中的"区域研究"（Area Studies），其主要学术诉求是考察俄罗斯在世界共同体中的地位和历史使命，这一研究有利于完成对俄罗斯的整体认识，而这是传统语文学所无法给予的。新的学科研究范式的勃兴已然是一种新趋势，尽管现代斯拉夫研究者对从意识形态的角度解读文化有天然的逆向观念，认为这妨碍了学术自由，但不可否认的是，在整个斯拉夫研究领域中，意识形态从未缺席过。有学者认为存在比较视域下的"文学政治学"（politics of literature），这一学科或许一时不能得到认可，但是作为研究路

---

①参见[英]基思·罗威. 野蛮大陆——第二次世界大战后的欧洲[M]. 黎英亮译. 社会科学文献出版社,2015:266—268.

径已经实现了。具象到俄罗斯文学研究,可以将其理解为一种植根于俄罗斯
文化心理的批判倾向,学者汪介之认为,俄罗斯文学中始终充盈着"表现民族
心理弱点,重铸民族灵魂"的倾向,而这一倾向到19世纪以后的文学发展中被
契诃夫继承和发扬,从某种意义上来说,俄语文学世界化进程正是在契诃夫
之后达到了一个巅峰。①虽然今天的斯拉夫学者对从西方"借来的理论"依然
保持高度的警戒,但是其学科转型和新的学科范式已经出现了。

现代斯拉夫研究在英国、法国和美国等西方国家呈现一定的趋同性,但
在其他地区如日本、以色列的情况则复杂很多。前者可以追溯到明治时期,
1905年日俄战争之后崛起的斯拉夫研究很大程度上基于边疆史研究;后者则
与1967年开始的俄语地区移民相关联,大概有150万犹太人离开苏联来到了
以色列。按照以色列斯拉夫研究者沃尔夫·莫斯科维奇的观点,随着铁幕政
治的倾塌,来到以色列的俄罗斯人以及来自中亚独联体国家的人超过100万,
移民不再只是犹太人,这一移民现象彻底改变了当地的文化生态,大众媒体、
出版甚至教育等领域都会混杂一些俄罗斯文化因素。②即便在今天,斯拉夫
迁徙与移民问题在不同国家也呈现不同的文化图景。在我国,传统的俄罗斯
研究仍旧是主要力量,近年来随着"一带一路"建设在学术领域的实践,学习
和研究斯拉夫世界语言文学渐成趋势,但是从习得语言到研究需要一个漫长
的时间,这一点值得我国在重启与整合斯拉夫研究时给予关注,同时"斯拉夫
研究"或"斯拉夫学"的学科范式亟须规范化。

也有学者认为现在的斯拉夫研究完全沦为实用政治学的文化空间,是一
种美国范式研究的延伸,但是立足于学术辩论立场以及历史真实,我们发现

---

① 参见汪介之. 民族文化心理批判倾向的开拓与延伸[J]. 天津师范大学学报(社会科学版),2020(1):8—13.

② 参见沃尔夫·莫斯科维奇:《斯拉夫研究动态与相互关系》(Динамика и взаимосвязь славистических исследований). 同时应该关注的是,苏联和以色列没有外交关系,这阻碍了以色列的斯拉夫主义者与苏联科研机构进行实质性合作。1991年10月,戈尔巴乔夫决定恢复与以色列的外交关系,形势发生了戏剧性的变化。此后,以色列和俄罗斯的斯拉夫学者开始加强彼此联系。

当今斯拉夫研究进入政治文化空间不是发生在美国，而恰好产生在斯拉夫研究内部。斯拉夫内部这种类似于实用政治学的观念严重影响着基础性研究，比如斯拉夫方言、斯拉夫文学与中世纪文学的关系等研究相对从前反而处于劣势，具体的研究资料编纂、史料学、学术史爬梳等也受到冲击。笔者以俄罗斯和美国为例说明斯拉夫研究的转型问题。基本作为公理被接受，作为研究起点和背景从未遭到过质疑的传统斯拉夫研究范式是危机论，即将战争、危机与贫困导致的革命和知识分子对政权的反抗视作俄罗斯艺术、文学、哲学以及历史研究的重要起点。这一思想在19世纪最初30年俄国知识阶层①的社会运动中得到加强。贫穷、卑贱与无知以及由此引发的道德敏感与反抗始终是俄国观念历史的一部分，即危机理论成为出发点与终点。这一观点在20世纪末被一些历史学家沿用至不同的主题研究，他们试图回溯这一观点产生的原因以及可能引起的历史误判，如一些历史学者试图从经济历史或社会历史角度反向研究思想史，然而得出的结论似乎不是危机观念可以完全涵盖的。有趣的是，这一观点首先产生在以危机论自处的西方学者内部，后来影响到俄罗斯的历史研究领域。学者们逐渐认识到在现代斯拉夫研究过程中使用革命、危机、帝国等概念时必须经过更多的求证，而不是将其作为先验的知识体系来接纳和圈定，至少在使用类似概念时还需要阐释更多的其他概念。这一要求细致化推进历史研究的立场正在得到多数学者的认同和实践，《俄国与拿破仑的决战》（*Russia Against Napoleon*）的作者、当代英国历史学家多米尼克·利芬（Dominic Lieven）就认为，在排除为当今世界新帝国开脱的前提下，应该了解到"在繁盛时期的帝国与许多民族国家不同，经常是相对宽

---

① 俄文中"知识阶层"（интеллигенция）来自拉丁语"intellego"，原意是指感觉、接纳、发现、认知、了解、分析以及本质研究等。"Intellegent"也强调理解、思维、认知力量与接受能力，想象、概念、思想以及敏感性和艺术感知力等。关于何时首次使用这一词汇没有一致可考的意见，但是其在"1世纪进入共济会，19世纪进入西欧文化，19世纪中叶在俄罗斯文学中已经被广泛使用。按照以赛亚·伯林的解析，知识阶层更是一种俄国现象，诞生于1815—1830年，是有教养、道德敏感的俄国人发起的一场运动，是不满蒙昧的教会和统治阶级的阶层。参见[英]以赛亚·伯林. 苏联的心灵[M]. 潘永强、刘北成译. 译林出版社，2010：158.

容、多元,甚至偶尔对在它们庇护下的众多社群表现出仁慈态度的"现在很多学者已经注意到帝国研究的复杂性,在研究俄国击败拿破仑的战争中,从前的民族历史学家不能免俗地创造了若干国家神话,但是利芬认为在现代历史研究过程中反观俄法大战,大概也需要研究"后勤学",比如轻骑兵、1812—1814年俄国的马匹产业等。[①]这一基于历史人类学的观念如今也得到俄罗斯历史学家的认可,虽然常常带有一定的学术危险性,但是这一尝试并没有因此停止。

再比如关于历史文献中俄国旧制度陷入系统危机的命题,在今天的俄国史研究中也得到重新梳理和论证。一直受到学者关注的俄国农民与知识分子的关系也再次成为研究俄国史的起点,但是与传统研究不同的是,今天有一种观点认为,对农民的文化歧视亦是俄国知识分子自我认同与自我肯定的方式,是一种控制手段。俄国道路的特殊性并非一成不变,其社会思想与现实认知之间存在范式窠臼,而这种窠臼却是多数学者愿意选择的对于俄国社会的接受与认知。这一社会范式不仅存在于历史研究中,也存在于文学及艺术研究中。基于此,很多学者认为应该多角度求证已经存在的俄国历史研究问题,如当代俄罗斯史学家米罗诺夫就主张从历史人类学角度重新观照18世纪至20世纪初帝俄时代的生活,从而思考贫穷与危机对于晚期帝俄生活的影响,展示历史的复杂性,考察帝国在衰败的过程中以及各项衡量社会发展的指标的变化。这一研究方法指涉传统俄国史学的各个领域,知识分子问题、农民问题以及农奴制改革等都成为首先被讨论的对象。米罗诺夫征引西方历史编纂学界领袖孔菲诺的观点,认为如果在全面危机画面中去掉导致俄国革命的农业危机,那么有关帝国制度衰落的所有观点都应被重新研究。在美国的斯拉夫研究学者中,这种观点一直得到所谓的"乐观派"的支持并且有不

---

① 参见[英]多米尼克·利芬. 俄国与拿破仑的决战[M]. 吴畋、王宸译. 社会科学文献出版社,2015:43—49.

断增加的趋势。①历史研究表明,1880年莫斯科大学已经成立了第一个人类学教研室,保留了一部分人体测量学的研究与实验数据,这些数据对于研究彼时俄国社会经济水平有一定的参照价值,但是米罗诺夫也发现,贵族认为测量身高有损尊严,使得一部分近卫军的数据缺失。米罗诺夫甚至研究了19世纪农民的回忆录,主要涉及农民自身生活,如婚姻生活、通货膨胀等,但这些在以后的俄国历史研究中并没有得到有效关注。

研究表明,距农奴制被废除近20年的20世纪80年代,应该成为一个独立的"后改革时代"。1861年到1880年,俄国基于改善个人生活与思想自由的社会变革此时也达到一个比较成熟的阶段。利哈乔夫指出,1882年出现为资助农民购买土地而组织的农民银行,同时限制童工工作的法案开始实施,1885年限制少年与妇女夜间劳动,需要特别指出的是,与传统俄国历史研究中将政府作为唯一思考出发点不同,相反的历史事实如今应受到关注,至少应该成为一种补充条件并得到应有的尊重与研究。②

基于人类学、经济学以及传统社会学观念,米罗诺夫小心翼翼地提出了"乐观观点",即俄国革命并不完全是因为贫穷与危机论,也包括知识分子的乌托邦情绪以及实业阶层的反精英意识。这一观点虽然受到质疑,但是为俄国历史研究提供了新的思考范式。这种范式近乎一种对二元论思想的实践性的反拨力量,是一种现实认知。这种现实认知既包括知识分子、僧侣的形而下生活,又包括农民的形而上思考,因此现代俄国历史研究除了借助传统的社会冲突论和结构–功能主义理论,也积极建构苏联历史编纂学与西方历史编纂学的关系,以重新审视苏联时期秉承的历史观,"世界上任何一个国家的史学家都未曾像苏联史学家这样否定本国历史"③。为了佐证这一历史观

---

①参见[俄]Б. Н. 米罗诺夫. 帝俄时代生活史(上)[M]. 张广翔、许金秋、钟建平译. 商务印书馆,2010,第一章"国内外历史文献中的帝俄居民福利状况"。
②参见[俄]德·谢·利哈乔夫. 解读俄罗斯[M]. 吴晓都等译. 北京大学出版社,2003:26.
③关于20世纪90年代之后俄罗斯历史编纂学的新趋势,可参见张广翔、许金秋. 苏联时期及解体后历史编纂学的基本趋势——米罗诺夫吉林大学讲学综述[J]. 世界历史,2006(2):156—158.

念,斯拉夫历史与文学研究更多走向整合,不再互为背景。与之相呼应,2001
年俄罗斯社会科学院组成历史语文学学部,于2002年开始正式运行。十年
间,致力于"实践意义"的斯拉夫研究超越了观念史研究,主要表现在研究不
同时代社会思想的发展、与社会文化的联系、文字与语言遗产、南斯拉夫文学
语料库等。1995—2012年出版的五卷本《古代斯拉夫民族语言学辞典》除了
完成传统的辞典编纂任务,还将数字化以及技术创新纳入考量。建立实验
室,研究与验证斯拉夫语音学,研究俄语、塞尔维亚语以及与其他斯拉夫语言
之间语法、语音和韵律学之间的关系,建立方言、文化学与民族志档案,等等,
这一时期的历史、语文学与考古学达到前所未有的合作关系,致力于研究从
中世纪开始的中欧、东南欧和东欧的国际关系史,同时加强民族学研究,比如
对阿尔泰地区的文化与宗教研究重视厘清观念与概念,将国家性、阶级、农奴
身份、阶层以及社会革命等观念置于历史学与社会学场域中思考。此外,还
扩大比较历史学研究,重点研究俄罗斯在世界历史进程中的位置,研制全球
性史学趋势,通过研究气候、商品价格等变化来把握某一时期的社会历史现
状,但是当前的研究成果因诸多学术训练的欠缺而流于一种肤浅的先验观念
辨析。

　　反观美国的斯拉夫研究,寻找一种方法论使斯拉夫研究全球化是其重要
组成部分。与全球语境的接触,对打破自我异域化和自我东方化的模式具有
极大的好处。斯拉夫研究可以在不归为东西方二元对立的情况下被纳入广
泛的比较研究,与此同时它仍能用陌生问题刺激全球的研究领域,这一观点
的拥护者希望现代斯拉夫研究可以迅速全球化。它本身表现在对于欧美话
语模式的彻底修改、重建和改进,也表现在新的话语体系的提出,其本质是知
识与思想边界的问题。举例来说,针对帝国研究及与之相关联的俄国官僚史
研究已经发生变化,"新政治史学"逐渐与韦伯的"官僚制理论"形成对话模

式,定量史学等新的分析方法开始介入俄国史研究。①

总体而言,总有一些历史事件引发学者们对于斯拉夫语文学研究的转型思考,比如南斯拉夫事件被质疑为美国式全球化没有遭到欧洲反对的实例,这引起了一些学者的疑虑,即全球性也许意味着"在政治学、法律、文化的意义上,要求把自己体制化,内在化,生命政治化,就是说,把自己理解为内在于人的生命力、情感世界和对于生活价值的想象和创造力的构成性原则。这是一种新的主权论"②。这种类似于一种心灵主权论的趋势可以被视作斯拉夫世界在东欧剧变和苏联解体之后的历史基本图景,是另类和平的衍生品,中心(core)与边缘(periphery)的界限逐渐模糊,而此时,回归理性的斯拉夫语文学则变得更加迫切。

全球性在俄罗斯本土也引发了激烈辩论。当代俄罗斯作家维·佩列文在小说《反转圣书》中直接引用书写全球化的萨斯基亚·萨森的著作《全球化及其不满》③,将全球化视为绝望与痛苦、暴富与豪奢的代名词。他在小说中明确地反对全球化与消费主义对当代俄罗斯生活的侵蚀:"1940年到1946年俄罗斯国民生产总值下降了20%,这一切都是因为战争。"但是1990年到1999年俄罗斯国民生产总值下降了一半多,按照小说主人公巴维尔的解释,这一数字超过了成吉思汗与希特勒加在一起给俄罗斯造成的损失。维·佩列文质疑提出经济全球化的著名经济学家约瑟夫·斯蒂格利茨④的立场,并且明确提出《全球化及其不满》"是一本可怕的书,而谈到美国,它压根不需要原子弹,因为有世界贸易组织和国际货币基金组织……"一种类似于"跨国主义"(transnationalism)的文化、历史以及政治经济观念在全球推广和实践的同时,

①关于美国新政治史学与俄国官僚史研究的关系,可参见张广翔、周嘉莹. 冷战以来西方学者有关19世纪俄国官僚史的研究:理论、观点和趋势[J]. 俄罗斯研究,2018(1):134.

②张旭东. 全球化时代的文化认同[M]. 北京大学出版社,2006:123.

③中译本可参见[美]萨斯基亚·萨森. 全球化及其不满[M]. 李纯一译. 上海书店出版社,2011.

④约瑟夫·斯蒂格利茨(Joseph Stiglitz,1943—),美国经济学家,获2001年诺贝尔经济学奖,曾提出经济全球化的观点。

也引发了人文学者的思考。

俄罗斯学者亚历山大·伊万诺夫与美国斯拉夫学者德拉根·凯德兹奇①联合撰文《千年之交的西方斯拉夫研究》,发表在俄罗斯人文与哲学杂志《逻各斯》(2000年)上。该文基本可以代表当代斯拉夫研究在美国的转型现状和其可能面对的挑战。伊万诺夫认为,在当代如果谈到俄罗斯哲学或文学在世界上具有何种形象,其所指代的事实首先是西方斯拉夫研究机构以及话语体系(institutes and discourses of Western slavic studies)。当然,他也担心 会完全将斯拉夫研究变成美国学术市场的一只股票,因为这样就会变成只担心它的估值,而不关注现象学或阐释学层面的问题,不关注"此时此地"真实的学术研究。而针对近年来欧美所进行的新移民现象的研究,伊万诺夫认为移民意识的复杂性应该延伸至所有离开的人,不仅仅特指来自斯拉夫世界的知识分子移民研究。就学术环境而言,这一移民是向着"智识舒适"(intellectual comfort)或者是滑向"智识舒适的幻觉"(the illusion of intellectual comfort)的,同时作者认为美国斯拉夫研究的一个典型特征是对现代经验的巨大忽视,缺乏更广泛的人道主义环境,忽略了整个斯拉夫研究不仅仅是一个对象,更是一种具体的描述话语方式,应该在语文学基础上延展至伦理学与美学研究。

凯德兹奇认为,由于世界经济的全球化以一些文化现象的消失,美国的大学机构也面临着重大危机。这首先表现在所有以他国语言为研究对象的师生都成了具有民族国家的"双重人格"的人,比如进入一个俄国文学研究系,就会发现墙上写着诸如"俄语是世界上最伟大和最强大的语言"之类的话语,虽然事实上由于全球化进程,民族主义现象至少在语言习得方面理应呈现减弱的趋势。凯德兹奇则认为当前美国的斯拉夫研究已经告别了20世纪

---

① 亚历山大·伊万诺夫(Alexander Ivanov),哲学家,出版人。在1993年苏联解体不久后创办出版社 Ad Marginem Press 出版社名字取自拉丁文,意在表达边缘研究。出版社致力于出版20世纪下半叶以来的俄罗斯以及西方文学、哲学、历史、文化、艺术方面的书籍,边缘以及跨学科研究是其出版宗旨。德拉根·凯德兹奇(Dragan Kuyundzic)是加州大学尔湾分校斯拉夫研究和比较文学研究系主任。

移民影响，同时苏联已经消失，这两点必须得到正视。现代斯拉夫研究最大的变化在于必须应对国际学术市场知识分子交换，做好准备参与全球智识市场的竞争。但是显然很多斯拉夫研究者并没有做好准备，他们只是通过再次强化民族主义话语而成为新的跨文化研究需要挑战而不是和解的对象，比如认为斯拉夫研究作为一种"智力先决条件"似乎是不雅的，认为使用何种方法研究19世纪俄罗斯文学这样的问题似乎先验地不能出现。凯德兹奇认为，俄罗斯知识分子刻意生活在一种民族苦难之中而不自拔，并且将之作为一种学术壁垒，隔绝与世界的交流，"不要碰我们的巴赫金，不要试图将他写入欧洲背景""你不可能了解洛特曼"等思想依然存在于今天的俄罗斯学界。与洛特曼的一次会面中，凯德兹奇谈及德里达和巴赫金，而洛特曼使用著名的阿喀琉斯与乌龟的故事来比拟俄国的"迟到"是一件好事情。似乎俄罗斯学者天性反对将巴赫金与德里达或者巴塔耶同时放在20世纪世界文化背景下加以讨论，凯德兹奇将这类学者称为民族主义的"口腹论者"。

结语

20世纪波兰诗人辛波斯卡在《然而》中写道："给你的儿子取个斯拉夫名字，/因为在这儿他们计数头上的头发，/因为在这儿他们以名字和眼皮的形状/分辨好坏。"[1]"斯拉夫"作为民族身份认同的标识，是很多作家和诗人言说的对象，同时也是艺术意象。但是作为学术研究的现代斯拉夫研究在世界各国发展极不平衡，甚至出现停滞的情况。

总体而言，现代斯拉夫研究在斯拉夫世界没有超越语文学范畴，即在语言、文学、文化、民族、宗教和历史范畴内开展研究，这一趋势在1929年第一次世界斯拉夫大会之后至少在斯拉夫世界内部达成了共识，迄今已经形成了方言研究、斯拉夫各个国家内部的历史编纂学以及比较视域的历史和文学研究

---

①[波兰]维斯拉瓦·辛波斯卡. 万物静默如谜——辛波斯卡诗集[M]. 陈黎、张芬龄译. 湖南文艺出版社，2012：10—11.

的体系化,这是斯拉夫研究实证主义传统取代浪漫主义传统的结果。存疑也需要释疑的地方则是斯拉夫研究作为一个学科与"学科前缀"在现代历史进程中的变化,它既是全球化进程的重要组成部分,又是政治、经济、文化等实践学科交叉研究的对象,同时也参与重构旨在强化保护和抢救基础学科的斯拉夫研究。现代斯拉夫研究势必涵盖跨学科意义的经济、政治、文化等诸多研究层面,从这一层面来看,"一个或者几个斯拉夫"的问题既是历史诗学问题,又是历史哲学问题,这一趋势已经形成。

"为世界而爱"：世界文学和人文主义

童庆生*

一

　　全球化,包括文学和文学思想的全球化,是我们无法回避、更无法否认的现实。在新的历史条件下重新认识世界文学是在文学研究的平台上对经济全球化的反应。世界文学是历史的产物,当然只有以历史主义的态度和方法才能准确理解和把握世界文学的意义和价值。严格说,世界文学并非一个概念,而是一种现象,一种历史的现象,而现象是无法简单定义的。在方法论上,我们可以借鉴人类学中"厚实描写"(Thick description)的方法,去描述、分析、解读世界文学现象及其发展的历史条件和背景,勾勒其轮廓,梳理其发展的轨迹和谱系,而不作简单的、字典式的定义。①

　　首先应该承认,世界文学和比较文学有所不同。比较文学研究中,无论是平行研究还是影响研究,皆以民族文学的存在及其合理性为前提。没有民族文学,何须比较文学? 比较文学,透过比较的视角或通过比较的手段,谋求发现不同文学体系间的联系,寻找可供比较的情感结构、经验历史和人文诉求,并据此考察民族文学间相同或相近的观念、原则和实践形态。一般认为,作为历史概念的比较文学源于歌德的表述。但在歌德的有关论述中,我们看

---

*童庆生,原中山大学博雅学院、外国语学院教授。
①有关"厚实描写"(Thick description)的方法和理念,见 Geertz, Clifford. "Thick Description: Toward an Interpretive Theory of Culture." in *The Interpretation of Cultures: Selected Essays*[C]. New York: Basic Books, 1937: 3—30.

到的只是世界文学,并非比较文学。1827年,歌德指出:"我越来越相信诗歌是人类共有的,可以不分地域,任何时候在千千万万的人身上都能看到……所以我喜欢看看身旁的外国民族,我建议每个人都这样做。民族文学现在不是很有意义的表述,世界文学的时代快来临了,大家都应该努力促使它的早日到来。"①歌德感受到的世界文学不仅是全球一体化的产物,同时也是全球化在文学上的体现。19世纪初,国别文学间的交流已经十分普遍,歌德从文学跨越国界在世界范围流动的现象中感受到了变动的世界。引发歌德这番"世界文学"言论的文学实例是他此时正在阅读的一本中国小说的译本。有感于全球化过程中民族文学身份可能出现的变化以及民族文学间可能出现的越来越多的交叉影响和相互挪用,歌德认为将国别文学孤立分割开来的研究方法已是落后于时代的认识模式。面对已经或即将出现的"世界文学",歌德表现出特有的敏锐,呼吁人们以全新的观念看待民族文学的衰落和世界文学的兴起。他所使用的"世界文学"(Weltliteratur)一词不胫而走,广为流传,成为比较文学学科内的经典词语。在歌德发出世界文学的呼吁后不久,马克思、恩格斯在《共产党宣言》(1848)中,从资本主义发展的历史逻辑出发,高屋建瓴地预言民族文学在资本主义经济全球化的过程中将会不断边缘化。资本主义文化如同资本主义经济一样,其本质就是在全球范围内不可逆转地向外膨胀和扩张:

> 　　资产阶级既然榨取全世界的市场,这就使一切国家的生产和消费都成为世界性的了。不管反动派怎样伤心,资产阶级还是挖掉了工业脚下的民族基础。旧的民族工业部门被消灭了,并且每天都还在被消灭着。它们被新的工业排挤掉了,因为建立新的工业部门已经成为一切文明民族的生命攸关的问题;这些部门拿来加工制造的,已经不是本地的原料,而是从地球上极其遥远的地区运来的原

①Echermann, Johann Peter. *Conversations with Goethe*[M]. London: Everyman's Library, 1930: 165—166. 本文中译文除注明出处外均为笔者所译。

料；它们所用的产品，已经不仅供本国内部消费，而且供世界各地消费了。旧的需要为新的需要所代替，旧的需要是用国货就能满足的，而新的需要靠非常遥远的国家和气候悬殊的地带的产品才能满足了。过去那种地方的和民族的闭关自守和自给自足状态已经消逝，现在代之而起的已经是各个民族各方面互相往来和各方面的互相依赖了。物质的生产如此，精神的生产也是如此。各个民族的精神活动的成果已经成为共同享受的东西。民族的片面性和狭隘性已日益不可能存在，于是由许多民族的和地方的文学形成了一种世界的文学。①

马、恩的论断带有强烈的决定论的色彩，认为文学生产和经济生产并无本质的不同，由资本主义的发展所带来的殖民扩张和经济全球化决定了文学的全球化。然而与歌德的言论相比，马、恩这段话的深刻之处在于，他们清楚看到，在资本主义实施其普遍性经济原则的内在冲动和欲望的驱使下，世界文学的出现是必然的历史过程，随着全球化过程进一步的深化，民族文学必然会被世界文学所取代，至少会被边缘化。歌德和马、恩的观点是对文学未来的预言，具有相当的前瞻性。然而他们对世界文学的想象基本上停留在经验的层面上，流于缺乏分析的观察，是对业已存在的或即将出现的世界文学作出的近乎直观的反应。后来的比较文学学者，包括中国比较文学学者，不停地发掘、阐释、扩充这几段论述，但是"世界文学"的观点仍然十分抽象、模糊，基本上无法在分析的层面上展开。"世界文学"到底是什么？"世界文学"与民族文学之间是一种什么样的关系？为什么要研究世界文学？诸如此类的问题，歌德和马、恩都未详加讨论，给予清楚的回答，甚至没有留给我们具有启发性的思考方向。今天我们在经济全球化的过程中重提世界文学，当然不能停留在这几段孤立的话上，重复不断地解释它们，不能仅从不同的角度对

---

① [德]马克思、恩格斯．共产党宣言．马克思恩格斯全集第四卷[M]．人民出版社，1958：469—470．

歌德和马、恩的意图及其"世界文学"观的内涵进行猜测和推断,否则,世界文学这一本来生动活泼,带有丰富内涵的理念,将渐渐变得空乏而索然无味。

值得注意的是,歌德和马、恩都没有提到比较文学,而是世界文学。仔细考察他们的言论,特别是马、恩在《共产党宣言》中对世界文学的表述,不难看出,他们所说的世界文学,是独立于民族文学之上(或之外)的文学体系。而相较之下,比较文学本身并不构成独立的文学体系,其研究对象仍然是民族文学;究其本质,比较文学更多强调的是研究的方法和视角,因此,可以作为一种研究方法或理论流派存在,但不是独立的文类。世界文学是相对于民族文学的类别,但不以民族文学的存在为前提或条件,更不以民族文学为其表现和考察的对象,是不同于民族文学的独立体系。民族文学是世界文学的他者(the other),反之亦然。在欧洲文学思想史上,民族文学的概念直到18世纪末才出现,随着民族资本主义的发展而日益成熟和壮大,成为理解和叙述文学发展史的既定的概念和种类。①

其次,应该看到,世界文学不是各民族文学的总和,不是国别文学作品的集合体。将世界文学定义为民族文学文本的总汇,不但流于经验性的粗糙和空洞,且在实际研究中几乎无法操作。可以设想一下编写世界文学史,编写世界文学文选的困境:选哪些作品,各国别文学占有的位置(占几页还是几十页),是十分头疼的问题,往往争论很大。这种文学史或文选的编写法是时下普遍的做法,其背后隐含的理论支撑是将世界文学类比为民族文学"联合国"的世界文学观。这种观点及其引导的世界文学研究的局限性十分明显。即使在现代技术条件下,也没有可能将所有国别文学作品收集在一起,如何研究? 穷经皓首,一生又能读多少"经典"? 各民族文学已经翻译成中文的作品只是极小的一部分。仅从经验的层面上看,没有人可以掌握世界上所有的语

---

①然而如何界定民族文学仍然有争议。以民族国家和民族语言来定义民族文学有明显的缺陷。有关"文学"从一般意义上的"阅读"向"想象性"写作和"民族文学"的发展过程,参见雷蒙·威廉姆斯的《马克思主义和文学》(*Marxism and Literature*)(Oxford: Oxford UP, 1977),特别是第二章"文学"。

言,遑论遍读各国所有的文学经典。而所谓"经典"究竟有多大代表性本身也是个问题。这样的研究方法沿用到民族文学的研究也会带出同样的问题。文学文本的创作难以穷尽。以英国小说为例,笔者曾因教学的需要,做过一个粗略的统计,从1854年到1903年约50年中,英国小说创作数目达42000多种。每天读一本小说,要花差不多一个世纪的时间。如果以平均阅读生命为50年计,每天读一本,也只能读完18000多种。其实,这不是一个时间的问题,而是方法问题,更是观念问题。研究英国小说,将文本作为前提,将文本个案零散的知识连缀在一起,并不能说明英国小说的本质和意义。"英国小说"不是文本个案的总和,而是一种结构和空间,或如威廉姆斯所说,是一种"情感结构"(a structure of feeling)。[①]在研究中,应该将英国小说作为一种集合体现象,从总体上加以把握。同样,世界文学不可能是国别文学的总和,并非世界各民族文学作品的总汇。世界文学研究的最终对象,不应是个别的文学文本,研究世界文学的注意力不应该局限或停留在文本上。文学不同于文学作品。正如意大利批评家弗兰科·莫瑞蒂(Franco Moretti)所说,世界文学不是一个概念,而是一个问题,一个至今仍未解决的历史问题。[②]作为一种历史的文化形态,世界文学是西方现代性的产物,是人文主义在文学领域的自我表述,形成发展于启蒙运动时期。我们讨论世界文学的目的并非将世界文学作为独立的学科门类来考察,而是将世界文学的思想和实践回归到西方现代学术思想建构的早期,梳理世界文学与民族文学的关系,因为正是在现代社会和历史的大背景下,学术、知识、文化等内部的深刻变化为世界文学的实践提供了必要的思想资源和文字材料。文艺复兴和启蒙运动时期人文主义的兴起带来了知识生产的深刻革命和一场以人为对象、以人为中心的知识再造运动,为后来资产阶级人文主义的主导地位的建立作了充分的思想上和材料上的准备。欧洲现代学术在其开始成形的早期就已经认识到语言在人的经验

---

① 参见 Williams, Raymond. *Marxism and Literature*[M]. Oxford: Oxford UP, 1977: 128—135.
② 参见 Moretti, Franco. "Conjectures on World Literature"[J]. *New Left Review*, 2000(1): 54—68.

中不可或缺的重要地位,而语文学正是在这样的背景下出现的。

二

米歇尔·福柯(Michel Foucault)在《词与物》(英文版为 *Order of Things*,译作"事物的序列")中对西方现代知识体系的形成和发展作了整体的审视和批判,这对我们认识、讨论世界文学及其与西方现代知识体系的历史联系具有极大的意义。福柯指出,西方现代知识,或是所谓的"人文科学"(Human Science)——关于"人"的知识——是围绕人的三个基本生存条件发展起来的,即人的身体(body)、劳动(labour)和语言(language),包含三门相关或相对应的知识体系,即生物学、经济学和语文学。生物学专注的是人的身体,经济学是对人的生存的物质条件劳动的认识,语文学所关注的是人通过语言相互交流,自我表达和对社会关系的认识。在福柯看来,现代知识的出发点和关注点是具体的、社会的人的本身,即对活着的人、劳动的人和讲话的人的了解。这些新型的认知领域的开拓和发展为人类认识自我提供了有效的途径,同时也为西方现代知识体系进一步发展和完善以及与此相联系的现代的意识建立打下了坚实的基础。①

在福柯对现代知识谱系的"厚实描写"中,语文学是西方现代学术中最早成熟起来的学科之一;对本文来说,尤其值得重视的是,语文学也是世界文学的起点,或者说世界文学是语文学的一部分。英文 philology 可有多种译法:"语文学""语言学""言语学""文献学"等。据《牛津英文词典》(*Oxford English Dictionary*)记载,philology 源于拉丁文 philologia,由 philo(热爱)和 Logia(词、文字、语言)两部分组成,在意义上,与哲学 philosophy 相对:前者原意为热爱语言,后者是热爱智慧。Philology 的基本意义包括热爱学问和文学,热衷于辩论和推理,喜欢演讲和讨论。如此看来,将 philology 译成"语文学"应该更加贴近原意。现代意义上的语文学在 17 世纪初出现。作为一种独立的知识体系,语

---

①见 Foucault, Michel. *Order of Things*[M]. London: Vintage Books, 1973: 353.

文学专注历史，通过文献解读去阐释和批判历史和社会。《牛津英文词典》注明，英语中最早在现代意义上使用语文学一词的是托马斯·福乐（Thomas Fuller），他在1661年，将语文学定义为包括人文研究各种门类的学问。在19世纪，语文学渐渐演变成语言研究，特别是历史语言学和语言分类学。[①]值得注意的是，尽管philology在词源上是个古词，但直到17世纪才开始流行，这并不是时间上的巧合。作为一种新型的知识生产模式和研究方法，philology所关注的不仅是关于人的综合知识，更是普世的通用之知识。语文学研究的对象包括一切由文字记录下来的有关人的知识，当然也包括文学文本。语文学的兴起突出体现了欧洲现代意识中对普世主义的诉求，寻求超越民族文化语言，包罗万象和综合所有知识体系的欲望，在语文学的旗帜下纳入人类迄今为止所有文字记载的历史和知识的勃勃雄心。因此，语文学不仅是综合的、跨学科的知识，同时也是新的认识世界和掌握世界的全新的认知领域。作为最先发展起来的现代学术体系之一，语文学代表和体现了现代人文学科的精神、取向和方法。

三

20世纪伟大的语文学家埃里希·奥尔巴赫（Erich Auerbach，1892—1957）继承并发扬光大了欧洲深厚的语文学传统，以宽广的视野，将人类的文学经验与人类自身的成长联系在一起，指出世界文学是语文学传统中的重要组成部分。奥尔巴赫被认为是"比较文学的奠基者""流亡知识分子的榜样""世界文学研究的预言家"[②]，其文学研究是一幅宏大的人文主义全景图，展示出人文主义的动人的学术魅力。二战前，奥尔巴赫在马尔堡大学语文学系教学。1935年，纳粹崛起，他被迫离职，尔后离开德国，流亡伊斯坦布尔。1947年移民美国，先在宾夕法尼亚州立学院任职，后于1950年任耶鲁大学罗曼语文学

---

①详见《牛津英文词典》"philology"条.

②Porter, James I. "Introduction", to *Time, History, and Literature Selected Essays of Erich Auerbach*[C]. trans. Jane O. Newman. Princeton and Oxford：Princeton UP，2014：X.

教授。奥尔巴赫逃离德国时,只带了一箱资料和书籍,在伊斯坦布尔十年的寂寞中,凭借着有限的图书资料,写下了不朽的名著《摹仿》。1953年,《摹仿》英文版由普林斯顿大学出版社出版。奥尔巴赫是德国语文学传统的产物,在这一传统中培养出来的学者博大精深,通晓多种语言,兼容并蓄,将一切可为文学批评所用的思想、知识和文本融会贯通。由于语文学的方法是以历史作为支撑的,奥尔巴赫说,他写作《摹仿》的目的就是书写历史。《摹仿》是语文学传统的杰出代表。2003年,在萨义德的推动下,普林斯顿大学出版社隆重地推出了《摹仿》五十周年纪念版,萨义德写了长篇序言,高度评价了奥阿巴赫在文学研究上的巨大贡献及其人文主义语文学在新的历史条件下的意义、价值和作用。

值得注意的是,萨义德也是奥尔巴赫的经典论文《语文学和世界文学》(1952)的译者。在译者前言中,萨义德简明扼要地总结了奥尔巴赫所代表的语文学传统。[①]语文学的范围包括所有或绝大多数有文字记录的人的活动,其材料涉及人类主要社会历史活动的文字材料,如法律史和经济史等方面的文字材料;语文学的研究方法是彻底的历史主义的方法:语文学不同于哲学,它所探寻的并非永恒、抽象的真理,而是具体的社会历史条件下的真理;在研究切入点上,语文学从最基本、最具体的历史文献入手,但并不局限于文学文本。他在《拉丁古典后期和中世纪的文学语言及其受众》一书中是这样界定语文学的:"通过对文献的阐释来分辨历史上曾经被确认的真理的科学就是语文学。因此在德国,语文学意味着思想史(*Geistesgeschichte*),包括法律史和经济史在内的所有历史学科。"[②]奥尔巴赫特别强调,语文学所追求的并非永恒的形而上的真理,而是历史的、相对的真理,代表了某个时代人类可能达到的认识水平。在《语文学和世界文学》一文中,奥尔巴赫对语文学和世界文学

---

①见萨义德为奥尔巴赫的《语文学与世界文学》写的题记. Auerbach, Erich. "*Philology and Weltliteratur*"[J]. trans. Maire and Edward Said, *Centennial Review*, Vol.x, No.1, 1969:1—17.
②Auerbach, Erich. *Literary Language and Its Public in Late Latin Antiquity and in the Middle Ages*[M]. trans. Ralph Manheim. New York:Pantheon Books, 1965:15—6.

的关系作了深刻的论述，清楚勾勒出世界文学和语文学的历史渊源。在回顾了歌德提出"世界文学"概念的历史条件后，奥尔巴赫指出，人们对世界文学的认识，源自历史的、人文的关怀，源自语文学的历史主义。

因此我们可以认为，世界文学的传统便是启蒙时代的人文主义传统，以及代表这一传统的语文学。奥尔巴赫说："我们的世界文学的知识归功于历史人文主义给予那个时代的冲动；人文主义所关心的不仅是发现材料和研究方法的进步，而是通过对这些材料和方法的检视和评估去书写人类的内在历史（an inner history of mankind），而这内在历史创造了人在不同中的统一。"①奥尔巴赫认为，世界文学的宗旨是探索人类心灵深层结构中具有普遍意义的人文主义精神，以及人文主义的传统所体现的人的心灵史。研究人类的内心历史不仅是语文学的任务，也是世界文学的基础。

> 历史是最能直接影响我们，最能深深打动我们，最能有力推动我们走向自我意识的科学。只有在这门科学中，人类才会集体走到我们眼前。在历史的指引下，人们不仅可以了解过去，而且懂得一般事件的进展，所以历史包含着现在。过去1000年的历史就是人类获取自我表达能力的历史：这便是语文学这一历史性学科研究的对象。这一历史包含着人在认识自我生存条件和实现内在潜能的道路上勇敢无畏向前迈进的记录。②

过去的1000年是欧洲人获得自觉的历史，即约从10世纪起，欧洲现代民族国家逐渐摆脱了拉丁语这一帝国语言的统治，先后获得了语言文化上的独立，为现代欧洲文化的形成和发展创造了必要的历史条件。这一漫长的思想自觉的过程也是欧洲现代思想史的序幕。在语文学精神引导下的世界文学同样试图在具体的历史过程中探索人类内心的历史——人类精神史，并由此

---

① Auerbach, Erich. *Philology and Weltliteratur*, p. 4.
② 同上，第5页。

为实现人类在多元条件下的统一做出贡献。奥尔巴赫进一步解释什么是内在历史：人类心路历程最突出的表现，就是对人类生存条件的认识的不断进步，并在这种认识的基础上永不停息地改善人的生存环境和条件。这是对语文学和世界文学的价值和意义的具体、明确和深刻的表述。

在奥尔巴赫看来，维柯（Giambattista Vico，1668—1744）和赫尔德（Johann Gottfried Herder，1744—1803）开启并发展了语文学的传统；以维柯和赫尔德为代表的欧洲语文学传统，正是世界文学生长的土壤和思想源流。学界通常认为，歌德在1827年提出世界文学的概念是世界文学的起点，而奥尔巴赫将世界文学的思想和实践大大推前了150多年，明确指出维柯和赫尔德的思想是语文学和世界文学的最重要的组成部分，而维柯和赫尔德思想的核心便是彻底的人文主义。奥尔巴赫指出："自维柯、赫尔德以降，语文学的真正目的一直就是这种人文主义，语文学由于有了这样的目的，而成为人文学科中最主要的一支。"[1]德国语文学的传统植根于德国学术中特有的历史关怀，在这一伟大的传统中，赫尔德、施勒格尔兄弟（A.W.Schlegel 和 F.Schlegel）都认为历史的发展体现在个体的民族精神（*Volksgeist*）之中，并将此定义为语文学最重要的主题。[2]

奥尔巴赫在强调人类共同进步、共同繁荣的重要性的同时，表达了深深的忧虑：在日益变小的地球上，全球化的力量正在不停消解不同文化所特有的个性，使得极权和独裁力量获得滋生的土壤。在解释歌德的"世界文学"概念时，他指出：

> 我们的地球是世界文学的领地，正变得越来越小，失去其多样性。然而，世界文学不仅指一般意义上的相同和人性的东西，而是认为人性是人类成员间富有成果的交流的产物。世界文学的设想

---

[1]Auerbach, Erich. *Philology and Weltliteratur*, p. 4.

[2] Auerbach, Erich. *Literary Language and Its Public in Late Latin Aniquity and in the Middle Ages*[M]. trans. Ralph Manheim. New York：Pantheon Books. 1965：5.

是基于人类被分化成不同文化这个幸运的错误(*felix culpa*)。然而今天我们的生活不断标准化。强加在我们身上的标准化的过程,源于欧洲,仍然在进行中,破坏着所有不同的传统。①

现代化的过程是全球化的过程,而全球化的过程也是统一化、标准化的过程,是摒弃多元,以至于通过暴力的手段铲除人类经验中理应存在的差别的过程。奥尔巴赫是在亲历了第二次世界大战的血腥、残酷和黑暗后写下这些文字的。战时流放异国、孤居伊斯坦布尔的犹太人奥尔巴赫正是在自身的经历中,感受到纳粹世界一统的实践给人类带来的灾难。他的文学研究与其切身的经历和现实的生活密不可分,因此,在他看来,世界文学的理想就是在人类共性和民族个性之间取得某种平衡:既要努力追求人类共同的精神,同时也要尊重民族发展的不同需要。

语文学的研究方法中所蕴含的人文主义精神正是世界文学的追求,其"历史人文主义"旨在维护历史精神的延续和人本主义的统一,这是一种在时间和空间两个维度同时获得的统一。奥尔巴赫将现代意识中的人文主义的情怀与语文学联系在一起,以语文学的方法分析世界文学,使得世界文学不仅获得了纵深的历史感和丰润的思想土壤,而且散发出浓浓的人文主义的情怀和理想主义的向往。可以看出,奥尔巴赫对世界文学历史源流的勾勒高屋建瓴,但不失精准。他似乎是在提醒今天的读者不应忘记,深沉的人文主义的关怀仍然是语文学和世界文学的最终目的。当然,毋庸讳言,奥尔巴赫的学术思想中留有19世纪的宏大叙事和乌托邦思想的痕迹,洋溢着过多的浪漫的理想主义的色彩。然而,我们今天的文学研究中缺少的或许正是这种深沉的感情、直接的现实感和纯真的理想主义。

确实,世界文学表达的是人文主义的理想。奥尔巴赫引用圣维克多·雨

---

①Auerbach, Erich. *Philology and Weltliteratur*, p. 2.

果的一段话作为《语文学和世界文学》结束语：

> 道德的坚实的基础……在于具有实践精神的心灵慢慢地学会
> 首先在可见的、暂时的事物中做些改变，然后可以将它们完全放下。
> 认为只有故乡美之人，尚属青涩的初学者；待每一片土地如故土之
> 人是强者；但视整个世界为他乡者方为完美之人。①

奥尔巴赫以饱蘸着情感的文字写道："雨果的文字是写给追求摆脱爱世界的人的，但是对于希望为世界而爱争得一席之地的人也同样适用。"②"爱世界"和"为世界而爱"是两种不同的态度和立场，是两种不同的文学观和人生观，由两个介词区分："of"和"for"。"爱世界"（love of the world）中的"世界"是爱的对象，也是（期望）拥有或占有的对象，这种爱仍然是和外部世界的物体联系在一起的。但是"为世界而爱"（love for the world）中的世界并非爱的对象，也不是期待占有或拥有的对象；因为"世界"而爱，是没有功利的爱，没有占有的爱，没有物质对象的爱，世界是"爱"的原因和理由，这是无私的大爱。只有当思想融合了深沉的道德诉求和理想时，只有具有了无我或自愿超越自我的胸怀，文学研究才有可能超越技术性的学术研究，才会具有如此感人的力量。

萨义德在20世纪60年代将《语文学和世界文学》译成英文。其中雨果的这段文字给他留下了深刻的印象，其深沉的情感和宏大的视野在萨义德心中挥之不去。他在《东方主义》（1978）解释雨果这段话的意义时，写道：

> 人们越是能够离开自己的文化家园，就越能以建立在精神的超
> 脱和慷慨之上的真正的愿景去判断它和整个世界，也更容易以同等

---

①Auerbach, Erich. "*Philology and Weltliteratur*", p. 17.

②奥尔巴赫这段话的英文译文是这样的："Hugo intended these lines for one whose aim is to free himself from a love of the world. But it is a good way also for one who wishes to learn a proper love for the world." Auerbach, Erich. *Philology and Weltliteratur*, p. 17.

的亲密和疏远去评估自己和外国文化。①

在《文化与帝国主义》(1994)中,萨义德再次提到雨果的这段话,写下了这段同样感人的文字:

> 我发觉自己一遍一遍地重温12世纪萨克森尼的教徒,圣维克多·雨果这段令人无法忘怀的美丽的文字……二次大战期间流亡土耳其十多年的伟大的德国学者埃里希·奥尔巴赫引用这段话,乃是为期望超越帝国、民族和区域局限和限制的所有人——男人和女人——提供一个范例。以历史学家为例,只有以这样的态度才能把握人类经验及其多样性和特殊性兼备的文献记录。②

一位12世纪的教徒的文字在700多年后仍然具有如此感人的力量。也许在《语文学和世界文学》的语境中,这段话对《东方主义》的作者有着特殊的意义。萨义德和奥尔巴赫一样也是一位流亡他乡的巴勒斯坦裔的批评家,他选择翻译这篇文章并非偶然,而一位巴勒斯坦批评家如此推崇一位犹太裔的学者,也许并非毫无意义的细节。

流亡伊斯坦布尔期间,受到战时客居他乡研究条件上的限制,奥尔巴赫的《摹仿》一书的主要材料来自文学作品,但不难看出奥尔巴赫广征博引的背后是雄厚博大的知识积累以及浇灌在这些积累中的思索、推敲和人文主义的情怀。语文学的研究对象是语言,是用语言记录下来的文献,不仅是文学文本,而是所有相关学科内的文本。对于世界文学学者和语文学者来说,举凡有关人类经验的历史文献是不分领域的。语言是具有社会性和实践性的存在,英国杰出的文化批评家威廉姆斯所提出的语言的物质性(the materiality of

---

①Said, Edward. *Orientalism*[M]. New York: Vintage Books, 1979: 259.
②Said, Edward. *Culture and Imperialim*[M]. New York: Vintage Books, 1993: 335.

language)的观点,是语文学学者,也是所有人文学者,必须接受的前提。[①]因此,语文学不同于不以文本为对象的"文化研究"和"形式语言学"。威廉姆斯反复强调,文学对于认识历史、社会的重要,而他的文化批评实践大都以文学作品为基础或起点,与语文学的方法并行不悖,和欧洲人文主义的学术传统一脉相承。奥尔巴赫反复强调语文学的研究方法就是以文本,尤其是文学文本为起点,但不以文本为终点。语文学在具体操作上也是从具体的、个别的文本出发,对文本进行细致的比较,对其语言、风格、修辞涵泳玩味,但语文学最后终要超越文本本身,进入具有普遍意义的思考和分析的空间。奥尔巴赫的《摹仿》便是这种研究方法在实际运用上的辉煌的例证。

这里强调语文学的研究方法是因为有感于这样一种现象:长期以来,我国学院内的文学研究和教学,特别是外国文学系科,似乎已经习惯了将(经典)文学文本视为唯一和最终的学习对象。对文本的顶礼膜拜,是20世纪文学批评在实践上获得的最大的成功,但同时也是文学批评自我庸俗化的最明显的例证。我们今天重提世界文学,也是希望不要忘记语文学的光荣传统。从维柯和赫尔德到奥尔巴赫和赛义德,世界文学的概念和实践构成了欧洲文艺思想中最为富有人文精神的一部分,在人文主义普世的原则指引下,憧憬或想象人类的团结、和平和进步,时刻不忘改变人类生存条件的可能和责任。

在文学日益全球化的条件下,重新认识民族文学的地位是一个巨大的挑战。并不是说一定要像歌德和马、恩说的那样,以世界文学取代民族文学,以语文学取代民族学术——奥尔巴赫强调的是多元的统一,但毫无疑问,文化全球化的趋势提醒我们注意、警惕民族文学、文化、学术"例外主义"(Exceptionalism)的局限。应该更多考虑的是如何减少民族和地域的影响,以促使"民族的"转化为"世界的"。越是民族的,未必就越是世界的,反倒很有可能成为东方主义猎奇的对象。早在20世纪初,陈独秀就指出:"盖学术为人类之

---

①参见 Williams, Raymond. *Marxism and Literature*[M]. Oxford UP, 1978. 尤其是第二章《语言》。

共有物,既无国界之可言,焉有独立之必要?"①陈独秀所言,不无商榷之处,至少研究的问题、对象和实例可以有"国界"。然而经过40多年的改革开放,我们应该具有自觉进行和从事世界学术的自信和胸怀,这也是我所理解的世界文学的人文主义的情怀。

①陈独秀致钱玄同信,见《钱玄同文集》第一卷(中国人民大学出版社,1999年,第169页)。

莫莱蒂世界文学理论的语文学来源

郝　岚*

弗朗哥·莫莱蒂(Franco Moretti)2000 年发表的《世界文学猜想》是他在中文世界被引最多的一篇文章,但是有学者指出,由于关键术语以及作者译名混乱,很多概念并不清楚。① 本文意图对该文及其后续的世界文学研究中,所涉及的"树"状结构,进行语文学的知识论溯源和方法论批判。

语文学(Philology)是西方以研究文本为对象的古老学问,它来自希腊语即对语言、词语的热爱,与"热爱智慧"的哲学(Philosophy)相应,是一门古老而重要的学问。在这两者之间,起重要作用的是"自由七艺"中的修辞学(演说术),它与公共空间"说服的技艺"相关,从而成为从"语言"通往"智慧"的中介。从一开始"语文学"就是人文学的重要基础,它将诗学、哲学、修辞学等融汇打通,成为最早的跨学科研究。经过漫长发展,"语文学"成为一门勾勒人类精神表达的人文学科,主要基于材料做三个层面的工作:准确解读文本原意、将过往阐释历史化、发掘文本的当代关切;它至今保持几个主要特征:关注文本和语言、追求历史性的意义和人文价值。语文学是被遗忘的人文学起源,更是现代语言学和文学研究的学科原点。②

语文学有着悠久的历史、辉煌的成就、颇富争议的过去和静水深流的当

---

*郝岚,南开大学文学院教授。

① 该文 2000 年最初发表于《新左派评论》(*New Left Review*),2013 年被收入论文集《远读》(Moretti,Franco. *Distant Reading*. London:Verso Books,2013.)。研究参见向帆、何依朗的论文. "远读"的原意:基于《远读》的引文和原文的观察[J]. 图书馆论坛,2018(11):45.

② [荷]任博德. 人文学的历史——被遗忘的科学[M]. 徐德林译.北京大学出版社,2017:295.

下。语文学在漫长的发展史中积累了多方面成绩，它在人文学科开枝散叶，为多个学科提供营养，同时也提供负面的经验。将新世界文学追溯至语文学起源，是返本开新的必要之举。美国现代语言学会（MLA）前主席迈克·霍奎斯特在他2011年的文章《语文学在世界文学时代的位置》中谈道："如果我们要推测语文学未来在全球学术网络可能扮演和已经显现的角色，世界文学的研究将会重回家园。"① 不仅是当代，语文学为新世界文学提供经验与研究模式，早在19世纪，语文学便和世界文学和比较文学关系密切，很多比较文学研究者的第一身份都是语文学家、比较语言学家，其基础就在于世界语言亲缘关系思考启发了民族文学亲缘关系的研究：例如民俗学者施莱格尔兄弟是最早将梵语研究引入德国之人，1808年，弗·施莱格尔在《论印度人的语言和智慧》中更是第一个使用"比较语法"概念的人；目标是对人类"原始母语"探求。比较文学主题学奠基者、民间故事搜集者格林兄弟最大成就是在比较语文学领域，雅各布·格林的语音演变法则（Lautverschiebung）和历史演变认识，是他们对民间故事流传与变化的基本研究模式。

作为新世界文学理论的代表，莫莱蒂对语文学的回归非常有代表性。《世界文学猜想》第六部分"树、波浪和文化史"中，莫莱蒂谈到形式分析："历史学家在分析世界范畴内，或在更大范围内分析文化的时候，他们倾向于用两种基本的认知比喻：树和波浪。源自达尔文的物种起源说的树状结构是比较语文学的工具：相互衍生的语言谱系……这种树状结构促使比较文学解决一个重大疑惑，也许也是第一个世界文化体系——印欧语系：遍及从印度到爱尔兰广袤领域的一个语系（也许不仅仅是语言，还有共同的文化底蕴，但证据并不确凿）。另一个比喻是波浪，是历史语言学使用的[比如施密特（Schmidt）的'波浪假设'，解释了语言之间的某些重叠]，但也在很多其他领域发挥了一定作用"，莫莱蒂接着说"树描述了从统一性到多样性的发展：一棵树有很多

---

① Holquist, Michael. "The Place of Philology in An Age of World Literature. "[J]. *Neohelicon*, 2011(38):271.

分支:印欧语系分化成十几种不同语言。波浪却相反:它遵循吞噬了最初多样性的统一性""树和分支是民族国家所固守的;波浪是市场所固守的"。① 莫莱蒂这里所谈到的树与波浪理论,是"比较语文学""历史语言学"的工具。他在2005年出版的《图表、地图和树:文学史的抽象模型》中,对现代小说的研究也使用了历史比较语言学的形态学、谱系学方法。这都是"人文学起源"语文学的重要遗产。

一、语文学与历史比较语言学

莫莱蒂所谓树状图和波浪理论属于今日称之为"历史比较语言学"(historical-comparative linguistics)学科之中,它早年被称为"比较语文学"(comparative philology)。而"比较语言学"一词最早出现于德语(Vergleichende Sprachenkunde)为语文学家阿德隆(F. von Adelung, 1768—1843)1815年使用;真正广泛使用的英语表达"Comparative Philology"是在1849年梵语语文学家马克斯·穆勒(Friedrich Max Müller, 1823—1900)的文中;而历史语言学(historical linguistics)的使用最早出现于1924年丹麦语言学家耶斯波森(Otto Jespersen, 1860—1943)②。后文谈到比较语文学、历史语言学、历史比较语言学这三个词,本来混用,后来更多被称为"历史比较语言学"。

1777年,语文学在德国借由沃尔夫确立;之后的语文学,一方面将语言视为人类精神的集中表现,不再只尊崇古希腊拉丁语言或文献,也开始关注欧洲的"本土"语言和文本,重视"民族语言"资料,比如神话与民间歌谣;另一方面以洪堡1810年建立柏林大学为开端,语文学开启了科学化倾向,它的成就集中体现在历史比较语言学领域。英国语言学家罗宾斯指出,"迄今为止的现代语言学发展史中,有四个重大的'突破',其中第一个'突破'就是在1786

---

① [意]弗朗哥·莫莱蒂. 世界文学猜想. 见大卫·达姆罗什、刘洪涛、尹星主编. 世界文学理论读本[M]. 北京大学出版社,2013:134—135.
② 参见李葆嘉、王晓斌、邱雪玫. 尘封的比较语言学史:终结琼斯神话[M]. 科学出版社,2020:vii.

年实现的"，琼斯在这一年"无可置疑地确定印度的古典语言梵语同拉丁语、希腊语和日耳曼诸语言有历史上的亲缘关系。"①丹麦语言学家裴特生（Holger Pedersen）在1924年认为，19世纪创造的历史比较方法在18世纪就已出现了新的精神，"学者们越过了偶然的境界，不再满足于把碰巧落到自己手里的材料拼凑在一起……语言间的亲缘问题有了明确的轮廓，系统的搜集材料也开始了"，而到了19世纪，古代印度语言优于希腊语的形式系统特点，以及那一时期各类古老语言材料的发现，"使得用历史的方法来处理语言成为可能。因此，印欧语系的研究便在各方面展开了"②。

虽然历史比较语言学的本体论和方法论成熟于17世纪中期的荷兰莱顿（当时欧洲的学术中心），莱顿大学教授伯克斯洪（M. Z. van Boxhorn，1612—1653）在其四本书中提出历史比较法并论证了斯基泰假说（即印欧语假说，包括希腊语、罗曼语、日耳曼语、波斯语、斯拉夫语、波罗的语、凯尔特语、北印度语等）。1723年，荷兰学者凯特（L. ten Kate，1674—1731）基于七种日耳曼语或方言的比较，提出日耳曼历史音变定律。③而伴随大学制度化，语文学以弗·施莱格尔、葆朴、洪堡等人为代表，开始高度形式化、规范化与专业化。

到19世纪，语文学的最高成就几乎都集中在语言学——他们借鉴古典语文学的校勘谱系学、新兴的比较解剖学等方法，发展出比较语文学，特别是历史比较语言学领域。历史语言学中施莱赫尔（August Schleicher，1821—1868）侧重时间演变的历史比较法——谱系树（Family tree/Stammbaumtheorie）理论与施密特（Johannes Schmidt，1843—1901）侧重空间横向影响的波浪说（wave model），分别为莫莱蒂的对世界文学的"远读"和"猜想"提供了基本研究范式。

历史比较语言学基于一个信念：人的精神在语言。在《论语言》（*On Lan-*

---

① [英] 罗宾斯. 语言学简史[M]. 上海外国语学院外国语言文学研究所译. 安徽教育出版社，1987：165.

② [丹] 裴特生. 十九世纪欧洲语言学史[M]. 钱晋华译. 科学出版社，1958：10、13.

③ 参见李葆嘉、王晓斌、邱雪玫. 尘封的比较语言学史：终结琼斯神话[M]. 科学出版社，2020：x.

guage, 1836)中，威廉·冯·洪堡(Wilhelm von Humboldt)论证说语文学能够揭示神话、宗教、甚至民族特性的起源——这些是构成"民族/国家"（德文：Volk）的基本要素。他认为，一种语言代表了一个民族"精神力量"(Mental power)的独有表达方式，是为完成"构建语言"这一普世任务而选取的独一无二的路径。① 但同时19世纪的语文学家认为这一学科应被视为一种真正的科学，一种可以与生物学、物理、化学、解剖学、电力学、植物学、人类学，尤其是地质学相比的精细而复杂的实践来回应。"没有一种科学"，马克斯·穆勒1864年写道，"比地质学(Geology)更能使我们这样的语言学习者受教。"② 从语文学的角度讲，古代语言就如同化石，以和陈列在博物馆的石头反映地理信息相同的方式揭示人类过去的经历，因此这个意义上，化石和语言一样，可以用带有历史主义的眼光去回溯过去。后来，语文学上的各种语言的不同，被固化为民族学或生物学上的差异：德国学者弗兰兹·博普(Franz Bopp)在1833年《比较语法》(*Comparative Grammar*)中提出的术语"印欧语系"，之后弗里德里希·施莱格尔(Friederich Schlegel)通过将梵语及衍生语，和"粘着型"闪族语言的词源比较，一方面赞扬梵语"使用屈折词"的能力，一方面指出阿拉伯和希伯来语的崇高。冯·洪堡又在《论语言》中引用施莱格尔的比较语法研究，主张"梵语族"在生物学事实上拥有一种优越性。

虽然现在我们认为语族的假设是不完整且有误导性的，但它的确使语言的发展变得易懂了。表现语言谱系和相互关系最常见的方法是树状图，在达尔文那里它极具暗示性。语言树状结构在某种意义上是对《圣经》的补充和历史的描述，以科学依据表明伊甸园和巴别塔的故事也许无法证实，但有原

---

① Humboldt, Wilhelm von. *On Language: On the Diversity of Human Language Construction and Its Influence on the Mental Development of the Human Species*[C]. ed. Michael Losensky. trans. Peter Heath. Cambridge: Cambridge UP, 1999: 21. 关于18与19世纪"语言与民族"的权威研究和通过语言谱系探索民族背后的深远历史见Thomas, R. *Trautman. Aryans and British India*. [M]. Berkeley and Los Angeles: California UP, 1997.

② Max, Müller. *Lectures on the Science of Language*, Volume 2[M]. London: Routledge/Thoemmes Press, 1994: 14.

型,确实曾存在过一种为全人类使用的语言。

语文学最初的看家本领是古老抄本的校勘学,经过拉赫曼的形式化,可以较为有效地依据各类残本,对照校勘,审音勘同,重建一个最佳抄本。受此启发,语文学在 19 世纪发展起来的历史语言学也遵照的是一种溯源性,发生学的研究。它事实上并非是一种本质主义的"发现",或事实上的描述,而只是一种认识上部分有效的"假设",是研究上的"构拟",虽然这是后来才认识到的。从语文学对抄本的溯源、到语言中追溯巴别塔之前原始的亚当的语言、到莫莱蒂当代对文学史中某一现代文类的树状结构描述,都是对原始最初概念的逻辑追寻。

应该关注的是,语言学的科学化只是一方面,科学并不能保证语言学的"纯洁"或者中立不倚,一方面看似量化的语言学与遗传学生物学堂而皇之地结合,让历史比较语文学与 20 世纪不光彩的种族主义难脱关系;另一方面当语言带入了历史主义眼光,它便也成了一个人文学科的一部分——代表了某种程度的认识论,当本体论发生偏移或者被解构时,这一认识论方式便可以被嫁接。这就是莫莱蒂在 21 世纪的新世界文学中,使用 19 世纪历史语言学"树状结构"的知识论基础。指出这一点,便是提醒大家,树状图也许有效,但并非完美无缺。

二、树状图: 语文学早于生物学

莫莱蒂所谓:"源自达尔文的物种起源说的树状结构是比较语文学的工具",事实上他或许弄反了先后关系,树状结构最初就出现在语文学领域。比较语文学家施莱赫尔将拉赫曼开启的为修复文本而建立的科学规则谱系语文学,用在语言上,表示语言之间的关系。1850 年前后,他用树形图构画了自己第一张语言谱系树(Stammbäume)。1853 年,在《原始印欧人的最早分化》(*Die ersten Spaltungen des indogermanischen Urvolkes*)中为印欧语绘制了一棵有主干、枝杈、树叶的谱系树,上面所列的"原始印欧语"(Proto-indo-European)演化为大致 200 种当时被接受的语言:从波斯语、孟加拉语、乌尔都语到克罗地亚语,一直到荷兰语。1860 年,在《德意志语》(*Die Deutsche Sprache*)中为说明语言的种和亚种如何从其基础形式产生谱系图。1863 年,在《达尔文理论与语言学——致耶拿大学动物学教授、动物学博物馆馆长恩斯特·海克尔先生》(*Die Darwinsche Theorie und die Sprachwissenschaft-offenes Sendschreiben an Herrn Dr. Ernst Haeckel*)一文中的语言谱系树,则用线条代替了树形。其中施勒赫尔谈道:"语言是自然有机体,其产生不以人们的意志为转移,语言根据确定的规律成长起来,不断发展,逐渐衰老,最终走向死亡。我们通常称为'生命'的一系列现象,也见于语言之中。语言学是关于语言的科学,因此是一门自然科学。"施勒赫尔先把语言学定位为自然科学,因为还没有加入历史的因素。他根据达尔文的种属概念,发展了语系(Language Family)、语族①(Language Group)、语支(Language Branch)、语种(Language)、方言(Dialect)、土语或次方言(Sub-Dialect)依次分类。他说,"我们也可以用谱系树来描绘已知的语族",之后他绘制了一章印度——日耳曼语族的谱系树,称之为谱系树理论。②这事实上是一种层级理论。

虽然施莱赫尔自己并不自知这一追本溯源思维模式在学科史上的意义,甚至没有认识到自己早年的语言谱系图就已领先达尔文,导致后来的研究者对于树状的谱系图的最早发明权存在诸多争议。随着人文学研究方法与博物学、系统分类学学科史的跨学科研究,越来越多证据证明,"树状结构"最早

---

① 语音学中"语族"这个概念明显借用了"树"的特征形式,从而为新语文学潜在地埋下了争议的种子,即其默认了语言是自然的产物。更有意思的是,这种论调导向了语言学的发展受到衍化观的主导,即从一个共同的源头发展出不同的模式与变型。

② [德]奥古斯特·施莱赫尔. 达尔文理论与语言学——致耶拿大学动物学教授、动物学博物馆馆长恩斯特·海克尔先生[J]. 姚小平译. 方言,2008(4):376.

就来自古老的人文学研究——语文学①。但施莱赫尔的谱系树的确在进化论影响下不断修订，最终在1871年较为成熟地用线性代替了树状的印欧语系谱系树。

那么语言在共时性时段中的相互交融是如何互相影响的？施莱赫尔的学生，语言学家施密特（Johanns Schimidt）1872年提出跟谱系树理论相对应的波浪理论/模式（Wave Theory/Model）。方言学家斯密特主要注重空间上的方言差异与影响，认为在方言的特点如同"投入池塘中的石子的波浪扩散"，使得方言之间在空间连续性上的变化，获得了理论解释。波浪理论对空间的关注、以及对新语法学派"语言演变无例外"的不满，促发了德国语言学家H·舒哈特（Hugo Schuchardt, 1842—1927）和他的法国学生J·齐列龙（J. Gillieron, 1854—1926）发展出方言地理学，齐列龙1904年完成的法国语言地图集，提出著名的论断"每个词都有自己的历史"。他将词汇作为最小单位，语音特征相同的一系列词，根据不同的历史与社会因素，扩散方式各不相同，因此会所影响的当地方言出现不规则，从而打乱语音演变的规律。

在历史比较语言学中，词汇为最小单位，也与世界文学中将民族文学作为组成单位类似。自然，后来的文学地理学也都与方言地域研究的基本模式和学术假设有关，因为在认识论上他们都是一致的。

历史语言学的波浪理论划分了语言的"焦点或中心地区"（Focal Area）和"边远地区"（Distance Area），前者是本地的方言特征典型而明显；后者由于语言交叉影响，本语言的特征减弱，不典型。有的地区的语言则是另外一种语言接触的类型，多种方言聚集在一起，各语言的特征已经混合在一起，经过长期互动，形成稳态的区域特征，这种类型语言接触后者的中心语言特征逐渐

---

① 关于比较语言学对生物学的影响参见 Dayrat, Benoit. "The Roots of Phylogeny: How did Haeckel Build His Tree?"[J]. *Systematic Biology*, 2003(4): 515—527. 此外对语文学、系统学、历史语言学、生物学以及信息科学、地球物理演进学关系中树状图蕴含历史模式的相关性研究参见 O'Hara, Robert J. "Trees of History in Systematics and Philology"[J]. *Memeory della Societa Italiana di Scienze Naturali e del Museo Ciuico di Storia Naturale di Milano*, 1996(1): 81—88.

减弱。请注意,历史语言学的方言研究一样使用了"中心""边缘"概念,它与新世界文学中的理论家——莫莱蒂、达姆罗什、卡萨诺瓦受惠于沃勒斯坦世界体系理论,虽则不尽相同,但证明了在人文学科在模式与方法上,基本思路是一致的,而关于研究方法的探索,是层级叠加的。每一个理论原点很难仅仅归结为一个人、一个理论,它常常是在前人基础上,特别是在跨学科的研究者与理论那里获得启发的。

三、局限、矛盾与批判

1966年,福柯《词与物:人文学科考古学》法文出版,其中一章特别拆解剖析了语文学意义下的"语言学"结构;1978年,萨义德在《东方主义》中,振聋发聩地揭示了殖民主义认识论的权利关系,直接批评了"东方学"赖以生存的历史比较语言学研究的语文学生成。1987年,受过严格东方语言训练的马丁·波尔纳在《黑色雅典娜:古典文明的亚非之根》一书中,运用了语文学中词源学、文献史料对照梳理的方法,批判了那个"言必称希腊"的西方文明发展史,实际上是18世纪以来的欧洲学者,尤其是德国和法国的语文学家编造出来的一个欧洲中心主义的故事。这些理论批判所运用的"武器"都是来自语文学,也都给了衰落中的语文学最后一击,直到20世纪80年代语文学的"回归"。但应该认识到,语文学对现代学术的持续影响"首先就是起源的概念(the concept of the origin),语文学遗传给现代学术一种坚定的信念,认为事物在其起源得到确认后就得到了解释"[1],这一点当代合理性和可验证性如何值得专题讨论。问题在于研究对象是单一起源还是多元起源?这一理论是普世的吗?谱系法与历史比较语言学的树状图都有一个假设,就是谱系的追溯,必须在一个线性封闭系统中。但这是不客观、不现实的,至少是不全面的。

苏源熙在《比较文学:下一个十年》中提醒我们,尽管语言学对比较文学

---

[1] Harpham, Geoffrey. *The Humanities and the Dream of America*[M]. Chicago & London: The University of Chicago Press, 2011:76.

有类比启示,但是他说:"比较文学领域的组织方式与语言学领域并不相同。两位语言学家讨论一种只有他们其中一人知道的语言,主要是将这一语言作为一个系统(主要是语法)来讨论,而不是作为语料库,也不是作为一部历史来讨论。两位比较文学家讨论一部只有他们其中一人熟悉的某一传统中的作品时,则必须谈论这部作品本身,谈论产生它的文学系统,以及围绕它的文学和文化史。此外,语言学家对数据所达成的可能一致和不一致的这种理论语言,对我们来说是一个充满悬而未决的争论和互不相容的假设的领域。可以说,正如每一种语言都是普通语言学的研究对象一样,每一部文学作品也都是比较文学的研究对象(法语中被称为'一般文学')。然而弄清楚不熟悉的作品是如何被解读和评价的,它们如何被比较,要按照什么路线来比较,需要比较学者倾情全力,这本身就是有争议的。"①

即使是语言学内部,也很快发现了这一问题。兴盛于19世纪的比较语言学,是面对诸多语言的"求同"或寻根溯源,因此有树状图这样带有世系色彩的研究方法。但是随着多样性的增强,这样的认识论无法用单一原则解释所有语言多样性,于是从异中求同的"比较语言学",走向同中求异的"对比语言学"。后续语言学家的研究发现历史语言学中的"谱系树模型只适用于(语言的)裂变期",在语言的聚变时期,特定区域的语言特征聚变为一种新的原型,等待下一次裂变,南岛语族(Austronesian)和南美的一些语言就是在各类方言聚集之后形成的,不能简单用谱系树模型解释的语言。②

19世纪历史比较语言学的谱系树模型,必须建立在亲属语言和方言材料比较的基础上,印欧语系使用谱系树模型是有效的,但是其他语系就受到限制。如果语言材料,在古老语言文字材料记载欠缺,或者活的语言,方言调查

①Saussy, Haun. "Comparative Literature: The Next Ten Years." *Futures of Comparative Literature: ACLA State of the Discipline Report*[C]. ed. Ursula K. Heise. London& New York: Routledge Taylor& Francis Group, 2017:27.

②参见[澳]罗伯特·迪克森. 语言兴衰论[M]. 朱晓农等译. 北京大学出版社,2010:2—5. 英文版Dixon, Robert. *The Rise and Fall of Languages*. Cambridge:Cambridge UP, 1997.

的语音材料不足,都会影响这一方法。于是,语言学家又使用内部重建法(也称"内部拟测法",Internal Reconstruction)。当然,当代比较语言学也意识到传统的同源论或谱系树理论的局限,纷纷寻找新的修复性、丰富性的理论框架回避这一狭隘的局限性。为了克服"单一起源"这样不再流行的本质主义世界观局限,用亲缘度理念解决——从语言的"同源性"研究转向语言的"亲缘度"检测。①

不仅在语言学领域,在文化研究领域,人们也意识到"树状结构"的特殊意义。在世界文明史中,树具有神话学的意义,常常象征生命和财富,代表了人类的集体无意识,如希伯来神话中的伊甸园生命树、印度神话中的如意树、中国文化中的不死之树、太阳神树等;②但在西方思想史中,树也具有认识论和方法论意义,后现代思想家则认为"树状思维"(Tree thinking)深深地渗透在西方现行的所有学科领域之内,构成了其认识论的范式和知识解析的工具:"'树状思维模式'是指那种形构了植物学、信息科学、神学等所有西方思想的认识论。众所周知,西方思想长久以来直依于一种镜像隐喻,认为现实是透明地反映到意识之中的。但是德勒兹和加塔利认为,西方还存在着另一个重要的隐喻,亦即树的隐喻,认为心灵按照系统原则和层级原则(知识的分支)来组织关于现实的知识(由镜子所提供的),而这些知识都扎根于坚实的基础(根)之上。这些隐喻使得树状文化建立起了自明的、自我同一的和再现性的主体为基础的庞大的、中心化的、统一的、层级化的概念结构。生长在这棵树上的繁茂的树叶则被冠之以形式、本质、规律、真理、正义、权利、我思等名目。柏拉图、笛卡尔、康德是树状思想家,他们试图从普遍化和本质化的图式中铲除所有的暂时性和多样性。信息科学是树状思想,它借用命令树形象将数据纳入一个中心化的层级化系统当中,乔姆斯基的语言学也是树状思想,它依

---

① 参见李葆嘉.超越谱系树模式的语言关系类型学.理论语言学:人文与科学的双重精神[M].江苏古籍出版社,2001:19.

② 参见叶舒宪.伊甸园生命树、印度如意树与"琉璃"原型通考——苏美尔青金石神话的文明起源意义[J].民族艺术,2011(3)。

据二元对立的原则对语句作了线性区分……"①本质上，"树"是一种现代主义思维，而后现代主义消解了这种逻各斯中心主义，德勒兹和加塔利因此提出非中心的"块茎"思想，因为"树是亲缘关系，但块茎是联盟，独一无二的联盟"②。因此，"块茎不像树，有共同起源，它是无始无终的，取消了本质主义，展示的是事物的不断运动和旅行状态"③。

莫莱蒂使用"树状结构"分析世界文学的局限与矛盾在于：首先在全球化时代，莫莱蒂断言新世界文学概念，"不是一个对象，而是一个问题，一个需要用新的批评方法加以解决的问题"④，意味着他承认新世界文学并非一套固定的文本，而是非本体论的，"树"的生命意义不仅是演化上的，也是有机的、动态的。但是他使用树状结构又是早期形式主义意义的，带有现代主义色彩。布里南分析说："对于莫莱蒂与数字人文来说，阅读的过程并不排斥真理，正如阅读对其他所为。相反，这是一种必须被追索、周旋的真理，通过把解释的过程从人脑干预中分离出来，转向机器以挖掘数据、整合方案，对任何从人工智能（Synthetic intelligence）分化出的东西。"⑤莫莱蒂在《文学屠宰场》里意识到，树状结构，意味着历史必然如此的全部可能性，是历史发展最终的"总体性"所在⑥。在后来的《图表，地图，树图》中，树形结构终于发展成为"世界文类"衍生、传播的形态学。但是那么问题是，莫莱蒂怎样"以己之矛攻己之盾"

---

① [美]道格拉斯·凯尔纳、斯蒂文·贝斯特. 后现代理论：批判性的质疑[M]. 张志斌译. 中央编译出版社，2011：128.

② 陈永国. 游牧思想——吉尔·德勒兹、费利克斯·瓜塔里读本[M]. 吉林人民出版社，2003：160.

③ 参见[法]德勒兹、加塔利. 资本主义与精神分裂（卷二）：千高原[M]. 姜宇辉译. 上海书店出版社，2010：33—34.

④ [意]弗朗哥·莫莱蒂. 世界文学猜想. 见大卫·达姆罗什、刘洪涛、尹星. 世界文学理论读本[M]. 北京大学出版社，2013：125.

⑤ Brennan, Timoth. "Introduction：Humanism's Other Story." in David Alderson and Robert Spence. *For Humanism Explorations in Theory and Politics*. London：Pluto Press，2017：12.

⑥ Moretti, Franco. "The Slaughterhouse of Literature"[J]. *Modern Language Quarterly*，2000（1）：226.

呢？新世界文学是一个流动的、变化的有机的组成，但又具有"真理性"，某些文类的全球史——例如现代小说——却仍然可以通过根源性思维的"树"状结构去追溯描述……这是无法协调统一的。

莫莱蒂的局限还在于，尽管他对世界文学的"猜想"，自然让我们想到历史比较语言学的印欧语系的"假设"，的确让大家脱离了深陷材料的"见木不见林"。然而借由这样宏观的计算批评或者"远读"，世界文学的树状演化结构，必然要牺牲细节和早期语文学家最为看重的"原文本语言能力"和文本的"细读"，这恰恰是莫莱蒂对世界文学猜想树状结构的最本质矛盾。因此乔纳森·阿拉克批评莫莱蒂说，他竟然要求比较文学放弃自己的"语言状态"，借助二手资料，留给民族文学研究者解决，还号召所谓的合作，对比较文学的新未来而言，这是一个"令人震惊"的论点。①

总之，莫莱蒂对语文学的借鉴非常具有代表性，也足以见得古老的语文学的学术生命力。然而在对树状结构进行知识溯源之后，证明它不仅部分有效，而且深深勾连当代哲学的本体论与真理观认知。而不同领域对树状结构的方法论批判，也有助于我们认识以莫莱蒂为代表的"新世界文学"研究者的成绩和局限。莫莱蒂受启发于语文学的树状结构，本质上是层级化的单一起源论，但他新世界文学观念在本质上反对真理观；他牺牲细节，用树状结构描绘"远读"之后的"世界文学"宏观图谱，却丧失了语文学最为看中的原语言能力和文本"细读"。无论如何，来自历史语言学的最初对"语系"的假设——检验模型，极大启发了莫莱蒂的计算批评和研究模型。正如经历历史比较语言学的大量材料挑战，语文学走入了科学化的语言学；一百多年后，作为一种概念形态的世界文学也第一次在莫莱蒂的"远读"之后，被"实体化"为图表，企图变成像实验科学一样可操作的问题。两者之间的类比关系超越了文学批评范畴，更应该引起我们对人文研究方法的辨识和思考。

---

①Arac, Jonathan. "Anglo-Globalism?"[J]. *New Left Review*, 2002(16):35.

语文学与中国学术

新语文学/世界语文学的方法论启示：中国学术如何融入世界学术？

贾晋华*

在世界发展为地球村的今天，人文学科的各领域正在走向世界化：比较宗教学正在发展成为世界宗教学，比较哲学正在发展成为世界哲学，比较文学正在发展成为世界文学，等等。然而，在中国人文学术融入世界人文学术的道路上，仍然存在重重障碍：强调中国学术应自行其路的"国粹法"和全面沿用西方理论术语的"西化法"的争论仍在继续，缺乏真正的融会贯通的世界视角。本文以新语文学的研究方法为例，从一个方面说明中国学术融入世界学术的可能性和可行性。语文学是中西共有的学术传统。在西方，始于公元前3世纪古希腊的语文学源远流长，被誉为现代人文各学科的源头。在中国，涵括文字学、音韵学、训诂学、校勘学、目录学、文献学和考据学的语文学自汉代以来就成为学术的根基，至清代乾嘉学术达到高峰。20世纪初以来，由于现代语言学的兴起及人文学科的分枝散叶，语文学在东西方都衰落了一段时期。但是近三四十年来，语文学正在世界范围内呈现复兴和变革的趋势，先后出现各种新语文学，并正在发展成为世界语文学。新语文学/世界语文学强调通过考据和诠释原始文献（文本的和其他载体的）而全面探讨其社会历史背景和语言文化意义，从而有可能将人文各学科重新融会贯通。由于是中西共有的传统方法，新语文学/世界语文学可以抛开无休止的中学西学之争。由于强调考据训诂与分析评论相结合，新语文学/世界语文学的研究方法可以带

---

*贾晋华，澳门大学人文学院哲学及宗教学系兼职教授。

来既有厚实文献基础、又有深刻义理阐释并遵循国际学术规范的世界一流成果，从而真正融入世界学术。

一、1900年之前的中西语文学传统

语文学从英文的 philology 一词译出，此词出自希腊语词 *philología*。正如同哲学（philosophy）一词的希腊语词 *philosophía* 是由爱（*phílos*）智慧（*sophía*）组成，意味"爱智慧"，*philología* 是由 *phílos* 和语言/文字（*lógos*）组成，意为"爱语文"。语文学指的是语言和文字的历史研究，偏重于研究历史文献的语言、意义、版本、异文、真伪、形式及历史演变，特别是经典文本和文学作品的整理、校勘、注解和诠释，以及相关的历史文化背景的考察等。将这一定义应用于中国，语文学不仅包括传统的小学，如文字学、音韵学、训诂学等，还大致涵盖校勘学、目录学、文献学等学科，以及运用所有这些学科作为研究方法的考据学。不论是在西方还是在中国，语文学自古以来就是人文研究的重要学科和方法，并都在18、19世纪达到高峰。

在西方，古典语文学可以追溯至公元前3世纪的古希腊，其后历经罗马帝国、拜占庭帝国、中世纪欧洲、文艺复兴时期等发展，流衍出比较语文学、版本校勘学、诠释语文学、圣经语文学、文学语文学、人文主义语文学等，至18、19世纪的英国语文学和德国语文学达到巅峰，古典语文学、欧洲语言语文学和比较语文学的教席纷纷在欧洲的大学中设置。如同波洛克（Sheldon Pollock）所指出：

> 语文学是19世纪欧洲大学中各门科学的皇后，以其观念的和机构的力量巨人般地高踞于世界，为科学知识设立标准，并影响从人类学到动物学的相当大范围的众多学科。[1]

---

① Pollock, Sheldon. "Introduction" in *World Philology*. eds. Pollock, Benjamin A. Elman, and Ku-ming Kevin Chang. Cambridge, MA: Harvard UP, 2015: 2—3.

　　这一时期的欧洲语文学有三大重要成就。其一是以语文学为中心的古典学,包括古典文法研究、诠释学、文本考证、地理、政治、神话学、文学、科学和艺术研究等,涵盖了古代生活的所有方面。其二是关于梵文、希腊文、拉丁文和其他印欧语言的比较研究。其三是关于日耳曼文学的研究,包括民俗传说、辞典编纂、宗教著作和文学作品等。[①]语文学家皆知识渊博,在当时是"博学者"的同义词。正是这些范围广博的成就蕴含了最终导致人文学科分化的种子。特勒(James Turner)在其《语文学:被遗忘的现代人文学科的源头》(*Philology：The Forgotten Origins of Modern Humanities*)一书中,即描述了曾经是人类知识生活的同义词并涵括语言、文学、历史、文化、艺术等的语文学,如何逐渐引出现代人文各学科的崛起:"今天的众多人文学科仅开始于19世纪,而追溯她们的数个源头,其轨迹总是回向一个巨大的、古老的事物:有关文本、语言和语言现象本身的多方位研究。"[②]这一多方位的研究就是语文学,特勒将其概括为阐释的、比较的、历史的及世系的(Genealogical)多方位探讨。

　　虽然语文学一词至现代才译入中文,但与之相对应的各种研究方法在汉代就已经达到成熟。经过秦代焚书和秦末战乱,典籍遭到巨大灾难。汉初惠帝时除挟书律,广开献书之路,大量文献典籍重新问世。武帝时设立藏书目录,设置抄写书籍的专职。成帝时派遣人员搜访遗书,任命官吏校对各类图书。于是各种整理、校勘、编目、解释历史文献的方法纷纷建立。刘向(前77—前6)、刘歆(前50—23)父子的《别录》《七略》即是综合运用校正字句、确定篇章、鉴定书名、辨别真伪、搜辑佚文、分门别类、编定目录等众多方法的杰出成果。此外,刘歆在《七略·六艺略》中提出"小学"的名称,指对汉语语言文字的研究和教学。小学在汉代成果累累,以成书于汉初的《尔雅》、扬雄(前

①Guthenke, Constanze. "'Enthusiasm Dwells Only in Specialization': Classical Philology and Disciplinarity in Nineteenth-Century Germany, " in *World Philology*, 2015：264—84; Kuming Kevin Chang, " Philology or Linguistics? Transcontinental Responses, "in *World Philology*, 2015：311—32.

②Turner, James. *Philology：The Forgotten Origins of Modern Humanities*[M]. Princeton：Princeton UP, 2014：9.

53—18)所撰《方言》、许慎(58—147)所撰《说文解字》及刘熙(160? —?)所撰《释名》等四大书为代表,包括了形(文字学)、音(音韵学)、义(训诂学)三方面的探讨。以"遍注群经"的郑玄(127—200)为最高代表的汉代经学家,则全面运用这些方法整理、校勘和阐释经典文献,形成中国古典语文学的第一座高峰,以至后来乾嘉学者复兴语文学,仍将他们自己称为"汉学"。

宋代学术重义理思想,努力摆脱汉人治学的传统,着重于经典文献的意义阐述和发展。虽然宋学经常被讥为空疏和"六经注我",但对于文本的历史、思想、文化意义的阐释也是语文学的重要任务之一。正是基于宋学的开拓性发展,清代考据学得以从新的高度回归汉学,在乾嘉时期达到高峰,其流风一直延续到19世纪末。清代学者以实事求是的实证精神、怀疑否定的批判态度和超越前人的创新观念,一方面更加精细入微地对传统经史文献展开校订、辑佚、辨伪、训诂等考据工作,使得中华文献传统面貌一新;另一方面"由字以通其词,由词以通其道""由文字以通乎语言,由语言以通乎古圣贤之心志"①,在文献文本的意义阐发和义理重建方面也做出重要贡献,并在一定程度上冲击和质疑清代统治者在科举考试和官方意识形态中奉为规臬的程朱道学传统,"代表了1900年之前最后一次重大的帝国儒学运动"。②

二、20 世纪中西语文学的盛衰起伏

当西方语文学在19世纪达到高潮时,各种内外部原因也开始促成其分化离析,并使之在20世纪上半叶迅速衰落。众多综合性大学和研究院在欧美各地的兴起,大学中各类特定人文学科和教席的纷纷设立,是其重要的外部原因;而语文学本身在长期历史发展中形成的宽广领域和众多分支,也使其逐

---

①(清)戴震. 载震文集(卷十)[M]. 赵玉新点校. 中华书局,1980:140、146 .

②Elman,Benjamin. "Early Modern or Late Imperial? The Crisis of Classical Philology in Eighteenth-Century China"[J]. *Fortiers of History in China*, 2011, Vol. 6, No. 1:3—25;Elman, *From Philosophy to Philology：Intellectual and Social Aspects of Change in Late Imperial China*[M]. Cambridge, MA：Council on East Asian Studies, Harvard University, 1984.

渐衍生发展出现代人文学科的众多后裔,包括语言学、古典学、历史学、考古学、文学研究、艺术史、人类学、宗教学等。①这些学科分化的结果使得原本作为整体的语文学难以继续生存,其中尤以其嫡派子孙语言学所给予的打击最为沉重:"西方现代语言学的兴起(尤其是法国结构主义语言学),其目标之一就是要摆脱传统语文学在文本上的局限,强调口语与书面语的差别,主张语言学是对口头语言的专门研究。因此在语言学兴起后,语文学一度成为专指脱离实际、方法陈旧、烦琐考据、掉书袋子的贬义词。"②语文学的教席和专业从众多大学中消失,大学生们已经不知语文学为何物。

20世纪上半叶的中国仿照西方建立综合性大学,并依样画葫芦地设立现代人文各学科,因此也就同样分解了传统语文学。然而,由于此时期的许多学者受过中国传统学术的严格训练,一些人还曾到过西方留学访问,加上世纪之交时甲骨文、敦煌写本等大量新历史文献的发现,佼佼者如王国维(1877—1927)、陈寅恪(1890—1969)、傅斯年(1896—1950)等将考据与现代文史哲研究相结合,使得传统语文学的考据方法不但未如同其西方同伴那样迅速衰微,而且还朝着融合中西的跨学科方向发展。其中陈寅恪和傅斯年都受过德国语文学的训练。但可惜好景不长,在20世纪中叶的数十年中,由于先是战乱、后是意识形态的影响,中国语文学的传统方法也受到严重打击,人文学术在很大程度上流于空疏简单,成为机械唯物论和庸俗历史学的演绎。

可喜的是峰回路转,近三四十年来在西方和中国,语文学都呈现复兴的趋势。经过后现代主义的批评和对结构主义语言学的反思,西方学界扬弃了对语文学的偏见,借助于写本文化研究的新成果,以及跨学科方法的渗透,涌现出各种新语文学,在理论和实践的层面上都出现变革的新局面。在20世纪70年代,洛克哈特首先创用新语文学(new philology)一词,指称其运用殖民地

① Turner, James. *Philology: The Forgotten Origins of Modern Humanities*[M]. Princoton UP, 2014:509—510.

② 引自贾晋华、陈伟、王小林、来国龙. 新语文学与早期中国研究[C].上海人民出版社,2018:1.

的本土语言文献并从本土文化的视角研究墨西哥历史、民族和语文的新方法。洛克哈特和他的博士生们及同时期其他一批学者持续地实践这一新语文学的研究方法，整理、分析、翻译、阐释大量中美洲本土语言的文本，强调文本的意义由文本来源的众多因素所构建，包括文本的物质形态、内容、抄写者、读者和历史背景，其结果产生出一系列优秀研究成果，被高度称赏为对整个人种历史学领域的重大贡献。[①]

与之大致同时，中世纪欧洲的研究者在20世纪后半叶开始的写本文化（Manuscript culture）研究，及其后在80年代受洛克哈特影响而打出的新语文学（New philology）的旗号，也提倡将写本作为物质产品来研究，揭示写本产生、运用和传播的历史文化背景，并尽可能完整地重建这一背景。新语文学还着重对传统语文学中的校勘学进行了改革。传统校勘学的主要目标是尽可能复原设想中的"原本"（Urtext），认为其准确形态应由原作者或编辑者所创造；文本的传播过程则被看成是使原本出现错讹的原因，特别是抄写者所产生的异文，必须通过校勘来消除。新语文学则指出，这种纯粹的"原本"只是一种假设，并不存在或不可得，异文才是中世纪写本的本质特征。文本并不仅以其物质形态而独立存在，其物质形式是其意义的一个不可分离的部分。文本产生于一系列动态过程，涉及不同时间、不同地点的制作者、抄写者、读者、使用者，而这些又为彼时彼地的社会、经济、思想意识等因素所决定，于是这些因素也构成文本及其意义形成的一部分。因此，新语文学提倡研究文本的产生、复制及传播的历史过程，以及这一过程所承载的社会文化意义。这一研究方法突出强调抄写者的关键角色，认为抄写者同样参与了文本的制造，研究的目标不是清除抄写过程所造成的错讹以复原"原本"，而是

---

① Lockhart, James. "Charles Gibson and the Ethnohistory of Postconquest Central Mexico". in *Nahuas and Spaniards：Postconquest Central Mexican History and Philology*[C]. Stanford：Stanford University Press, 1991；Restall, Matthew. " A History of the New Philology and the New Philology in History"[J]. *Latin American Research Review*, 2003, Vol.38, No.1：113—34.

恰恰相反,需要探寻抄写者本身以及他们在写本文化中所扮演的角色。①

　　1982年解构主义文学理论家德曼(Paul de Man,1919—1983)发表一篇题为《重返语文学》(*The Return to Philology*)的文章,重新提出语文学的重要性。②在他的影响之下,1988年在哈佛大学召开题为"何谓语文学?"(What is Philology?)的讨论会,会议论文后来以特刊的形式发表于《比较文学研究》(*Comparative Literature Studies*,27.1,1990),同时又以《论语文学》(*On Philology*)一书的形式出版。③1990年北美中世纪研究的学术杂志《镜:中世纪研究学报》(*Speculum:A Journal of Medieval Studies*)出版一期"新语文学"(The New Philology)的专辑(Stephen Nichols编),其后在西方中世纪研究中引起广泛的讨论,并出版了一系列新著及会议论文集,其目标皆为重新审视语文学在历史文献研究中的方法和作用。④

　　在中国,传统的语文学亦在近三四十年来焕发出勃勃生机,很大程度上得益于一个特殊的原因:20世纪70年代以来大量简帛文献和石刻资料的出土。学界对这些新出土文献的整理和阐释,运用了文字学、音韵学、训诂学、校勘学、版本学、目录学、文献学等综合考据方法,取得了举世瞩目的丰硕成果,被誉为"重写了中国学术史"。而近几十年来学界有关训诂学的学科定义,也日益关注训诂学的诠释学趋向,强调对文本的字词、语义、音韵、思想、内容等做综合而全面的诠释。⑤这些宽广的内容不但包括了传统语文学的各种研究方

---

① Cerquiglini, Bernard. *In Praise of the Variant:A Critical History of Philology*. trans. Betsy Wing,Baltimore:Johns Hopkins UP,1999;夏德安. 出土古代中医写本与科技文献研究、写本文化研究和新语文学. 见新语文学与早期中国研究[M]. 上海人民出版社,2018:81—91.

② Man,Paul de. *The Resistance to Theory*[M]. Minneapolis:University of Minnesota Press,1986:21—26.

③ Ziolkowski,Jan M. *On Philology*[M]. University Park:Pennsylvania State UP,1990.

④ 以上关于西方新语文学的叙述,可参看贾晋华、陈伟、王小林、来国龙. 新语文学与早期中国研究[M]. 上海人民出版社,2018:1—14;贾晋华、白照杰. 中国宗教研究新视野:新语文学的启示[M]. 宗教文化出版社,2020:1—8.

⑤ 参见王涛. 20世纪训诂学学科名称定义的争论[J]. 汉学研究通讯,2003(2):10—17.

法,而且接近《世界语文学》关于"使文本被理解的学科"的语文学新定义。①

三、新语文学/世界语文学对于中国学术融入世界学术的方法论意义

无论是在西方还是在中国,语文学都具有学科和方法两方面的功用。作为学科,西方学者有众多题为"语文学"的理论著作,而中国学者则分别对语文学的分支文字学、音韵学、训诂学、校勘学、版本学、目录学、文献学等进行不断完善的理论建设,先后出现大量的理论专著。作为方法,传统语文学在中西历史上都对于历史文献和人文学研究做出重大贡献。近数十年来在西方涌现的各种新语文学,也主要是在方法论上发挥作用,创造性地改革了研究经典文献、写本文化和通俗作品的方法,并以对文本文献的社会、经济、思想、文化等因素的历史意义的重视,以及对各民族语言文化的新型研究,指出了跨学科、跨文化研究的融合趋势和走向世界语文学的可行性。在中国,提倡以新语文学或世界语文学的方法研究中国文献资料及其思想文化内涵,既是对中华学术优秀传统的继承发展,又具有融合中西走向世界学术的重要实践意义。

首先,面对大量出土文献的研究和整理,以及重新审视传世文献的产生和演化过程,西方研究写本文化的新语文学方法很值得借鉴。如同西方的传统语文学,中国学术以往也致力于恢复"原本"和辨别真伪,编辑和校对设想中的原始文本,考辨出大量的"伪书",但对文本制作、复制和演变的实际场合和社会功用关注甚少。根据新语文学的理论和方法,假设中的"原本"并不存在或不可得到,而文本只有时间的先后和逐渐演变的过程,并无真正意义上的伪书;即使有意增添、编造的文本也代表了所被编造时代的历史文化背景和思想意义。因此,我们应改变以传世文献为中心、将考古发现的文字资料主要用于校读传世古籍、恢复原始文本和辨别真伪的研究方法,强调出土写

---

① Pollock, Elman, and Chang, *World Philology*, p. 22.

本和传世文献互为主辅、互相校补的同等关系,并关注写本的创制、抄写、传播、阅读和使用的过程,比较其间所产生的各种异文异本及其所增加的新意义,这些演变所涉及的不同时期的社会历史背景和意识形态因素,以及写本在使用过程中对社会文化的影响和功用。

在此方面,一些学者已经开始着力提倡和实践。例如,夏德安(Donald Harper)借用研究中世纪欧洲写本文化的新语文学方法,研究新出土的早期日书、医药等科技文献,关注这些文献作为当时写本文化的物质产品和实际事物,以及写本与包括精英和下层社会群体的流行文化的关系;其研究主题包括某一特定时段和地域内的文化水平,写本在信息交流方面的功能,因应制作者、抄写者、读者和使用者需要而形成的文本的特定形式,文本在不同地域间的传布,以及以此类写本为基础,研究古代科技发展的社会史和文化史。夏德安总结说:

> 中世纪欧洲的研究者提出来的一些基本问题,对于任何有着较强写本传统的文化来说,都很重要。某一特定时期所产生的大量内容相同或紧密相关的写本的存在,提供了非常宝贵的证据,能够帮助我们理解那个时期的写本文化,定义在那些写本流行的特定时期的写本特征,理解写本作为文本的实际存在形态,是怎样为当时的读者和使用者所服务的。①

在传世文献方面,有大量作品原本产生和流传于写本文化时期。学者们

---

① 还可参见《新语文学与早期中国研究》中《通假字、新语文学和出土战国秦汉简帛的研究》《当代中国的写本文化及其对研究战国后期至秦汉的书写实践和方术类文献的启示》《〈郑文化问太伯〉与中国古代文献抄写的问题》;冯胜君. 出土材料所见先秦古书的载体以及构成和传布方式[J]. 出土文献与古文字研究,2001(4):195—214;来国龙. 论战国秦汉写本文化中广西的流动与固定[J]. 简帛,2007(2):515—527;Harper,Donald,and Marc Kalinowski. *Books of Fate and Popular Culture in Early China:The Daybook Manuscripts of the Warring States,Qin,and Han*[M]. Leiden:Brill Academic Pub,2017.

也开始重新审视此类作品可能经历过的传抄和演变的过程，探讨其传播的方式、抄写者的贡献、阅读者的反应及历史文化的语境，以及写本和刊本之间的衔接和过渡等。①

其次，以传统语文学的综合性考据方法为基础，中国的学术传统本来一直是"文史哲不分家"。但是20世纪以来林立的学科之墙将人文学术拆分得七零八落，现代化大学中的学系和教席的职务分工使得本是一家人的文学、历史、哲学等学者们成为陌生的路人。新语文学/世界语文学志在成为"使文本被理解的学科"，在阐释文本的思想文化意义时，不可避免地与人文各学科研究相互融合渗透。实际上，西方的写本文化研究一直强调跨学科的研究方法，要求以此方法为出发点，"尽可能全面地研究和重构作为物质对象的写本的社会和文化背景"，而"特定写本所属的特定写本文化背景包括写本被创造、使用和传播的环境，写本反过来对环境所产生的影响，由此而构成一个随着时间变化的高度复杂的统一体"。②运用新语文学的方法，我们可以将人文各学科重新融会贯通于语文学这一母体，并结合社会科学研究和科学技术的运用，在厚实的文献考据基础上，综合性地、跨学科地、大数据地阐释文本的语言、思想、宗教、文学、历史、文化、社会、经济内涵，不再局限于某一学科。

再次，新语文学正在发展成为世界语文学。在2011年，汉堡大学在"亚洲和非洲写本文化"（Manuscript Cultures in Asia and Africa）研究项目的基础上成立"写本文化研究中心"（Centre for the Studies of Manuscript Cultures），囊括亚洲、非洲、美洲和欧洲的写本研究，其宗旨包括跨学科和跨文化两方面：一

---

① 参看余欣. 写本时代知识社会史研究：以出土文献所见《汉书》的传播与影响为例[J]. 唐研究，2007（13）：463、504；Stephen Owen，" The Manuscript Legacy of the Tang：The Case of Literature"[J]. *Harvard Journal of Asiatic Studies*，2007，Vol.67，No.2：295—326；Christopher M. B. Nugent. *Manifest in Words，Written on Paper：Producing and Circulating Poetry in Tang Dynasty China*[M]. Cambridge，MA：Harvard University Asia Center，2011；余欣. 博望鸣沙：中古写本研究与现代中国学术史之会通[M]. 上海古籍出版社，2012 .

②Quenzer，Jörg B. "Introduction." in *Manuscript Cultures：Mapping the Field*[C]. eds. Jörg B. Quenzer，Dmitry Bondarev，and Jan-Ulrich Sobisch . Berlin：De Gruyter，2014：1—2.

方面将写本研究正式建设成为一个跨学科的研究领域,另一方面消除假设的"东方—西方"对立,发展适用于全球的写本研究新典范、普遍范畴和特征。①2014年出版的由奎因查尔(Jörg B. Quenzer)、邦德雷夫(Dmitry Bondarev)和索比斯克(Jan-Ulrich Sobisch)主编的《写本文化研究领域的形成》(*Manuscript Cultures: Mapping the Field*)一书也宣称,其目标是打破以往写本文化研究的地域文化限制和"东方—西方"的对立模式,展开系统的、比较的、环球化的研究,而书中所收论文的确包括了有关欧洲、非洲和亚洲的写本研究。②在2015年,由波洛克(Sheldon Pollock)、艾尔曼(Benjamin A. Elman)和张谷铭(Ku-ming Kevin Chang)主编的《世界语文学》(*World Philology*)一书出版。此书超越了写本文化的范围,全面回顾语文学在世界各大文明的传统发展,从超历史和跨文化的角度,重新审视语文学的性质和作用,并提出"世界语文学"的概念。由于新语文学或世界语文学是中国、西方乃至全球各地原有的学术传统的发展,可以借此抛开中国近代以来无休止的中学西学孰优孰劣之争,将考据训诂与分析评论相结合,引出既有厚实文献基础又有深刻义理阐释的世界一流学术成果,从而使得中国学术真正走进世界学术。

最后,西方语文学传统在长期发展中,形成严格的、统一的国际学术规范,并为现代人文各学科所承袭。这些学术规范包括完整全面地搜集运用相关的原始资料和研究论著,杜绝一切有意的和无意的抄袭,设立统一的标准文章格式,等等。中国清代的乾嘉学术传统也同样建立了"实事求是""无征不信""孤证不立""注明出处""不攘人之美"等严格的学术规范。提倡新语文学/世界语文学的方法,同时也是在提倡国际学术规范,一方面采用国际通行的文章格式,另一方面将"不攘人之美"的范围从中文论著扩展到世界所有语

---

① 见汉堡大学写本文化研究中心网址:https://www.manuscript-cultures.uni-hamburg.de/index_e. https://www.csmc.uni-hambrug.de/about.html.

② Quenzer, Jörg B. "Introduction." in *Manuscript Cultures: Mapping the Field*[C]. ed. Jörg B. Quenler, Dmitry Bondarev, and Jan-Ulrich Sobisch. Berlin: De Ornyter, 2014: 1—2.

言的研究成果，以杜绝一切有意的和无意的"攘人之美"。

综上所述，语文学是中西乃至全世界各文明共有的学术传统。虽然欧美各种新语文学的涌现主要与写本文化的研究相关联，但写本文化并非新语文学发展的唯一目标。从以上的阐述可以看到，众多有识者正在将语文学的复兴导向世界语文学的发展趋势，成为重新融会贯通人文各学科的重要研究方法。一方面，新语文学/世界语文学并不代表与"旧"语文学的对立，而是恰恰相反，体现了从新的高度对传统语文学的复归。另一方面，提倡新语文学/世界语文学的研究方法并不意味取代作为独立学科的语文学，如中国的文字训诂、目录校勘之学，而是更为充分地利用这些基础学科来有效地展开跨学科的人文学术研究。从方法论的角度提倡新语文学/世界语文学对于中国人文学术的发展尤其具有重要意义。如前所述，20世纪的杰出中国学者如王国维、陈寅恪、傅斯年等，皆出色地将考据训诂与分析评论相结合，从而获得卓绝的学术成就。而西方汉学在开创伊始，即受到清代考据学和西方语文学两个传统的共同影响，许多杰出的汉学家皆突出强调语文学的重要性，包括伯希和（Paul Pelliot，1878—1945）、卜弼德（Peter A. Boodberg，1903—1972）、薛爱华（Edward Schafer，1913—1991）等。薛爱华甚至将汉学定义为研究中国文献的语文学："汉学就是研究中国语文的遗存亦即中国文本的语文学"，"而语文学就是使我们可以理解、或相对地可以理解文献，特别是过去的文献"。①薛爱华对语文学的定义，与波洛克在《世界语文学》中的定义何其相似。作为中西共有的传统研究方法，新语文学/世界语文学的方法可以帮助我们抛开无休止的中学西学之争，在人文各学科的研究中既重视厚实细密的文献考据，又强调深刻精当的义理阐释，并严格遵循国际学术规范，从而真正融入世界学术。

---

① Schafer, Edward H. "What and How is Sinology"[J]. *T'ang Studies* 8—9(1990—1991)：23—44. 关于汉学研究中语文学方法的作用和影响，参看 Honey, David B. *Incense at the Altar：Pioneering Sinologists and the Development of Classical Chinese Philology*[M]. New Haven, CT：American Oriental Society，2001.

古代中国古典传统特质的形成

徐建委[*]

比萨高等师范学院希腊学荣休教授、著名古典学家格兰·莫斯特(Glenn Most)教授2021年10月21日在威尼斯大学所作的"From Athens to China and Back:A Western Student of Ancient Greece Looks at the Chinese Classical Tradition"演讲中,从文献学实践和文本文化传统的角度,比较了古代中国和古代希腊古典传统中的八个相近和六个相异之处。[①]此演讲精彩,亦极富创造性,为古代希腊与古代中国经典传统的比较与对话,打开了一个新的空间。对于传统学问研究的学者而言,则更具意义。一些习焉不察的认识,在这样的对话里,突然间显现,带来了更多的问题维度和思考的可能。

一

莫斯特在这个演讲中概括出了古代中国和古希腊在古典传统中的八个相似之处:

1.这两个传统都以相对较少的文本为中心,这些文本往往以文学、历史或哲学为主要特征。在这两个传统中,这些基础文本往往有一个宗教层面,但都不像其他一些古典传统那样,以一个确定的神圣经文为中心,作为既定宗教的基础。

2.这些文本非常古老:它们可以追溯到公元前一千年。在这两

---

*徐建委,中国人民大学文学院教授。

① 本文所引莫斯特教授的观点译自2022年1月19日他在人大讲座时所提供的英文讲稿。

种文化中,它们都是最早保存下来的实质性文本。这些文本已经被认为是非常重要的,以至于在那个缮写文本有难度、昂贵、意义不明的时代,它们被以书面形式保存下来。

3.它们被书写的事实表明这两种文化都赋予了书写的高度特权。

4.这两个古典传统都形成了专门的教育系统来培养一代又一代的专家。

5.书面文本的增加导致它们被收集并储存在专门为此目的而设计的机构——图书馆或档案馆,同时还有更多在组织、获取、整理和保护这些材料方面接受过培训的专家阶层。

6.两个文化中的经典文本都出现了注释传统,且形成了不同的解释流派。

7.训诂学的实践伴随着对所涉及的解释学原则的理论思考,并存在长期的、没有结果的争论。

8.两个文化传统都存在一种经典引用文化。

两个传统的六个相异之处是:

1.在中国有一个词叫"经",但在古希腊却没有。一个令人惊讶的事实是,希腊的古典主义传统不知道有"古典"这个词。

2.中国的经典文本形成了一套明显的、有限的著作,希腊经典是一个更大、更模糊的群体。

3.早期中国古典文献基本上都是片段的集合,但没有一部希腊古典文献是如此。大多数通过中世纪传播而幸存下来的古希腊文本从一开始就被希腊人归于个别作者,并打算作为完整的整体进行传播。希腊古典主义传统被它所创造的早期希腊古典主义作家的高度个人化的形象和传记所迷惑。这种传记无疑在很大程度上是虚构的,它告诉我们的不是原作者的真实生活,而是后来读者对他们的想象。古希腊作家的半身像也是如此,从公元前6世纪就开始创作,大部分不是代表这些作家的真实面貌,而是代表后来的读者根据他们的著作所推测的样子。在地球的另一侧,直到汉代中国传统才为他们的经典制定了一套作者名单。

4. 所有中国经典的手稿和印刷版本都不仅包含原文,而且还包含对原文的注释。大多数希腊手稿只包含古典文本本身。

5. 古希腊学者痴迷于试图识别和纠正他们能找到的每一个文本错误,相比之下,在中国传统中,容许版本异文的存在。

6. 中国的古典传统不仅承认古典文本和对它们的注释,而且也赋予一些注释以古典地位,并设计了另一种学术文献体裁:疏,即对古典文本的古典注释的注释。在古希腊,事情是完全不同的。希腊注释者总是对基础文本进行注释,从不对其他注释进行注释。

莫斯特在讲座中用乒乓球作为比喻,希望他"乒"一声打出的球,能够得到"乓"的回应。在这篇短文里,笔者将以两大文明传统的六个相异之处为发端,对中国古典传统特质的形成略作分析。

二

"经"在早期中国有很多种含义,最常见的含义是被解释的文本①,如《墨子》中有《经》,也有《经说》,《经说》就是《经》的解释。在一个文本链中,它是处于最顶端的那个,两千年以来的经学文献传统中,汉代五经位于最顶端,六朝以后形成了以"九经"为核心的层级解释体系,经下有传,传下有注(名称各

---

① 关于"经"的含义,学术界往往热衷于讨论其词源意义,这种分析模式如果仅仅是从概念的角度,而不是文字学领域的讨论,大多是无聊和无意义的。古汉语"同言异字,同字异言"(《经典释文》录郑玄语)现象极为常见,梳理某个字词源意义演变的方式,往往无视这一特征,其价值很值得怀疑。早期文献中语词意义的分析,应该以语用环境为主,如钱穆《两汉博士家法考》对"古文"一词意义的分析,他发现西汉文献中古文一般指六艺经典,而在东汉文献中,则指古文字,这就是有效且有价值的判断。

异，或称"笺"或称"诂"或称"注"）。①经学传统中的"经"，是这个语词最常见的意义。"经"除了是被解释的对象外，它还是被模仿的对象。即它是某一类文本的模板，其他大量的文本则是它的模仿、复制品。②"经"还有一个极为常用的通俗意义，指可以依据的文本。这一用法往往出现在一些技艺类的文献中，并一直延续到19世纪。③如果要为"经"寻找一个更加抽象的意义的话，"被依据的文本"也许适合的。

在公元1世纪之后，如果不加限定地使用"经"这个概念，那么它就会特指《周易》《尚书》《诗经》《周礼》《仪礼》《礼记》《春秋左氏传》《春秋公羊传》《春秋穀梁传》等九部早期经典文献。当然，这九部文献之所以被称为经，也因为它们是被解释、征引和依据的文本。有各种类型的知识和文本会从中派生出来，并服务于对这些文本的理解。所以在早期语境中，经与"经典"的意义只是部分相同。

此前，核心的经典文献更主要的名称不是"五经"，而是"六艺"。"艺"的意义是技艺（Skill），六艺就是六种与国家治理有关的技艺或知识。这些技艺和知识被认为是公元前11世纪至公元前6世纪的文化遗产，学习六艺，就是学习历史。公元前5世纪至公元前2世纪是五经逐渐成为核心经典的时期，这时处于中国历史上有记载以来的第一个分裂期的后半段，公元前3世纪晚期，秦始皇结束了分裂状态。在长达六个世纪的动荡中，分裂前的周王朝成了理想时代，而《诗》和《书》则被认为是周王朝遗留下来的最主要的文献，记录了那时的文化和制度。分裂时代的知识人构想未来的统一，记录统一时代文化和制度的文献变成了他们的思想资源。在统一后的秦汉帝国时代，之所以会确立这些文献的经典地位，正是因为帝国文化和制度建设的初期，需要从历

---

① 如《汉书·艺文志》著录的《春秋》类文献，就包括了经、传、说等各种层级。在早期文献中被称为《春秋》的文献其实包括了《春秋经》和《春秋传》。但《春秋》类文献中的经，则是特指孔子所写的那部历史书，后来的传都是用来解释它的文本。

② 如《楚辞》中，《离骚》被称为《离骚经》，汉代的作品则全部是以《离骚》为模板而写作的模拟文本。

③ 比如《茶经》《相马经》《相鹤经》《棋经》等。

史中寻找借鉴。之后,新的统一王朝的知识人,也会有模仿周代经典,写作新经典的企图。《史记》就是在这种思想背景下出现的。司马迁在《太史公自序》里借与壶遂辩论,详细解释了他们父子的著作理想。他引述了自己的父亲司马谈的话:"绍明世,正《易传》,继《春秋》,本《诗》《书》礼乐之际。"①可见司马谈的理想是写一部综合六艺知识的新《春秋》,也正是因为其理想是撰述新《春秋》,才引来壶遂的问难。当然司马迁和壶遂的对话,很可能只是一种类似于辞赋的模拟。但不论如何,司马谈和司马迁父子是要继孔子之后,发挥六艺,续写《春秋》的。汉武帝时代,写一部新时代的《春秋》不仅仅是司马谈的想法,很可能是当时的一种共识,司马相如在《封禅文》里也有类似的想法,他说"校饬厥文,作《春秋》一艺,将袭旧六为七"②,即汉武帝时代应该写一部新的《春秋》,原来的"六艺"就可以变为"七艺"。此后的《汉书》也是为了满足这种期待。这两部书的写作就是要写作第七部经典。而《史记》和《汉书》出现不久也成了经典文本团队的成员。

早期经典中有一部是核心,就是《春秋》。根据公元前5世纪以来的传说和记载,孔子重新整理了《诗》《书》,并撰写了《春秋》,它们是最早的经典文本。公元前4世纪,经典的解释开始以《春秋》的解释方法为元方法。不论是《诗》还是《书》,都有了编年史的特点。从这个意义上说,中国早期经典的价值和意义是偏向历史性的。《春秋》塑造了中国文化中文本解释的主要模式。

同时,《春秋》总体上被认为是孔子对历史的批判。孔子记录历史事件的目的并不是对过去感兴趣,而是利用这些过去的事件来表达他对古代政治行为的评判。表达的手段就是利用修辞,《公羊传》《穀梁传》系统地建构了这一修辞体系。对同一种行为的描述,可以使用意义相近的不同语词。词语在《春秋》学解释体系里,是传递孔子的政治哲学和道德评价的主要载体。解释词语或句子所隐含的道德和政治意义,也是《春秋》学的主要内容。在公元前

---

① 司马迁.史记.中华书局,1959:3296.
② 同上,第3068页。

4世纪以后,学者们已经普遍接受了这样的一种理解:《春秋》所记录的是周王朝文化制度的崩溃和分裂,并埋藏了对未来新的统一王朝的期待。所以《春秋》存在两个文本:一个是显在的文本,也就是记录过去的文本,蕴含的意义是批判性的;一个是隐藏的文本,是对政治和秩序的理解,蕴含的意义是建设性的。两个文本互为镜像,一个指向过去,一个指向现在和未来。这种双层文本的构成方式,也成为后来几乎所有历史写作的基本法则,显在的批判性和隐藏的建设性的双重互动,成为了中国历史学的主要形态。从这个角度看,历史在中国古代首先是一套价值体系,然后是一种高级的文学形式,最后才是对过去的记录。

这套解释体系在公元前4世纪影响到其他经典之后,成为古代中国文学解释的基础方法。

三

考试制度是中国经典文本形成一套有限著作的主要原因。从出土文献看,在公元前4世纪至公元前2世纪,墓葬陪葬的书籍类型还没有形成固定的范围。公元前124年开始施行的大学教育和官员选拔相结合的考试制度,是经典范围限定的开始。后来,不论是"五经""九经"还是"十三经",都与教育和考试有关。从公元前2世纪开始,中国的古典学术就与政治文化紧密地联系了起来,甚至成为政治文化的附庸,后来的经典阐释中,慢慢地失去了原始的批判精神,以诠释经典意义为主要方法的学术系统日渐庞大,塑造了经典文本及其"作者"、注释者的神圣性。经典解释中的批判精神,转移到了诗歌和史书的写作中,并逐渐形成了一整套隐晦表达自己对政治和现实的批判性观察的修辞技巧,一种高级的和智慧的技巧。

从公元前2世纪开始,经典文本教育已经与官员选拔结合了起来,因此在中国经典教育与政治权力之间的关系非常有趣。在政治文化层面,经典教育是培训未来的官员,是政治的仆人。但另一方面,经典学术的基础方法论却是批判性的,对现实政治的批判是其最高伦理。

在中国古代口头传播还有两个有趣的问题：

第一，虽然从前4世纪时，古代中国就有"六艺"这种说法，但直到公元前2世纪，中国古典文化中真正的经典文本只有三个：《诗经》《尚书》《春秋》。《诗》《书》两部著作是早期中国经典的核心，它们与口头传统的关系极为密切。但公元前5世纪晚期的《春秋》（以及与之密切相关，出现于公元前4世纪中期的《左传》），却从其出现时就是书面文本。《诗》《书》异文非常多；《春秋》中的异文则极为罕见。

第二，公元3世纪以前，古代中国经典教育的中心在黄河流域，这个地区每年11月至次年2月，有长达4个月的冰期。而在绝大多数的学校里，冬季的取暖设施并不好，一般到11月墨水就会结冰（皇帝或贵族在冬季会用酒来代替水调和墨汁），所以到了冬季学生们以背诵和朗读为主要的学习方式①。这种气候条件和墨水技术的不成熟，使得经典的口头传播持续到7世纪以后。7世纪开始的科举考试中，经典的考试，考察的主要内容就是对经典的背诵。

四

一个非常重要的现象：早期中国的大多数的经典文本都是由一些意义完整的短章组合而成。这些短章主要有三类：一类是独立的故事、一类是说理的片段；一类是谚语式的短句。前两类片段一般不超过500个汉字，100—300

---

① 东汉崔寔《四民月令》载十一月"研水冻，命幼童读《孝经》《论语》篇章，入小学"。见崔寔、石声汉.四民月令校注.中华书局，2013：71.

汉字之间的文本是最多的，占到了70%左右。最后一类大多20个字以内。①

　　中国古代为什么会出现以片段文本为主的文献形态？这或许与书写的物质载体有关。将竹简视作主要的书写载体的观念是一种误会，从古代文献的记载看，日常使用中的书写载体主要是牍板。秦汉时代大部分的出土文献，也都是写在这种牍板。公元3世纪以前文本的起草主要就是在牍板上进行。如杨脩《答临淄侯书》谓曹植曰："又尝亲见执事握牍持笔，有所造作，若成诵在心，借书于手，曾不斯须少留思虑。"②

　　这种日常使用中的牍的规格一般是长20—30厘米，宽5—10厘米。关于板版的容字，出土文献中的情况差别很大，当然也与牍版的大小和是否写满相关。骈宇骞、段书安举有数例：

　　尹湾汉墓出土的简牍长23厘米，宽约6厘米。牍1：正面容330字，背面容336字，凡666字；牍2：正面容1071字，背面容1954字，凡3025字（不包括模糊漫漶者）；牍3：正面容799字以上，背面容1006字以上，凡1805字以上。《居延新简》EPT44·4：正面容89字，背面容96字，凡185字。《居延汉简甲乙编》7·7：正面容148字，背面21字，凡169字；495·4：正面容106字，背面容80字，凡

----

① 这些短章字数从十数字至千字左右不等，多数都在100字至500字之间，超过500字的章并不多见。其中，《国语》情况较为特殊，这也是一部由章组成的古书，但每一部分的材料来源比较复杂，比如《周语》长章较多，以现在版本的分章而论，《周语》每章字数为512、94、262、198、72、572、96、181、189、131、508、587、341、632、46、351、227、137、101、438、722、432、185、810、500、554、1227、522、406、1002、611、101、479。33章中，超过500字的有13章，这已经是很高的比例。《鲁语》之后，超过500字的章就已经很少了。《国语》因与《左传》有史源关系，《周语》里面的部分章也有后期整理痕迹，很不好讨论其文本的生成与书写材料之间的关系。而《晏子春秋》《吕氏春秋》《韩诗外传》《说苑》等古文献里面的材料，虽然也是经过很多次转抄，但却多是作为一个文本整体被搬运来、搬运去，其原始规模并未发生多大改变，可以帮助我们了解早期文本生成中书写与物质载体之间的关系。如《晏子春秋》卷一25章，每章字数分别是：281、273、141、95、516、187、300、229、464、106、300、370、164、408、214、303、164、346、204、156、241、348、260、111、198。《韩诗外传》第一卷28章，每章字数分别是：175、72、350、100、105、128、45、220、233、77、75、111、81、74、59、155、58、41、121、277、115、141、136、119、266、128、235、145。《说苑》每篇的形制与《韩诗外传》非常接近。

② 陈寿撰、裴松之.三国志卷十九.魏书·任城陈萧王传.中华书局,1965:560.

186字。^①

　　我们还可以再举一例。里耶一号古井出土木牍,长23厘米,宽1.4—8.5厘米不等,一般一事一简,正反两面书写,有的背面属于写字练习。这些独立的牍板后又整理编连到一起^②。写手不同,牍板容字有一定差异,但大多数的牍板每行可写30字左右。如牍1:正面6行,共155字,写满应有180左右;牍2:正面6行,共129字,写满160字;牍3:正面4行,共95字,写满约120字;牍4:正面7行,共209字,写满240字。

　　可见对于日常使用的牍板而言,受限于宽窄、是否写满、书写者的不同书写习惯,容字会有很大不同。一般而言,长度23厘米左右、宽3厘米以上的牍版,单面容字多数在100—500之间。容字较多的是尹湾汉墓的部分木牍。如尹湾6号汉墓出土的木牍,长23厘米,宽7厘米,两面抄写,正面第一行原有标题,仅存"都尉县乡"四字,整理者定名为"东海郡吏员簿",正反面共3400多字。^③这是尹湾汉墓出土木牍中字数最多、书写最规范的一件,也很可能是普通尺牍容字的上限。尹湾木牍属于簿籍,有其特殊性。

　　海昏侯墓出土的《论语》牍板,尺寸不详,共录六章,有部分字迹漫漶,但依据今本补足,可知这片牍版总录168字。若使用第五条"子曰善人为邦百年"章的字体大小,则此片牍板可容字200以上,与里耶、居延、敦煌、长沙等地出土的普通书信类或行政文书类牍板的容字比较接近。这应该是牍用于日常书写时,比较常见的字数。

　　日常使用中的木板能够容纳的字数和传世文献中片段文本的字数高度重合。长度在100—300字之间的文本,往往也就是最初被写在木板上的文本的长度;同时这种长度的文本也最容易被抄录到木板上,从而得到更为广泛

① 骈宇骞、段书安.二十世纪出土简帛综述.文物出版社,2006:86.
② 经典文献生成的过程中,很可能也有类似的阶段,即草就于牍版上的短章,按主题被编连起来,形成最初的篇。
③ 连云港市博物馆、东海县博物馆、中国社会科学院简帛研究中心、中国文物研究所.尹湾汉墓简牍.中华书局,1997:79—81.

的流传。这很可能就是早期中国文本大多是由一些片段式的(短篇)文本组合而成的原因之一。

五

古代经典不是一个个文本,而是一个个的文本系统。一部经典,有很多个版本,哪一个版本在竞争中胜出,往往要看那一个版本的注释更好,并得到官方支持。在中国古代的文本文化中,注释决定了经典文本的哪一个版本会成为主角。

中国早期经典的形成的时期,正是汉字在记音和记义之间徘徊的时期。主要以口头形式流传的《诗经》里,保留了大量的记音字。同时,中国各个地方的方言发音差异很大,同一个汉字符号在不同地区也会代表不同的发音,各地的人们对同一意义的声音反馈是不同的,也就会用不同的符号记录这个词语。公元前3世纪中国出现了统一的王朝,文字也开始统一。但这时的经典文本却有很多用不同方言记录的文本,存在着多种"声音—文字"的对应匹配关系。当后代的读者使用字形和字义关系相对固定的方式来阅读早期经典时,就会遇到非常多的困难。同一个汉字背后也许代表了(隐藏了)不同的声音和意义,不同汉字也可能代表相同的声音和意义,因此经典的学习就需要那些能够知晓文字背后真正意义的专家的注释,而且是越早的注释越好。我在注释《诗经》时有一条默认的原则:如果《诗经》最早的注释里,对某个字义的解释看起来与今天的理解差别很大,甚至显得非常奇怪时,我一般都会采用这个解释,因为这个解释很可能超越了字形限制,趋近于其真正的意义。没有这些早期的注释,公元前2世纪以后的人很难读懂那些看起来并不难读的经典文本。经典的意义需要依赖它们的注释而流传。这是中国经典读本包括注释的最主要原因。

经典的口头传播,使得异文成为经典文本的重要特点,同时也成为大师们能够掌握权威解释的重要原因。没有这些权威的解释,公元前2世纪以后的人很难读懂那些看起来并不难读的经典文本。经典的意义需要依赖它们的注释而流传，这就是为什么几乎所有中国经典的读本都不仅包括原文，还包括对于原文的注释。

经典文本附加注释的第二个原因与汉字的书写方式有关。在中国早期经典文本中，大多数汉字都是一个汉字对应一个音节和一个意义，也有少量的用两个汉字表示一个意义的复合语音词：连绵词。在一长串汉字中间，只会偶尔出现一些提示句子结束的语气词，大多数的短语或是句子之间都没有明确表示意义分隔的词语。当重要的文献被整理抄写到竹简上时，也没有统一的区分意义单元的方式，如标点符号。因此对原始文本进行标点和段落划分，是早期经典学习的第一步。不同的标点和语段的划分，会带来不同的理解和阐释，由此也促生了不同的解释学派。

这些标点、分段，以及在其基础上的讲解疑难词和句子或段落意义的文字，就是最早的注释。一个老师所能面授的学生总是有限的，所以添加注释的文本就成了老师的替代品。如果没有注释，学生几乎无法使用这个文本。后来的考试制度又会特别重视经典解释的学术派别，并按照学派来设置考题。这就更加强化了注释和经典文本之间的关联。

另一个容易被忽视的问题是，在经典化的初期，有各种不同的学派和经典的版本。流传到今天的特别是东汉安帝永初四年（110），在邓太后主持下诞生了第一组官方定本的经典，书写在首都洛阳太学的墙壁上，昭示天下。为了防止人为的篡改，桓帝熹平四年（175）至光和六年（183）间，这组经典又被刻在石碑上，就是所谓的熹平石经。今天还可以看到很多残损的石碑。这组国家定本经典，是没有注释的，只有经典文本。毫无疑问这与物质材料有关，不论是书于墙壁还是刻于石碑，都无法容纳庞大的注释。据12世纪郑畊老的统计，《周易》24207字《尚书》25800字，《诗经》39224字，《仪礼》56115字，《春秋》18000多字，《左传》196845字，《公羊传》44075字，《榖梁传》41512字，《礼记》99020字，《周礼》45806字，《论语》13700字，《孝经》1903字，《尔雅》13113字，《孟子》34685字，总字数超过了65万字。而早期的注释文字至少是经典文本的两倍，很难都被雕刻在石碑上。唐文宗开成二年（837）唐王朝的石经,也没有包括注释。

公元前4世纪的出土文献中,经典文本也是没有注释的,但公元前1世纪出土的一个皇家文本,则已经出现了注释。文字和语言发生了变化,早期经典文本对于公元前2世纪的读者来说,已经很难读懂,所以日常阅读中的读本,一般都会录有注释。公元3世纪以后,早期四个主流《诗经》版本中的《毛诗》逐渐取代其他三个,一个最重要的原因就是《毛诗》有更好的学者为之作注。在日常阅读和流传中,注释决定了经典文本的哪一个版本会成为主角。

同时,即便是到了公元12世纪之后,也还会有不加注释的古典文本,被称作白文本。这种文本是为了背诵而准备的,并不占主流。文本形式与阅读需求密切相关。自公元前124年至1905年,两千多年的经典教育和官员选拔考试,是经典范围固定,且不断衍生经典文本的次生形态的主要制度因素。

六

公元前26年—前6年,刘向主持了中国历史上最重要的一次文献整理。他当时面对的情形是这样的:一个文本往往有十几个不同的写本,每一个写本之间有重复,也有不同,也可以互相补充有无。文本之间文字也有很多不同。刘向的工作方法是纠正很多文字记录或书写错误,但保留了文本之间的分歧。比如有一本非常古老的书叫《晏子》,分为八篇,每一篇有25—30个独立的故事组成。这部书的第七篇就是保存那些和前六篇故事内容大体相同,但具体细节有很大差异的独立故事。类似的做法还可以在更早的司马迁的《史记》里看到。在老子的传记里,司马迁保留了关于老子身份的三四个版本。

任何文字本质上都是记录语音。汉语的发展应该是先有了音与义的搭配,然后出现了字形与字音之间的符号关系,最后字形和字义建立了直接的关联。古汉语的早期阶段,字形与字音的关系是主要的,从字形到字义,一定要有字音这个中介。秦汉以后,字形与字义的关系才变得重要起来,这或许与秦汉帝国统一的文书行政体系有关。林沄《古文字学简论》说:"战国至汉初是通假字和形声字争胜的时代。由于汉语本身的特点和具体的历史形势，通假字输给了形声字，记音化的倾向被抑制了，形声化的倾向则不断发展。结果是，汉字一直保持着意音文字的体制，而形声字占的比例越来越大。"

异文大多数不是抄写造成的，而是不同的抄写者在记录同一个声音时使用了不同汉字的结果。《诗》《书》等古代中国经典在传播的过程中，大都会形成一个形态相对稳定的声音文本。在以口耳相传为主要知识传递方式的年代，同一经典文本的不同记录本会产生大量源于声音和记忆的异文，《经典释文序录》引郑玄答弟子问曰："其始书之也，仓促无其字，或以音类比方，假借为之，趣于近之而已。受之者非一邦之人，人用其乡，同言异字，同字异言，于兹遂生矣。"①郑玄从记录口头师说的角度来解释古书中的异文。在那个知识以口头方式传播的年代，记录者会用自己熟悉的"声音—文字"匹配关系来记录大师的讲授。因为记录者所使用的方言不同，每个记录者很可能各自有一套自己的"声音—文字"符号系统，他们虽然都在使用同一种文字，但所记录的文本，却因为"声音—文字"的不同匹配，而呈现不同的文字组合形式。清代学者也正是注意到了这一现象，才发展出严密而科学的考据训诂之学②。"同言异字，同字异言"的情况，反映在《诗经》文本的流传中，会对古人的诵读和书写造成一定的影响。

近年来，夏含夷、柯马丁两位教授在早期《诗经》流传的不同层面有许多

---

① 陆德明.经典释文.上海古籍出版社,1985:6.

② 如钱大昕《戴先生震传》总结戴震的治学路径是："由声音文字以求训诂，由训诂以寻义理，实事求是，不偏主一家。"（钱大昕、吕友仁.潜研堂集.上海古籍出版社,1989:710.）段玉裁《说文解字注》则云："凡古语词，皆训诸字音，不取字本义，皆假借之法也。"（段玉裁.说文解字注.上海古籍出版社,1982:650.）王念孙《广雅疏证序》："窃以训诂之旨，本于声音。……就古音以求古义，引申触类，不限形体。"（王念孙、张其昀.广雅疏证.中华书局,2019:序文第2页.）

令人印象深刻的讨论，均涉及了早期中国诗歌的口头和书写传统。①虽然二人的研究期待并不相同，难以形成实质性的"交锋"，但有一点却是大家的共识，即西汉以前的《诗经》流传中，书写抄录和口头讽诵两种流传方式是并行存在的，视觉复制和听觉复制各自有不同的功能。当然，更重要的问题并非早期《诗经》的传播方式，而是其传播方式是否参与了《诗经》文本的塑造。柯马丁、夏含夷的论文中，这个问题都是重心。如柯马丁所言，出土文献所提供的"写本证据表明了一种活形态诗歌传统的存在，在这个传统中，书写和表演之间多样化且互相独立的互动关系一直延续到西周之后的数个世纪之久，可能直至战国时期。此外，这个传统不仅包括了《周颂》，更包括了《诗》中所有的组成部分和文体"②。因此，与其纠结于《诗经》流传中的书写和口头问题，不如超越它们，从传世文献和出土文献所提供的证据里，去发现和了解早期《诗》的传播方式与文本之间的互动关系，战国秦汉时代的人如何阅读和讲授《诗经》，以及古人的阅读和讲授的方式会不会对《诗》文本的变迁产生影响等问题。这些都是有趣且深具研究价值的话题。

目前可见最早的《诗经》实物书籍是安大简《诗经》。如果我们将安大简《诗经》还原成声音，它就是一个和《毛诗》极为接近的文本。但安大简的文字，却与《毛诗》有很大不同。这些异文中，音声异文所占比例最高，说明战国秦汉时代《诗》的流传中，口传师说占有很重要的地位。鉴于汉以前各本之间文字差异很大，作为经典的《诗》，主要是那个以听觉文本形态而存在的《诗》。

经典教育的诵读传统，使得经典文本中的异文一直存在到 8 世纪。直到

———————————

① 参见柯马丁. 方法论反思：早期中国文本异文之分析和写本文献之产生模式. 李芳、杨治宜译. 陈致. 当代西方汉学研究集萃·上古史卷, 上海古籍出版社, 2012:349—385; 张万民. 《诗经》早期书写与口头传播——近期欧美汉学界的论争及其背景. 北京大学学报（哲学社会科学版）, 2017(6):80—93; 柯马丁. 早期中国诗歌与文本研究诸问题——从《蟋蟀》谈起. 顾一心、姚竹铭译, 郭西安校. 文学评论, 2019(4):133—151; 夏含夷. 出土文献与《诗经》口头和书写性质问题的争议. 孙夏夏译, 蒋文校. 文史哲, 2020(2):21—38、165.

② 柯马丁. 早期中国诗歌与文本研究诸问题——从《蟋蟀》谈起. 顾一心、姚竹铭译, 郭西安校. 文学评论, 2019(4):133—151.

932 年,国家开始将经典书籍雕版印刷,《诗经》各个版本中的异文才迅速减少。印刷书籍的普及是中国古代经典中异文被迅速消灭的主要原因。

七

据目前所知,经典文本中添加的注释最早出现于公元前 2 世纪。公元 3 世纪末,又出现了为解释经典的注释而作的疏。疏的功能是疏通文意,它同时解释经典文本及其注释。我们以《诗经》的注释层次为例来说明经典以及经典的第一层级、第二层级的注释之间的关系。事实上,除了在《诗经》《春秋》传统里疏是第三层级的注释,在其他经典文本系统里疏都是第二层级的注释。

疏的特点是不提供新的解释,而是为理解经典文本和其注释提供文献材料的支持。因此,疏的功能是帮助读者了解注释者的注释逻辑和注释依据,它甚至会提供从注释者角度所理解经典文本的通俗翻译。但也有仅仅解释经典文本的疏,我们从一些古老的佚文是可以看出来的。不论是哪种类型的疏,引用大量的古代文献是其主要特点。

疏在最初出现时,是独立的文本,即它并不和经典文本书写在一起,而是仅在每部分的开始标明所解释文本的起止。敦煌写卷所见正是如此。内藤虎次郎《宋刊单本尚书正义解题》(钱稻孙译,《国立北平图书馆馆刊》第四卷第四号):“予在巴里,见伯希和教授赍去之唐写本《春秋正义》,则《正义》注语以朱书标其起止,《正义》空一格,墨书连书其下;是为唐代之式无疑,当以是为最古。宋本《正义》改朱为墨,略得唐钞《正义》遗式。”王重民《敦煌古籍叙录·斯 498 号〈毛诗正义〉残卷》曰:“《诗·大雅·民劳》篇《正义》残卷,存三十六行。传笺起止朱书,《正义》墨书,凡‘民’皆作‘人’,孔氏原书应如是也。”所以一位中古时代的读者阅读疏的时候,手边还应该同时放着经典文本。

当然,有一种意见认为中古时代主要考察对经典文本的记忆,所以对于一个普通的读书人来说,经典文本和其注释是可以背诵的,所以疏的文本中就没有必要再将其抄上。这当然是一种可能,但也很可能高估了那个时代人的记忆能力。接近两百万字的文本，很难做到熟练的背诵，历史上记忆出色的人很多，能够背诵十三经经注的人还是很罕见的，如果可以背诵，会被当成一种特异功能记录下来，如清代的戴震。那个时代的读书人大多会选择两三部经书来背诵，对于大多数读者来说，不太可能单独使用疏文本。所以疏单独被抄写，应该与它的使用场景或功能有关。

让我们回到中古时代（3—10 世纪），如果一个人有基本的读写能力，通过阅读基本的注释就可以读懂经典，完全不需要疏的帮助。在解释上，疏所引证的文献并没有增加新的意义，也不会帮助读者更加理解经典。很多时候它的作用是相反的，烦琐的征引会干扰读者对经典文本及其注释的理解。但是疏在中古时代是被写作最多的文献类型之一。在当时著名学者的传记中会提到他们的著作，其中最重要的无疑就是他们作的疏。疏代表了那个时代经典学术的主要形态。公元 3—10 世纪之间，博学、善于辩论和能够机智地回答问题，是最被欣赏的才能。我们阅读那个时候的人物传记，会发现解答学生的疑问是学者教授弟子最主要的方式之一。当弟子提出"老师为什么这样解释""您的依据是什么"时，引证古代文献当然是最有效的释疑方式。这大概是疏出现的主要原因。所以疏的功能不是帮助理解，而是提供一种面对质疑时的资料库。

陈寅恪与语文学

沈卫荣*

20世纪80年代初,当我刚刚进入蒙元史学术领域时,老师们就吩咐我要多读王国维、陈垣和陈寅恪等先生们的著作。当时囫囵吞枣、一知半解,但从此对他们的文章和学问有了很深刻的印象,对学术研究也有了敬畏之心,虽不能至,心向往之。其实,王国维、陈寅恪二位先生的学问在那时候就已经是曲高和寡,几成绝唱了。他们渐渐变成一个符号、一种象征,人们开始把对一位理想型的伟大学术人物的希望和期待寄托在他们身上,他们是民族、国家、学术、传统、气节和情怀的象征,是中国文化的"托命之人"。

今天,人们对王国维、陈寅恪的崇拜愈演愈烈,陈寅恪倡导的"独立之精神和自由之思想",成了当代学人梦寐以求的学术理想。比较而言,人们对他们的学问和学术本身却并没有深刻的认识和体会,坊间流传着很多关于他们的轶事,却较少有人专业地讨论他们的学术及其得失。① 或有谈学术的,但说得最多的总是王国维的《人间词话》和陈寅恪的《柳如是别传》。记得很多年前,蔡美彪先生曾经说过:王国维的《人间词话》是他还没有真正开始其辉煌的学术生涯前的试笔之作,而陈寅恪的《柳如是别传》则是在他年老目盲、无法自主地进行学术研究之后的述怀之作,或即如其自谦的"留命任教加白眼,著书唯剩颂红

---

*沈卫荣,清华大学人文学院教授。

① 较早对陈寅恪的学术做比较全面总结的是胡守为先生,他为20世纪90年代初出版的《陈寅恪史学论文选集》撰写了长篇的"前言",很好地总结了陈寅恪的学术经历和学术成就。陈寅恪. 陈寅恪史学论文选集[M]. 上海古籍出版社,1992:1—31.

妆"①。它们各有各的优秀，但都不能算是他们最具代表性意义的学术作品。

我生也晚，先学蒙元史，后习藏学、佛教学，从学几十年间一直仰望着王国维、陈寅恪二位先生。自己亦曾有很长的留学欧美的经历，对陈寅恪留学的两个主要学术机构，即哈佛大学的印度和梵文研究系以及柏林大学（洪堡大学），也比较熟悉。②陈寅恪在这两个地方主要接受的是梵文、巴利文和印度学的训练，同时也学习了藏文、蒙古文、古回鹘文、西夏文、满文、波斯文等，受到了全面的中亚语文学（Central Asian Philology，Sprach-und Kulturwissenschaft Zentralasiens）学术训练。③陈寅恪归国后的前十年间，曾长期和流亡中的爱沙尼亚男爵钢和泰（Baron Alexander von Staël-Holstein）一起研读梵文佛教文本，做梵、藏、汉文本佛典《大宝积经》《妙法莲华经》的对勘和比较研究。④我时常重读陈寅恪的一些学术文章，对他的学术方法和学术成就有过一些总结和反思。于此，斗胆略陈管见，以就教于方家。

——

从最初的学术志向、训练和成就来看，陈寅恪首先是一位十分杰出的语

---

① 蔡鸿生."颂红妆"颂.见仰望陈寅恪[M].中华书局,2004:11—24.

② 陈寅恪曾先后两次入学的柏林大学，其实就是今天的洪堡大学。这所大学创建于 1810 年，开始时称柏林大学，1828 年改称为 Konigliche Friedrich-Wilhelms-Universitatzu Berlin，1948 年改称柏林洪堡大学（Humboldt-Universitatzu Berlin），以此与 1948 年于西柏林建立的自由大学（Freie Universitat）作区分。此外，陈寅恪当年于哈佛留学时的"印度语文学系"（Department of Indic Philology）后于 1953 年改名为"梵文和印度研究系"（Department of Sanskrit and Indian Studies），新世纪后又改名为"南亚研究系"（Department of South Asian Studies）。

③ 有关陈寅恪海外留学的经历，参见陈怀宇.在西方发现陈寅恪[M].北京师范大学出版社,2013.

④ 王启龙.钢和泰学术评传[M].北京大学出版社,2009;有关汉藏佛学研究历史的回顾和学科设想，参见沈卫荣.汉藏佛学比较研究刍议[J].历史研究,2009(1):51—63.

文学家,确切地说,他是一位典型的东方语文学家(oriental philologist)。①或有人会问什么是语文学? 什么样的人又可称是语文学家? 在这个语文学已遭遗忘的时代,要回答这两个问题恐怕不是三言二语的事情。语文学本来就有不同的范畴和维度,它于不同的时期有不同的含义。于陈寅恪之学术养成的那个年代,即20世纪二三十年代,世界学术承整个19世纪欧洲学术之流风余绪,俨然还是一个语文学的黄金时代。那个时代的人文科学学术研究以语文学为主流,或者说语文学就是那个时代的科学的人文学术研究的一个总称或者代名词,它是所有人文科学研究的基本手段和学术方法,具有至高无上的学术地位。② 那个时代的人文科学研究还没有严格地细分为历史、文学、哲学等分支学科,所有的人文学者,不管从事哪个具体的学术领域,你都必须是一位语文学家。换句话说,一名人文学者,若强调从语言和文本入手进行人文科学研究,通过学习这个民族/地区/国家之语言,整理和解读他们的文献,进而尝试研究和建构这个民族/地区/国家之历史、思想、宗教、文化和社会,那么他/她就是一名称职的语文学家。③ 毋庸置疑,陈寅恪就是那个时代的一名杰出的语文学家和人文学者。

今天,人们习惯于将语文学与哲学、思想和理论对立起来,以为语文学家是与思想家、哲学家对立的学术人类,他们是一些整日躲在象牙塔内,专注于做琐碎的、技术的考据之学的冬烘先生。这是对语文学和语文学家们的深刻误解。语文学家从来就不是一些没有思想、没有情怀的书呆子,他们不过是

---

①陈寅恪曾提到:"昔年德意志人于龟兹之西,得贝叶梵文佛教经典甚多,柏林大学路得施教授 Prof. Heinrich Lüders 检之,见其中有大庄严论残本。寅恪尝游普鲁士,从教授治东方古文字学,故亦夙闻其事。"陈寅恪的《童受喻鬘论梵文残本跋》,原载《清华学报》1927年第2期,今见于陈寅恪《金明馆丛稿二编》(生活·读书·新知三联书店,2018:234)。此之所谓"东方古文字学"即与"Oriental Philology"对应。当时多将"Philology"翻译成"古文字学"或者"比较文字学"的,如胡适先生为北京大学制定的文科课程中即将"Philology"称为"古文字学"。吕德斯(Lüders)教授在柏林大学的教席是"印度语文学"(Indische Philologie)或者"印度古代语言和文献学"。
②Tuner, James. *Philology: The Forgotten Origin of the Modern Humanities*[M]. Princeton, NJ: Princeton UP, 2015.
③关于语文学和语文学的不同范畴,参见沈卫荣. 说不尽的语文学[N]. 光明日报. 2019-9-1.

一群更理性、更科学、更独立、更自由、更坚信学术崇高和信守学术规范的人文科学学者。即使陈寅恪的家世、经历、学术和学识，都足以把他成就为一位十分有思想、有情怀的优秀人文学者，但从学术史的角度来看，他无疑是一位语文学家，而不是一位思想家或者哲学家。

或值得一提的是，今人感同身受、孜孜以求的"独立之精神和自由之思想"，于陈寅恪这里原本说的就是语文学赋予现代人文科学学者的一种根本的学术态度和学术品格。现代人文科学研究的基础和主要特征就是它必须是"Historical and philological studies"，即必须是历史的和语文学的研究，同时还要求研究者必须具备最基本的学术批判精神。换言之，只有当人文科学研究是一种历史的、语文学的和批判性地研究，它才能脱离中世纪神学、经学的束缚，脱离现实政治和宗教神权的影响，所以，它才是现代的、理性的和科学的学术研究，否则人文科学，即与自然科学相对应的"精神科学"（Geisteswissenschaft），就难以称得上是科学，人文学者也就不可能具有"独立之精神"和"自由之思想"。①陈寅恪早年于海外所学涉及梵文/印度学、佛教学、藏学、蒙

---

① 笔者以为，陈寅恪所说的"独立之精神和自由之思想"于当时的语境中更多表达的是他的一种学术态度，而不是一种现实的政治立场。历史学和语文学研究的科学性使人文学术研究最终得以打破神学、经学，以及现实政治和宗教的影响和束缚，达到现代人文学术研究所要求的科学和理性的境界，这才使人文学者能够真的具备"独立之精神和自由之思想"，并使它们成为每一位人文学者必须要坚持的学术立场、原则和品格。他在《清华大学王观堂先生纪念碑铭》中说："先生之著述，或有时而不章。先生之学说，或有时而可商。惟此独立之精神，自由之思想，历千万祀，与天壤而同久，共三光而永光。"原载清华大学《消夏周刊》1929年第1期，转引自《金明馆丛稿二编》，第246页。我理解这段话当不是陈寅恪对超越其学术成就之外的王国维的政治态度的赞美，而更是对他的学术立场和学术精神的肯定和颂扬，是对支撑起这种学术立场的人文学者的人格力量的强调。陈寅恪后来于1932年在清华开"晋至唐文化史"课程时曾对学生们说过这样一段话："而讲历史重在准确，不嫌琐细。本课程的学习方法，就是要看原书，要从原书中的具体史实，经过认真细致、实事求是的研究，得出自己的结论。一定要养成独立精神，自由思想，批评态度。"显然，陈寅恪于此主张的"独立精神，自由思想，批评态度"指的同样就是人文学术研究必须坚持的基本立场和原则。（见蒋天枢. 陈寅恪先生传. 陈寅恪先生编年事辑（增订本）[M]. 上海古籍出版社，1997：222.）关于语文学与自由的关系，参见 Pollock，Sheldon. "Philology and Freedom"[J]. *Philological Encounters*，2016(1)：4—30.

古学、古回鹘研究、西夏学和满学等众多学术领域,或都可归入东方学或者东方语文学(Oriental Philology)的学术范畴。而那个时代所有属于东方学范畴的学科从事的都是一种语文学的研究,即从研究这些民族、地区和国家的语言、文献入手,进而建构它们的历史、社会、哲学、思想和宗教文化,这是一种"民族语文学"(National Philology)的研究。这样的学术格局的改变肇始于人文科学逐渐被划分成众多不同的分支学科,且被不断精细化。至20世纪下半叶,北美"区域研究"(Area Studies)异军突起,从此语文学的主导地位被彻底打破。"民族语文学"式的东方学研究逐渐被改变成为一种以多学科、跨学科,或者用社会科学的方法来研究一个地区、民族和国家的历史、社会、文化、政治和现实的学问。就如在传统汉学被现代的"中国研究"取代之后,语文学也就随之退出了学术的前台。有幸的是,即使是在作为现代人文科学之源头和代名词的语文学几乎被遗忘了的今天,陈寅恪当年主修的东方文本语文学(Oriental Textual Philology)学术领域依然被人当作是狭义的语文学的典型代表,它们中的一些专业正顽强地坚守着语文学最后的学术阵地。

二

以往人们习惯于从近世思想史的角度对陈寅恪自许平生所从事的"不古不今、不中不西之学"提出了很多哲学的和思想的解释,其中难免掺进了不少想象和拔高的成分,或有过度诠释之嫌。其实,我们不妨把陈寅恪的这种说法简单地理解为是他对他自己的治学方法的一种表白,表现出的是他于学术上的一种自信,甚至自负。他将自己的学问定位为"不古不今、不中不西之学",绝不是要给他自己所从事的学术研究做出一个明确的时空界定,即把他的学术研究的范围限定为对"中古史"的研究,而是要树立起一种打破古今、中西之壁垒的崇高的学术观念和理想。所以我们或更应把它看成是陈寅恪对自己的学术实践和方法做出了一个非常高调的声明,这是一种很有气魄的学术宣言。"不古不今、不中不西"的实际意义是"亦古亦今、亦中亦西",此即是说,他要在世界的东方学研究领域内做出一种贯通和超越古今、中西的学问。

　　陈寅恪无疑是世间百年难遇的一位天才型学者，他的学术人生曾于诸多不同的学术领域内纵横驰骋，皆能发前人之所未发，自成一家之言。今人总结他为学术的一生，常把他对中国中古史的研究看成是他最高的学术成就，这显然有失偏颇。他之所以能在没有学位、没有发表一篇学术论文的情况下就被 聘为清华国学院的四大导师之一，之所以今后能在中古史和中古文学研究领域取得超越同时代中西方学者的巨大成就，这都无不与他所从事的"不中不西、不古不今之学"有重大的关联。而且，尽管从表面看来，他对中国中古史和中古文学的研究与他最初的学术经历、志向关联不大，他在哈佛和柏林留学时用力最多、最用心的是接受西方梵文/印度学和中亚语文学的训练。但正是因为他在海外接受了优秀的中亚（西域）语文学的训练，才使他后来所做的汉学研究独步于当时的汉学世界。陈寅恪在中亚语文学领域有过具有开创性意义的世界一流作品，他是现代中国之梵文/印度学、西藏学、蒙古学和西夏研究等许多学术领域的开创者之一，这使他同时也成为一名超越了以乾嘉学派为代表的传统汉学的中国"民族语文学"（新汉学/中国学）的奠基人和杰出代表。

　　陈寅恪留学期间学过梵文、巴利文、藏文，以及蒙古文、满文、古回鹘文、西夏文、波斯文等东方和中亚（西域）语文，据称他也曾学过拉丁文、希腊文等欧洲古代语文，当然他还通英、法、德、日等现代语文。仅从他掌握这么多东西方语文的能力来说，陈寅恪无疑是一位难得的优秀东方语文学家。过去常见有人讨论陈寅恪的西学水准，想知道他的西学功底到底有多深厚。其实，回答这个问题的关键是如何定义 西学。如果将西学定义为纯粹的西方人文学术，或者西方古典学，那么除了传说他通希腊文、拉丁文外，陈寅恪在这方面不但没有专门著述，而且也没有留下很多线索，后人很难予以客观评价。如果我们可以把语文学、特别是把西方以语文学为主流的东方学研究，也认作西学的一个重要组成部分的话，那么他亦当称得上是一位西学大家。今天我们若要说陈寅恪学贯中西，其中的西学指的只能是西方的东方学，更确切地说,是西方的东方语文学。

读陈寅恪的学术著作,特别是他前期的学术论文,不难看出他所做的学术研究都是用语文学方法,在批判性地吸收了中、西方最新研究成果之后,充分利用新发现的和前人没有能力利用和解读的多语种文献资料,对中国各民族的历史、宗教和文化所做出的前沿性的研究成果。由于陈寅恪对西方的中亚(西域)语文学研究有非常好的了解,使他对中国,特别是中国之西域的研究,超越了以清乾嘉学术为代表的中国传统汉学研究的成就,把被西方学者称为"中国语文学"的乾嘉考据之学推上了一个新的台阶。[①]与此同时,由于陈寅恪对中国传统学术的精深了解,和他对中国和日本相关学术成果的掌握和吸收具有得天独厚的优势,故在很多与汉学和中亚语文学相关的具体课题的研究上,他也做出了比同时代的西方汉学家和中亚语文学家们更渊博、更精深的学问,充分反映出了他所期许的这种"不古不今、不中不西之学"的典型特征和学术高度。

傅斯年曾将以研究汉语语言文献和传统文史研究为主的中国研究称为"汉学",同时把西方学者利用西方历史语言学和中亚(西域)语文学的知识和方法,来解读和解释汉文文献中的非汉语词汇及其历史和文化含义,以及研究古代中国周边诸非汉民族的历史和文化传统的那一套学问称为"虏学",而理想中的世界最一流的、现代的汉学(更确切地说是中国学、中国"民族语文学")研究应该就是"汉学"与"虏学"的完美结合。傅先生倡议建立"中央研究院历史语言研究所"的宗旨就是要通过将西方以"虏学"为特色的汉学/中国学研究传统引入中国,以此为榜样来建构和实践中国的"民族语文学",并由此而实现对中国传统人文学术的现代化,在中国建立起一个科学、理性和学术

---

① Elman, Benjamin A. "Early Modern or Late Imperial? The Crisis of Classical Philology in Eighteenth-Century China." *World Philology*[C]. edited by Sheldon Pollock, Benjamin A. Elman and Ku-ming Kevin Chang. Cambridge：Harvard UP, 2015.

的现代人文科学研究机构和传统。①

就当时世界汉学研究的总体而言，中国学者精于"汉学"，西方学者专擅"虏学"。职是之故，要把世界汉学研究的中心从巴黎夺回北京的难点和重点不在于"汉学"，而在于"虏学"。而陈寅恪的"不中不西、不古不今之学"恰好就是"汉学"与"虏学"的完美结合，他本人既精通"汉学"，也长于"虏学"，所以尽管他在西方从没有主修过汉学，可他的学术能力却可以媲美当时世界最一流的汉学家。中国传统汉学的训练对他来说几乎是俱生成就，而他的留学经历又全部是"虏学"训练的纪录。于哈佛、柏林多年潜心于学习梵文/印度学和中亚语文学的经历，并没有让他日后成为一名专业的梵文/印度学家和中亚语文学家，然而，他学到的这一套语文学方法和他所接受的多种西域胡语的学习和训练，却既保证他成为一名可与西方优秀东方学大家比肩的"虏学家"，同时也使他成就为一名超越了传统中国学问大家的无与伦比的现代汉学大家。②

过去人们习常以为陈寅恪归国后的前10余年间主要致力于从事中亚语文学或者"虏学"的研究，到20世纪30年代末，因战乱而不得不"转移于滇池洱海之区"，"乞食于西南天地之间"，从此便放弃了西域胡语和西北史地研究，开始专注于中国中古史的研究。事实上，陈寅恪毕生的学术研究都是以研究汉文

---

① 傅斯年.历史语言研究所之工作旨趣.原刊1928年10月《历史语言研究所集刊》第一本第一分.Johansson, Perry. "Cross-Cultural Epistemology: How European Sinology Became the Bridge to China's Modern Humanities"[A]. *The Making of the Humanities, Volume III: The Modern Humanities*[C]. Rens Bod, Jaap Maat & Thijs Weststeijn eds. Amsterdam UP, 2014:449—464.

② 对此或亦可引傅斯年对陈寅恪的评价为依据，傅先生在他所著《史学方法导论》中引陈寅恪的《吐蕃彝泰赞普名号年代考》一文作为"纯粹史学的考定"的一篇范文，以此说明"其实史学语学是全不能分者"。其中说："我的朋友陈寅恪先生，在汉学上的素养不下钱晓徵，更能通习西方古今语言若干种，尤精梵藏经典。近著'吐蕃彝泰赞普名号年代考'一文，以长庆唐蕃会盟碑为根据。'千年旧史之误书，异国译音之讹读，皆赖以订。'此种异国古文之史料至不多，而能使用此项史料者更属至少，苟其有之，诚学术中之快事也。"傅斯年全集(第2卷)[M]. 湖南人民出版社,2003:321.

文献和中国的历史、宗教、文化为出发点的,他早年在西方所受到的"虏学"训练和学术技能,绝大部分都被他用来帮助他解读那些从纯粹的传统汉学的角度无法解读或者被误读了的汉文文献,进而揭示这些文献中隐含的那些不属于汉族传统的历史和文化内容。他从来没有专注于纯粹的梵文/印度学、藏学、蒙古学、古回鹘研究等专业学术领域的研究,而更多的是将他在这方面的学术训练和造诣用于帮助他更好地从事汉学研究,即如云"尝取唐代突厥、回纥、吐蕃石刻补正史事"者,他的学术关注点始终是汉语语文学,汉语文献(文学)和中国历史、宗教和文化从来都是他所作学术研究的起点和重点。

自1926年开始陈寅恪执教于清华国学院,他于最初几年间发表的学术文章以对汉译佛经的语文学研究为主,教授"佛经翻译文学""西人之东方学之目录学""梵文文法"和"蒙古源流研究"等。但随后几年发表的作品中,即已多见《元代汉人译名考》《三国志曹冲华佗传与佛教故事》《西游记玄奘弟子故事之演变》等非典型的佛经研究类的汉语语文学研究文章。自1931年始任清华大学中文系、历史系合聘教授后,除了继续开设"佛经文学"课程外,他也教授"世说新语研究""唐诗校释""魏晋南北朝史专题研究"和"隋唐五代史专题研究"等课程。虽然,他研究中国中古史的两部力作《隋唐制度渊源略论稿》和《唐代政治史述论稿》分别写成于1939年和1941年,但是,他对李唐氏族的研究最早见于1931年,而于整个30年代他发表的著作中已多见他对隋唐家族、制度和唐代宗教、政治史的研究文章,它们与他对佛经文学、敦煌文献和西藏、蒙古文献、历史的研究并行不悖。由此可见,他的学术兴趣自始至终以汉语佛教经文、汉语文学和中国中古史、中古佛教史研究为主,并没有在10年之间发生断裂式的改变。[①]

三

如前所述,陈寅恪的中亚(西域)语文学造诣,不但使他超越了传统的中

---

①蒋天枢.陈寅恪先生编年事辑[M].上海古籍出版社,1997:193、203.

国汉学家和中国学术，而且也使他成就为一名西方学术语境中的优秀的东方学家。但是他之所以既能于中国被推上现代学者的头把交椅，人称清华园内"教授中的教授"，同时又能受到西方学界的高度推崇，英国牛津大学曾两次请他入掌汉学教席，这大概既不是因为他的中亚语文学造诣高于西方学人，也不在于他于传统汉学的造诣超过了他同时代的其他中国学术大家，而在于他兼擅"汉学"与"虏学"，超越了同时代的中西学术大家。

于此，我们或可将陈寅恪与20世纪世界汉学拿摩温、法国学者伯希和（Paul Pelliot）做一个简单的比较。同样，伯希和既是一名杰出的汉学家，也是一名伟大的中亚语文学家，他虽然主修汉学，并有非常卓越的造诣，但他对汉语文以外诸多胡语及其文献也有十分全面和深入的了解和研究，尤其擅长对它们进行比较研究。他于国际汉学的学术地位之所以崇高到令人至今无法望其项背，正在于他能够将汉学和中亚语文学研究熔于一炉，令二者相辅相成，相得益彰。伯、陈二位先生的学问原则上取径一致，但各有千秋。显然，在中亚语文学方面，特别是在历史语言学和审音勘同这个领域，伯氏远胜于陈氏；但若论对汉学的精熟，陈氏则胜于伯氏，不可想象伯希和也能写出像《论再生缘》或者《柳如是别传》这样的作品，甚至他也不可能写出像《隋唐制度渊源略论稿》和《唐代政治史述论稿》这样的历史著作。作为人文科学研究之基本学术方法的语文学本身具有两个不同的维度，一是实证的、科学的和技术性的维度，一是人文的、推测性的维度（speculative dimension），前一维度发展成为语言学研究，后一维度则演化为文学研究，特别是比较文学研究。同为语文学家的伯希和与陈寅恪显然于这两个维度中各擅其一，于科学性、语言学伯胜于陈，于推测性、文学研究陈胜于伯。

值得一提的是，伯、陈二人的治学和著作风格亦颇为类似，既都有别人难以企及和复制的渊博、精致，同时也都有与众不同的独立和自由的学术品质。伯希和虽一生著述宏富，但基本没有专著传世，其大部分作品都是对一部古代文本或者今人研究成果的解读和评注，著述从来信马由缰，虽多考据，脚注常较正文内容更加丰富,然下笔万言,无一句戏论。① 同样,陈寅恪早年的学术论文很大一部分也都是为他人著作所作的序、跋、[读]书后[记]、补正和笺证之类的作品,文章形式不拘一格,大都很短小,要言不烦,但学问之广大,令人叹服。读者虽或一时不解其重心和要害之所在,却不难瞥见其汪洋恣肆、博大精深。② 如果按傅斯年对"汉学"和"虏学"的划分标准来评价,伯氏和早期的陈氏所做的学问都更侧重于"虏学",都是以"虏学"助攻汉学。然而后期的陈寅恪则专注于汉学,特别是进入晚年之后,他又主要专注于解读和研究诗文类的汉语文学作品,以诗证史,而较少涉及中亚语文研究。而伯希和的研究则自始至终多以中亚语文为侧重点,并因此而独步世界汉学,为汉学研究的进步做出了无与伦比的特殊贡献。

坊间盛传日本学者白鸟库吉曾于1934年以中亚史问题向德、奥诸国学者请教,未得圆满解决,时有柏林大学的学者建议他向陈寅恪教授请教。最终白鸟在陈寅恪给他的回信中得到了满意的答案,于是对陈寅恪敬服得五体投地。③这个故事或只是一个传说,迄今并无实证。然而,陈寅恪对白鸟库吉之学问的评价却有案可稽,他在1936年给中研院史语所的年轻历史学者陈玉书(即辽史专家陈述)的一封信中有这样一段话,曰:"白鸟之著作,一日人当时受西洋东方学影响必然之结果,其所据之原料、解释,已缘时代学术进步发生问题。且日人于此数种语言,尚无专门权威者,不过随西人之后,稍采中国材料以补之而已。公今日著论,白鸟说若误,可稍稍言及,不必多费力也。"④显

①Sinor, Denis. "Remembering Paul Pelliot, 1878-1945"[J]. *Journal of the American Oriental Society*, 1999, Vol. 119, No. 3:467—472; Walravens, Hartmut. *Paul Pelliot (1878-1945): His Life and Works–a Bibliography*[M]. Indiana University Research, 2002.
②俞大维先生称陈寅恪本来是可以写出一部新蒙古史的,"他平生的志愿是写成一部'中国通史'及'中国史的教训',如上所说,在史中求史识。因他晚年环境的遭遇,与双目失明,他的大作(*Magnum Opus*)未能完成,此不但是他个人的悲剧,也是我们这个时代的悲剧。"引自《陈寅恪先生编年事辑》,第51页。
③汪荣祖. 史家陈寅恪传(增订版)[M]. 联经出版事业公司,1998:68;陈寅恪先生编年事辑,p.82.
④蒋天枢. 师门往事杂录.陈寅恪先生编年事辑. p. 245.

然,在对中、西学术都有足够自信的陈寅恪看来,白鸟库吉当时受了"西洋东方学影响"而"稍采中国材料"做成的学问并不很值得推崇。白鸟在日本倡导西域和满蒙研究确实就是因为受到西方东方学研究成就的刺激和影响,但他对西方和中国的了解,和他于汉学和"虏学"两个方面的造诣显然都不及陈寅恪,是故,年长于陈寅恪二十五年的白鸟库吉佩服这位中国晚辈学术同行的学问也不是完全没有可能的。

四

陈寅恪据说精通20余种语文,闻者无不心悦诚服、欢喜赞叹。不得不说,这只不过是人们神话化建构学术偶像时惯用的一种善巧方便。其实,要想成为一名出色的语文学家,甚至语言学家,并不是只要发奋多学几种语言,就可以即身成就,功德圆满的。也不是说谁懂的语言越多,谁的学问就一定更大、更好,语文学家和语言学家都不是非得懂上几十种外语不可。就如懂汉文或者懂藏文,并不表明你就是一名出色的汉学家或者藏学家一样,它只是能成为汉学家和藏学家的一个必要条件,但还远不是充分条件,除此之外,你还需要接受其他一系列精致和复杂的语文学学术训练。况且,学术语言还分为目标语言和工作语言,如梵文、藏文、蒙古文、满文、回鹘文、西夏文等,都是目标语言,它们是需要学者们以毕生的精力投入进去的专业研究的对象。而英、法、德、俄、汉、日文等,则是学术研究的工作语言,对工作语言的掌握并不像对目标语言的掌握那么严格、艰难和有学术意义。

语文学家与专业的语言学家不同,他们不专门研究语言及其形式本身,而是要通过对语言的学习和研究更好地解读文本,以揭示文本中所蕴含的历史真相和文化意义。尽可能多地掌握多种语言当然是从事语文学研究,特别是文本语文学(Textual Philology)和比较语文学(Comparative Philology)研究的一个重要条件,但衡量一名学者是不是优秀语文学家的标准,并不只是他/她懂得多少种语言,除此之外,他还需要接受更多种与语言、文字、文本、历史、宗教和文化研究相关的专业学术训练。例如,如果你是一位印藏佛教语文学家,那么你必须通梵文和藏文,假如你还能兼通巴利文、汉文、蒙古文等语文,则无疑更好,但你并不需要学通所有与佛教相关的语言。与此同时,还必须接受与佛学相关的其他诸如历史学、哲学和宗教学领域的多种专业学术训练。

显然,陈寅恪并无意于成为一名职业的语言学家,虽然很长时间内语言研究,特别是历史语言学曾被人当作语文学的代名词,但他并不特别擅长于做"审音勘同"一类的历史语言学的学术研究。例如,他曾试图重新构拟汉译元帝师八思巴(1235—1280)造《彰所知论》(*Shes Bya Rab Tu Gsal Ba Zhes Bya Ba Bzhugs*)中出现的"多音国"一词的藏文原文,却犯了很不语文学的错误,受到后人诟病。①在语言学和历史语言学这个领域,与他同时代或稍后的赵元任、李方桂和韩儒林等中国学者,都比他更专业、更优秀。陈寅恪无疑更乐意于把他过人的语文能力和知识积累,应用于多语种文本的比较研究上,即用于通过广泛地阅读和比较多语种的宗教、文学和历史文献,来研究和解释诸民族和宗教的历史,特别是研究不同民族、宗教和文化之间互动和交流的历史,并通过对不同语种文本之间的传承和嬗变关系的梳理,来理清某些特定的词汇、叙事、观念、习俗和制度、文化在不同民族之间的流传和变革的历史。不言而喻,这同样是一种十分典型的从语言到文本,再到历史和文化的语文学研究路径。

当陈寅恪于1926年秋赴任清华大学国学院导师,讲授"佛经翻译文学"和"梵文文法"时,他或是当时全中国唯——位懂梵文的大学教授。比他更早在中国大学开梵文课的是钢和泰,自1921年开始他就曾受邀在北京大学做印度学、佛学和梵文讲座,当时贵为北大文科学长的胡适先生还曾亲自担任口译。②可是当年的北大竟然穷到要连续拖欠钢和泰特聘教授薪水长达两年之

---

①沈卫荣. 再论《彰所知论》与《蒙古源流》[J]. "中研院"历史语言研究所集刊,第七十七本第四分,2006:697—727.

②钱文忠. 男爵和他的幻想:纪念钢和泰[J]. 读书,1997(1):49—55;王尧编. 平凡而伟大的学者:于道泉[M]. 河北教育出版社,2001:312、313. 关于钢和泰生平和对亚洲研究的学术贡献的简明介绍,参见 Elisseeff, Serge. "Stael-Holstein's Contribution to Asiatic Studies"[J]. *Harvard Journal of Asiatic Studies*. 1938(3):1—8.

久的地步，北大的学生中也没有真正对梵文、印度学特别感兴趣者，迫使他不得不中断了梵文课的教授。①陈寅恪的梵文水准应当具有相当的高度，对此钢和泰在他当年给哈佛燕京学社提交的年度报告书，以及他给胡适、商务印书馆的多封信函中都有提及，称陈寅恪的梵、藏文水准都不在他本人之下。有意思的是，钢和泰在向哈佛燕京学社介绍陈寅恪时称他是北京知名的作家、学者，后来还曾替《哈佛亚洲研究杂志》（*Harvard Journal of Asiatic Studies*）邀请他为杂志撰写汉学研究专稿。②陈寅恪是钢和泰在北京所建立的汉印研究所（Institute of Sino-Indian Studies）中首屈一指的研究员，其他参与这个研究所工作的中国学者，如于道泉、林藜光等，都是钢和泰的入室弟子，只有陈

①于1932年2月25日致哈佛燕京学社社长蔡斯（George Henry Chase）先生（1874—1952，考古学家，时任哈佛大学研究生院院长）的一封信中，钢和泰做了如下陈情："在汉印研究所的团队工作持续改进的同时，我必须承认国立（北京）大学的学生在这很困难的几个月里没有显示出对我们的研究有多少兴趣。与对梵文相比，他们对政治更感兴趣。我依然还是国立（北京）大学的荣誉教授（完全不支薪），但好多月来我没有给任何中国学生上过课。在目前的危机结束以前，我大概不会再去上这些课了。不过，我继续我的《莲华经》私塾课堂（每周四小时）。现在我和雷兴（Lessing）和陈寅恪（Tschen Yin-Koh）二位教授一起读《莲华经》（一个梵文本、一个藏文译本、二个汉文译本，和几部注疏）。"

② Tschen Yin-koh. "Han Yu and the Tang Novel（《论韩愈与唐代小说》）"[J]. *Harvard Journal of Asiatic Studies I*, 1936: 39—43. 这是《哈佛亚洲研究杂志》的创刊号，它由哈佛燕京学社的首任社长、哈佛大学东方语言教授叶理绥（Serge Eliseeff）先生（1889—1975）创办，邀请多位中国学者投稿。陈寅恪先生的这篇短文用汉文写成，由这份杂志的联合创办人、哈佛大学毕业的第一位汉学博士魏楷（James R. Ware）先生亲自翻译成英文。魏博士主要研究魏晋南北朝时期的历史文化，特别是那个时代的佛教和道教。同期杂志上，还有另外两篇中国学者的文章，一篇是"中央研究院"赵元任的文章"Notes on Lia, Sa Etc.."另一篇是"国立北京大学"汤用彤的"The Editions of the Ssû-shih-érh-chang（论《四十二章经》的版本）,"汤先生的文章也是魏楷博士翻译的。此外，还有钢和泰的文章"The Emperor Ch'sien lung and The Larger Su^ramgamasutra（乾隆皇帝和广本《首楞严经》）"。在蒋天枢编的《陈寅恪先生论著编年目录》中，这是陈寅恪发表的唯一一篇英文论文，但是在《哈佛亚洲研究杂志》第三辑纪念钢和泰专号上至少还发表过陈寅恪的另一篇论文，即 Tschen Yin-koh, "The Shun-Tsung Shih-Lu and The Hsu Hsuan-Kuai Lu"（《顺宗实录》与《续玄怪录》）"[J]. *Harvard Journal of Asiatic Studies*, 1938(3): 9—16. 这篇文章当也是由魏楷博士翻译成英文的。有意思的是，陈寅恪两次发文，第一次于1936年时标明"国立清华大学"，第二次于1938年时则标明"清华大学、长沙、湖南"。

寅恪才是可与这位德国哈勒(Halle)大学的印度学博士并驾齐驱的同事和学术知己,他们先后都曾师从德国印度学家路得施教授(Prof. Heinrich Lüders)学习梵文,所以很多年间,陈寅恪每周六都要进城去东交民巷钢和泰寓所和他一起阅读、比勘梵、藏、汉文版《大宝积经》《妙法莲华经》等。①

陈寅恪曾评价钢和泰"学问不博,然而甚精"②。平心而论,比较他们二人的学问,论博雅陈远胜于钢,然论专精他或比钢逊色,这是因为他们二人有完全不同的学术定位。钢和泰是地道的印度学家、佛学家或者中亚语文学家,他的学术研究专注于梵、藏、汉文佛教文本的对勘,而且更用心于语言的研究,除了对《大宝积经》的对勘研究于国际佛教学界独树一帜外,他亦对吐火罗语研究的进步有所贡献,还发表过《音译梵书与中国古音》一文,有意通过汉译佛经与梵文原典的对勘来研究汉语古音韵。③而陈寅恪尽管主修梵文/印度学多年,却最终并没有成为一位职业的梵文/印度学家,他也不能被算作是一位专业的藏学家或者蒙古学家、西夏学家,等等。他的学术著作涉及了以上所有领域,却但开风气不为师,都是点到为止,并没有专注和深入于其中任何一个特殊的专业领域。

20世纪二三十年代,一位职业的印度学家或者藏学家、蒙古学家、西夏学家等东方语文学家,通常都会专注于对一个古代的梵文、藏文、古回鹘文、蒙古文、西夏文的文本研究,先设法收集到这个文本的所有不同的抄[版]本,对

---

①陈寅恪女儿陈流求回忆:"父亲从不满足自己掌握的治学工具,每逢星期六上午,不分寒暑都进城到东交民巷找一位叫钢和泰的外籍教师,学习梵文。"《陈寅恪先生编年事辑》,第82页。

②语见陈寅恪致傅斯年函,陈寅恪书信集[M]. 生活·读书·新知三联书店,2001:48;参见陈怀宇. 从陈寅恪论钢和泰的一封信谈起[J]. 书城. 2009(6):13—18.

③钢和泰著. 音译梵书与中国古音("The Phonetic Transcription of Sanskrit Works and Ancient Chinese Pronunciation.")[J]. 胡适译. 国学季刊,1923(1);钢和泰曾于1928年被哈佛大学聘为汉语讲师,1929年始被聘为中亚语文学教授,但他选择很快回到北京,主持中印研究所的工作,其原因是他认定北京才是从事佛学研究最理想的地方,只有这里汉传佛教、藏传佛教和蒙古佛教才都还是活着的传统。而陈寅恪则对佛教教法、义理本身并没有像对文本和历史那样有很大的研究兴趣。

它们进行比较和对勘,据此制造出一个十分精致和可靠的精校本(Critical edition),然后对它进行翻译和注释。于今,人们常将这种传统的东方文本语文学研究狭义地界定为语文学,似乎只有这样的专业文本研究才是语文学的正宗。这种类型的文本语文学研究在过去的几十年里发展得越来精致,学术门槛和要求越来越高,而今日能牢固坚守这种传统的学术领域却越来越少,其中最杰出的代表学科当推印藏佛学研究(Indo-Tibetan Buddhist Studies)。遗憾的是,与此同时语文学却越来越被边缘化,最终沦为一门拾遗补缺的、流亡中的学问。好像只有当它的研究对象在时空上离研究者越遥远,语言越冷门、文本越破碎的时候,语文学才需要最大程度地到场,否则就无用武之地。正因为如此,语文学今天才会被人讥讽为"妆扮整齐,却无处可去"(all dressed up,but nowhere to go),远不如高谈理论、阔论范式的那一类学术受欢迎。①陈寅恪留学欧美时受到了专业的印藏佛教语文学训练,回国后又和钢和泰一起对勘梵、藏、汉文版《大宝积经》,10年间继续实践这种学术传统。可是他从来没有发表过此类纯粹的印藏(汉藏)佛教文本语文学研究作品。与他同时代的中国学者在这一领域内做出过重大贡献的唯有钢和泰的弟子林藜光先生。他在二战前后旅居法都巴黎12年,专门从事对《诸法集要经》的梵、藏、汉文文本的厘定、对勘和翻译、研究,用法文出版了一系列的研究成果,它们至今依然是这个国际性学术领域内的经典之作。② 而陈寅恪甚至也没有做过任何中亚(西域)胡语的文本语文学研究,没有发表过对任何一个胡语文本(残本)做收集、对勘和译注等文本语文学研究的作品。他所受东方古文字学或者东方文本语文学的训练基本都用于他对汉语佛教文本,特别是它

---

①Pollock,Sheldon. "Future Philology? The Fate of a Soft Science in a Hard World"[J]. Critical Inquiry,2009(35):931—961.

②林藜光所作《诸法集要经》梵、藏、汉文本对勘和法文译注在其老师、著名法国汉学家戴密微先生(Paul Demiéville,1894—1979)的帮助下在西方陆续出版,至今饮誉士林。晚近他的学术著作引起了国内学界的重视,得以全套重新影印出版。林藜光. 林藜光集——梵文写本《诸法集要经》校订研究(卷四)[M]. 中西书局,2014;徐文堪. 林藜光先生的生平和学术贡献[N]. 文汇学人. 2014-12-19.

们与梵、藏、西夏等相应文本的比较研究上。值得一提的是,陈寅恪的学生、于他之后曾留德10年、比他接受了更好、更全面的印度学学术训练的季羡林先生,回国后也没有做过制作梵文文本精校本一类的典型的东方文本语文学的研究工作,而更多地从事了中印文化交流史的研究。①所以不管是陈寅恪,还是季羡林,虽然他们都是当代中国杰出的学术大师,但是他们于国际梵文/印度学、中亚(西域)语文学界的学术影响力却远没有我们乐意相信和想象的那么伟大。

显而易见,像文本语文学这样的西方学术传统与中国的传统学术习惯相距甚远,长期以来很难得到中国学界的广泛接受。1926年,钢和泰在上海商务印书馆出版了英文著作《大宝积经迦叶品梵藏汉六种合刊》,它的出版得到了梁启超和胡适等人的大力支持,可称是世界佛学研究史和中国学术出版史上具有里程碑意义的事件。②但是这样高品质的西文文本语文学学术著作出现于20世纪20年代的上海,实在是中国出版行业的一个奇迹。即使在百年后的今天,这种类型的文本语文学研究著作依然得不到中国学术界的广泛认可,这类学术成果也很难被现今中国的顶级学术刊物所接受和发表。

结语

以上我试图从语文学的角度出发,来理解和解读陈寅恪的学术和人生。当我将陈寅恪早年的学术训练、学术经历和学术著作,放在20世纪二三十年

---

① 季羡林于其学术生涯的晚年对藏于新疆博物馆的吐火罗语《弥勒会见记》残片做了整理、校订和译注,凸显其东方文本语文学家的本色。1998年,他和海外名家合作结集出版了他对这些残本的研究成果:Ji, Xianlin. Fragments of the Tocharian A Maitreyasamiti-Nataka of the Xinjiang Museum, China[C]. Mountain de Qruyter, 1988.

② 钢和泰在上海商务印书馆出版这部著作前后花了四年时间,历经曲折。钢和泰.大宝积经迦叶品梵藏汉六种合刊.商务印书馆,1926年.值得一提的是,该书的梵、藏、汉对勘研究直到今天仍被欧洲佛教学界看重,荷兰莱顿大学的科研团队将传统佛教语文学研究方式与"数字人文"相结合,成立了以《大宝积经》翻译对勘为主要内容的"Open Phililogy:The Composition of Buddhist Scriptures"大型项目,获得了欧洲科研委员会(European Research Council)的经费支持,见项目官网:https://openphilology.eu。

代欧美人文科学研究的语文学传统之中，放在民国中国建设中的"民族语文学"学术语境之中进行观照时，陈寅恪便首先是一名优秀的东方语文学家，是一名坚持从语言、文本入手做语文、历史和文化研究的人文学者。他所倡导的"独立之精神和自由之思想"准确地表达了人文科学研究必须坚持的科学和理性的语文学态度和立场。他所追求的"不古不今、不中不西之学"是一种打破古今、中西的崇高的学术观念和理想，是他对自己的学术实践和方法做出的一个总结。兼擅"汉学"和"虏学"的陈寅恪，是现代中国佛教语文学和中亚语文学、特别是蒙古学和西藏学研究传统的开创者。作为一名能从国际最前沿的学术出发，对多语种文本、多民族文化作出一流研究的杰出语文学家，陈寅恪今天依然是我们这一代中国学者的学术楷模，对他的学术人生的怀念和颂扬则时时提醒我们：当下中国的人文科学学术研究应该回归语文学。①

---

①最后需要说明的是，我对陈寅恪学术人生的理解主要来自对他早期的学术经历和学术著作的探讨和分析，而他对中国中古史和中古文学的研究或是他学术人生的另一座高峰，对他这类研究著作与语文学的关系的探讨当是一个很有意义的学术课题。因我对这两个学术领域都相对陌生，故于此不敢妄赞一辞，期待不久后的将来会有这方面的专家专门来做这样的研究。对陈寅恪的学术和语文学的关系的总体评价，参见张谷铭. Philology 与史语所：陈寅恪、傅斯年与中国的"东方学"[J]."中研院"历史语言研究所集刊，第八十七本第二分，2016：375、460.

中国东方学的建制演变与20世纪西方语文学的分化

郝　岚*

作为制度化的学科概念,"中国东方学"在系名建制上的变化是非常好的比较文学考查角度,既可审视"理论的旅行",也可看到现代中国与国际学术的关系。1996年,季羡林先生对中国东方学50年的历程做了回顾。季先生列举了系名的变化,同时写了一段话:"如果画一个表的话,那就是:东方语文学系→东方语言系→东方语言文学系→东方学系。从表面上看,这个表没有什么特异之处,平平常常。然而,夷考其实,却会发现,其中隐含着一个随着中国社会前进而形成的发展规律。"①2009年,朱弦撰文谈及季先生为北大东方学系设计的方案,"他要求所有的东方学系学生必须修读古代汉语、现代汉语和汉语语言学等课程,并整合许多北大文史哲方面的资源,为学生提供类似国学的教育",但是1999年,"东方学系再次分立为东方语言文化系、日本语言

---

*郝岚,南开大学文学院教授。

① 转引自王邦维教授. 从东方语文学到东方学——庆祝季羡林先生九十华诞暨执教五十五年时的一点感想. 见乐黛云编. 季羡林与二十世纪中国学术[M]. 北京大学出版社,2001:10. 根据笔者考察,本条材料应来自季羡林《庆祝东方学系成立五十周年》,收录于1996年《北京大学学报》(东方文化专刊)第3—6页。值得关注的是,王邦维文中的"东方语文学系",在原始出处季羡林文中写的是"东方语言文学系"。作为首创人和历史见证者,季羡林教授的写法自然非记忆之差,只能是一种新理解:"语文学"就是"语言和文学",这也基本符合20世纪以来西方语文学的分化过程。关于王邦维文"东方语文学"的名称,史料证据确凿,参见《华北日报》在1946年8月21日第3版明确刊登题为《北大行政会议通过增设东方语文学系》的新闻。季羡林20世纪40年代多篇论述文章,如《东方语文学的重要性》(《大公报》(上海)1946年7月21日,第2版)和《关于东方语文学的研究》(《大公报》(天津)1946年12月25日,第3版)两篇文章也是以"东方语文学"而非"东方语言文学"命名。因此,本文遵照王邦维文引述,而非原始出处季羡林文。

文化系和阿拉伯语言文化系……其间的变化包含着种种复杂的原因"①。

事实上，季先生和朱弦所言中国东方学系名称的变化，不单纯是"中国社会前进而形成"或者仅仅是"复杂原因"可以一笔带过的。笔者认为，它还与整个世界，特别是中国现代学术的重要模板——西方人文学科建制，特别是西方的语文学及其20世纪的分化有密切关系。

西方语文学在19世纪主要体现为历史比较语言学的成绩，其重镇在德国，它非常关注语言和文献多样性的关系、多语种解读文献的能力，因此不只是单纯学习某种语言。之后西方语文学经历了语言学与文学研究的分化，在欧美大学建制中，语文学的系别纷纷解体，"语言"与"文学研究"频频出现偏废或整合。参考西方传统语文学的现代发展史，可烛照中国东方学的现代学术制度化演变。

一、"费劳洛直""东方语文学系"及其德国血缘

"语文学"（Philology），在中文语境下曾被傅斯年译作"语学""言语学"，陈寅恪以"历史语言学"代称之（日本译为"文献学"）。它来源于希腊语，由philos和logos组成，意味着"爱言语"/"热爱（记录下言语的）学问或文献"，与"热爱智慧"的哲学（Philosophy）一起构成西方古典学术的重要根基。语文学是一门古老的学问，从古希腊到18世纪，她主要分析关乎"经验世界"的古老文本和原始史料，运用语法、修辞等方法甄别、校勘文本。在这一点上，语文学常被混同于与古典学。事实上，语文学只占古典学的1/3，另外两个是古代史和考古学。语文学将历史、诗学融汇其间，成为最早的跨学科研究，是西方人文学科的重要基础，被称为"学问之女王"（Queen of Learning）。18世纪末，德国人沃尔夫发表的《荷马绪论》（1795）通常被认为是"古典语文学"（Studiosus Philologiae）在现代大学诞生的标志，它主要关注古传经典文本。19世纪，由于古老文明和文字的发现与释读，历史比较语文学（也称历史比较语言学）发

---

① 朱弦. 季羡林与北大东方学[N]. 中国文化报，2009-7-22（第2版）.

展起来,用语文学方法,研究东方新发现的语言和文献,这就是季羡林先生草创"东方语文学系"的西方学术背景。学者沈卫荣曾谈道:

> 很多以"logy"结尾,表示对"某物的研究"的词汇,大部分都是语文学研究,或者说是以语文学为基本学术方法的某一种很专门的学问。特别是那些与东方某个地区、民族(国家)、宗教和文化相关的人文科学学科(humanities),例如汉学(Sinology)、印度学(Indology)、藏学(Tibetology)、亚述学(Assyriology)、埃及学(Egyptology)和佛教学(Buddhology),等等,它们无一例外都属于语文学研究范畴。这些学科通常也都被归属于广义的东方学(Orientalistics)研究领域之内,从其学术特点来看,大部分又都属于东方语文学(Oriental Philology),或者东方文本语文学(Oriental Textual Philology)的分支学科。①

中国台湾学者张谷铭曾撰文梳理了19—20世纪欧洲"语文学"的发展,以及20世纪上半叶"台湾中研院"史语所的学术往事。其中肯定了近代中国学者的努力,如陈寅恪、傅斯年二人都曾留学德国受教语文学学术方法。张文也指出:"中研院史语所后来的发展中,'语文学'的传统没有坚持下来。本文的特殊之处在于从世界学术史的角度,了解Philology及敦煌学对陈寅恪与傅斯年所学的意义。"②这也启发了我们关注北京大学东方学建制与西方语文学的关系。

《民国日报》1946年9月29日(第4版)大半个版面报道了当时的状况,其中以《两大学的东方语文系》为名报道了"北大第二次行政会议决议两项:文学院增设东方语文学系,闻将由孟美林主持;西方语文系聘朱光潜为主任。

① 沈卫荣. 非驴非马的"汉学"和"半吊子"的区域研究[EB/OL]. https://www.thepaper.cn/newsDetail_forward_7737595一文,澎湃新闻网2020年6月8日,最后访问日期:2021年9月21日。
② 张谷铭. Philology与史语所:陈寅恪、傅斯年与中国的"东方学"[J]. "中研院"历史语言研究所集刊,第八十七本第二分,2017年:444.

中山大学本学期起,增设语言学系。"今天我们知道,"孟美林"是"季羡林"的误写,三个字的名字写错两个,但乍一看字形的确相似,这与排字工疏忽有关,也从另一个侧面证明,季先生当时还是中国学界新人。同一条新闻后半所言"增设语言学系",正暗合了西方古典语文学分化为语言学和文学研究的道路,这后来也体现在民族语言与文学研究,例如中文系、中国语言学系、中国语言文学系等的学科建制之中。

事实上,最早提议成立"东方语文系"的是梅光迪。1938 年,他当选为国民参政会参议员,在 1944 年,梅对国内谈及"外国语文"事实上只含有"西方"他感到有所偏废,因此在提交的《国民参政会提案二件》中,明确反对国内教育界"故步自封",主张战后"请教育部通令国立各大学增设东方语文系""改国立各大学现有之外国语文学系为西方文学系",使得"吾人改变观念,重新估价,以弥过去之缺陷,以作未来之准备"①。这一留美学人的理想,最终由留德学人在北京大学实现。

而语文学(Philology,德文 Philologie)在中文文献中最早出现应该是 1878 年在驻德公使李凤苞(1834—1887)《使德日记》记录的"费劳洛直"。光绪四年(1878 年)十月二十一日,李凤苞在德国由"掌东方者赫美里"带领参观柏林书库[这里的赫美里应该是 Karl Georg Friedrich Julius Himly(1836—1904)。柏林书库是指柏林王室图书馆,现名 Staatsbibliothek zu Berlin]。②"上螺梯,循廊而右,为各国语言书,西名'费劳洛直'之类。又进为东方之原书,则赫美里所掌也。土耳其、阿剌伯、波斯古籍甚多,(中国)西藏、缅甸、暹罗、印度各有写本、印本。三四千年前之印度书,皆坚薄牛皮,大半作葵黄色、象牙色、古香色,迥非唐宋藏经笺所及。其婆罗门教之《里格飞箸经》,则四千年前物也。

---

① 梅铁山、梅杰. 梅光迪文存[M]. 华中师范大学出版社,2011:254.
② 李雪涛. 李凤苞笔下的柏林王室图书馆中文藏书及汉学家硕特[J]. 寻根,2017(5):31—32.

梵文字汇、蒙古旧史、吐蕃记载,皆中国所罕见"①。这里所言"费劳洛直"无疑
是"语文学"的德文音译。赫美里是著名的外交家和东方学家,记载的藏书涉
及文字正是19世纪德国东方语文学的主要关注领域:以梵文和印度学为核
心,涉及中亚文字、文献,偶及东南亚。到1946年,季羡林先生介绍欧美东方
语文学已包含古埃及、古巴比伦亚述、中亚古代语文、非洲语文等12种②,仍然
与李凤苞60年前在德国所见语种范围基本重合。

视角回到中国。20世纪初,中国学术还没有进入到世界学术之林,但是
很早已开始重视印度学:1917年北京大学已有印度哲学课程,一般认为这是
蔡元培让梁漱溟开设的,但事实是,梁第一年因故未到,由许丹(季上)上
课。③印度学受到重视,一方面是中印自古文化交流频繁,以佛教为鼎盛;另
一方面,印度学作为西方语文学的核心内容,更加容易被近代中国留欧学人
接受。

1942年,国民政府为抗战需要,在云南呈贡成立国立东方语文专科学校。
但事实上,"早在抗日战争之前,南京教育部已有创办东方语专之计划,此皆
因中国自古以来与周边东方国家和睦友好。而自18世纪以来,越南、缅甸、印
度、朝鲜等东南亚国家相继沦为西方列强殖民地,西方列强且虎视眈眈中国
领土,中国教育界有识之士遂呼吁……应从速培养东方语文人才,联络周边
东方国家共同反殖。惜乎因种种原因,致使此方案尘封已久,未能实现。故
而一经际会太平洋战争风云,即得以迅速创建了东方语专"④。东方语专关注
东南亚国家,语种之丰富远胜于后来成立的北大东方语文学系。东方语专的
语言人才,在新中国成立前夕并入北京大学东方语文学系,使当时的东语系

---

① 本处所据为商务印书馆1936年12月《丛书集成初编》本。即据"灵鹣阁丛书"本圈点,与
《英轺私记》《澳大利亚新志》合刊。该版本1985年还为台湾新文丰出版公司编入《丛书集
成新编》第89册。李凤苞. 使德日记[M]. 商务印书馆,1936:12.
② 季羡林. 关于东方语文学的研究[N]. (天津)大公报,1946-12-25,第3版.
③ 王邦维. 北京大学的印度学研究:八十年的回顾[J]. 北京大学学报(哲学社会科学版),
1998(2):98.
④ 张敏. 传奇与人生:"二战"风云中诞生的"东方语专"[M]. 台海出版社,1997:17.

由只有梵文、阿拉伯文2个专业增至11个。^①

1946年，北京大学设立东方语文学系，季羡林任系主任；50年代到60年代，东方语文学系先改名为东方语言学系，再改名为东方语言文学系；改革开放后的90年代，再改名为东方学系；90年代末，东方学系被陆续分解，最后成为现在北京大学外国语学院下属的南亚、东南亚、西亚、日本、朝韩、阿拉伯、亚非七个系。2018年4月又成立区域与国别研究院。

当年北京大学校长胡适之先生与此前代理校长职务的傅斯年先生决定，在北大正式建立东方语文学系，同时请季羡林先生担任系主任。促成此事并把季先生介绍给胡、傅二位的，是清华大学的陈寅恪先生，而陈寅恪是最有资格被称作语文学家的。"陈寅恪早年于海外所学涉及梵文/印度学、佛教学、藏学、蒙古学、古回鹘研究、西夏学和满学等众多学术领域，或都可归入东方学或者东方语文学（Oriental Philology）的学术范畴。而那个时代所有属于东方学范畴的学科从事的都是一种语文学的研究，即从研究这些民族、地区和国家的语言、文献入手，进而建构它们的历史、社会、哲学、思想和宗教文化，这是一种'民族语文学'（National Philology）的研究。"^②傅斯年、陈寅恪、季羡林都是留德受到语文学训练的中国现代学人，这不能不引起我们对中国东方学和西方语文学的关系的重视。

二、19世纪语文学的分化与语言学的独立

西方语文学尽管是一个内涵、外延都不断发生历史演变的概念，但仍具有基本的核心定义。按照詹姆斯·特纳（James Turner）在《语文学：被遗忘的现代人文学起源》中的考察，语文学"是唯一一个可以把所有研究语言的性质、各种不同语言和文本的学问都涵盖进去的一个词。这个名词本身（φιλολογία, philología）和它相应的形容词形式最早出现在柏拉图的作品里。

①张敏. 传奇与人生："二战"风云中诞生的"东方语专"[M]. 台海出版社, 1997：19.
②沈卫荣. 陈寅恪与语文学[J]. 北京大学学报（哲学社会科学版）, 2020(4)：101.

这个词的意义和其词根 Λόγος（lógos）一样复杂：热爱交谈，热爱论辩，或热爱理性。但这个词很快开始专指对语言的研究，包括阅读、修辞、文学、文本考订"①。语文学作为学术的学科化（the academic disciplinization of philology）始于柏林②，指的是德国学生沃尔夫拒绝在神学、哲学、医学——当时的三大学科注册，最终选择"语文学"。

19世纪，语文学的发展有三个趋势。一是以语文学为中心的古代研究（Altertumswissenschaft，science of antiquity），这是从德国18世纪学者沃尔夫开始的。沃尔夫除研究语法学、文献、诠释学和文本考证这些传统内容以外，将古代碑铭、钱币、地理、神话学等考古发掘内容和神话纳入视野。到20世纪初，这一语文学传统在地上文献、地下考古、民间口头传统上都很受重视，中国的留德学人傅斯年就继承了这一语文学的古代研究传统，开创"中研院史语所"，在历史研究上别树新风。

第二个语文学的趋势是语言科学的独立，以及其前身历史比较语言学（也叫历史比较语文学）的长足发展。从英国学者威廉·琼斯的《第三次年会演讲》中的天才猜想开始，将古老的梵语与希腊语、拉丁语和其他印欧语言建立了历史的和亲缘的关系。从此，梵语成为现代语文学的核心，它的主要和最高成就主要集中于德国。西方学者运用古典语文学积累的词源学等方法，以及寻找人类共同的语言起源、勾勒语言历史性的新动机，发展出历史比较语言学。德国学者施莱赫尔（August Schleicher，1821—1868）在前人基础上，于1853年第一次根据200多种不同但相关的东西方语言，构拟了原始印欧语（Proto-Indo-European languages）的"语言谱系树理论"（Stammbaumtheorie），因为该理论比达尔文的《物种起源》还要早6年，所以学界有人认为是历史比较

① 沈卫荣、姚霜. 何谓语文学：现代人文科学的方法和实践[C]. 上海古籍出版社，2021：101.

②Pollock，Sheldon. "Philology and Freedom"[J]. *Philological Encounters*，2016（1）：16—17.

语言学影响了生物学的进化论。①

历史比较语言学的学科性产物就是语言学的兴起，出现独立的语言科学（Sprachwissenschaft, science of language）。语言学独立大约在20世纪10年代和20年代早期，由索绪尔和叶斯柏森（Otto Jespersen, 1860—1943）最先宣布；前者无须赘述，后者是一位丹麦语言学家，他关于英语语法和语音的著作很有影响力。

语言学研究需要研究不同的语言，原有研究希腊、拉丁文的古典语文学方法不再完全适用，必须要找到语法和语音及其一般规则与变化，于是语法学、语音学、普通语言学（General Linguistic）渐渐走向实证性、科学化，从推测性的语文学中独立出来；另一方面，学者们区分了自然语言和文学语言：自然的口语未经污染，是纯粹的语言；而文学语言则受到了从外语中借来的词语的"污染"。由此，比较语文学超越了书写文字和文本考证，不再只是研究文人的雅文。他们开始关注口语和民间文学，例如史诗、童话、歌谣、民间故事等。

季羡林先生回国后在东方学领域运用比较的方法研究中印民间故事、印度两大史诗的，从中可以看到对比较语文学学术的继承。由于比较文学是从比较语文学那里获得方法论启发的，在学术脉络上比较文学属于晚出或分支。

正是在语文学试图科学化、寻找规律和原则的过程中，语言学发展得最快，成就最卓著，因此，语文学常常被当作"历史比较语言学"的同义词。"语文学的系所以及许多它的分支——东方语文学、比较语文学、以及（越来越难以操作的）现代语文学——飞速发展。因此在19世纪末已经取得了……学术霸权"。②这条路越走越远，"语文学"这一术语越来越多地与广义的语言学和文

---

① 另见 O'Hara, Robert J. "Trees of History in Systematics and Philology"[J]. *Storia Science Electromic Publishing*, 1996, Vol.27, No.1: 81—88.

② 沈卫荣、姚霜. 何谓语文学：现代人文科学的方法和实践[C]. 上海古籍出版社, 2021: 400.

学研究相联系,到了20世纪,这一术语不仅在英语世界,而且在西方整个人文学科中,都被遗忘了。

第三个趋势是民族语文学的探索,它的先行者就是日耳曼语文学(Germanistik)的研究。但是与以古希腊罗马为对象的古典语文学动力不同,日耳曼语文学的文本研究对象只有马丁·路德的《圣经》德语译本,因为在此之前没有用民族文字书写的古日耳曼语文献。由于文字文本过少,"活的"文本和语言就更加重要。被视作早期比较文学奠基者的格林兄弟,主要是德语语文学者,对德国民间故事、史诗和口头文学等"活的"语言、文学非常重视。因此,早期的民族语文学主要从语言词汇出发,将词源学、词典编纂、民间文学、宗教著作和文学作品等都纳入了整个民族文学之中。它既不是单纯的以研究语音、语法为主的语言科学,也不是后来如英国一样以文学批评为主的文学研究,而是另外一个模板。

不仅语言学从语文学中独立了出来,文学研究也开始独立。美国学者哈芬说:"19世纪末成形的美国研究型大学中,语文学已经无法成为一门学科。其原因显而易见:语文学推测性的维度将它排除在自然科学的范畴以外,而其经验性和技术性的特质又使它失去作为人文科学的资格。然而,语文学却确实充当了两种叙述——语言学和文学研究——的'蚕蛹',其二者'破茧成蝶'为专业化的学科。它们的定义本身都与语文学相对立,却不料随着时间的推移逐渐回归。"[①]杰拉尔德·格拉夫在《以文学为业》中有一段著名论述指出,基于大学的文学研究学科源于一个世纪以前的一场斗争。这场斗争的双方分别是以科学为方向的语文学"学者"和通才,或者叫"批评家"(Science-oriented philological "scholars" and generalists, or "critics")。后者认为文学应

---

①Harpham, Geoffrey Galt. "Roots, Races, and the Return to Philology"[J]. *Representations*, 2009 (106):50—51.

该从阐释的、人文的甚至道德的角度来进行研究。①20世纪初,通才批评家们从学者手中赢得独立,文学研究成为一个单独的学科。1948年,雷纳·韦勒克(René Wellek)和沃伦(Austin Warren)提出,以幽灵的形式保留在期刊题目中的"语文学"一词在文学研究中已不再描述任何明确具体的内容,因此应该被抛弃。这一提议在当时被迅速接受。②

上文谈到,1946年,北大东方语文学系成立的新闻的后半部分写有"中山大学自本学期起增设语言学系",这是中国第一个语言学系,但也没有维系多久。关于中山大学的语言学系情况,据著名语言学家黄伯荣回忆,王力为系主任,至1948年王力去岭南大学后,由岑麒祥任系主任,1952年院系调整也归入北大。③30年代中山大学语史所语言学会覆盖了北大国学门方言研究会的内容,而外延更广。从《语史所周刊》"切韵专号""方言专号"来看,语史所的语言学研究从文献考订开始转向注重语言学和方言学调查。中研院史语所语言学组以汉语方言、西南语、中央亚细亚语和语言学为工作范围,借鉴欧洲语文学派的成绩,应用科学的方法,借助实验的手段做了大量工作。④

由以上梳理可见,从东方语文学系,到东方语言系,再到东方语言文学系,北大并非特例,中国也并非逃逸出世界学术另立标准。

三、20世纪语文学学科的细化与区域研究的兴起

从语文学到语言学的分化,是西方学界的重要事件,对中国也非常关键。因为中国现代学术的建立,与欧洲大学的功能与学科划分常常同频共振。民国时建立的"中研院"史语所的英文写法是"The Institute of History and Philolo-

---

①Graff, Gerald. *Professing Literature: An Institutional History* [M]. Chicago: University of Chicago Press, 1987. 参见第八章学者对批评家: 1915—1930(Scholars versus Critics: 1915—1930), pp. 121—144.

②Wellek, René and Austin Warren. *Theory of Literature*, *Third Edition*[M]. New York: Harcourt Brace&Company, 1956:38

③ 黄伯荣. 岑麒祥教授和语言学系[J]. 语文建设, 1994(7):44—45.

④ 李泉. 傅斯年学术思想评传[M]. 北京图书馆出版社, 2000:127.

gy"，人们常常奇怪为何傅斯年使用的英文是语文学（Philology）而不是语言学（Linguistic），因为"语文学在中国的建立和另一个学科发展共时。在当时的欧洲和美国，语言学正渐渐从语文学中分离出来，变成一门独立的学科，这也同时在中国发生"①。这主要体现在傅斯年和赵元任的学术方法上，但是对傅斯年来说，语文学正在分化，语言学就是语文学，至少是非常重要的一部分。因为在19世纪和20世纪早期，很多学者对待"语言学"和"语文学"的关系无非四种观点：要么语文学包含语言学；要么语文学等于语言学；要么语言学和语文学各有价值和标准，但是一体之两面；要么语言学是科学，高于出自文本推测的语义学。傅斯年无疑持第一种观点。但20世纪，语文学在西方，特别是在美国，不再被人知道，当人们认为语文学不再等于语言学，语言学已经独立的时候，傅斯年的这个英文使用才成为问题，北京大学的东方语文学系才成为东方语言系。

到了20世纪，"表述对语言结构的研究时，'语言学'（Linguistics）是更常见的术语，它甚至与大量形容词和形容词性词组一起，在受到限定的语义上取代着'语文学'（Philology）"②。而真正的语文学"化盐于水"，已经在美国的大学学科建制中消失不见而被遗忘了。

我们应该认识到的是，今天大学建制中各类民族语言文学系都是非常晚近的提法，无论是语言学还是文学研究，其学科化的历史都最多不过100多年。从19世纪后期开始，构成社会科学的学科系统有三条明确的分界线：首先，对现代或文明世界的研究与非现代世界的研究之间有一条线，前者主要使用历史学、语文学与哲学，后者使用人类学和东方学；其次，在对世界的研究方面，过去与现在之间也有一条线，前者使用历史学，后者注重研究普遍规律的社会科学；最后，在以探寻普遍规律为宗旨的社会科学内部，对市场的研

① Chang, Ku-ming Kevin. *Philology or Linguistics? Transcontinental Responses*[A]. Pollock, Sheldon, Benjamin A. Elman, and Ku-ming Kevin Chang. *World philology*[M]. Cambridge: Harvard UP, 2015: 311、330.
② 沈卫荣、姚霜. 何谓语文学：现代人文科学的方法和实践[C]. 上海古籍出版社, 2021: 68.

究(经济学)、对国家的研究(政治学)与对市民社会的研究(社会学)之间也存在着鲜明的分界线,"这些分界线中的每一条在1945年以后都开始面临挑战"。①为了应对这些挑战,人文社会科学必须做出调整应对,这就是美国战后的区域研究(Area Studies)。正是在这个过程中,连语言学与文学研究的学科壁垒也必须消除,需要融合政治、社会与文化研究的方法。

美国加利福尼亚大学伯克利分校东方语言学系研究东亚问题有近百年的历史。第二次世界大战后,伯克利分校也增设了东方语言、文学、艺术、历史等系,此后又增设了社会科学系。在第二次世界大战期间,开始研究朝鲜历史、文化等问题。之后又正式成立了东亚研究所,重点研究中国、日本、朝鲜三国的历史、文化、语言、艺术、考古、社会学、国际关系、政治与经济等问题。②已故的卜弼德(Peter Boodberg,1903—1972)教授,说到这个系当年的建系宗旨时说的:"这个系的主要活动定位于语文学领域,以这个词的旧有意义,即广义的文献研究,包括字源学、语法、批评、文学史、文化史和语言史、对翻译和解释原始文献能力的训练、对被公认为是思想的主要运载工具的语言(能力)的培养。如此说来,语言研究和文献研究是不可分的。"③二战后的东方语言学系也难逃区域研究的窠臼。伯克利的情况非常典型:语文学分化为语言学,由于在方法论上不再坚守语文学的方法,所以在美国也经历了语言、文学、区域研究的分分合合,正如中国的东方学。

区域研究对传统的以语文学为方法的东方学研究冲击很大,也曾饱受批评。著名美国汉学家薛爱华曾经是1975—1976年度美国东方学会的主席,他在1982年发表的演讲中,一方面批评了语言系和文学研究分家的设置,认为"语言研究……文学研究分道扬镳了,它们分别被放置在不同的系里。一个

———————————

① 华勒斯坦等.开放社会科学:重建社会科学报告书[M].刘锋译.生活·读书·新知三联书店,1997:39—40.

② 朱振明.美国加州大学伯克利分校东亚研究所[J].东南亚,1985(4):57.

③ 沈卫荣、姚霜.何谓语文学:现代人文科学的方法和实践[C].上海古籍出版社,2021:179.

是语言的化学(科学),而另一个是语言的魔术(迷信),这完全没有前途;另一方面对美国区域研究的兴起对传统汉学带来的危害提出了警告:他希望未来的学者"不能忘记我们主要是文本以及他们用来写作的那个语言的研究者……规劝是:'准确地读,严谨地写'。"①从这个意义上,薛爱华20世纪80年代对汉学家的提醒,同样适用于今天中国的东方学学者:我们要么缺乏多语言能力,仅凭一两门外语就轻易下结论;要么缺乏语文学方法的训练,无法从语言本身解读文献的上下文意思或者缺乏将材料历史化处理的能力。这与我们系名的变化可以带来的学术训练的偏废不无关系:或者单纯将语言视为工具或科学研究对象,或将文学变成可以任意阐释的魔法。

结语

"如果哲学强调思想的批判性反思,语文学则强调语言的批判性反思。若数学是解读自然的语言,语文学则是解读人类的语言。事实上,从这一层面来看,语文学是跨越时空的学科,极具普遍性,不亚于哲学与数学"。②语文学的研究对象、理论概念及其方法论在整个学界应用甚广,但很遗憾,数学成了所有大学和学院的基础学科,而语文学却在现代学术体制内缺乏一席之地,这导致我们常常遗忘它是我们当代人文学科的起源。

人类学家科马洛夫说,一个学科应当具备三项条件,即"独一无二的研究对象、理论概念及研究方法"(Distinctive subject, distinctive theoretical concepts, distinctive methods),最重要的是在学科分工中占有独特的地位(A distinctive place in the disciplinary division of labor)③,但是各个学科的发展史一直没有受到应有的关注。从德国语言学家兼教育家洪堡设立的文化概念的大

---

① 沈卫荣、姚霜.何谓语文学:现代人文科学的方法和实践[C].上海古籍出版社,2021:181、195.

② Pollock, Sheldon. "Philology and Freedom"[J]. *Philological Encounters*, 2016(1):14.

③ Comaroff, John. "The End of Anthropology, Again: On the Future of an In/Discipline"[J]. *American Anthropologist*, 2010:527.

学以来，教学与科研、历史与理性、语文学与批评、历史知识与审美体验、体制与个人被完美地综合。大学要将文化理念的彰显和个体的发展合而为一，"它给予了人民一个作为其目标的民族国家的理念，而给予了民族国家一个能够达到这种理念的人民"。①因此，大学的学科设置不仅关乎学术，还关乎民族国家，以及有教养的人的培养。如果中国要做出有自己特色的"东方学"，那么爬梳剔抉中国大学建制中这些系名的变化就非常重要，因为名称的变化，对应着研究范畴与方法，是学科建制的关键考察点。

西方语文学学科中语言学的独立、语言与文学的分化，之后二战后全球区域研究兴起等，通过早期的留德、留美学人带入中国，而与中国东方学学科密切相关并部分同步。本文试图从东方学建制的演变出发，寻绎除去中国的特殊原因之外，这一学科是如何与世界同频共振的。

此外，尽管东方哲学和语言教学要早得多，但是1946年季羡林先生主政的东方语文学系仍然是最重要的中国东方学起点，正因为它与世界学术同步。另一个反面的例子恰恰是1942年国民政府在云南成立的东方语专，尽管语种齐全，时间还早于北大，但却没有在学术史和学科史上留下多少痕迹。其缘由很多，笔者认为，其中一个重要原因是，出于国家安全和因战争需求而来的语言培训，仅仅承担语言教学和应用功能，并不能承担形塑民族国家和有教养的人的重任。语言教学缺乏厚重的人文学历史框架内的研究性和内在的学术需要，无法与世界学术接轨。这一例证对今天也有重要意义：我们不能看轻实用功能并不很强的学问和研究，因为外语学习和多语种能力并非仅仅出于将另一种语言作为目的，而是将其作为工具和方法前提，它的目标应该是为用语文学方法研究人类世界做准备——要准确解读文献，关注分析关乎历史、文化、社会等多方面的问题。

从东方语文学系、东方语言系、东方语言文学系到东方学系，又再度分化为东方语言文化系等，建制和名称上的演变不仅与现代中国的政治与学术有

---

①Readings, Bill. *The University in Ruins*[M]. Cambridge：Harvard UP, 1996：65.

关,更多的是与西方传统的人文学研究"语文学"在20世纪分化的趋势同步:他们基本都经历了从综合的语文学,到语言教学、语言与文学研究、语言学再到文化研究、区域研究与国别研究的分化与转变。当然,中国因特殊的近现代史和1952年学习苏联的学科调整也非常重要,中国也有自己特殊的历史语境和学术需求,但那或可以另文讨论。

　　知道中国东方学的何所从来,才能继往开来。这也督促我们思考,如果历史地看,每一个研究领域都是对历史和时代命题的不同学术应对,那么今天的"中国东方学"应该解决什么问题? 又何去何从呢?

汉学、比较文学与作为功能的语文学

郭西安*

1982年10月14日，在科罗拉多波尔德分校东方语言文学系的创系典礼上，美国汉学家、时任加州大学伯克利分校东方语言文学系讲座教授的薛爱华（Edward Hetzel Schafer, 1913—1991）发表了名为"何为汉学、汉学何为"（"What and How is Sinology?"）的演讲。[1]演讲伊始，薛爱华重提他曾于1958年致同仁的公开信中曾发出的疾呼：不再使用"汉学"（Sinology）和"汉学家"（Sinologist）这两个指谓不明的术语。时隔近30年后，他将此建言修改为：继续使用并保留"汉学"的原初意义，亦即对汉语的研究，尤其是古代早期汉籍研究。这两次呼吁看似不同，实则内核一致，都是强调应当对中国研究这一语焉不详、盘根错节的领域进行清理并重新定位，而薛爱华给出的方案也没有改变：以语文学（Philology）进路作为锚定汉学的基座，由此，汉学的定位便是"有关汉语存留物，亦即汉语文本的语文学"。[2]那么何谓此处的语文学呢？薛爱华引用乃师，俄裔美籍汉学家卜弼德（Peter A. Boodberg, 1903—1972）所概括的东方语言系宗旨解释道：传统的语文学范畴广义上包含了词源学、语法、批评、读写、语言文化史，对翻译并解释原始文献能力的训练，对作为主要思维工具的语言能力的培养，而东方语言文学系正致力于在这一领域展开学

---

*郭西安，复旦大学中文系副教授。

[1]Schafer, Edward H. "What and How is Sinology?" Inaugural lecture for the Department of Oriental Languages and Literatures, University of Colorado, Boulder, 1982.（普林斯顿大学葛思德图书馆馆藏限印本）

[2]同上，第1页。

术教育研究。早在1958年公开信的一个脚注中,薛爱华就对"语文学"做了更细致的说明:语文学不是语言学,"是对文本的分析和解释,它借助铭文学(Epigraphy)、古文书学(Palaeography)、注疏学(Exegesis)这些研究方法,把文学作为文化之错综复杂和思想之精深微妙的直接表现来加以研究"。①将汉学归属于语文学的这一建言很大程度上是针对二战后北美学界以区域研究作为汉学定位的主流趋势,薛爱华担心,区域研究的定位使得汉学家既缺乏严格的方法论,又实际在混杂的学科背景下各自为政,难以就其学术性进行客观评判。要改变这一现状,就要使汉学从模糊不清的社科间域回到人文学科的话语体系中,地理以及时间区域这种前缀应当作为一种具体研究的二度限制,而非根本规定。这样,汉学就与人文学科共享同样的核心要素:以语言和著作为中心。②

薛爱华的汉学特色当然与其所受的人类学研究训练及师承卜弼德语文学立场的学术背景密切相关,③但假如更宏阔地考量当时美国汉学所处的学统和语境,必须注意到的是,从严谨而精细的语言与文献研究入手,抵达思想史及其社会文化的大图景,实为从19世纪晚期至20世纪中叶弥漫于整个人文科学的主要思潮,被称作人文主义的语文学或语文学的人文主义理念,④而论及这一理念,我们很容易想到本学科领域所熟知的德国文学批评巨匠奥尔巴赫(Erich Auerbach, 1892—1957),尤其是当我们意识到汉学和比较文学在

---

①Schafer, Edward H. "Open Letter to the Editors, *Journal of the American Oriental Society*, *Journal of Asian Studies*"[J]. *Journal of the American Oriental Society*, 1958, Vol. 78, No.2:119.

② Schafer, "What and How is Sinology?", p. 2.

③ 有关薛爱华的汉学特色,参见《唐学报》的纪念专号中对其学术生平的概述, *Tang Studies* 8-9(1990—1991)3-8; Honey, David B. *Incense at the Altar: Pioneering Sinologists and the Development of Classical Chinese Philology*[M]. New Haven: American Oriental Society, 2001: 309—321;程章灿. 四裔、名物、宗教与历史想象——美国汉学家薛爱华及其唐研究[J]. 陕西师范大学学报(哲学社会科学版), 2013(1):86—92;李丹婕. 薛爱华与《朱雀》的写作背景[J]. 唐宋历史评论, 2016(00):327—340、366.

④ 韩大伟(David B. Honey)用"语文学的人文主义"(Philological Humanism来定位卜弼德的汉学研究。参见 Honey, pp. 287—288.

跨界沟通这一研究范式上的密切关联时，对奥尔巴赫"现世语文学"及其人文关怀的回观就显得十分切要。①

一、从语言通向思想史：奥尔巴赫的"现世语文学"

如所周知，语文学在欧洲学术史上有着深远的脉络，从狭义而言，是指对字词的基础、字面意义进行科学性阐明的学术研究，它原本首先处理的是古典语言文本，"对古代语言进行深度研究，建立语法、确定版本"，②后来范围延伸至现代欧洲语言作品；从广义而言，由于语文学根本上服务于对作品的理解，在阐明字词的过程中也必然将对有关文本语境信息的探讨含纳其中。③关注语言和文本、并以之作为人文研究的根基与核心，这一立场本身不足为奇，但与当时那些将语言制品视为自足且独特的美学现象，从而更注重分析文本自身风格和修辞特征的进路不同，奥尔巴赫将语文学与历史社会文化语境紧密结合，对具体细致的语言的理解始终联动着更深广的人文思想史

---

① 本文无意于对西欧的语文学历程作任何系统性回顾，有关语文学历史的概述性著作可参：Turner, James. *Philology：The Forgotten Origins of the Modern Humanities*[M]. Princeton：Princeton UP, 2014；Gurd, Sean. *Philology and Its Histories*[M]. Columbus, OH：Ohio State UP, 2010；Gumbrecht, Hans Ulrich. *The Powers of Philology：Dynamics of Textual Scholarship*[M]. Urbana, IL：Illinois UP, 2003. 国内沈卫荣教授的学术文集《回归语文学》亦有相关介绍和论述(上海古籍出版社，2019年)。有关语文学、人文主义和奥尔巴赫世界文学观关联的勾勒，可参童庆生 . "为世界而爱"：世界文学和人文主义[J]. 中外文化与文论，2016(4)：91—102.

② Holquist, Michael. "The Place of Philology in an Age of World Literature"[J]. *Neohelicon*, 2011：273.

③ 参见 Wenzel, Siegfried. "Reflections on(New)Philology"[J]. *Speculum：A Journal of Medieval Studies*, 1990(1)：11—12. 有关语文学学脉历程及内涵争议的详述众多，还可参见 Ziolkowski, Jan. *On Philology*. University Park and London：Pennsylvania State UP, 1990. 以及 Gumbrecht, 2003.

关切。①

在新近出版的《奥尔巴赫选集》(*Selected Essays of Erich Auerbach：Time，History，and Literature*)的"导论"中，美国加州大学伯克利分校的修辞学与古典学教授詹姆斯·波特(James I. Porter)提醒我们，奥尔巴赫语文学理念的特征必须与其对历史的观念关联起来理解。在奥尔巴赫看来，历史是丰富、生动、具体而又整体映射的。他尤其强调历史的"现世性"(德语 irdisch，即 earthly 或 this-worldly)，亦即，承载并展现了人类及人类活动的全部细致具体的图景。因此，奥尔巴赫主张一种对历史展开的"横向阅读"(Horizontal Reading)，与旨在把捉命运或神恩的那种由上至下的"纵向阅读"(Vertical Reading)相对，尽管前者并非完全脱离了后者，但更多地指向"寄寓于现世生活表面的那些深层内容"。②实际上，对于奥尔巴赫及其同时代的许多杰出学者而言，处在当时极其动荡和过渡时期的社会环境中，正是横向与纵向、现世生活与宗教信仰之间巨大张力，驱动着他们对生命体验和文学表征的痛苦反思。

可以见出，语文学的雄心建立在这样一种假设的基础之上：社会制度、民族精神乃至历史文化的整体被编码和贮存进语言文本之中，通过语文学的分解、阐释与重构，可以打捞起已经湮没在历史长河中的那些文明活动的真实形态和细节特征。这样一条"语言文本—作者精神—文化语境"的逻辑链，是语文学从细微肌理到宏阔观照得以贯通的保障。奥尔巴赫不但陈述了这一现代语文学的人文主义理念，而且进行了具身化的示范。在其影响深远的名作《世

---

① 在现代语文学之父沃尔夫(Friedrich August Wolf，1759—1824)及其弟子那里，就已经强调语文学的题中之义应当包含古希腊罗马生活的全部面向。由此也埋下了语文学语言科学化与文化研究化两极之争的伏笔。参见 Holquist，271—278；Sandys，John Edwin. *A History of Classical Scholarship*，*Vol III：The Eighteenth Century in Germany，and the Nineteenth Century in Europe and the United States of America*，Cambridge：Cambridge UP，1908：89. 有关沃尔夫语文学方法对古典／经典研究的革命性意义及其与东方学的关系，可参拙文"圣典降维与话语治理"，《基督教文化学刊》春季卷，2020：36—67.
②Porter，James I. "Introduction" in *Selected Essays of Erich Auerbach：Time，History，and Literature*[C]. trans. Jane O. Newman，Princeton，NJ：Princeton UP，2016：xvii.

界文学的语文学》(*Philologie der Weltliteratur/The Philology of World Literature*)
中，奥尔巴赫表明自己关注的乃是文本更广阔背景下的思想史进程，[①]他曾在
多个场合明确指出自己精神导师是为欧洲人文学科带来变折意义的思想家维
柯(Giambattista Vico, 1668—1744)，后者在《新科学》(*La Scienza Nouva/The
New Science*, 1725)中传达了人文研究的革命性理念。奥尔巴赫认为，尽管维柯
一直以来被视作一位历史哲学家或社会学家，但实际上他为美学批评留下了
宝贵的遗产，"他(维柯)的整个思想始于对人的表达、语言、神话与文学模式的
批评"。[②]从维柯那里，奥尔巴赫还敏感地提炼出"风格"(Style)这一影响深远
的现代批评观念，他将"风格"简明地解释为"一个历史时期所有成果的整
体"，[③]正与其语文学理念所一再强调的"以精微致广博"相一致。由此，奥尔巴
赫对如何由语文学导向思想史颇有心得：他反对以"巴洛克""浪漫主义""戏
剧""神话"这一类范畴作为讨论问题的出发点，因其抽象、模糊，属于从外部强
加给研究对象的一般概念；转而强调研究出发的抓手：一个好的出发点必须是
明确且客观的，必须有可被把捉、牢靠掌握的具体所指。[④]奥尔巴赫的反思或
许更多指向具象的方法，而非统合的方法论，诚如其英语世界重要的译者与研
究者、哈佛大学中世纪拉丁文学与文化研究讲席教授佐尔科夫斯基(Jan Zi-
olkowski)所指出："尽管未能给出一种系统性以资其他学者学习和运用，但他
仍然在读者间激发了一种乐观主义，使他们认为有可能从一个局部读出整体，
通过分析单个文本的各章节可以理解特定文化的整体现实。"[⑤]

　　这种强调具体、客观而又综合的研究原则也在薛爱华的语文学理念中显

---

① Auerbach, Erich. "The Philologie of World Literature", in *Selected Essays of Erich Auerbach*:
Time, History, and Literature[C]. p. 262.

② Auerbach. *Literary language and Its Public in Late Latin Antiquity and in the Middle Ages*[M].
trans. Ralph Manheim, Princeton: Princeton UP, 1993: 9.

③ 同上。

④ Auerbach, "The Philology of World Literature", 263.

⑤ Ziolkowski, Jan. "Foreword", in Auerbach, *Literary Language and Its Public in Late Latin An-
tiquity and in the Middle Ages*, xi–xii.

明。在1958年的公开信中,薛爱华指出,语文学"致力于一种相对不那么抽象层面的知识""尽管其技术可能是高度抽象的""它所关注的内容是实在的、个人的、直接的、具象化的、富于表达的,由此而注重传记、想象、隐喻和神话"。①在这样的思考下,薛爱华以自己为例,提供了一种汉学家自我定位的方案,他称自己是一个"对中国中世文学及其物质文化有着特定兴趣的语文学家"。②显然,相较于奥尔巴赫对人文思想史维度的青睐,薛爱华的汉学书写更偏向于从名物、意象等精细的文学阅读辐射向全景式的物质文化观照。

二、物质实在性与文本社会学:"新语文学"的理论趋向

以语文学为入径展开文本、文学及文化的研究,这与其说是薛爱华等汉学家从奥尔巴赫、库尔提乌斯(Ernst Robert Curtius,1814—1896)、斯皮策(Leo Spitzer,1887—1960)等现代语文学大家那里接续的遗产,毋宁说是现代西方中世纪研究这个领域整体的主流。除了秉持德国语文学思想史的传统,更为重要的是经由文化研究的转向及进一步更新语文学的阵地。近30年,欧美人文学界出现了一种倡导从"旧语文学"(Old Philology)走向"新语文学"(New Philology)的理论和研究实践趋向。1990年,约翰·霍普金斯大学中世纪研究教授史蒂芬·尼尔科斯(Stephen G. Nichols)在中世纪研究的权威期刊《窥镜》(Speculum)上集结了一组特稿,主题即命名为"新语文学",目的就是对居于中世纪研究核心地位的语文学作出反思和调整,以突破传统中世纪研究长期以来故步自封的现状。③尼尔科斯指出,"新语文学"之"新"就在于,面对文本语言不仅应当将之视作一种话语现象,而且需要在其与"写本矩阵"(Manuscript Matrix)、与语言和写本所刻写的社会语诸种文本网络的互动关系中来加以研

---

① Schafer. "Open Letter to the Editors, *Journal of the American Oriental Society*, *Journal of Asian Studies*", p. 119.
② 同上,第120页。
③ Nichols,Stephen G. "Editor's Note"[J]. *Speculum*,1990,Vol. 65,No. 1;"Introduction:Philology in a Manuscript Culture"[J]. *Speculum*,1990,Vol. 65,No. 1:1.

究。①所谓"写本矩阵"，就是把写本置于各种具体中世纪研究的衍生基础和映射核心，将之视为多重文本文化交接、引发特定效应的一个符号解释空间，它指涉着所有历时、共时的相关文本实践，也包含了相互冲突的主题及表征系统。②

按照佐尔科夫斯基的理解，"新语文学"的"写本矩阵"与"互文"（Intertext）概念相类似。一方面，中世纪手稿研究关注文本内部的多层次表意系统，包括施行编撰行为的多重"作者"/"抄工"在文本中留下的不同痕迹，甚至包含看似无关紧要的插图、装帧、字体等修饰成分；另一方面，这些文本痕迹又指涉着文本外部更广阔文化空间中的相关话语实践。正是在这种考量中，"新语文学"强调的核心理念是文本的"物质实在性"（Materiality）和由此产生的历史社会语境映射。在尼尔科斯所组的特稿中，我们可以经由不同学者的具体论述了解其所含纳的几个主要面向。

第一，文本存在的实在性。约翰·霍普金斯大学历史系讲座教授、专长于中世纪史学研究的斯皮格尔（Gabrielle M. Spiegel）在探讨文本与语境的理论关系时，便提出文本先于意义这一观点：文本是一种客观的存在，如果说历史学家的工作是要释放文本的意义，那么历史研究对象的实存要远早于这些回溯性构建出来的意义，从这个角度来说，"文本作为文本而言在质料上比'历史'更'真实'"。③这种对文本现实性的强调看似非常简单、不言自明，在语文学研究中却有着重要的转折意义。④如果说古典语文学的理路是将文本制品

---

① Nichols. "Introduction: Philology in a Manuscript Culture" [J]. *Speculum*, Vol 65, No. 1, 1990:9.

②同上，第8页。

③ Spiegel, Gabrielle M. "History, Historicism, and the Social Logic of the Text in the Middle Ages" [J]. *Speculum*, Vol. 65, No. 1, 1990:75.

④波洛克反对把文本及文本的语言结构置于意义之前。可以认为，波洛克是生存论阐释学的坚定拥护者，这从他频繁援引伽达默尔的阐释学循环理念亦可见出。参见 Pollock, Sheldon. "Future Philology" [J]. *Critical Inquiry*, Summer 2009:957. 不过，波洛克也承认，实存与意义本就是相互形塑的关系。评断优先性（priority）往往意味着立场之争，新语文学强调文本优先意在突出物质现实对意义生产的约束维度。

作为意义承载的结果,对其词源、版本等进行确定性考订,去追求修复"原本"(the original text)或建立"最佳文本"(the best text),从而开展"可靠"的文本解读的话;那么,正是由于聚焦于文本自身实存的复杂性,"新语文学"倾向于突出对文本制品多样化形塑、传承与接收过程的关注。由于中世纪处于文本生产与阅读革命的一个关键转折时期,充斥着大量的写本与抄本,为"新语文学"的这一导向提供了充足的施展空间,语文学的关怀从传统的以作者、原本和结果为中心转向以广义上的抄者(scribes)、变本(versions)和过程为中心,文本实在性的意义才真正获得了释放。

第二,语言使用的实在性。由于文本"总是语言在特定环境下的使用",[①] "新语文学"认为,无须对文本的歧义现象、作者的不确定和意义的失控状态感到排斥与不安,相反,这些多样性和不稳定性充分体现了话语现实的无穷丰富性。威廉斯在《马克思主义与文学》中曾从马克思主义理论就语言的物质实在性作出了较为系统的论述,强调语言作为建构性活动和具有历史性演变。[②]而在"新语文学"中,这一观念得以承接,并与话语理论相结合。英年早逝的杰出古法语专家、加州大学伯克利分校法语系教授苏珊娜·弗莱希曼(Suzanne Fleischman, 1948—2000)在《语文学、语言学与中世纪文本话语》(*Philology, Linguistics and the Discourse of the Medieval Text*)一文中给出的研究范例很能说明问题,她认为"新语文学"应当"从言语的部分到话语整体,从原子式的形态学考量到文本句法结构的重新定向",[③]这呼吁语文学家超越语言和文法的闭锁式修修补补,而"将文本再语境化为交流的行为,由此也认识到语言结构在何种程度上是在话语的压力下被塑形的"。[④]这样,对文本的就不再受制于理性淘洗重塑过、"语言学化过"的书面语言与语法,而将通向丰富多变

---

① Spiegel, p. 77.

② Williams, Raymond. *Marxism and Literature*[M]. Oxford: Oxford UP, 1977:21—44.

③ Fleischman, Suzanne. "Philology, Linguistics and the Discourse of the Medieval Text" [J]. *Speculum*, 1990, Vol. 65, No. 1:33.

④ 同上,第37页。

的具体社会话语的活形态,而它们又会有助于我们反思借以分析这些话语的方法与理念。借用现代语言学之父索绪尔的术语来说,就是充分意识到我们后设的语言(la langue)理念与实存的言语(la parole)之间的辩证关系,警惕并尽可能摆脱我们当前对语言规则及其可能性的设定。如果言语总是话语事件(event of discourse)中语言规则的具体实现,是交流共同体内部个体的言语生产,那么把文本作为一种表征了过去交流话语的中介区域来加以考察,就将拓深我们对历史上更广阔的人类表述(le langage)的想象和认知。①

第三,社会历史条件的实在性。正如上文所言,文本是一个特殊的中介区域,历史现实在文本中是"既在场又缺席"的,既以符码的形式被铭写保留,又无可避免地产生过滤与变形;由此,语境与文本是一种紧密交织互动的关系,所产生的意义和效用同样也是双向的。相应地,我们的研究进路也必然需要着眼于这种关系性,将文本置入具体的社会政治网络之中去加以解释,而启动这一解释的基础是对文本外(extratextual)历史实在的尊重。假如脱离了对"关系性"的聚焦,仅仅在作品内部进行庖丁解牛,即使具有一定的文化视野、亦即将语境作为作品背景的意识,上述研究也是无法达成的。②斯皮格尔在具体案例分析中令人信服地表明:"对理解文本的社会逻辑,及其在一种高度具体化、局部化的社会环境中的位置"进行阐释,在这项工作中,"分析作者与赞助人所处的社会与分析具体的文本形态同样必要"。③

在2014年出版的文集《重思新中世纪主义》(*Rethinking the New Medievalism*)中,"新""旧"语文学在问题关怀上的差异被勾勒得更为清晰:"旧"语文学"热衷于关注个体语汇的历史,书写与再书写过程中的影响,以及中古盛期文学里古典模式的出现",而"新"语文学则指向"对中世纪文本物质环境的关注,尤其关注写本和写本文化构成的条件",提出的问题重点在于"对作者和权威的诘问,对中世纪文本完整性的质询,以及认识到口头与视觉两方面的

---

① 参见 Saussure, Ferdinand de. *Cours de linguistique générale*[M]. Paris: Payot, 1971: 23—35.
② 对于文本和社会语境间这种关系性存在的论述,参见 Spiegel, pp. 73—86.
③ 同上,第78页。

相互关系",等等。①

与此相关,值得注意的是剑桥大学文献学大家唐·麦肯锡(D. F. MacKenzie)提出的"文本社会学"(the sociology of texts)这一概念,其旨在突显文本物质性是决定文本意义的关键所在。麦肯锡指出,文献学的出发点必然是"对构成文本的符号以及承载符号的物质进行研究",同时也包含传统上不属于狭义文本批评的面向,包括"文本的物理形式、版本、技术传播、机构性控制、意义的接收以及社会效应",亦即那些见证承载着文化变迁的所有吉光片羽。②这一立场与海登·怀特(Hayden White, 1928—2018)等人讨论引发的形式与内容二分不同,它不再将意义限制为符号系统的内在运作,而认为非符号性、非象征性的物质因素同样生产和规约了意义。

"新语文学"所强调的物质实在性绝非仅仅适用于中世纪写本研究,而是作为对后索绪尔符号学(Post-Saussurean semiotics)、新批评作品本体论和新历史主义形式论的修正与反拨,杂糅接受美学、文化唯物主义、文化生产社会学,同时结合民族志研究与艺术考古学等领域的新进展而形成的一种文本理论浪潮,可谓普遍席卷了所有文本相关研究界(Text-dependent discipline)。

同文化研究相结合,"新语文学"还开辟出对更为"隐蔽"的表意实践的"解码"空间,尼尔科斯就此采用了一种精神分析式症候阅读法的表述:"写本空间包含着一些裂隙,我们可借以窥见中世纪文化的某些潜意识。"③我们发现,把物质现实作为一种挤压出各种文化生产和再生产的力量来理解,物质性就从被动客体转变为表意活动的压力和动能。这样,"物质"实际上既被用作"现实性"或"实在性"的同义词,作为与象征性的"话语"观念并置和对立的另一种"非话语"存在,同时又作为连接现实与意义的能动介质(agency),形成

---

① Bloch, R. Howard. "Introduction: The New Philology Comes of Age, " in *Rethinking the New Medievalism*. [C]. eds. R. Howard Bloch, Alison Calhoun, Jacqueline Cerquiglini-Toulet, et al. Baltimore: Johns Hopkins UP, 2014: 10.

② MacKenzie, D. F. *Bibliography and the Sociology of Texts*[M]. Cambridge: Cambridge UP, 2004: 13.

③ Nichols, "Introduction: Philology in a Manuscript Culture", p. 8.

与"话语"唇齿相依的互动实践。不过，这种思潮究竟在何种程度上突破了其所反对的符号学模式？又在何种意义上超越了马克思主义文学观对物质能动性的思考呢？抑或，"物质实在性"只是充当一种必要的"话语补充"或"话语分层"，对它的意义、功能和运作机制的解释实际上仍然从属于象征阐释的根本逻辑？这一问题如果不能被有效反思和回应，"新语文学"之"新"就仍可能因其含混和薄弱的话语自觉而被消解。

三、阐释的空间："回到语文学"与文本的多义性

在20世纪60年代的理论热潮中，给人烦琐、刻板、缺乏理论热情印象的传统语文学陷入了沉寂，然而，语文学从一开始就并非与后索绪尔符号学视野所主张的那种意义构建性相对立，而是密切关联在一起。耶鲁大学法语系讲座教授霍华德·布洛赫（R. Howard Bloch）表明，尽管传统语文学推崇文本精准性、透明性、直接性，方法论上也亲近于或吸收了自然主义、实证主义、科学主义倾向，但这些实际上也都是特定历史政治环境下隐秘服务于民族共同体诉求的意识形态产物。①而作为语文学家和文学批评家的奥尔巴赫，在其语文学的构想与实施中也依赖着解释学的活力，在《奥尔巴赫〈摹仿论〉导论》（*Introduction to Erich Auerbach's "Mimesis"*）一文中，萨义德将奥尔巴赫的语文学方法称为"阐释语文学"（Hermeneutical Philology），他论述道："为了能够理解理解一个人文主义的文本，逆序设法把自己当作文本的作者，生活在作者的现实中，经历内在于作者声明的那些生活体验，诸如此类，就是要将博学与同情相结合，这正是阐释语文学的标志。"②萨义德认为，这正是维柯和奥尔巴赫共同的方法论，也与狄尔泰的人文解释学理念一致：尽管语义学解释学的中介是文本，目的是充分地重建过去，但是这一过程从一开始就是始于人类的创造性活动，而"真实事件和人自身的反思性心智之间的界限就模糊不清

---

① Bloch, R. Howard. "New Philology and Old French"[J]. *Speculum*, Vol. 65, No. 1, 1990:42.

② Said, Edward W. "Introduction to Erich Auerbach's *Mimesis*." in *Humanism and Democratic Criticism*[C]. New York: Columbia UP, 2004:92.

了""思想在重建过去过程中的角色既不能被排除,也并不与'真实'相等同"。①因此,语文学主张的坚实性和客观性与解释学主张的开放性和不确定性始终是处在一种辩证的关系之中。

有意思的是,当代语文学的复兴信号恰恰来自被传统语文学视为论敌、或至少不相为谋的阵营,即强调解放符号能量的解构批评家保罗·德曼(Paul de Man,1919—1983),尽管他被认为是"最不可能复兴语文学的人选"。②身为解构批评派旗手的德曼敏锐地把捉到,面对主张开放意义的解构理论,捍卫文本细读的"保守"派之所以如临大敌,展开如此激烈的防守姿态,是因为他们在科学实证的技术学术观中隐秘地内置了一种自我确证的神学—伦理学,这两套理念合而一体、互为保障,而解构策略无疑打破(或在保守者看来是亵渎)了这种原本的祥和与充实。出于这样的自我防卫,文本细读派开始倡导抵制理论侵袭,甚至演变为反对阐释、唯文本论的极端保守姿态。但解构派向来擅长于深入敌营、出其不意反转结局,老辣的德曼以保守派代表、细读忠实捍卫者鲁本·布劳尔(Ruben Brower,1908—1975)的文学精读课为案例,揭示出细读派逻辑上的自我倾覆:由于对阐释冲动和信息增殖的有意识压抑,就文本本身出发的细读实践导致对意义传达方式、而非意义内容的聚焦,这本就表明符号自身比意义更基要、也更稳固;另一方面,细读结果的多元化又恰好说明,文本意义的不稳定并非理论冲击的结果,而正是由细读派推崇的文本语言自身所固有。这样,细读派之所捍卫与解构批评之所关注就都指向了语言符号。尽管德曼并未对何为语文学做出过直接陈述,但从他多次将语文学和修辞学并置为对语言的"描述性科学"③"研究语言的方式"④

---

① Said,Edward W. "Introduction to Erich Auerbach's *Mimesis*." in *Humanism and Democratic Criticism*[C]. New York:Columbia UP,2004:92.

②Ziolkowski,Jan. "Metaphilology"[J]. *The Journal of English and Germanic Philology*,Vol. 104,No. 2, 2005:240.

③ Man,Paul de. "The Return to Philology." in *Resistance to Theory*[M]. Minneapolis:Minnesota UP,1986:21.

④ 同上,第24页。

"语言结构"①可以见出，显然，德曼认同的语文学就是对语言精细而敏锐的关注，与修辞学（Rhetoric）或诗学（Poetics）同属一个经验、实用、先于（Prior）意义的层级。在这样的理念下，德曼导向了他针对理论与语文学关系的著名结论："理论转向实际就表现为回到语文学，也就是回到先于意义产生的语言结构的检视。"②

在某种程度上，德曼所谓的"回到语文学"实质也可以视作倡导一种"新"的语文学，因其既不同于传统语文学所抱持的对字词及文本进行精准考订的主要使命，又的确认同并强调，要将对语言结构、修辞特征和诗学机制的细查作为文学/文本研究的根本基础与首要任务。与萨义德突显语文学与阐释学的亲缘性不同，在德曼看来，主张修辞性阅读的解构策略同重视就文本论文本的细读观念并没有不共戴天的差别，相反，二者都植根于语言能量的坚实土壤之中。意义既不是固定的，也不是先行的，更不是理论所强加给文本的，修辞阅读只不过是对文本多义性的充分尊重和释放。

在《反对基础主义的语文学》（Anti-Foundational Philology）一文中，同为解构批评重要力量的比较文学学者乔纳森·卡勒（Jonathan Culler）则指出了传统语文学理念自身的矛盾性。作为语文学的理想目标，无论是对语词意义的重构，对可靠文本的修复，还是对原初文化的重现，都基于一系列假设及其结构性的运作，也都涉及文化和美学这类意识形态化的发明与构建，这表明语文学与其他文学解释的模式相比并无优先权。进而，卡勒明确反对赋予语文学一种具有基础性地位的特权，并在指出语文学的真正要义在于：它以对文本建构进行批判为其宗旨，同时这又必然是一项再建构的课题。③

卡勒的这一立场与其对"互文性"（intertextuality）这一观念的分析可以对

---

① Man, Paul de. "The Return to Philology." in *Resistance to Theory*[M]. Minneapolis: Minnesota UP, 1986: 25.

② 同上，第24页。

③ Culler, Jonathan. "Anti-Foundational Philology"[J]. *Comparative Literature Studies*, 1990, Vol. 27, No. 1, What is Philology? 49—52.

观,他认为"互文性"是指"一个文本与多种语言或文化表意实践的关系",故而互文性研究也不是对文本来源和影响的调查,而是"包含了匿名的话语实践,即那些源头已经失落、但使得后来文本的表意实践成为可能的话语代码"。①由于同属于符码表征的意义系统,互文性就不仅存在于传统狭义认知中的文本之间,文本与其所在的文化语境之间同样可以视为互文关系。这似乎很接近于尼尔科斯所提出的"文本母体"作为互文空间的理念,不过,需要注意的是,二者确有一些重要的区别,不能简单从后索绪尔符号学的立场来理解"新语文学"的"互文"观念,而必须注意到"新语文学"对"物质性"的强调。如果说符号学立场的文本观引发了消解真实与想象、文本与语境之本质区隔的后果,把所有表意实践都平等地溶解在"文本性"视野中进行解码,那么相形之下,"新语文学"着意强化物质实在性维度,为的正是在理论上重新区分文本与语境,指出不同表意系统的运作机制既是互动关系,又有着根本和切实的差别。与此相对照,阐释学、符号学、后结构或解构批评等现代文学理论的视野聚焦于"语文学"进路,尽管同是将文本作为开放的媒介,将语言视为研究的基质,其理论和实践却朝着内蕴着解构能量的修辞学与诗学分析敞开,他们反对的正是在文本分析中所注入的历史主义诉求或美学意识形态。②

语文学理念的矛盾性也为一些当代汉学家所敏感。毕业于耶鲁大学并执教于斯十年的汉学家宇文所安(Stephen Owen),其对中国古典文学的研究深受新批评与修辞阅读理论的滋养。在《语文学之不满:回应》(*Philology's Discontents:Response*)一文中,与其耶鲁前辈保罗·德曼类似,宇文所安同样避免以语文学与文学理论的对立来展开批判,而是着眼于拆解传统语文学所强调的对

---

① Culler, Jonathan. *The Pursuit of Signs:Semiotics,Literature,Deconstruction*[M]. London:Routledge,1981(rpt. Routledge Classics,2001):114. 需要注意的是,早在 1976 年,卡勒就已早阐明了这一观点,只是表述略有细微不同,参见 Culler. "Presupposition and Intertextuality"[J]. *MLN*,1976,Vol. 91,No. 6,*Comparative Literature*:1380—1396.
② 有关这一点,可参见 Culler, "The Return to Philology", pp. 12—16.

文本和语词精准释读的诉求,认为这一诉求仅能作为一种愿景存在,既无法抵达,也无须抵达,而语文学追求的平静与稳妥也同文学解读本身的喧哗与骚动特质背道而驰。① 他以自己所专长之中国古典文学领域为例表明,语文学并非某一种文明或文学传统所专有:在中国,于17世纪明清之际发展起来的所谓现代中国语文学实际上脱胎于历史悠久的解经实践,"基本的语文学活动可以追溯到公元前1世纪。"② 宇文所安认为,这种语文学传统极致地体现在对《诗经》文辞精准性长达几个世纪的考察中,诗的不确定性被语文学的确证性校正并且取代了,这一学术活动的后果则是"造就了对于严肃学者而言都不可读的文本"。脱离了经学注疏传统,《诗》的解释可能性则要多得多。③

这番论述当然有着特定的局限:宇文所安抱持着开放性的阐释学立场,追求释放诗的多义性,但他忽略了这背后前现代经学解释范式与现代文学文本解释范式的根本区别——这才是《诗经》意义场需要封闭或开启的变折点,也是阐释的话语机制改变的决定性因素。不过,宇文所安的目的在于指出语文学诉求与过程的张力关系:尽管语文学的诉求是可疑的,但其过程却是有益的。明清语文学、亦即名曰"考证学"的学术实践乃是"对既定解释的彻底怀疑,质询并评断文本中的争议难题",④ 这说明语文学的诉求恰恰会驱动一种与之相反的对文本的反思性质疑过程,也就是说,追求确定性会悖论性地刺激出不确定性,正是如此,这个语文学实践的过程注定会持续延异。这的确很大程度上可视为耶鲁解构派精神的汉学再现,而在文章最后,不难理解的是,宇文所安也像众多解构批评家那样重申,这一立场绝非是虚无主义和悲观主义的——这两个词是常见的对解构阅读策略的批判语。他表明,这不过是要指出一个简单的谬误:将理解得更多更好与理解得更稳妥等同起

---

① Owen, Stephen. "Philology's Discontents: Response" [J]. *Comparative Literature Studies*, 1990, Vol. 27, No. 1, What is Philology? 75-78.
② 同上,第75—76页。
③ 同上,第76页。
④ 同上,第76页。

来。①换言之，更多更好的理解显然正是在稳妥理解的反面才成为可能，从这个意义上，经由文本细读启程的语文学之旅注定永远不能满足其为自己设定的目标，这是文本批评家的宿命，但也是文本批评家得以生存的空间。

四、世界语文学与世界中的汉学语文学

文本批评家们注意到，正因为文本与现实不是直陈的关系，"回到语文学"就不再只是顺接式地去"揭示"文本言辞说明了什么，更是去开掘文本未能言明什么，同时更意味着由此探索那些无法被主流通行话语所承认和传递的他者经验，这使得如何处理异质话语的边界与跨界成为当代语文学实践的一个重要方向。显然，这一方向受到了萨义德开拓的后殖民语文学理念的影响，是对前文所述18、19世纪欧美知识型变折、殖民话语构建与早期东方学实践的反拨，也是语文学的亚洲经验的一个政治维度。

近年来，美国久负盛名的南亚研究学者、印度研究专家谢尔顿·波洛克（Sheldon Pollock）从其自身专长的梵文语文学领域出发，联合多位国际学者一道，致力于推动以亚非经验为突出构成部分的新一轮"重归语文学"之旅。2015年出版的学术文集《世界语文学》（World Philology）便是这一实践的标志性成果。文集中所收录的个案研究覆盖了众多语种的文本文化，如果说古希腊语、拉丁语和英德法语世界展开的是围绕古典学与圣经研究而建立起来的欧洲主流语文学传统，那么阿拉伯语、中文、土耳其语、波斯语、梵语、日语等文本传统中的语文学实践，则表征着相对边缘或者来自"他者"的言辞经验。主编文集的形式、当然更根本的是"世界语文学"这一理念本身，决定了其并非旨在直接从方法论和观念上给出一种多元主义语文学的指导方针，而是"地方语言学"（Regional Philologies）传统的并置与交叠，从而"呈现一种多语音、多中心的学术研究，来观察世界范围内如何开展有关语法、修辞、注疏以

---

① Owen, Stephen. "Philology's Discontents: Response" [J]. *Comparative Literature Studies*, 1990, Vol. 27, No. 1, What is Philology? 78.

及编辑的文本理解工作"①。

波洛克将"世界语文学"宽泛地系于存在于多种文明的文本实践："如何使文本产生意义，这是语文学实践的最低公分母。"②这回避了易于陷入单质性和总体化的定义，概言之，这种语文学工作既包含传统语法的细琐问题，也关心抄本或印本历史以及它们不同的阅读解释文化，是一项包含了全部文本相关实践在内的综合性学问。③

为了理解"世界语文学"理念与当代汉学实践的关联，我们可将目光锁定在文集中收录的三篇中国相关论文上。这些案例不仅具体呈现了当代汉学与语文学关切的汇合，更确切地说，是将从中世至现代中国传统学术史上的本土"语文学"经验放置在观察分析的中心。

德国汉学家朗宓榭（Michael Lackner）处理的是中国经学注疏的问题，他将经学注疏称作一种解经学（Exegetical）实践，堪比于西方的神学释经传统，因为二者都是用解经学的方法来服务于权威文本的释读。④与通常从哲学视角将宋明理学定位为"哲学诠释学"（Philosophical Hermeneutics）的取径不同，朗宓榭认为，"现代诠释学的自我反思意识，亦即对一种解释的目的和主题进行批判性质询的指征很难见于中国的思想传统中"；⑤相反，他注意到：这些理学家的新理念仍然紧密依凭着对传统经书的阅读，而且，面对经书内部和之间的相互抵牾，理学家们建立了具体的语文学解析手段来缓释这一焦虑，重

---

① Hui, Andrew. "Many Returns to Philology"[J]. *Journal of the History of Ideas*, Vol. 78, No. 1., 2017:148.

② Pollock, Sheldon. "Introduction." in *World Philology*[M]. ed. , Sheldon Pollock, Benjamin A. Elman, and Ku-ming Kevin Chang, Cambridge, MA: Harvard UP, 2015:1. 波洛克甚至认为，义学史、文学批评（也就是后来的所谓理论），比较文学以及语言学，实际上都是语文学在次级学科意义上的子嗣，但它们却自认为以及发展成熟以至可以反叛或逃离原本的语文学家园。

③ 同上，第12页。

④ Lackner, Michael. "Reconciling the Classics: Two Case Studies in Song-Yuan Exegetical." in *World Philology*[M]. p. 138.

⑤ 同上，第139页。

新建立经学与经书的内在一致性,这种围绕"关注文本"(concern for texts)而体现的解经特征与欧洲早期语文学释经学的实践有着诸多共通之处。以宋代理学家张载(1020—1077)《正蒙》为例,正是通过对经书文本字句的拆解重组和重释等语文学实践,张载"在经书之间建立起一种普遍的融贯性",而这与圣奥古斯丁(Saint Augustine, 354—430)在《论基督教教义》(*De doctrina Christiana*)中打通希伯来旧约与新约福音书的语文学策略具有高度相似性。[①]正如西方语文学传统是从圣经解经学发展起来的那样,中国经学的解经实践同样是某种早期语文学,这样,朗宓榭便得以在圣经和中国经学两种解经学间建立起一种类比对观的启发性视野。

如果说朗宓榭对宋代道学家语文学实践的分析叙述是采用了传统语文学的细读法,艾尔曼(Benjamin A. Elman)的研究则结合了前述新语文学所倡导的物质文化研究视野。尽管训诂考据等传统小学实践自汉代起即与经学话语密不可分,但辨识度最高的中国本土语文学当为清代乾嘉考据学。[②]有"清朝第一学者"之称的戴震于《与是仲明论学书》谈读经之心得云:"仆……闻圣人之中有孔子者,定六经示后之人,求其一经,启而读之,茫茫然无觉。寻思之久,计之于心曰:经之至者,道也。所以明道者其词也,所以成词者字也。由字以通其词者,由词以通其道,必有渐。"[③]此言可谓对考据学精神的绝好概述。艾尔曼所关心的是,作为一种以语文学为主要形态的话语实践,考据学是如何在历史变折期调整经学论辩的重心和范式,最终引发与其经学目的相违背的(准)科学化知识效应的。他将这场儒学运动的兴起与演变放置

---

①Lackner, Michael. "Reconciling the Classics:Two Case Studies in Song-Yuan Exegetical." in *World Philology*[M].pp.140—146.

② 中国哲学的研究学者匡钊便认为:"在中国历史上漫长的经学研究传统中,有意识将以往研究成果亦视为需要再加审视和反思的对象,并由此发展出一定程度上主动的方法论意识,也是乾嘉汉学家的特出之处,在上述意义上,乾嘉的训诂考据之学在方法层面上最能与治语文学者引为同道。"参见匡钊.中国古典学与中国哲学"接着讲"[J].深圳大学学报(人文社会科学版),2018,35(5):5—17.

③(清)戴震.戴震文集[M].赵玉新点校.中华书局,1980:140.

在18世纪帝制中国动荡的社会语境中，不仅考量学术的具体实践与思想的内驱力，更观照到科举考试内容的转变、知识群体的互动和耶稣会士带来的知识趣味的影响。①

如同艾尔曼的论文标题所暗示，尽管与欧洲现代语文学的诸多手段与意识可相对观，但考据学毕竟仍然归属和服务于经学话语，倡导考据学的士人身份也仍是经学家而非现代意义上的学者，"作为文人的他们仍然服膺于儒家理想，寻求的是对国家与社会那种经学（古典）愿景的恢复，而非替代"。②因此，以全球史进程为参照来判断，这一时期的知识—政治时间就仍归于晚期帝国这一前现代中国的范畴，而非早期现代范畴。艾尔曼敏锐地把握到，围绕着经学话语展开的激辩不仅是清代经学家们对社会政治变局作出的反应，从而形塑了具有自觉方法论意识的中国语文学；而且，正如经学绝非是一门囿于理论和学院的"学科"那样，考据学也必然与帝国政治改革、知识形态、对外交往等各种社会文化维度纠缠在一起，发挥着关键的影响。这项考察不再是对中国古典文献进行语文学范式的操练，而是将语文学实践本身作为近代中国历史社会研究的一个有机环节和论述线索，它所发出的信号是：中国不仅自有语文学传统，而且这一传统在其政治、思想与文化整体中扮演了至关重要的角色。

第三篇论文关涉中西语文学之现代交汇，这一议题更值得细致考量。如果说薛爱华对汉学的正名为汉学家观察中国提供了一种定位方案，张谷铭所追溯的"史语所"语文学之路则可视为中国学者由西返中的反向运动。③从"史语所"的英文名"The Institute of History and Philology"产生的歧义性切入，张谷铭引出20世纪20年代国内外学界语文学（Philology）和语言学（Linguis-

---

① Elman, Benjamin A. "Early Modern or Late Imperial? The Crisis of Classical Philology in Eighteen-Century China" in *World Philology*[M]. pp. 225—245.

② 同上，第244页。

③ Chang, Ku-ming Kevin. "Philology or Linguistics? Transcontinental Responses." in *World Philology*[M]. pp. 311—331.

tics)两门学科的不同境遇。当是时,欧美学界正经历着语言学从语文学剥离并逐步壮大的局势,前者发展远远劲于后者,奇特的是,"史语所"却由于两位不同学术背景的改革旗手共同参与该机构的建设而聚合了这两门已然歧路的学科旨趣。这两位旗手正是史语所创建人傅斯年和首位语言组主任赵元任:前者在德国深受传统语文学及比较语文学范式的影响,而后者则体现了在美国所受到的英法语言学训练。

德国的现代语文学是从沃尔夫等人从事的古代研究,或曰"古代学"(Al-tertumswissenschaft/Science of Antiquity)发展而来,从语言及文本研究入手近乎包含了古代世界研究的所有方面,其基座可谓古典人文学;而语言学则致力于独立为一门语言科学(the science of language),①侧重在语音、语法、形式结构等方面进行科学化、标准化甚至实验化的研究,历史人文情怀等不确定因素恰恰是这一定位所力图排除的。

作为上述两种路向的缩影,傅斯年与赵元任尽管都秉持中国的语言研究亟须现代化改革的理念、并为之做出了杰出贡献,但二人的学术身份认同导致对史语所建设的构想和重心均相迥异。对创建人傅斯年而言,"史语所"的建立以机构化的形式承载了更为复杂的感情,尤其反映了当时留洋归来的现代中国学人特有的焦虑:一方面他们深受西学影响和震动,痛下决心与前现代的主观信仰式学术划清界限,建立中国的现代人文科学,另一方面又不甘成为西学的衍生,而必须强调"历史学和语言学在欧洲是很近才发达的",②"语言学和历史学在中国发端甚早,中国所有的学问比较成绩最丰富的的也

---

① 沃尔夫也使用了"语言科学(Sprachwissenschaft)"、"语言学(Linguistik)"等术语,但他将之视为语文学研究的组成和从属部分。
② 傅斯年.《语言历史学研究所周刊》发刊词.傅斯年全集·第三卷[M].湖南教育出版社,2003:3.

应推这两样"。①在这种时代情绪下提出的建制方案，就西方汉学及其依凭的语文学方法论而言既是"接着讲"，也是"对着讲"。

我们从张谷铭另一篇更为详实的中文论文《Philology 与史语所：陈寅恪、傅斯年与中国的"东方学"》里，可以见出当时中国学人所处的中外学术语境。张谷铭以翔实的文献考索表明，陈寅恪、傅斯年、罗振玉等人对构建现代中国语文学的自觉与来自西方汉学的刺激密不可分，这种刺激既包含"西方人在此课题（指对中国西域出世文献的研究——笔者按）上的突出成绩"，还有"对西人汉文能力的不信任"，②前者是指西方汉学家运用东方语文学（Oriental Philology）方法研究中国西域所取得的成就，而后者恰恰又指向汉学家在中国语文学上存在的短板，这一评述的自相抵牾值得玩味。这种抵牾性当我们对读傅斯年 1928 年发表于《国立中央研究院历史语言研究所集刊》创刊号上的《历史语言研究所工作之旨趣》（以下简称《旨趣》）一文时体现得尤为明显。在《旨趣》一文中，傅斯年简单追溯了中国的史学和小学传统，指出语言学和历史学在中国有着发达的历程，但在近世却由于题目、材料和工具的守旧而衰歇。由此，傅斯年直陈"史语所"设置的内驱力道："我们着实不满这个状态，着实不服气就是物质的原料以外，即便学问的原料，也被欧洲人搬了去乃至偷了去。我们很想借几个不陈的工具，处治些新获见的材料，所以才有这历史语言所之设置。"③《旨趣》最后，傅斯年疾呼："我们要科学的东方学之正

---

① 傅斯年.《语言历史学研究所周刊》发刊词.傅斯年全集·第三卷[M].湖南教育出版社，2003:13。按:《发刊词》初见于 1927 年 11 月 1 日《国立第一中山大学语言历史学研究所周刊》第一集、第一期，作者不明，一说为傅斯年，一说为顾颉刚执笔。而张谷铭提醒我们，傅斯年对于中国语言学与历史学传统的叙述并非一以贯之，而是有多种表述，有时追溯到西汉，有时又溯至明清，有时颇为自信言，有时又怒其不争。这种矛盾的文气实际上也集中贯穿在《旨趣》的全文中。

② 张谷铭.Philology 与史语所：陈寅恪、傅斯年与中国的"东方学"[J]."中研院"历史语言研究所集刊，第八十七本第二分，2016:403.

③ 傅斯年.历史语言研究所工作之旨趣.傅斯年全集·第三卷[M].湖南教育出版社，2003:8.

统在中国!"①文中措辞大有鼓舞士气的战前演讲之感,其效应也十分显著。②

在傅斯年等人的理想方案中,人文科学与自然科学同属"科学的研究",要"建设得和生物学地质学等同样",而学习西方主要是"借来一切自然科学的工具",也借来西方现代语言学、语音学和"比较言语学"等语文学工具。③"工具"一词在《旨趣》文中过于频繁地出现,正体现了傅斯年既受西学刺激又急于确立中国学术主体性的矛盾而焦灼之心境。然而,语文学毕竟不是中性客观的"工具",当傅斯年把语文学的理念试图规限在"工具"的同时,他有意识或无意识中也践行了曾一度作为语文学在欧洲兴盛之动力的民族主义。傅斯年建立中国语文学—古代学的动机与雄心本身决定了他借来的并非欧洲语文学的工具,而恰是后者之精神,但"民族主体"的意识又使得傅斯年即刻将此精神接续到乾嘉大家顾炎武、阎若璩那里,指认这不过是"亭林、百诗的遗训"。④顾炎武《答李子德书》说得非常清楚:"愚以为读九经自考文始,考文自知音始。以至诸子百家之书,亦莫不然。"⑤钱穆曾就此评价:"乾嘉考证学,即本此推衍,以考文、知音之功夫治经,即以治经工夫为明道,诚可谓得亭林宗传。"⑥而百诗(阎若璩)更是"为世称道,皆在其考据"。⑦细辨乾嘉学说种种,⑧正与傅斯年所反复强调的"存而不补、证而不疏"之精神相契。⑨张谷铭认知认为,傅斯年所倡导的语文学之所以在国内学界基本畅通无阻,主要原

---

① 傅斯年.历史语言研究所工作之旨趣.傅斯年全集·第三卷[M].湖南教育出版社,2003:12.

② 参见欧阳哲生.傅斯年学术思想与史语所初期研究工作[J].文史哲,2005(3):123—130;欧阳哲生.新学术的建构——以傅斯年《历史语言研究所工作报告》为中心的探讨[J].文史哲,2011(6):113—127.

③ 傅斯年.历史语言研究所工作之旨趣. pp. 7—9.

④ 同上,第8—9页。

⑤ 顾炎武.顾炎武全集·亭林诗文集[M].刘永翔校点.上海古籍出版社,2011:127.

⑥ 钱穆.中国近三百年学术史(上册)[M].商务印书馆,1997:148.

⑦ 同上,第244页。

⑧ 还可参见梁启超在《清代学术之建设》中的具体论评,见梁启超.中国近三百年学术史[M].夏晓虹、陆胤校.商务印书馆,2017:68—93.

⑨ 傅斯年.历史语言研究所工作之旨趣. pp. 8—10.

因就在于有乾嘉之遗学为基础，而史语所的许多语文学成果在风格上都更接近清代考据学而非欧洲语文学。[①]

民国有不少优秀学人都承续了清考据学统，加之音韵训诂校雠文字等小学功夫向来属经学之必要辅佐，面对主张字源辨析、版本考订、证据搜集的欧洲语文学，确有"déjà vu"的亲切之感。在傅斯年等人重访中国传统经史文献的研究中，所滋生自不同语言文献土壤的欧洲语文学，究竟能有多少具体适用的方法可借用，实难测度。如果真要说方法或工具的影响，更多的是来自语文学在当时兴起的区域研究所扮演的基础性角色，也就是前文所述欧洲学界在东方学的开拓过程中必然仰赖从东方的文献解读入手，而当时的文献已经超出了传世文献的范畴，广为包含了考古遗址、碑志、佛经手稿、雕塑、绘画乃至歌谣、民俗等，也形成了对古文字及古物质文明的浓厚兴趣，此过程当然也就越出了传统书斋式研究，而借助于地质、考古、气象等自然学科之援手。[②]正是在这一点上，傅斯年等人真正从考证传统迈将出门，故言："我们不是读书的人，我们只是上穷碧落下黄泉，动手动脚找东西！"[③]

而相形之下，赵元任采用现代语言学的知识来处理中国方言问题，尤重语音学，尽管他同样也熟识中国传统音韵学的遗产，但从旨趣与进路上，其对于英法现代语言学的方法移植要更为具体、显明和彻底得多。1938年赵元任重赴美国教授中国语文与语言学，傅斯年则在史语所贡献毕生直至1950年逝世。

概言之，无论是西方语文学的驱策、还是传统语文学的遗脉，都交织进史语所的最初建制中，但同欧洲语文学的命运类似，史语所的"philology"同样有着"名存而实亡"的意味。傅斯年、赵元任及二人在史语所的工作凝缩地喻示了语文学内置的一系列张力：人文与科学，本土与世界，民族与国际，传统与

---

① Chang, Ku-ming Kevin. "Philology or Linguistics? Transcontinental Responses." in *World Philology*[M]. pp. 328—329.

② 有关当时欧洲汉学对中国西域研究的概览，参见张谷铭.Philology 与史语所：陈寅恪、傅斯年与中国的"东方学"[J]. pp. 387—401.

③ 傅斯年.历史语言研究所工作之旨趣. p. 11.

现代……这些积极因素相互的关联与驱动比我们想象的更为复杂,现代语境下的中国学术既已与世界黏吝缴绕在一起,世界语文学究竟是多种地方语文学的并置,还是确有某种地方共享的"世界性"语文学模式,抑或,地方性和世界性根本就是一对权宜的功能性范畴,这是中国给"世界语文学"命题提供的一个更为发人深思的问题维度。①

行文至此,让我们回视薛爱华的汉学语文学讨论。当薛爱华呼吁汉学需要坚守语文学的方法基础时,与其众多文本研究相关的西欧同行一样,他在强调文本—文化批评的准入资格与专业训练。薛爱华反感的是,"Sinologist"被广泛用于"中国观察者"(China watcher)的同义词,使得记者、评论家和实际上任何可以对现代中国发表意见的人都可以称为汉学家。②他引用时任耶鲁大学校长、同时也是文艺复兴文学研究学者的吉亚玛提(A. Bartlett Giamatti,1938—1989)的话:"我认为人文学科是以语言——或更准确地说,以语词为中心的探究领域,而由此我也认为这种人文实践根本上就是围绕对文本的解释而展开的。"③薛爱华称其准确无误地将语言与写作置于人文研究的核心位置,而这也正是何为语文学之所指。此时,语文学和汉学不仅同属于"西方"人文学科的大本营,甚至汉学成为语文学这一基础性人文实践的一个区域性分支,从这个意义上说,薛爱华与汉学区域研究定位的决裂是不彻底的。与此同时,语文学的方法论自觉仍然囿于欧美传统的内部,而非作为一种具有世界性意义和地方性差异的自反性科学(reflexive science)。

那么前述三则研究对于中国传统的语文学关怀与薛爱华时期的汉学语文学定位有何不同呢?笔者认为,最关键的乃在于其中的后设语文学(Meta-

---

① 波洛克也注意到,繁荣于20世纪上半叶的现代梵文研究是传统印度与西方两种风格语文学的混合,可惜这一领域昙花一现,骤然凋敝,这几乎成为大多亚洲地方性语文学传统的共同命运。与之相比照,显然,中国本土的现代语文学学术传统(包括古文字学、版本学、目录学、校勘学等在内的广义古典文献学)仍然遒劲不衰,且在人文科学体制内长久占居重要地位。参看 Pollock, "Future Philology", pp. 943—945.
② Schafer, "What and How is Sinology?", p. 1.
③ 同上,第2页。

philology）意识。可以清晰地见出，三者都聚焦中国本土的话语实践，并抱持去欧洲中心语文学范式的意图，这不再是到汉学领域中施展欧洲语文学方法的一种"运用"（application），而是在中国与世界的关联鉴照结构中去重述中国的本土经验，从而通过具体的研究对既有的语文学概念进行去范畴化（de-categorization）和再范畴化（re-categorization）。这意味着汉学界已经意识到，汉学不再是从西方人文学科内部出发去细读分析中国古典汉语文献的那种静观之学，文本所承载的也不仅是带有异域陌生性的他者文化，这些文本与文化自身处在漫长且复杂的话语实践形塑之中，其中，以经学为主脉的中国古典学术传统无疑是这种话语实践的关键性构成，因而也必须回到经学话语史中去细加重访。

"世界语文学"的理念实际指向波洛克的"未来语文学"理想，对于后者，他表述为一种新的语文学学科理念，关乎"文本的全球性理论与地方性多样实践之间的持续张力"，它将人文研究的各学科重新团结在语文学周围，而"未来语文学"的核心任务就是"重现世界上不同时期不同地域的学者在理解文本时，他们的动机、理论、方法和洞见"。[1]显然，无论是"世界语文学"还是"未来语文学"，其关怀的重点都从文本意义转移到了使文本意义成为可能的实践自身。这便是波洛克一再强调的：是我们的历史性（historicity）决定了我们的阐释。[2]

五、作为功能的语文学：人文学科的自反性调节机制

在《后设语文学》（*Metaphilology*）这篇长书评中，佐尔科夫斯基回顾了语文学从20世纪40年代直至近年在欧美人文学界经历的跌宕起伏，在他看来，语文学的兴衰实贯穿在大学体制和具体人文科系发展内部的一条主线。无论是英语、法语、德语、西班牙语、斯拉夫语等以国族语言为边界的文学文化

---

[1]Pollock. "Future Philology", p. 949.
[2]同上，第961页。

研究科系，或是作者所在的古典学系，无论是位于中心或边缘，也无论其在场或缺席、举足轻重或无关紧要，语文学的功能与位置都为观察并评估人文学科的整体图景和总体趋势提供了枢纽式的路径。

即使众说纷纭，可以确定的是，语文学的核心规定性在于对语言的细查，由此拓展为以语言为基础单位的文本分析。多数时候，语文学被作为"文本批评"（textual criticism）或是文本研究（textual studies）的同义词或至少近义词，故而也与强调细读和注重言辞历史性的阅读范式联系起来。[1]因此，从最基本的层面而言，语文学扮演了人文批评坚实的根柢和必经的中介，也设置了文本分析的专业门槛——无论这一门槛是语言能力还是批评能力，这也意味着，语文学可以作为一种组建或排除批评话语的规则，经由它可就现代人文研究的专业性进行评断。[2]

从狭义的语言学勘断拓展到更广阔的历史文化语境重构，古典语文学一度近似于博物学，拓展成了一种包含了语言、宗教、法规、礼仪、习俗等全光谱的古代知识体系。当百科全书式的古典知识形态改变，语文学在现代学术体制中裂解到各具体人文学科，与文化研究的联姻就成为应对传统意义上的文学文本研究日益边缘化的策略，只有通过汇入更驳杂、也更现世化的文化研究之中，才能找到重新被体制支撑、重视和培育的生长点。为了规避偏狭、单调、琐碎和平浅，语文学要更强化显明它同样可以兼容新的理论视野，"新语文学"便很大程度上是这种与时俱进的产物，使其不仅可以占据微观领地，而

---

[1] Pollock, "Future Philology", pp. 933—934.
[2] 尽管对于什么是现代人文研究的"专业性"这一问题的答案也是语言不详的，但显然"真正的语文学（家）"可以成为评估此种专业性的一个法宝。例如，美国国家人文中心主任哈芬（Geoffrey Galt Harpham）便指出："新语文学的一个最为突出的特点，也是萨义德希望恢复和激活的，正是那种大胆假设，而这一点在今天又可能被很多人认为缺乏专业性。"见 Harpham, Geoffrey Galt. *The Humanities and the Dream of America*[M]. Chicago and London: Chicago UP, 2011, 50. 波洛克也批评萨义德的非英语语种能力有限，认为其语文学实践更多止步于现代英语经典，更严重的是，其东方主义的理论自恋阻碍了对东方语文学自身的真正深入。见 Pollock, "Future Philology", p. 960.

且可以折射各项新的中观与宏观的人文关怀。

然而这也包孕着扩张与泛化的隐忧，可以说，"回到语文学"表达的就是通过对想象与阐释维度的自我节制，来克服丢失文本阵地的焦虑，它呼吁从过快进入空泛宏大的人文叙事回到稳扎稳打的文本辩读。德曼在一次访谈中称自己"是一个语文学家而非哲学家"。①而他由此也简略重申了自己对语文学家的定位，即在于所有的分析都"总是经由文本，经由对文本的批判性检视"。②可是，对大多语文学家来说，德曼"回到语文学"的呼吁固然是好的，但承认其语文学家的身份却是难的，佐尔科夫斯基便反讽道：可以想象，如果德曼这样的学者无法以哲学家的身份立足，他们或许会考虑自称为语文学家。③但对于相比解构批评家实在得多的"新语文学"，佐尔科夫斯基同样不满意，他尖锐地指出，所谓"新语文学"之"新""不仅是一种智识运动，更是一项营销手段"，因为即便没什么实质变化，消费者也总是更买那些"新的、改进版"标签的账。④

这一态度颇具代表性，值得深思的正是其中的暧昧：一方面，语文学的拥护者反复强调，在传统语文学和新兴广阔的理论方法之间的二分是人为建立的篱墙，必须被加以拆解破除，⑤另一方面，又有尖锐的批评不断浮现，指认语文学家的阵营里有不少学者名不符实，尤其是那些呼吁"回到语文学"的人，往往借语文学贩卖理论，仿佛谁都没有回到"真"的语文学。⑥

---

① Rosso, Stefano. "An Interview with Paul de Man" in Man, Paul de, *Resistance to Theory*[M]. Minneapolis：Minnesota UP，1986：118.

② 同上。

③ Ziolkowski, "Metaphilology", pp. 258—259. 波洛克对德·曼的语文学理念有更为严厉的批评，见 Pollock, "Future Philology", p. 947.

④ Ziolkowski, "Metaphilology", p. 245.

⑤ 参见 Ziolkowski, "Metaphilology", p. 247；Lerer, Seth. "Philology and Criticism at Yale", *Journal of Aesthetic Education*，2022，36（3）：16；Nichols, "New Challenges for the New Medievalism", in *Rethinking the New Medievalism*, p. 10.

⑥ Ziolkowski, "Metaphilology", p. 243. 类似地，波洛克在《未来语文学》中也对每一个提出"回到语文学"的学者都提出了批评。

　　然则,究竟何谓语文学? 语文学是一个研究领域、一门学科,抑或一种方法? 即使在欧洲文化体内部,存在一种跨越时空而保持一致的语文学的观念范畴吗? 是回到语文学,还是开辟新语文学,抑或期待未来语文学?①左右不满的佐尔科夫斯基恐怕自己也难作答。老牌语文学家西格弗里德·文泽尔(Siegfried Wenzel)甚至认为:"语文学与其说是一门有着清晰定义对象和研究方法的学科,毋宁说是一种态度(attitude)。"②这态度正是"语文学"在词源上所表达的,对语词的热爱,从追寻语词与文本的表面义出发而达至可能深层的意蕴,同时也清醒地意识到,文本所被形塑的时空与我们解读的这个时空是完全不同的。③这样说来,强调"语文学"不过是强调任何论证都要基于坚实且细密的文本分析基础。然而这样一来,"文本"也成了一个可疑的问题,朗宓榭的语文学定义便颇能体现这一点,与世界语文学的其他响应者一样,他试图充分容纳变量而寻求某种语文学的基本"公分母":"如果在体制背景下来狭义地定位这一学科,语文学将仍然停留在西方意义上。假如我们接受一种范围更广的界定,亦即为解决产生于编码文本的问题所做出的一种普遍性努力,那么即使是没有书写文化的文明也必然有着某种语文学知识。"④在这里,文本不再是指书写文本,而是"编码",然则,语文学甚至不必与一般意义上的"文本"黏合,而只需附着于更为泛化的符号系统,语文学的目标也并不限于精确解码,而只需是一种围绕符号问题实施的模糊的"努力"。

　　诚如前文已经触及,语文学的内涵与外延不仅难以把捉,甚而意味着一系列的悖论:是细琐狭窄的考据癖,还是百科全书式的野心? 是追根究底的事实还原,还是前见笼罩下的批评构建? 是服务于民族认同和复古主义的武

---

① 波洛克承认,语文学从未作为一项边界清晰、观念融贯且建制上统一的知识领域出现,而总是呈现为一种关于方法的模糊堆砌。参见 Pollock, "Future Philology", p. 946.

② Wenzel, Siegfried. "Reflections on(New)Philology" *Speculum*, 1990, Vol. 65, No.1:12.

③ 同上。如众周知,从词源学而言,"philology"就是表示言辞之爱(love of letters),有关"philology"词源学的辨析参见 *OED*, s.v. "philology"; *Oxford Latin Dictionary*, s.v. "philologia".

④ Lackner, "Reconciling the Classics: Two Case Studies in Song-Yuan Exegetical", in *World Philology*, p. 139.

器,还是不同学术与文化传统共享的公器？无怪乎即便面对"世界语文学"这样各美其美、美美与共的颇具政治正确意味的呼吁,学者仍然发出疑虑："在语文学尚缺乏一种理论的论证,或是语文学方法尚未做出澄清,甚或,在黑格尔式宏大叙述崩塌之后,语文学尚未获得一种重新陈述时,呼唤振兴语文学仍然是对已经远去的认识论的一种怀旧渴念。"①

然而,也许正是语文学自身的吊诡,与其对于语言—思维机制的共通性预设一道,保障了跨越时空、语言和文化界限来阅读阐释文本的合法性与持续性。波洛克就指出："对语言时空距离感越远,主动的语文学关注就越强。"②这在当代欧美汉学中被刻意重申——还有什么比当代的欧美汉学家重读中国古典文本所跨越的时空距离(以及语言距离)更远的呢？宇文所安就多次表达,其对中国诗歌生命的重新体验是一种细密而个人化的阐释实践,这一实践不必也不能受到中国传统阅读范式的约束。而跨语际细读中一种必要和重要的方式首当其冲乃是"翻译",柯马丁(Martin Kern)也认为,古典中文里那些原本看上去松散且多义的语言,可以经由翻译细读得到质疑、思辨和具象化。他引用同为友人、汉学家金鹏程(Paul Goldin)的一句笑语道,"我们的确没法像中国人读得那么快,但他们也无法像我们读得这样慢。"③这岂不正是尼采所论语文学"慢读"精神在当代汉学实践中的一种戏谑式表达？我们知道,尼采曾在多处讨论过其语文学的理念,他对语文学定位的著名表述是,"在解释中悬搁判断(Ephexis)""能够读出事实,不会通过解释来歪曲它,不会在寻求理解的过程中失去谨慎、耐心和精细"④。

有意思的是,尼采的语文学主张和其自己宣称的语文学家身份同样在历

① Adluri, Vishwa. "Book review of *World Philology*"[J]. *The American Historical Review*, 2016, 12(3):910.

② Pollock, "Future Philology", p. 950.

③柯马丁.超越本土主义:早期中国研究的方法与伦理[J].米奥兰、邝彦陶译,郭西安校改.学术月刊,2017(12):114.

④尼采.尼采著作全集·第六卷[M].孙周兴、李超杰、余明锋译,孙周兴校.商务印书馆,2015:286.

史上掀起过争议风暴。著名的古典学家维拉莫维茨(Ulrich von Wilamowitz-Moellendorff, 1848—1931)曾以"未来语文学"(Zukunftsphilologie!)为书评题对尼采的名作《悲剧的诞生》予以猛烈抨击,详尽又无情地列举了书中所暴露的谬误之处,结论是尼采对古希腊历史事实根本是无知的。维拉莫维茨的批判得到了大多数语文学与古典学同僚的支持,七年之后,尼采最终辞去了巴塞尔大学古典语文学的教职。[①]在一篇钩稽尼采与维拉莫维茨之争的论文最后,美国学者格罗斯(J. H. Groth)发出感叹:人们都把我们时代的弊端归咎到专家身上,然而,像兰克、维拉莫维茨这类专家,他们的读者与追随者是极为有限的,相比之下,尼采等人却拥有多得多的大众及学术拥趸。因而在格罗斯看来,指责"专家误事"真是怪错了对象。格罗斯之叹是在20世纪50年代语文学势衰而理论热潮高涨的背景下发出,可以想见其同样暗含了"回到语文学"的诉求,不过他的结论却恰好使我们得以窥见一个发人深省的现象:正是某些于严格和狭小的语文学"事实"上"犯错"的人,在学术和思想发展进程中扮演了更为关键的角色,影响了更多的读者,激发和参与了更宏阔的新思想的形塑;更重要的是,他们还反过来促成了对造就既有语文学"事实"那些认知的"知识型"的反思。我们无法否认的是,在尼采的语文学批评实践中,无论是其对古希腊悲剧的阐发,或是对荷马问题的转捩,都深刻地影响着后世古典学,乃至整个人文思想界,而现代语文学的后设研究史上,尼采应当而且必然占居一个重要的位置。正如语文学的"回归史"永远也无法绕开"伪语文学家"保罗·德曼和萨义德那样。

语文学既然实质上变动不居,其与非语文学的关系也就纠缠不清,这显露出普遍存在于现代语文学拥戴者那里的一种内在吊诡:语文学难以被界定和固着,但却可以被比对和辨认,在严肃的学术研究中,没有语文学的缺席,而只有"语文学得不够",或"语文学得太过"[②]。这究竟是语文学左右掣肘的

① 参见 Groth, J. H. "Wilamowitz-Möllendorf on Nietzsche's *Birth of Tragedy*"[J]. *Journal of the History of Ideas*, 1950, Vol. 11, No. 2:179—190.
② 这正是语文学一度受到"偏狭与琐碎"的指摘。

尴尬还是随势而动的狡猾?

对于大多数语文学的捍卫者来说,这不过是表达一种朴素的文本研究诉求:一切从文本中来,到现实中去。更有意思的是,在那些呼吁"回到语文学"或"重塑语文学"的人文学者的论述中,重要的也不是就语文学进行严格界定,而在于通过对既成语文学事实和理念的赞成、反对、修订和转变,来行使一种人文学科自反性的调节机制,使得人文研究所内在必需的批判与重构这种辩证运动永无止歇。在这些表述中,语文学实际承担了一种规导和调节人文研究的功能:仿佛存在着一条隐而不见、流转不居,却始终是学术众妙之门的语文学轨道,每当人文研究有脱轨之虞时,"回到语文学""新语文学""世界语文学"乃至"未来语文学"就成为召唤学术重归"正轨"的号令:它的实质乃是要求人文学科通过自反性调节来同时达及精度、深度和广度,也共时地容纳过去、现在和未来。

当然,这么说绝非否定语文学的切实具体性,而是表明,只有探及语文学在人文学科动力机制中所具有的那种特殊功能,我们才能更透彻地理解那些多元且变动的具体语文学理念和实践。

结语

显然,从奥尔巴赫时期的"世界语文学"(Weltphilologie)到波洛克等学者倡导"世界语文学"(World Philology),其内涵业已发生变更,前者的"世界"更多系于欧洲世界的"当地当下"(here and now),①而后者则指向强调非西方经验的比较性和全球性视野。正如苏源熙在《世界语文学》文集的书评中指出:"尽管'世界'一词给人感觉是暗示了某种总体性与交互关系,但'世界语文学'的提法更多是表达一种探查,而非包揽无遗;其效应是激发读者想象有多

---

① Porter, James I. "Introduction," in *Selected Essays of Erich Auerbach : Time, History, and Literature*. 2016 : xviii. 这也是奥尔巴赫"现世语文学"之"现世"(this world)所指。

少可能缺失的语文学书写,提出更多有关语文学的质询。"①

波洛克等人已经敏感到,世界与地方交互关系的复杂结构是当前推进语文学首先需要直面的一个难题。正如耶鲁大学比较文学学者霍奎斯特(Michael Holquist,1935—2016)所指出:"语文学家必须继续学习如何在其狭窄的专业领域进行研究,同时也得寻找新的方式将其专业知识带到一个分享的平台,与从事不同阅读的其他专家共享。"②在跨界话语交流不仅已然成为学术现实,而且日益迫切的当下,那种孤芳自赏、令人望而却步的地方语文学技艺面临着越来越严峻的挑战。那么语文学如何继续行使其对人文学科的规导调节功能呢?"世界语文学"理念的确已经开启了新一轮运动。王汎森在《世界语文学》的《序言》中指出,语文学的承诺是历史自反性、非地方性、以及方法论和观念上的多元性。这是波洛克所倡导的新语文学的题中之义,也是克服东方主义、民族主义、传统主义之正途。③而要达到这三条,与比较思考的结合是密不可分的。这样的一种语文学,显然不是那种将地方性知识形式以科学为名包装为普遍有效话语的旧学科形态,相反,它必然从对认识型(épistémè)的全球性比较之中生发出来,也探寻具有全球性比较格局的新知。④这实际就指向比较文学这一学科所强调的后设和比照理念。对于中国学者来说,理解西方汉学家介入中国文本的阅读与理解方式,就必须了解他们所依凭的现代语文学传统,而此一探询的真正目的,在于重塑和重述我们自身的语文学传统,进入世界语文学的话语交流区,参与这一重要的国际学术对话。在这一过程中,带以比较文学学科的理论和方法自觉来探讨汉学的学术实践将扮演重要的中介角色,也正是在这个意义上,语文学、汉学与比较文学无可回避地汇聚到了一起。

---

① Saussy, Haun. "Book Review of *World Philology*"[J]. *Modern Philology*, 2016, Vol. 113, No. 4:E208.

② Holquist. p. 284.

③ Wang, Fan-sen. "Foreword", in *World Philology*, p. ix.

④ Pollock, "Introduction", in *World Philology*, p. 23.

翻译研究的语文学"细读"
——霍克思英译《红楼梦》中的西方文学典故

范圣宇*

霍克思（David Hawkes，1923—2009）所译《红楼梦》（*The Story of the Stone*，Penguins，1973—1980）在英语世界享有持久、广泛的声誉。时文多讨论霍译对源文本中中国文学典故的翻译与处理，这自然非常重要，但无疑是出于中国读者视角和中文语境的关切。我们不妨换位思考，英语世界读者对《红楼梦》的喜爱，是否也需要一种文化上"熟悉"的会心一笑？除了敏锐地注意到中文底本中的版本问题，霍克思还有意让译文化用多种西方文学典故。论者可能多认为这是典型的"归化"策略。"归化""异化"本来就不是评判译文高下的准则，具体还得看译者在实践中的运用情况。因此，本文就试图来考察他究竟用了什么策略，化用了哪些西方文学中的典故，以及这样做有什么好处。

一、空空道人

我们先来看几个简单的例子。霍克思在翻译《红楼梦》中的人物名字时，采用了多种不同的策略。男名译音，女名译义，主子丫头，僧俗女道，个个不同。第一回中出现的"空空道人"就是一个有趣例子。曹雪芹所谓"空空"，呼应的是儒释两家的经典，曹公却偏偏称为"道人"，这是大有深意的。《论语·子罕》中有："子曰：'吾有知乎哉？无知也。有鄙夫问于我，空空如也，我叩其两端而竭焉。'"这说的是儒家大圣人的谦逊。《大智度论·卷四十六》载："何等为

---

*范圣宇，澳洲国立大学亚太学院文化历史语言系副教授。

空空？一切法空，是空亦空，是名空空。"这说的是佛家一切皆空而又不执着于空名与空见。另外《维摩诘经·文殊师利问疾品》中有："文殊师利言：'居士此室，何以空无侍者？'维摩诘言：'诸佛国土，亦复皆空。'又问：'以何为空？'答曰：'以空空。'又问：'空何用空？'答曰：'以无分别空故空。'又问：'空可分别耶？'答曰：'分别亦空。'又问：'空当于何求？'答曰：'当于六十二见中求。'又问：'六十二见当于何求？'答曰：'当于诸佛解脱中求。'"而《梵网经》中则有："若佛子，以悲空空无相。……空空照达空，名为通达一切法空。空空如如，相不可得。"我们暂且不必详细讨论"空空"一词在《红楼梦》中究竟何意，但其源自儒释两家经典是确凿无疑的。

霍克思把"空空"译作拉丁文"Vanitas"，典出基督教《圣经·传道书》，这与原文是恰如其分的经典对照。武加大译本（*Vulgate*）中作："Vanitas vanitatum, dixit Ecclesiastes；vanitas vanitatum，et omnia vanitas."而钦定版《圣经》（*King James's Version*）译作："Vanity of vanities，saith the Preacher，vanity of vanities；all is vanity."（和合本译文：传道者说，虚空的虚空，虚空的虚空。凡事都是虚空。）读者不难看出"空"字在这句经文的中译文里重复了五次。萨克雷（William MakepeaceThackeray）在《名利场》中就曾经借用过："*Vanitas vanitatum*！Which of us is happy in this world？Which of us has his desires？Or，having it，is satisfied？"（杨必译文："唉，浮名浮利，一切虚空！我们这些人里面谁是真正快活的？谁是称心如意的？就算当时遂了心愿，过后还不是照样不满意？"）①这正是在呼应《红楼梦》"乱哄哄你方唱罢我登场，反认他乡作故乡。甚荒唐，到头来都是为他人作嫁衣裳"的隐喻。此外，"Vanitas"也是西方美术史上一种有名的静物象征画，或译作"虚空画"，虚空画试图通过描绘静物来表达在绝对的死亡面前，一切浮华的人生享乐都是虚无的。这些作品中的物体往往象征着生命的脆弱与短暂以及死亡，其最明显的特点就是常常出现骷髅。这是在提醒受众光阴转瞬即逝，荣华富贵如过眼云烟，红尘乐事并不能持久。《红

---

①杨必．杨必译文集[M]．译林出版社，1994：807．

楼梦》最深刻的主题之一，不正是如此吗？甲戌本第一回二仙师言："那红尘中有却有些乐事，但不能永远依恃；况又有'美中不足，好事多魔'八个字紧相连，瞬息间则又乐极悲生，人非物换，究竟是到头一梦，万境归空，倒不如不去的好。"第十二回贾瑞在风月宝鉴的背面看到的就是一个骷髅。庚辰本双行夹批说："所谓'好知青冢骷髅骨，就是红楼掩面人'是也。作者好苦心思。"因此，霍克思用"Vanitas"来译"空空道人"，从圣经到《名利场》再到美术史，对英文读者来说有多层次的呼应关系，也十分贴切于《红楼梦》的主题。

二、《天路历程》

对《红楼梦》中众丫鬟的名字，曹雪芹显然是自出机杼，新雅不落俗套。第五回中袭人、媚人、晴雯、麝月出场时，脂批曾言："看此四婢之名，则知历来小说难与并肩。"对于这些人名，霍克思译得也很有特点。他把鸳鸯译作"Faithful"，平儿译作"Patience"，傻大姐译作"Simple"，善姐译作"Mercy"。这几个名字放在一起，吴世昌先生的评价是："令人觉得她们不是《红楼梦》里漂亮的少女，而是《天路历程》一类'圣书'中的虔诚的基督教徒！"①十几年前在拙著《红楼梦管窥》中，笔者也同意过吴世昌先生的看法。乍一看确实如此，这四个人物的名字都是直接从《天路历程》里摘出来的。然而，问题是霍克思难道不能有更好的方法，非要让他笔下的少女们跟《天路历程》中的人物取一样的名字不可吗？

这个问题促使笔者进一步思考他为什么要这么做。查阅《红楼梦英译笔记》可见，鸳鸯最早译作"Ducksie"，傻大姐最早译作"Daftie"。可见霍克思在翻译的过程中对这些译名并不是一开始就确定下来的。笔者目前的观点是：霍克思并非黔驴技穷，恰恰相反，他是有意为之，直接使用《天路历程》中人物的名字，正是为了让英语读者联想到《天路历程》。《天路历程》是用英语写的第一本小说，也是基督教文学的重要经典作品，对后世影响极大，被翻译成了

---

① 吴世昌. 红楼探源[M]. 北京出版社, 2000:706.

200多种语言。牛津大学诗歌教授麦凯尔(J. W. Mackail)曾说:"班扬不只是位艺术家,《天路历程》不只是部艺术品。这部'梦境寓言'呈现了一个探察到生命深层之人的清晰视野。"①《红楼梦》不妨也可以被视为宝玉经历的一场"梦境寓言",宝玉最终看破红尘,全书展现的也是他的成长经历,或者说是探索生命深层的过程。《天路历程》的第一卷完完全全就是写作者的一个梦。这个最广为人知的宗教寓言首版的封面是这样的:

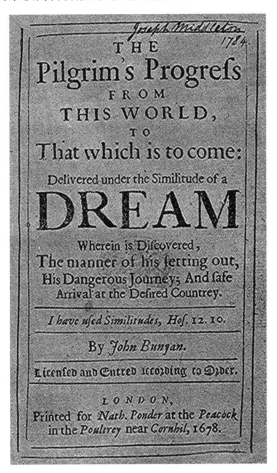

《天路历程》1678年首版封面

读者不难看出,其中"DREAM"这个词比我们熟知的"Pilgrim's Progress"

---

① 班扬. 天路历程[M]. 苏欲晓译. 广西师范大学出版社,2016:24.

更抢眼。霍克思在翻译《红楼梦》的时候，一定想到了这一呼应关系。但如果单单是四个人物的名字借用了《天路历程》，那恐怕还不能说明什么，霍克思在人名、地名的双关寓意上，都在有意无意地呼应《天路历程》这部小说。更突出的例子如《红楼梦》第五回的"迷津"译作"Ford of Error"，与之对应的是《天路历程》中的"Hill of Error"。而"木居士""灰侍者"译作"Numb and Dumb"，笔者认为也是受了《天路历程》中天国城附近的那条河上两位能渡河的以诺与以利亚（Enoch and Elijah）的启发。"Betwixt them and the Gate was a river, but there was no bridge to go over; ……but there hath not any, save two, to wit, Enoch and Elijah, been permitted to tread that path."（在他们和天门之间横着一条河；河上没有桥，河水很深……只是自创世以来，只允许过两人，就是以诺和以利亚踏上那条路。）①霍克思不过是用两个押尾韵的名字取代了班扬笔下两个押头韵的名字，信仰得救的只能是少数，这在两部小说中的描写都是一样的。此外，《天路历程》与《红楼梦》还有另一层呼应关系。曹公曾借石头之口言："今之人，贫者日为衣食所累，富者又怀不足之心，纵然一时稍闲，又有贪淫恋色、好货寻愁之事，那里去有工夫看那理治之书？所以我这一段故事，也不愿世人称奇道妙，也不定要世人喜悦检读，只愿他们当那醉淫饱卧之时，或避世去愁之际，把此一玩，岂不省了些寿命筋力？就比那谋虚逐妄，却也省了口舌是非之害，腿脚奔忙之苦。"班扬在卷首题词也说："愿这小小的书化作祝福一份，赠予那些喜爱这小书也喜爱我的人们……又愿它把一些迷途的人说服，让他们的脚步和心灵转归正路。"他们对读者的态度显然十分接近，一是娱乐，二是劝善。文学的这两种作用如果要追溯到古罗马，那正是批评家们所谓的"*douce et utile*"（sweet and useful）。

更直接的借用当然也有，比如第一回中，甄士隐所住姑苏城："这阊门外有个十里街，街内有个仁清巷，巷内有个古庙，因地方窄狭，人皆呼作葫芦庙。"此处"十里"隐"势利"，"仁清"寓"人情"，这是脂批明点过的。霍克思的

---

① 班扬. 天路历程[M]. 苏欲晓译. 广西师范大学出版社，2016：181—182.

译文作："Outside the Chang-men Gate is a wide thorough-fare called Worldly Way; and somewhere off Worldly Way is an area called Carnal Lane."这里"Worldly Way"与"Carnal Lane"的译法很巧妙,不过他暗中借用的是《天路历程》中的一句:"The gentleman's name that met him was Mr. Worldly-Wiseman, he dwelt in the town of Carnal-Policy."这两个地名的译法,显然也是从《天路历程》里借来的。霍克思显然是要英语读者联想到班扬,否则他不会一而再再而三地引用《天路历程》。①不过总体来说霍克思对班扬的借用还不算太多,毕竟宗教文学经典与《红楼梦》的关系不是特别紧密。霍克思借用得最多的当数莎士比亚。译者显然也是有意让英语读者联想到英国文学史上耳熟能详的经典。

三、莎士比亚

《红楼梦》第七十三回湘云黛玉联句"三五中秋夕",霍克思译作"Fifteenth Night of the Eighth, Mid-Autumn Moon",这里呼应的是两部莎剧:《第十二夜》(*The Twelfth Night*)与《仲夏夜之梦》(*A MidSummer Night's Dream*),第一回中的元宵佳节,霍克思译作"the Fifteenth Night",也是在呼应"The Twelfth Night",英文里本来没有"the Fifteenth Night"的说法,霍克思生造出一个词来译正月十五元宵节,目的在于提醒读者注意这是与"The Twelftfth Night"类似的一个节日。基督教圣诞假期中的最后一夜为"第十二夜",也就是一月六日的主显节(Epiphany),据说莎翁这部戏首演也是在"第十二夜"。《红楼梦》第五回中写妙玉的曲子《世难容》,霍克思译作"All at Odds",则是出自《李尔王》第一幕第三场,高纳里尔抱怨父亲:"他一天到晚欺侮我;每一点钟他都要借端寻事,把我们这儿吵得鸡犬不宁。我不能再忍受下去了。"②(Every hour He flashes into one gross crime or other/That sets us all at odds. I'll not endure it.)妙玉跟

---

① 有趣的是,*Vanity Fair* 这部小说的题目,也是萨克雷从《天路历程》里偷来的。艾略特曾说过,小诗人借,大诗人偷。信哉!

② 本文所引莎士比亚作品,均为朱生豪译文,人民文学出版社,1978.第九卷,第167页;第八卷,第83、104页;第九卷,第128页。

李尔王当然没有什么直接的联系,但两个人物都让周围的人觉得无法忍受这一点是相通的。

《红楼梦》第二十六回宝玉赞叹紫鹃:"若共你多情小姐同鸳帐,怎舍得叠被铺床?"典出《西厢记》。霍克思的译文是:

> If with your amorous mistress I should wed,
>
> Tis you, sweet maid, must make our bridal bed. (I.626 I.627)

"Sweet maid"和"bridal bed"出现在好几部莎剧中,特别是"bridal bed"(新床、婚床),看似喜庆,其实并不是什么好兆头。《罗密欧与朱丽叶》第三幕第五场,朱丽叶恳求母亲不要把她嫁给帕里斯:

> 啊,我的亲爱的母亲! 不要丢弃我! 把这门亲事延期一个月或
>
> 是一个星期也好;或者要是您不答应我,那么请您把我的新床安放
>
> 在提伯尔特长眠的幽暗的坟茔里吧!
>
> O, sweet my mother, cast me not away
>
> Delay this marriage for a month, a week;
>
> Or, if you do not, make the bridal bed
>
> In that dim monument where Tybalt lies

朱丽叶后来果然惨死在"提伯尔特长眠的幽暗的坟茔"里,原本喜庆的婚床,却成了她永远的安息之所,而满心欢喜马上要迎娶朱丽叶的帕里斯在朱丽叶的墓前说:

> 这些鲜花替你铺盖新床;
>
> 惨啊,一朵娇红永委沙尘!
>
> 我要用沉痛的热泪淋浪,
>
> 和着香水灌溉你的芳坟;

夜夜到你墓前散花哀泣，

这一段相思啊永无消歇！

Sweet flower, with flowers thy bridal bed

I strew, ——

O woe! thy canopy is dust and stones; ——

Which with sweet water nightly I will dew,

Or, wanting that, with tears distill'd by moans:

The obsequies that I for thee will keep

Nightly shall be to strew thy grave and weep.

他用的也是"sweet" "bridal bed"这两个词。它们显然都是褒义词，但用在这里真是莫大的反讽。字面的优雅美丽，更添哀悼悲伤的气氛，更深入地刻画了帕里斯的悲痛。

《哈姆雷特》第五幕第一场，王后哀悼奥菲利亚时用的词也是这两个：

好花是应当散在美人身上的；永别了！（散花）我本来希望你做我的哈姆雷特的妻子；这些鲜花本来要铺在你的新床上，亲爱的女郎，谁想得到我要把它们散在你的坟上！

Sweets to the sweet! Farewell.

（Scatters flowers.）

I hop'd thou shouldst have been my Hamlet's wife;

I thought thy bride-bed to have deck'd,

sweet maid

And not have strew'd thy grave.

从以上几个片段，读者不难体会到霍克思译文的精妙之处。他有意点染的是从字面上看不出来，却隐藏在字里行间的悲剧色彩。"若共你多情小姐同鸳帐，怎舍得叠被铺床？"这是张生对红娘说的话，宝玉借来对紫鹃说，是半真半假地对黛玉开玩笑。当然最后张生与崔莺莺"有情人终成了眷属"，而虽说脂批提到"二玉之配偶在贾府上下诸人即观者批者作者皆为无疑"，但宝黛后来并非如此，"一个枉自嗟呀，一个空劳牵挂。一个是水中月，一个是镜中花"，一个早夭，一个出家，他们并没有一个幸福的结局。因此，霍克思用"sweet maid"和"bridal bed"这两个看似褒义、实则暗讽的词，实际上已经在用莎士比亚的经典名作呼应，并暗示英文读者宝黛的悲剧结局了。这种构思是十分精妙的。他的良苦用心，可见一斑。

其实霍克思这个手法也是从曹雪芹那里借来的。贾宝玉的通灵宝玉和薛宝钗的金锁上面的铭文分别是："莫失莫忘，仙寿恒昌""不离不弃，芳龄永继"。乍一看也是"吉利话儿""仙寿恒昌""芳龄永继"寄托了贾府和薛家对两位继承人的极高期望和美好祝愿，但曹公十分狡猾地在前面加了"莫失莫忘""不离不弃"这两个条件句，使得"金玉良缘"最后还是成了一场空。它们虽为"吉谶"，可是寄托了贾家希望的宝玉最终还是被"失"并且"忘"了，而宝钗也因为宝玉出家而被"离"被"弃"。庚辰本夹批云："宝玉有此世人莫忍为之毒，故后文方有'悬崖撒手'一回。若他人得宝钗之妻、麝月之婢，岂能弃而为僧哉？玉一生偏僻处。"人物的悲剧命运是通过字面的点染暗中透露给读者的。霍克思借用莎士比亚似褒实贬的译法，可以说真正学到并且灵活运用了曹雪芹的写作精髓。

四、其他

除了莎士比亚，霍克思化用英语经典的地方俯拾皆是。有时他借用的是英语译作中的经典，比如将第四回中《列女传》译作 *Lives of Noble Women*，显然是在呼应罗马帝国时代的希腊作家普鲁塔克的名著《希腊罗马名人传》(*Lives of the Noble Grecians and Romans*)，英译者是大名鼎鼎的约翰·德莱顿(John Dryden)。第二十八回中的锦香院，霍克思译作"Budding Grove"，呼应的是普鲁斯特的名作《追忆似水年华》(*A la recherche du temps perdu*)，C. K. Scott Moncrieff 的经典译作 *Remembrance of Things Past* 的第二卷题名正是 *Within a Budding Grove*。①

霍克思译作中还有化用英语诗歌的成分,比如《红梦楼》第二十七回中宝钗扑蝶的一段:

想毕抽身回来,刚要寻别的姊妹去,忽见前面一双玉色蝴蝶,大如团扇,一上一下迎风翩跹;十分有趣,宝钗意欲扑了来玩耍,遂向袖中取出扇子来,向草地下来扑。

Her mind made up, she turned round and began to retrace her steps, intending to go back to the other girls; but just at that moment she noticed two enormous turquoise-coloured butterflies a little way ahead of her, each as large as a child's fan, fluttering and dancing on the breeze. (II. 4—5)

这里最后一句"fluttering and dancing on the breeze",借用的是华兹华斯的名作"我好似一朵孤独的流云"(I wander lonely as a cloud)第一节的最后一句,霍克思只改了一个介词:

When all at once I saw a crowd,

A host of golden daffodils;

Beside the lake, beneath the trees,

Fluttering and dancing in the breeze.

霍克思译文中灵活运用英语文学经典的部分,当然远不止这些。笔者相信更高明、更熟悉西方文学经典的读者一定会有更多的发现。阅读这样的译文,是一个不断有惊喜的过程。正如笔者在"校勘说明"中说过的:"用心的读者无疑可以从中找到许多有趣的地方,勤勉的博士生或红学家也一定能发现

---

① 值得注意的是,*A la recherche du temps perdu* 书名的英译 *Remembrance of Things Past*,本身就是从莎士比亚十四行诗第 30 首里借来的,原文是:"When to the sessions of sweet silent thought/I summon up remembrance of things past."可见这种直接或间接的借用一直在被手法高明的译者使用着。

更多译者创造性的修改。"①当然，前提是读者有足够的耐心和较好的西方文学经典修养，否则未必能看得出霍克思有意呼应的典故。这正暗合了《红楼梦》的结尾所说："不但作者不知，抄者不知，并阅者也不知；不过游戏笔墨，陶情适性而已！"

结论：以经译经

笔者认为霍克思的方法是以经译经——以英文经典译汉语经典，这是真正做到了中西结合、融会贯通。评论家们常说汉译英有三个层次，从低到高分别是准确、流畅、地道，首先是语法正确、语义准确，然后是清楚明白、流畅可读，最后是近乎母语的地道表达。霍克思的译文让笔者觉得，真正的高手在这三个层次之上还有另一个层次，那就是以经译经的融会贯通，也就是说能够灵活自如地运用英语经典来呼应中文经典，在英语读者中也能够起到近乎中文经典在中文读者的阅读经验中的作用。这是很了不起的成就。冯象曾说："译文不必不如原文，尤其是文学经典。因译本的真生命不在模仿、再现，而是创造；是与原著对话、相持，以汲取其力能，传布新的思想，探求新的意境，自立于母语文学之林。"②他的重点不是说译文不必不如原文，而是在于译文与原著之间的对话，也就是在以经译经这一层次上的呼应。

相对来说，母语为中文的译者能做到前三个层次已经相当不容易了。而这最后一个层次，很可能就是未来中国文学英译应当企及的高度。因为译作只有在译入语读者的阅读经验中起到心有灵犀、息息相通的作用时，才能说是真正走出去，真正起到了在两种文化与两批读者之间架桥铺路的作用。这就是钱锺书所说的"化境"，当然，这对译者提出了极高的要求，因为必须对两种语言及文化中的经典都极其熟悉。正如陈德鸿所言："读者对于这两种系统的熟悉程度必然会决定其是否能够对译文进行可靠的或更加准确的诠

---

① 范圣宇.汉英对照版《红楼梦》校勘说明[M].上海外语教育出版社，2012：10.
② 冯象.美极了，珍珠——译经散记.见以赛亚之歌[M].生活·读书·新知三联书店，2017：27.

释。"①而同样的道理,在此之前,译者对于这两种系统的熟悉程度也必然决定其是否能够对原文进行可靠的或更加准确的翻译。

库尔提乌斯在《欧洲文学与拉丁中世纪》这部巨著中说过:

> 文学的本质特征是"永恒的当下(zeitlose Gegenwart, timeless present)",这就意味着过去的文学,往往也是活跃于当下的文学。因此,维吉尔中有荷马,但丁中有维吉尔,莎士比亚中有普鲁塔克和塞内加,歌德的《格茨·冯·贝利欣根》中有莎士比亚,拉辛与歌德的《伊非格涅》中有欧里庇得斯。我们时代的文学同样如此:霍夫曼斯塔尔中有《一千零一夜》和卡尔德隆,乔伊斯中有《奥德赛》,艾略特中有埃斯库罗斯、佩特罗尼乌斯、但丁、特里斯坦·柯比埃尔以及西班牙神秘主义。这些相互交织的关系乃是我们取之不竭的财富。②

库尔提乌斯所谈的是欧洲文学这个整体,其中当然也包括语际书写与翻译,正如杨乃乔所说:"两种异质语言在语际之间的翻译是不可能的,但又是必须的,所以语际翻译永远是创造性书写——creative writing。"③库氏所谈还是在欧洲语言系统内的情形,霍氏译文则跨越了英文与中文经典两个并不同根互生的传统。霍克思的用意显然是要化用西方文学经典来创造一部用英文重新书写的中国经典《红楼梦》,也就是这里所说的"以经译经"。

但是霍氏为什么要用这些典故呢? 显然他的互文效果针对的是英语世界的读者阅读感受与审美体验。苏源熙(Haun Saussy)教授曾说他在读霍氏译本的时候不时微笑,毫无疑问是因为联想起自己的阅读经验。霍克思翻译《红楼梦》是在20世纪70年代,英语世界对中国古代经典的接受可能还没有

---

① 陈德鸿. 语境重构的诗学:《道连·葛雷的画像》之中文译写的互文性. 见杨乃乔. 比较诗学读本(中国卷)[M]. 首都师范大学出版社,2014:336.

② 库尔提乌斯. 欧洲文学与拉丁中世纪[M]. 林振华译. 浙江大学出版社,2017:14.

③ 杨乃乔. 中国经学诠释学与西方诠释学[M]. 中西书局,2016:9.

那么明显，也就是埃文·佐哈（Evan Zohar）所说的，中国文学还在英语世界文学多元系统的边缘，所以他选择依赖中心文学——英语文学经典来抬升自己译文的文学地位。霍克思成功地做到了这一点，而且完成得非常出色。他让英译本《红楼梦》不仅成为学者的案头读物，更是成为带来审美愉悦的一个艺术文本。阐释学中所谓的"期待视野"促使作为英国学者的霍克思坚信，中国文人的游戏笔墨《红楼梦》，就应该让英语世界的读者发现处处皆经典，可以让有心的读者会心一笑，既流畅轻松又令人拍案叫绝。

后　记

本书的编写动机来自过去四年由我设计的系列学术活动和组稿的专栏。作为天津市比较文学学会的主要负责人,我和同仁们主办了一系列"语文学"的主题活动:2020年"语文学与世界文学"特邀系列讲座6场;2021年和2022年,分别推出了"语文学与比较文学中青年学者系列"第一、第二季共18讲;之后又在2023年初邀请了8位专家举办了"语文学与人文学史"高端论坛。因为众所周知的原因,活动只能在线上举行,这反而让它取得了意想不到的巨大影响力,听讲和提问的那些陌生人不仅遍及大江南北,甚至覆盖全球,累计在线人数近万人。特别是我们开创的"中青年学者系列",特邀国内70后、80后中青年学者主讲,并有与谈人和主持人。这一形式也在一定意义上凝聚了不同年龄层次的学者,形成了高质量的交流与研讨。我们不仅希望自己能对当前国内的比较文学的发展及新文科建设起到推动作用,也希望在语文学深化论题、拓宽范围、打破专业壁垒、促进学科发展方面,凸显更多学术性、专业性及前瞻性。那些活跃的头脑风暴和线上讨论让大家暂时忘却了特殊时期物理空间的限制,至少在相当意义上支撑着我个人在那些日子里,仍然对学术专注、对未来保持乐观。

四年来的系列学术活动先后多次被《中国社会科学报》《天津日报》、中国社会科学网、中国新闻网、央广网、天津市社会科学界联合会官网、天津师范大学官网等媒体和网站报道,相关资讯被多次转载。

感谢这些活动的主办方天津师范大学跨文化与世界文学研究院、天津师范大学文学院;感谢天津市社会科学界联合会的专项支持;也感谢多家刊物的信任,允许我开辟了语文学与比较文学的相关专栏进行组稿,使得大家的思考能诉诸笔端。它是《天津师范大学学报》(社科版)、《国际中国文学研究丛刊》（天津师范大学）、《中外文化与文论》（四川大学）、《文学与文化》（南开大学）。本书文章的作者都曾以不同形式参与和支持了以上的学术活动。

再次致以深深的谢意！

郝 岚

癸卯大寒，赴澳前夕